中国证券投资基金业年报

2022

中国证券投资基金业协会 编著

中国财经出版传媒集团
中国财政经济出版社

图书在版编目（CIP）数据

中国证券投资基金业年报.2022/中国证券投资基金业协会编著.--北京：中国财政经济出版社，2022.10

ISBN 978-7-5223-1697-0

Ⅰ.①中… Ⅱ.①中… Ⅲ.①证券投资—基金—中国—2022—年报 Ⅳ.① F832.51-54

中国版本图书馆 CIP 数据核字（2022）第 182720 号

责任编辑：郁东敏　　　　　　责任校对：胡永立
责任印制：刘春年

中国证券投资基金业年报 2022
ZHONGGUO ZHENGQUAN TOUZI JIJINYE NIANBAO 2022
中国财政经济出版社 出版
URL：http://www.cfeph.cn
E-mail：cfeph@cfemg.cn
（版权所有　翻印必究）
社址：北京市海淀区阜成路甲 28 号　邮政编码：100142
营销中心电话：010-88191522
天猫网店：中国财政经济出版社旗舰店
网址：https://zgczjjcbs.tmall.com
北京时捷印刷有限公司印刷　各地新华书店经销
成品尺寸：185mm×260mm　16 开　24.75 印张　376 000 字
2022 年 10 月第 1 版　2022 年 10 月北京第 1 次印刷
定价：98.00 元
ISBN 978-7-5223-1697-0
（图书出现印装问题，本社负责调换，电话：010-88190548）
本社质量投诉电话：010-88190744
打击盗版举报热线：010-88191661　QQ：2242791300

编委会

主　　编　何艳春

副 主 编　吴　萌　彭　晶　陈春艳　张彦斌　高天红
　　　　　黄丽萍

编委会委员（按姓氏拼音排序）
　　　　　崔　庆　丁伯轩　董煜韬　关添天　黄筛成
　　　　　贾丽丽　蒋海军　黎　明　李　星　吕　娟
　　　　　任慧凝　沈　宁　熊　歆　熊飞龙　张宣传
　　　　　郑　兴

编写组组长　师　潭

编写组成员—中国证券投资基金业协会（按姓氏拼音排序）
　　　　　蔡恒培　陈三霞　陈硕夫　陈艺成　崔悦悦
　　　　　杜祖磊　关婉怡　郭雅琪　贾少伟　靳珂语
　　　　　李桂捷　刘亚琼　陆秋楠　汤玥玥　王　鑫
　　　　　王　艺　肖楚荷　徐　侃　胥　清　杨　哲
　　　　　张珉康　张前营　周靖涵　周欣宇

编写组成员—资产管理行业机构
　　　　　中国银河证券股份有限公司基金研究中心：
　　　　　　胡立峰　李　兰
　　　　　上海证券基金评价研究中心：
　　　　　　刘亦千　赵　威　江牧原　姚　慧

PREFACE
前言

  2021年，在世纪疫情冲击、百年变局加速、经济全球化逆流，以及我国经济需求收缩、供给冲击、预期转弱三重压力的复杂环境下，资本市场实现"十四五"良好开局，服务构建新发展格局和高质量发展取得新成效。伴随资本市场改革向纵深推进，基金行业于变局中开新局，取得难能可贵的进展。

  2021年，资产管理行业坚持稳中求进，行业发展持续向好。一是行业规模质量迈上新台阶。规模体量稳步增长。截至2021年末，中国证监体系公私募资产管理规模达到67.87万亿元，较上年末增加8.88万亿元。其中，公募基金管理规模25.56万亿元，较上年末增长28.5%；私募基金规模达到20.27万亿元，同比增长19.5%。产品结构持续改善。公募基金中权益类产品规模达到8.63万亿元，占比提升至33.8%。私募股权与创投基金规模13.14万亿元，占比64.8%。持牌机构私募资管业务规模15.98万亿元，其中，标准化资产占比达到80%。投资者结构更加均衡。公募基金中，居民出资占比上升至54%；私募基金和私募资管产品中，居民和非金融企业直接出资占比提升至24.4%，私募资管产品出资占比下降至4.4%。二是有力推动居民财富增长。截至2021年末，公募基金公司受托管理各类养老金规模合计3.96万亿元，同比增长17.5%，超过我国养老金委托投资运作规模的50%，服务养老资产配置的效能进一步发挥。公募基金已经成长为居民理财和养老金融服务的中坚力量。三是有效服务实体经济转型升级。截至2021年末，公募基金投资股票7.01万亿元，投资债券12.85万亿元，其中持有A股市值6.11万亿元，占A股流通市值的8.1%；私募证券投资基金持有A股流通市值2.84万亿元，占A股流通市值的3.8%。另外，公募基金和私募基金通过多种方式积极参与上市公司治理，对促进上市公司规范运作发挥重要作用。私募基金在促进科技创新、支持专精特新产业发展方面作用突显。截至2021年末，有88.3%的科创板上市企业和61.8%的创业板注册制上市企业在成长过程中获得了私募股权及创业投资资金的支持。各类私募基金在投项目12.27万个，在投本金8.67万亿元；其中，在投中小企业项目7.75万个，在投本金2.45万亿元；在投高新技术企业5.01万个，在投本金2.14万亿元。

为客观认识基金行业现状，把握未来发展方向，中国证券投资基金业协会编辑撰写了《中国证券投资基金业年报（2022）》（以下简称《年报》）。在前期工作基础上，我们对《年报》做了进一步完善，尽可能追溯历史数据，分别围绕产品、管理机构、中介机构等，从不同维度、不同角度全景式勾勒行业发展现状与特征，增强《年报》内容横向与纵向的全面性。

由于编写时间紧迫，难免有疏漏之处，望业内同仁和广大读者指正。

中国证券投资基金业协会

2022年6月

CONTENTS 目录

第一篇 行业发展篇

第一章 资产管理业概览 ······ 3

- 第一节 资产管理业规模及结构 ······ 3
- 第二节 公开募集证券投资基金概览 ······ 4
  - 一、公募基金的发展 ······ 4
  - 二、在宏观经济金融中的地位 ······ 5
  - 三、在全球共同基金中的地位 ······ 5
- 第三节 证券期货经营机构私募资产管理业务 ······ 6
  - 一、规模及构成 ······ 6
  - 二、在宏观经济金融中的地位 ······ 7
- 第四节 私募投资基金 ······ 7
  - 一、规模及构成 ······ 7
  - 二、在宏观经济金融中的地位 ······ 9
- 第五节 养老金概览 ······ 9
  - 一、我国养老金体系现状 ······ 9
  - 二、基金行业管理养老金规模 ······ 11
- 第六节 绿色投资概览 ······ 12

第二章　公开募集证券投资基金 ································· 13

第一节　公募基金行业整体情况 ································· 14

一、总体情况 ··· 14

二、基金类型 ··· 15

三、基金账户 ··· 18

四、资产配置 ··· 18

五、资金来源与流动情况 ··· 20

六、新设情况 ··· 23

七、ETF和LOF ·· 25

第二节　专业化投资能力 ·· 27

一、基金的主动投资管理能力 ······································ 27

二、基金与个人投资者的投资能力比较 ·························· 29

第三节　各类型基金 ·· 31

一、股票基金 ··· 31

二、债券基金 ··· 39

三、混合基金 ··· 44

四、货币市场基金 ·· 48

五、QDII基金 ·· 52

六、基金中基金（FOF） ·· 56

第四节　公募基金销售及基金费率 ································ 60

一、基金销售市场概况 ·· 60

二、基金销售费率 ·· 71

三、基金管理费率与托管费率 ······································ 80

第三章　我国境内养老金投资管理 ································· 86

第一节　我国养老金投资运营情况概览 ··························· 86

一、养老金投资运营规模 ··· 86

二、养老金投资管理机构及市场占比 ····························· 87

三、养老金投资收益 ··· 88

第二节　公募基金行业管理养老金情况 ··························· 92

一、公募基金行业管理养老金规模情况 ·························· 92

二、养老目标基金 ·· 92

目 录

第四章　证券期货经营机构私募资产管理业务 ... 97

第一节　总体情况 ... 97
一、产品发行情况 ... 100
二、产品存续情况 ... 104
三、资金净流动（认/申赎）情况 ... 111
四、资金来源（投资者出资）情况 ... 112
五、资产配置情况 ... 114

第二节　基金管理公司私募资产管理业务 ... 118
一、产品发行情况 ... 118
二、产品存续情况 ... 121
三、资金净流动（认申赎）情况 ... 123
四、资金来源（投资者出资）情况 ... 125
五、资产配置情况 ... 127
六、集中度情况 ... 128

第三节　基金子公司私募资产管理业务 ... 131
一、产品发行情况 ... 131
二、产品存续情况 ... 135
三、资金净流动（认申赎）情况 ... 138
四、资金来源（投资者出资）情况 ... 139
五、资产配置情况 ... 141
六、集中度情况 ... 143

第四节　证券公司私募资产管理业务 ... 146
一、产品发行情况 ... 146
二、产品存续情况 ... 149
三、资金净流动（认申赎）情况 ... 152
四、资金来源（投资者出资）情况 ... 153
五、资产配置情况 ... 155
六、集中度情况 ... 157

第五节　证券公司私募子公司私募基金业务 ... 160
一、产品发行情况 ... 160
二、产品存续情况 ... 161
三、资金来源（投资者出资）情况 ... 161
四、资产配置情况 ... 164

五、集中度情况 ·· 165

第六节　期货公司私募资产管理业务 ·· 166
　　一、产品发行情况 ·· 166
　　二、产品存续情况 ·· 168
　　三、资金净流动（认申赎）情况 ··· 171
　　四、资金来源（投资者出资）情况 ·· 173
　　五、资产配置情况 ·· 175
　　六、集中度情况 ·· 176

第七节　资产证券化业务 ·· 178
　　一、资产支持专项计划备案总体情况 ··· 178
　　二、企业资产证券化产品管理人情况 ··· 179
　　三、基础资产类型 ·· 180
　　四、2021年备案情况 ·· 181

第五章　私募投资基金 ·· 183

第一节　私募证券投资基金 ·· 183
　　一、私募证券投资基金基本情况 ··· 183
　　二、私募证券投资基金运行情况 ··· 202

第二节　私募股权投资基金 ·· 205
　　一、私募股权投资基金基本情况 ··· 205
　　二、私募股权投资基金募集出资情况 ··· 212
　　三、私募股权投资基金投资运作情况 ··· 217
　　四、私募股权投资基金投资案例退出情况 ······································· 223

第三节　创业投资基金 ·· 229
　　一、创业投资基金基本情况 ··· 229
　　二、创业投资基金募集出资情况 ··· 236
　　三、创业投资基金投资运作情况 ··· 241
　　四、创业投资基金投资案例退出情况 ··· 245

第六章　公募基金管理机构 ·· 252

第一节　公募基金管理机构股东情况 ·· 252
　　一、国有、中外合资、民企、其他 ··· 252
　　二、不同类型股东背景 ·· 253

第二节　公募基金管理机构股权结构 ·· 256

一、控股模式 ··· 256
二、股权集中度 ··· 259
第三节　公募基金管理机构人力资本情况 ································ 260
一、从业人员整体情况 ··· 260
二、高管情况 ·· 262
三、基金经理情况 ··· 265

第七章　私募基金管理人 ··· 269

第一节　私募证券投资基金管理人 ··· 269
一、私募证券投资基金管理人情况分析 ······························ 269
二、私募证券投资基金管理人从业人员及高管情况分析 ········ 278
第二节　私募股权、创业投资基金管理人 ······························· 283
一、私募股权、创业投资基金管理人总体情况 ···················· 283
二、私募股权、创业投资基金管理人从业人员及高管情况 ···· 297

第八章　基金托管机构 ··· 304

第一节　托管机构登记情况 ·· 304
一、基金托管人登记情况 ·· 304
二、合格境外机构投资者托管人登记情况 ·························· 305
第二节　托管业务发展情况 ·· 305
一、托管产品数量及资产规模 ··· 305
二、不同类型托管人的基金托管业务开展情况 ···················· 306

第九章　基金服务机构 ··· 309

第一节　基金服务业务发展历程 ·· 309
第二节　基金服务机构登记情况 ·· 310
第三节　基金服务业务开展情况 ·· 311
一、基金服务产品数量和规模 ··· 311
二、行业集中度情况 ·· 313
三、收入情况 ·· 314

第二篇　行业数据篇

一、公开募集证券投资基金数据 …………………………………………………… 319
二、证券期货经营机构私募资产管理业务数据 …………………………………… 323
三、私募投资基金数据 ……………………………………………………………… 326
四、托管与基金服务机构名录 ……………………………………………………… 352
五、全球开放式基金数据 …………………………………………………………… 357

附录　基金行业发展进程 …………………………………………………………… 371

01 | 第一篇
行业发展篇

第一章
资产管理业概览

第一节 资产管理业规模及结构

从资产管理的外延来看,我国资产管理广泛涉及银行、保险、证券、基金、信托、期货等行业机构。从资产管理的本质特征出发,可以将我国资产管理行业的外延从机构类型和业务两个维度作出如下界定,具体见表1-1。

表 1-1　　我国资产管理行业外延

机构类型	资产管理业务
基金管理公司及其子公司	公募基金、集合资产管理计划、单一资产管理计划、各类养老金、企业资产支持证券
私募机构	私募证券投资基金、私募股权投资基金、创业投资基金、私募资产配置基金及其他私募投资基金
信托公司	单一资金信托、集合资金信托
证券公司及其子公司	公募基金、集合资产管理计划、单一资产管理计划、私募子公司私募基金、各类养老金、企业资产支持证券
期货公司及其子公司	集合资产管理计划、单一资产管理计划
保险公司、保险资产管理公司	公募基金、万能险、投连险、管理企业年金、养老保障及其他委托管理资产、资产支持计划
银行	非保本银行理财产品、私人银行业务

资料来源:中国证券投资基金业协会整理。

我国资产管理业构成大致如下：截至 2021 年末，中国（除港澳台地区）共有公募基金 25.56 万亿元，证券期货经营机构私募资产管理业务 15.98 万亿元，基金管理公司管理境内全国社保和企业年金等养老金规模 3.96 万亿元，企业资产支持证券 2.25 万亿元，私募投资基金 20.27 万亿元，银行理财产品规模 29.00 万亿元[1]，信托公司资金信托计划 15.01 万亿元[2]，保险资管产品 5.10 万亿元[3]，全部资管规模合计 117.13 万亿元[4]（见图 1-1）。

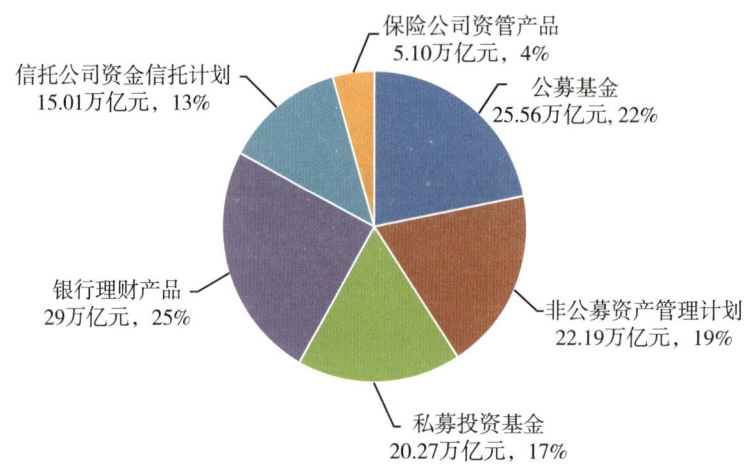

图 1-1　资产管理行业规模构成

资料来源：中国证券投资基金业协会整理。

第二节　公开募集证券投资基金概览

一、公募基金的发展

截至 2021 年末，公募基金管理人 151 家，其中，基金管理公司 137 家，取得公募基金管理资格的证券公司或证券公司资管子公司共 12 家，取得公募基金管理

---

[1] 数据来源于银行业理财登记托管中心《中国银行业理财市场年度报告（2021 年）》。
[2] 数据来源于中国信托业协会，2021 年 4 季度末信托公司主要业务数据。
[3] 数据来源于中国保险资产管理业协会《2021—2022 年保险资产管理业综合调研数据》。
[4] 根据前述列示的各类资管业务规模简单加总，未剔除重复计算部分。

资格的保险资管公司2家。公募基金共计9 288只，较2020年末增长17.38%；公募基金资产规模25.56万亿元，较2020年末增长28.51%。

二、在宏观经济金融中的地位

公募基金是宏观经济、金融和资本市场的重要组成部分。截至2021年末，公募基金资产规模为25.56万亿元，相当于当年GDP总量的22.35%，年末社会融资规模存量的8.14%，当年M2总量的10.73%，年末人民币存款余额的11.01%，年末股市流通市值的34.01%，年末债券市场余额的19.20%（见表1-2）。

表1-2　　　　公募基金在宏观经济金融部门中的规模占比

年份	项目	公募基金	宏观经济		货币金融		资本市场	
			GDP	社会融资规模存量	M2	金融机构存款余额	股市流通市值	债券余额
2020	资产（万亿元）	19.89	101.36	284.83	218.68	212.57	64.36	116.72
	占比(%)	100	19.62	6.98	9.10	9.36	30.90	17.04
2021	资产（万亿元）	25.56	114.37	314.13	238.29	232.25	75.16	133.11
	占比(%)	100	22.35	8.14	10.73	11.01	34.01	19.20

资料来源：中国证券投资基金业协会整理。

三、在全球共同基金中的地位

根据美国投资公司协会（ICI）发布的全球开放式基金（不含FOF）统计数据显示（全球46个国家和地区），2021年末，我国开放式基金（共同基金）资产规模排在全球第4位，占全球共同基金总规模的比重为4.97%，较2020年末上升0.76个百分点；占亚太地区共同基金规模的比重为35.31%，较2020年末上升5.11个百分点。美国共同基金资产规模占到全球总规模的48.07%，卢森堡为9.34%。与我国世界第二的经济总量相比，共同基金发展仍处于较低水平，发展潜力巨大。

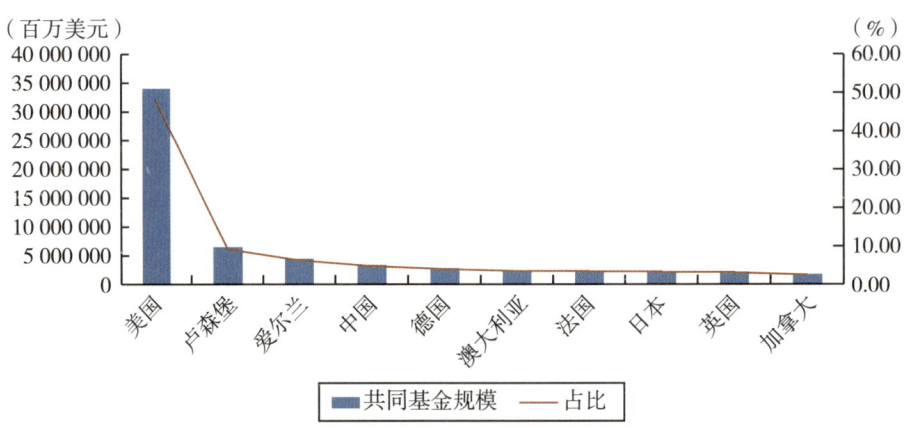

图 1-2　2021 年共同基金资产规模全球排名前十位的国家

资料来源：美国投资公司协会（ICI）。

第三节　证券期货经营机构私募资产管理业务

一、规模及构成

截至 2021 年末，证券期货经营机构私募资产管理业务总规模 15.98 万亿元。其中，基金管理公司管理资产规模 5.07 万亿元，基金子公司管理资产管理 2.32 万亿元，证券公司（含私募子公司）管理资产规模 8.24 万亿元，期货公司管理规模 0.35 万亿元（见图 1-3）。

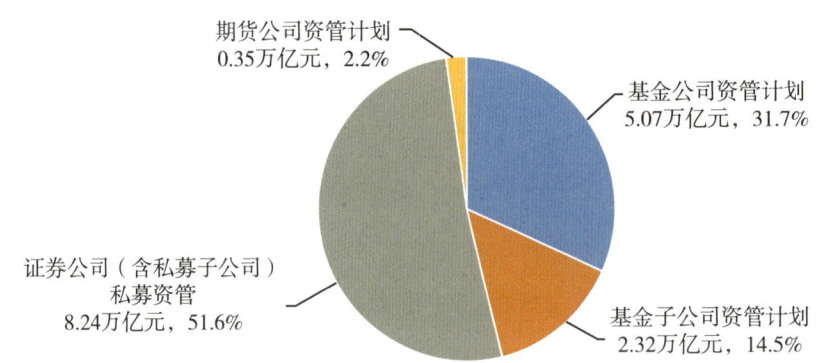

图 1-3　证券期货经营机构私募资产管理业务规模构成

资料来源：中国证券投资基金业协会。

二、在宏观经济金融中的地位

自2018年《关于规范金融机构资产管理业务的指导意见》(以下简称"资管新规")发布以来,资产管理业务迈向新发展阶段,证券期货经营机构在资管行业新格局中逐步确立自身定位,在提升直接融资比重、服务投资者理财方面发挥积极作用。截至2021年末,证券期货经营机构私募资产管理业务规模15.98万亿元,相当于当年GDP总量的13.97%,年末社会融资规模存量的5.09%,当年广义货币M2的6.71%,年末人民币存款余额的6.88%,年末股市流通市值的21.26%,年末债券市场托管余额的12.01%(见表1-3)。

表1-3　　证券期货经营机构私募资产管理业务在宏观经济金融部门中的规模占比

年份	项目	证券期货经营机构私募资产管理业务	宏观经济		货币金融		资本市场	
			GDP	社会融资规模存量	M2	金融机构存款余额	股市流通市值	债券余额
2020	资产(万亿元)	16.83	101.36	284.83	218.68	212.57	64.36	116.72
	占比(%)	100.00	16.60	5.91	7.70	7.92	26.15	14.42
2021	资产(万亿元)	15.98	114.37	314.13	238.29	232.25	75.16	133.11
	占比(%)	100.00	13.97	5.09	6.71	6.88	21.26	12.01

资料来源:中国证券投资基金业协会整理。

第四节　私募投资基金

一、规模及构成

截至2021年末,已在中国证券投资基金业协会完成登记的私募投资基金管理人24 610家,备案私募投资基金124 098只,管理资产规模20.27万亿元。

从登记的私募投资基金管理人类型来看，私募证券投资基金管理人9 069家，私募股权、创业投资基金管理人15 012家，其他私募投资基金管理人520家，私募资产配置类基金管理人9家（见图1-4）。从备案的私募投资基金类型来看，私募证券投资基金76 818只，资产规模6.31万亿元；私募股权投资基金30 800只，资产规模10.77万亿元；创业投资基金14 511只，资产规模2.37万亿元；私募资产配置基金24只，资产规模48.15亿元；其他私募投资基金1 945只，资产规模0.81万亿元（见图1-5）。

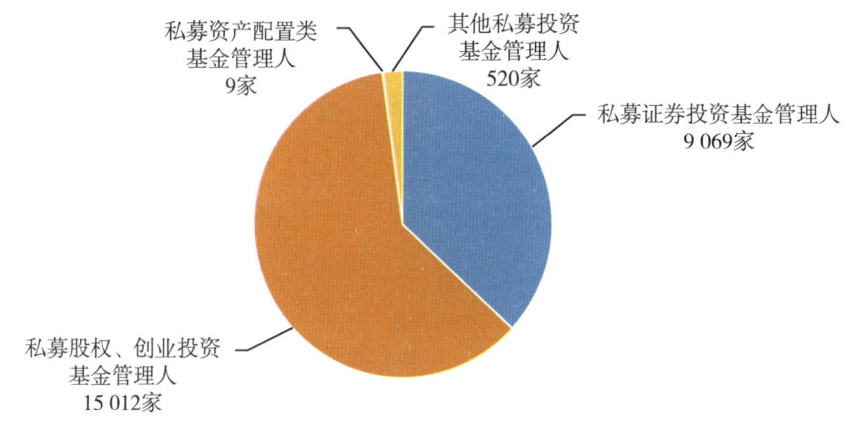

图1-4　私募投资基金管理人类型分布

资料来源：中国证券投资基金业协会。

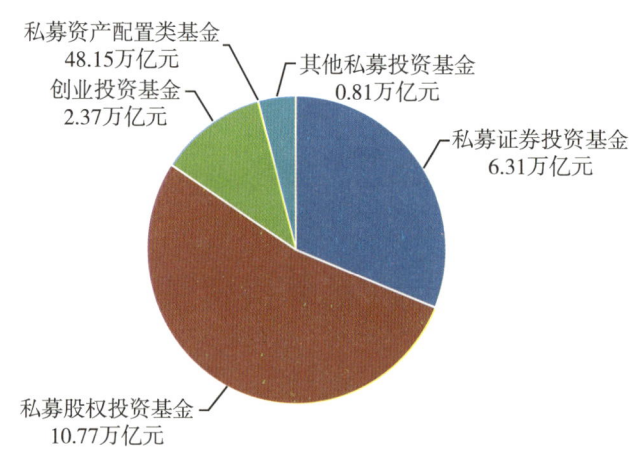

图1-5　私募投资基金规模及构成

资料来源：中国证券投资基金业协会。

二、在宏观经济金融中的地位

自2013年6月《证券投资基金法》将私募基金纳入统一规范、2014年2月中国证券投资基金业协会实施登记备案以来，我国私募基金活力迸发，已经发展为创新资本形成的重要载体。截至2021年末，私募投资基金规模20.27万亿元，相当于当年GDP总量的17.72%，年末社会融资规模存量的6.45%，当年广义货币M2的8.51%，年末人民币存款余额的8.73%，年末股市流通市值的26.97%，年末债券市场托管余额的15.23%（见表1-4）。

表 1-4 私募投资基金在宏观经济金融部门中的规模占比

年份	项目	私募投资基金	宏观经济		货币金融		资本市场	
			GDP	社会融资规模存量	M2	人民币存款余额	股市流通市值	债券余额
2020	资产（万亿元）	16.96	101.36	284.83	218.68	212.57	64.36	116.72
	占比（%）	100.00	16.73	5.95	7.76	7.98	26.35	14.53
2021	资产（万亿元）	20.27	114.37	314.13	238.29	232.25	75.16	133.11
	占比（%）	100.00	17.72	6.45	8.51	8.73	26.97	15.23

资料来源：中国证券投资基金业协会整理。

第五节 养老金概览

一、我国养老金体系现状

截至2020年末，我国第一支柱基本养老保险参与人数9.99亿人，结余规模5.81万亿元；第二支柱年金基金中，企业年金参与人数2 718万人，总规模2.25万亿元。职业年金参与人数约3 000万人[1]，总规模1.29万亿元[2]；个人税收递延型

---

① 职业年金参与人数未明确披露，该数据来源于2021年2月26日国务院新闻办发布会的公开发言。
② 数据截至2020年末，来源于《2020年度人力资源和社会保障事业发展统计公报》。

商业养老保险试点[①]参与人数4.88万人，总规模4.26亿元[②]（见表1-5）。从参与人数和规模均可看出，我国养老金体系第一、第二、第三支柱之间发展不均衡，严重依赖第一支柱基本养老保险，我国养老金第二、第三支柱仍然存在较大的发展空间。

表1-5　　　　　　　　　我国养老金三支柱体系

	战略储备	第一支柱	第二支柱		第三支柱
	全国社会保障基金	基本养老保险	企业年金	职业年金	个人养老金
制度模式	无短期支付压力、集中投资运营	现收现付+个人账户积累制	个人账户积累制	个人账户积累制	个人账户积累制（试点）
资金来源	财政资金拨款、国有资本划转	单位缴费、个人缴费、财政资金补贴	企业和个人缴费	机关事业单位和公务员缴费	个人缴费
2020年末参与人数	—	9.99亿人	2 718万人	约3 000万人	4.88万人
2020年末总规模/结余规模	24 591亿元[(1)]	58 075亿元	22 497亿元	12 900亿元	4.26亿元
2020年末投资规模	24 591亿元[(2)]	12 445亿元[(3)]	22 150亿元	12 900亿元	4.26亿元[(4)]

注：（1）（2）作为战略储备的社保基金规模应为可支配的实际金额，故此处引用的是《2020年全国社会保障基金理事会社保基金年度报告》中2020年末"全国社保基金权益"这一数据口径，即"社保基金资产总额"扣除"社保基金负债余额"后，再减去"个人账户基金权益"与"地方委托资金权益"。

（3）此处引用的是《全国社会保障基金理事会基本养老保险基金受托运营年度报告（2020年度）》中"2020年末基本养老保险基金权益总额"这一数据口径，即"基本养老保险基金资产总额"扣除"基本养老保险基金负债余额"。

（4）数据截至2020年末，来源于中国银保监会相关新闻。

资料来源：人力资源和社会保障部官网、全国社会保障基金理事会官网、人社部公开发言，中国银保监会公开发言。

---

① 2018年4月，财政部、国家税务总局、人社部、中国银保监会、中国证监会联合发布《关于开展个人税收递延型商业养老保险试点的通知》（财税〔2018〕22号），是我国第三支柱个人养老金制度的探索与实践。

② 数据截至2020年末，来源于中国银保监会相关新闻。

二、基金行业管理养老金规模

全国社会保障基金、基本养老保险基金投资管理中，分为直接投资和委托投资两部分，年金基金也分为受托直投和委托投资两部分。包括基金行业在内的资产管理行业受托管理的养老金属于委托投资这一部分。

截至2020年末，全国社会保障基金（以下简称"社保基金"）委托投资规模为19 080亿元[①]，基本养老保险基金委托投资规模为7 745亿元[②]，企业年金委托投资规模为21 686亿元，合计48 511亿元，职业年金暂未披露委托投资规模。其中基金行业受托管理的境内养老金规模为27 698亿元[③]，占上述已披露养老金委托投资总规模的57.10%（见图1-6）。

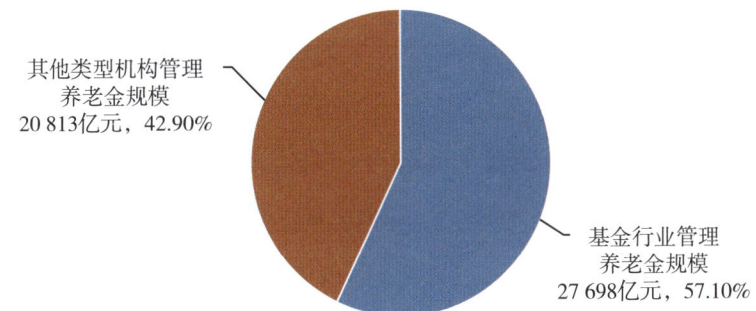

图1-6　2020年末基金行业管理养老金规模占比

资料来源：人力资源和社会保障部官网、全国社会保障基金理事会官网、中国证券投资基金业协会。

---

①《2020年全国社会保障基金理事会社保基金年度报告》中仅披露了"社保基金资产总额"（包含负债）口径下的"直接投资资产规模"和"委托投资资产规模"，未披露"社保基金权益总额"（不含负债）口径下的"直接投资规模"和"委托投资规模"；受限于数据可获取性，此处数据直接引用了年报中"委托投资资产规模"这一数字。

②《全国社会保障基金理事会基本养老保险基金受托运营年度报告（2020年度）》中仅披露了"基本养老保险基金资产总额"（包含负债）口径下的"直接投资资产规模"和"委托投资资产规模"，未披露"基本养老保险基金权益总额"（不含负债）口径下的"直接投资规模"和"委托投资规模"；受限于数据可获取性，此处数据直接引用了受托运营年报中"委托投资资产规模"这一数字。

③ 此处为基金行业受托管理的社保基金、基本养老保险基金、企业年金的合计规模，不含社保基金理事会投资私募基金规模。

第六节 绿色投资概览

近年来，全球资产管理业对环境、社会、公司治理（ESG）议题的关注持续升温，推动全球资产配置发生明显改变，对我国基金行业产生较大影响。与此同时，我国绿色金融政策体系逐步落地，绿色金融业务、产品快速兴起。

2018年11月，中国证券投资基金业协会发布了《绿色投资指引（试行）》，以促进企业环境绩效、发展绿色产业、减少环境风险为目标，引导基金管理人开展绿色投资。2019—2021年，基于该指引，要求基金管理人自主提交绿色投资自评估调查问卷。从结果看，基金行业绿色、可持续投资理念不断深入，公私募基金更加重视绿色战略管理和内部制度建设，投研力量配备明显增强，部分基金公司已建立较为完备的绿色投资制度体系，且与现有投研体系有较好的融合。

据统计，截至2021年末，具有绿色、可持续、ESG投资方向[①]的公私募基金达到1 090只，规模合计8 600亿元，与2020年底相比规模增长48.7%。其中，公募基金约200只，管理规模超过4 600亿元；私募基金890只，管理规模超过4 000亿元，私募基金中股权创投基金规模占比超过90%。

---

① 以上基金统计为基金名称中包含"ESG""社会责任""治理""生态""环保"等关键词的基金。

第二章
公开募集证券投资基金

我国公募基金起步于1998年。与其他金融行业相比，公募基金自伊始即大量吸收成熟市场行之有效的制度经验，并持续改进，为行业长治久安奠定了法治基础。1997年11月，国务院证券委员会颁布《证券投资基金管理暂行办法》，确立了集合投资、受托管理、独立托管和利益共享、风险共担等基金基本原则。1998年3月，经中国证监会批准，南方基金管理公司和国泰基金管理公司分别发起设立两只封闭式基金——基金开元和基金金泰，拉开了我国证券投资基金发展序幕。1998年和1999年，分别有5家基金管理公司设立，俗称"老十家"。2000年10月，中国证监会发布并实施《开放式证券投资基金试点办法》。2001年9月，我国第一只开放式公募基金——华安创新诞生，揭开公募基金发展新篇章。2002年，首家中外合资基金管理公司成立。2003年6月，《中华人民共和国证券投资基金法》（以下简称《证券投资基金法》）颁布，系统地规范了基金当事人的权利义务，尤其是受托人信义义务，为行业规范运作奠定坚实的基础。中国证监会陆续颁布《证券投资基金管理公司管理办法》等6个部门规章。"一法六规"为公募基金和基金管理公司规范运作奠定了制度基础。2005年，基金管理公司外资持股比例上限提高至49%，一大批中外合资基金管理公司成立或获得外资增股。2007年，行业规模超过万亿元。2012年中国证券投资基金业协会成立。2013年6月，《证券投资基金法》完成重大修订并正式实施。新《证券投资基金法》全面落实信义义务要求，进一步优化行政监管，强化行业自律，全面加强基金持有人权益保护。

在不断完善的法治环境下，基金业市场化、国际化不断推进，并相互促进。公募基金市场交易机制透明，风险收益归属清晰，业绩竞争较为充分，在资产管理领域率先建立了最先进、最完善的制度体系，确立了基金财产独立制度、强制托管制度、风险自担的产品设计和销售规范、每日估值制度、信息披露制度、公平交易制度以及严格的监管执法，是信托关系落实最为充分的资产管理行业。20余年间未发生系统性金融风险，成为财富管理行业的标杆，是大众理财的理想工具。2021年末，公募基金管理机构发展到151家[1]，管理资产规模达到25.56万亿元[2]。

第一节　公募基金行业整体情况

一、总体情况

公募基金规模在经历2010年、2011年连续两年下降后，以年均27.84%的速度连续10年快速增长，至2021年末已超过25万亿元（见图2-1）。中国经济同期年均增速8.89%，居民财富日益增长，公募基金提供了财富保值增值的投资渠道。同时，良好的流动性使公募基金也成为企业资产配置的重要选择。从可追溯资金流动性数据的2011年以来，投资者对公募基金的投资依赖性总体趋强，持续10年资金净流入，平均每年净流入金额超万亿元。

随着公募基金投资者对资金流动性需求的增强，传统封闭式基金逐步退出历史舞台，开放式基金越来越受投资者青睐。下文所述封闭式基金指截至统计时点处于封闭期的基金。

---

[1] 按照中国证监会公布的公募基金管理机构名录统计，以机构取得经营证券期货业务许可证为准。
[2] 基金数量以报送净值非零口径统计，因统计时点、数据修正等原因，本章截至2021年末基金数量、份额及净值与此前公布存在差异。

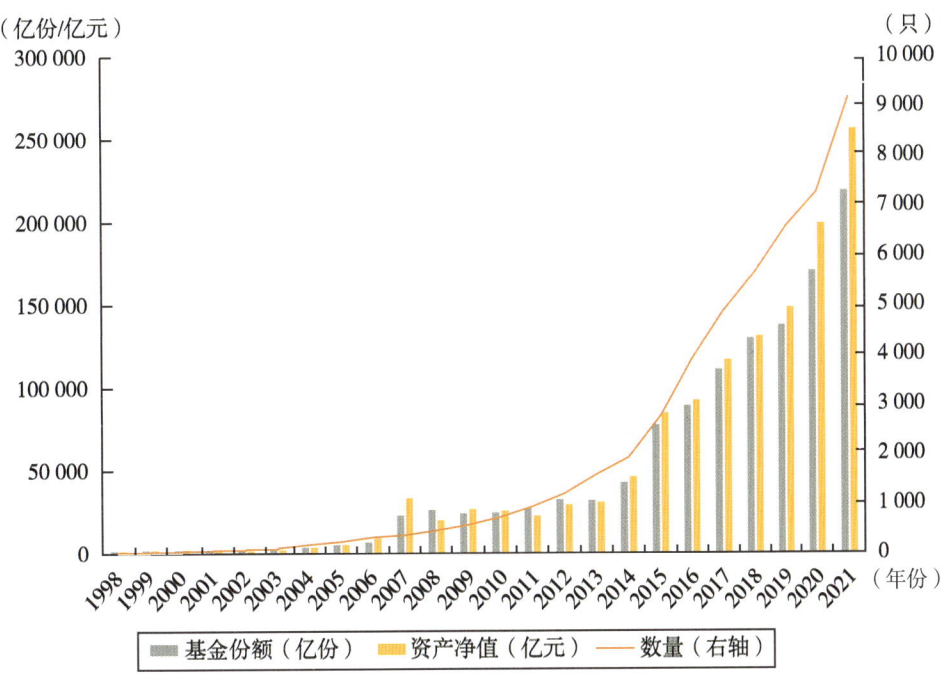

图 2-1　公募基金数量与规模

资料来源：中国证监会、中国证券投资基金业协会。

二、基金类型

近10年，在总规模持续增长的同时，开放式公募基金内部结构不断变化。权益类基金（股票基金与混合基金）与货币基金资产净值在总计中的占比此消彼长。权益类基金占比从2008年的64%降至最低点2018年的17%后，近两年占比显著回升，2021年权益类基金占比达34%。货币基金占比从2008年的20%增至最高点2018年的58%后有所回落，2021年货币基金占比为37%；债券基金占比呈波动状，从2008年的10%增至2019年的19%，后略下降至2021年的16%；QDII基金占比呈下降趋势，2008年占总资产净值的2.7%，至2021年占比0.9%。具体资料见表2-1、表2-2和图2-2。

表 2-1　　　　　各类型开放式公募基金资产净值　　　　（单位：亿元）

年份	股票基金	混合基金	货币基金	债券基金	QDII
2008	7 243	5 193	3 892	1 880	522
2009	13 703	7 478	2 581	839	742
2010	13 215	7 301	1 533	1 450	736
2011	10 248	5 707	2 949	1 204	576
2012	11 477	5 647	5 717	3 777	632
2013	10 958	5 627	7 476	3 225	584
2014	13 142	6 025	20 862	3 473	487
2015	7 657	22 287	44 443	6 974	663
2016	7 059	20 090	42 841	14 239	1 024
2017	7 602	19 378	67 357	14 647	914
2018	8 245	13 604	76 178	22 629	706
2019	12 993	18 893	71 171	27 661	931
2020	20 017	43 601	80 521	27 484	1 289
2021	25 817	60 514	94 678	40 996	2 384

资料来源：中国证监会、中国证券投资基金业协会。

表 2-2　　　　　各类型开放式公募基金资产净值占比　　　　（单位：%）

年份	权益类基金占比	货币基金占比	债券基金占比	QDII占比
2008	64.1	20.1	9.7	2.7
2009	81.4	9.9	3.2	2.9
2010	81.9	6.1	5.8	2.9
2011	72.8	13.5	5.5	2.6
2012	59.7	19.9	13.2	2.2
2013	55.2	24.9	10.7	1.9
2014	42.3	46.0	7.7	1.1
2015	35.7	52.9	8.3	0.8

续表

年份	权益类基金占比	货币基金占比	债券基金占比	QDII占比
2016	29.6	46.8	15.5	1.1
2017	23.3	58.1	12.6	0.8
2018	16.8	58.4	17.4	0.5
2019	21.6	48.2	18.7	0.6
2020	32.1	40.6	13.8	0.7
2021	33.8	37.0	16.0	0.9

资料来源：中国证监会、中国证券投资基金业协会。

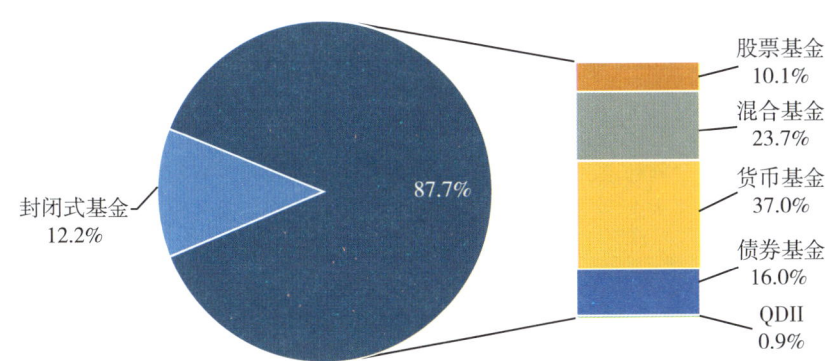

图2-2　2021年末各类型公募基金资产净值占比

资料来源：中国证监会、中国证券投资基金业协会。

整体来看，公募基金管理规模集中度较2020年有所上升。前20家、前15家、前10家、前5家的集中度分别从2020年的64.6%、54.6%、42.3%、25.3%上升至66.4%、56.5%、44.1%、27.2%。从各类型基金管理规模集中度来看，股票基金集中度最高，截至2021年末，前5家管理规模占全部股票基金规模的41.1%，前10家占比为69.2%；而集中度较低的为债券基金，前20家管理规模合计占全部债券基金规模的59.0%（见图2-3）。

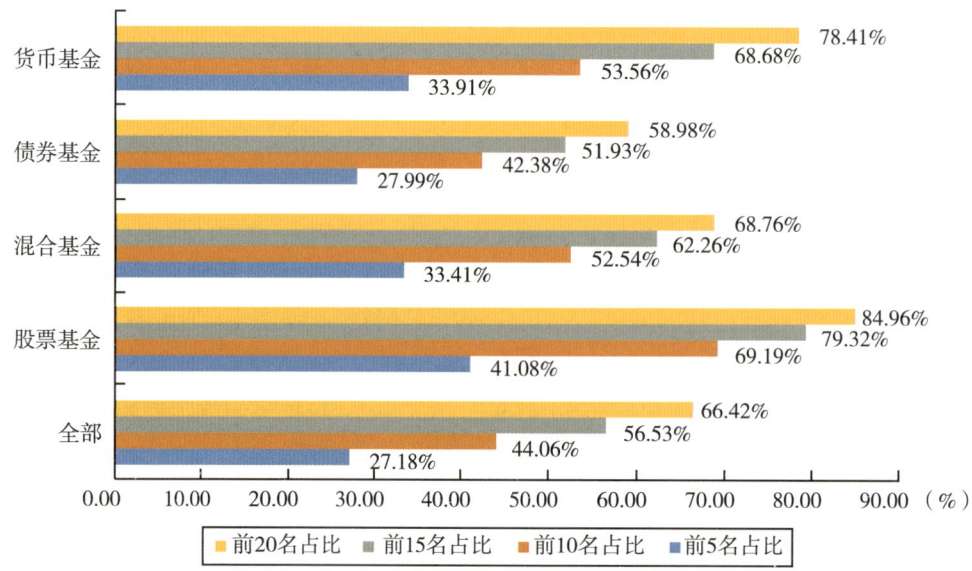

图 2-3　2021 年末公募基金主要类型集中度（管理人维度）

资料来源：中国证监会、中国证券投资基金业协会。

三、基金账户[①]

截至 2021 年末，公募基金有效账户（指截至统计时点持有基金份额的账户）数超过 14 亿户，为 14.23 亿户，大部分为个人账户，其中仅 60.27 万户为机构账户，近 10 年来一直保持这一结构特点。从持有基金资产情况来看，机构投资者持有公募基金的比例在 2019 年达到高点后有所回落，从 2012 年末的 29% 增至 2019 年末的 51%，并在 2021 年末降至 45%（见图 2-4）。

四、资产配置

截至 2021 年末，在公募基金约 27 万亿元的总资产中，现金类资产 7.82 万亿元，占总资产的 28.97%；债券类资产 9.34 万亿元，占总资产的 34.59%；买入返售资产、应收利息、资产支持证券等收益权类资产合计 2.67 万亿元，占总资产的 9.87%；股票资产 6.11 万亿元，占总资产的 22.63%（见图 2-5）。得益于权益

---

① 公募基金账户数为场外账户数，不包括场内账户数。

类基金的较快发展，2021年公募基金持有股票资产规模出现较大幅度的上升，较2020年底增长27.25%。

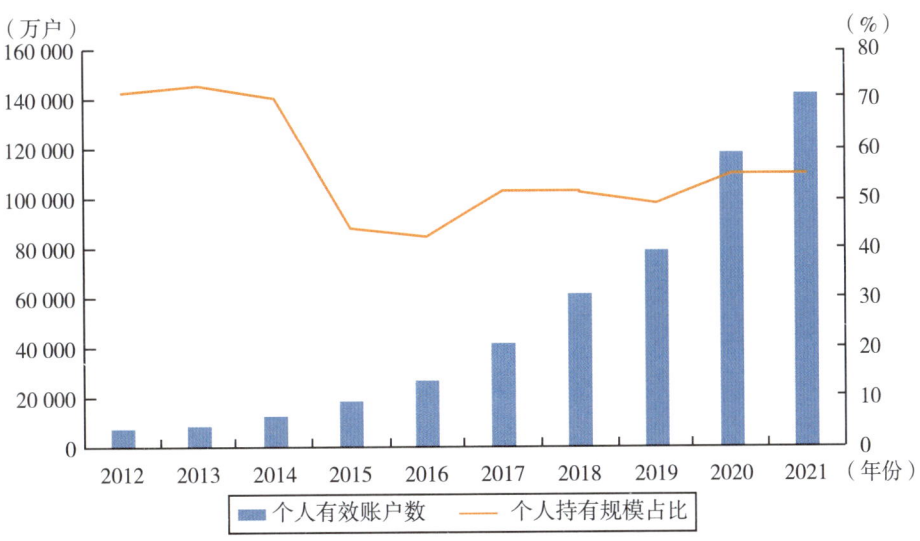

图 2-4　公募基金账户情况

资料来源：中国证监会。

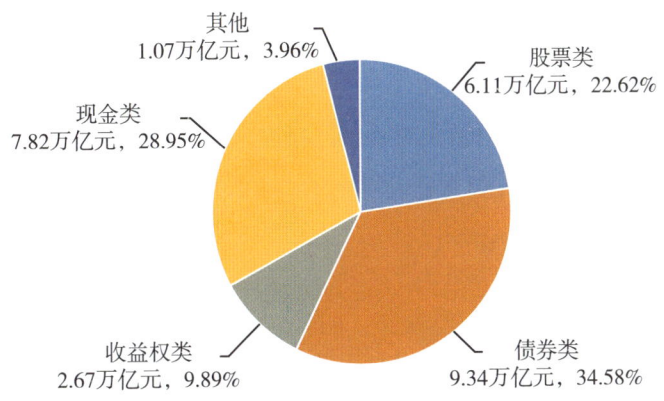

图 2-5　2021年末公募基金资产配置

资料来源：中国证券投资基金业协会。

截至2021年末，基金持有市值超千亿元的行业[①]分别是制造业、金融业以及信息技术、科学研究与技术服务、房地产和采掘业，六大行业分别持有市值46 946

---

① 采用中国证监会行业分类标准。

亿元、5 165亿元、2 937亿元、1 729亿元、1 098亿元和1 013亿元，合计市值5.89万亿元。基金对这六大行业的偏好度[①]分别为124%、54%、97%、249%、81%和37%，对科学研究与技术服务也高度超配，制造业略有超配，信息技术和房地产标配，金融业和采掘业低配。

在流通市值超过万亿元的九大行业中，基金仅对制造业略有超配，信息技术和房地产标配，对金融、采掘、交通运输、电力、批发零售和建筑业等6个行业均为低配，行业配好度在20%—60%之间。小市值的10个行业中，主要超配科学研究、水利环境和住宿餐饮这3个行业。

截至2021年末，主动管理的基金持有A股股票市值5.03万亿元，持有市值居前六大行业分别是制造业、金融业、信息技术、科学研究和技术服务业、房地产业和交通运输业。其中，主动管理基金对科学研究和技术服务业的偏好度更高，对金融业的偏好度更低，对另外4个行业的偏好度基本一致。基金持有的金融行业市值的一半超2 500亿元是指数基金持有的，主动管理基金对金融行业的偏好度非常低。

从2013年以来的主动管理的基金的行业配置偏好趋势来看，对制造业一直非常稳定地略有超配，对金融业、采掘业、电力和交通运输是持续稳定的低配，对信息技术业有2015年和2020年两个大幅超配的峰值，总体趋势向下，对房地产业有2014年底和2019年初短暂的超配阶段，对建筑业和批发零售业的偏好则是从超配到低配一路向下。对大多数传统行业摒弃的同时，基金对新兴产业的偏好度一直保持在高位（见图2-6）。

五、资金来源与流动情况

（一）资金来源

截至2021年末，公募基金中来源于个人投资者的资金占比为53.94%，来源

[①] 本书使用行业偏好度指标来衡量公募基金对不同行业的投资偏好情况。行业偏好度的计算方式：如某行业的流通市值占市场总流通市值比为5%，而公募基金投资该行业的市值占基金股票投资市值的10%，表明公募基金将更大比例的资金投向该行业，此时该行业偏好度为200%；反之亦然。将行业偏好度在80%—120%之间视为标配，高于120%的视为超配，值越高，偏好越强；低于80%的视为低配，值越低，偏好越弱。

于养老金（基本养老、企业年金和社保基金）的资金占比为1.09%，来源于境外的资金占比为0.13%，来源于其他各类机构投资者的资金占比为44.84%（见图2-7）。

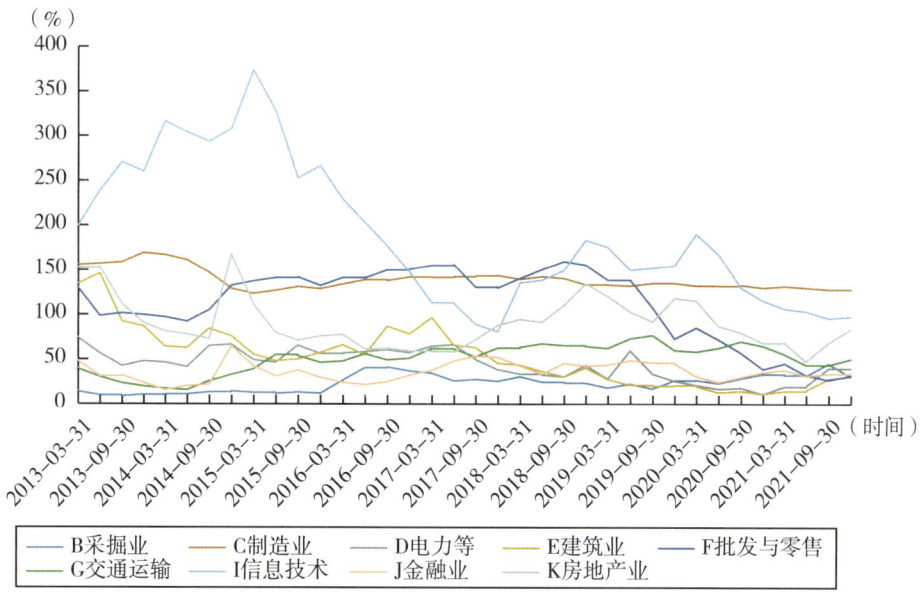

图 2-6　2013—2021年基金对前九大行业的配置偏好度

资料来源：中国银河证券基金研究中心。

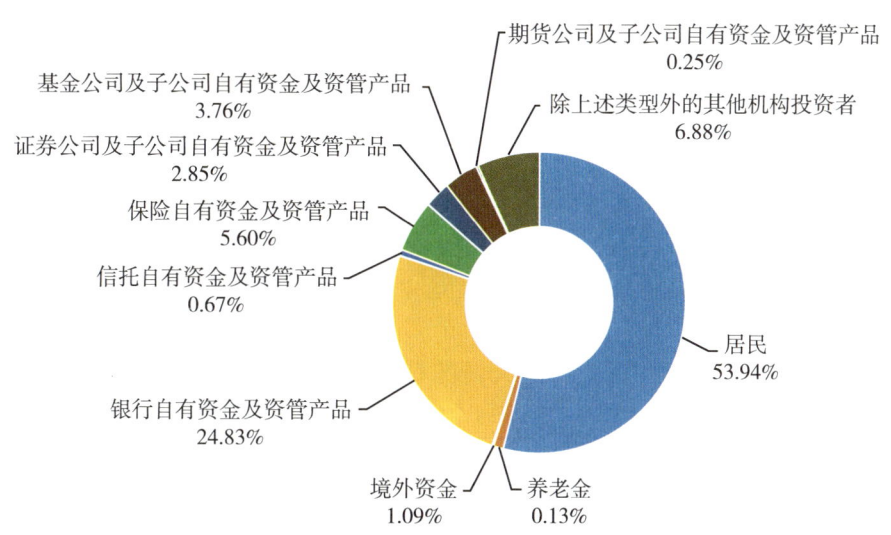

图 2-7　2021年末公募基金资金来源情况

资料来源：中国证券投资基金业协会。

机构投资者（除养老金外）中，来源于银行的资金（含自有资金及其发行的资管产品）最多，占整个公募基金资金来源的24.83%，其次为保险资金（含自有资金及其发行的资管产品），占整个公募基金资金来源的5.60%。机构投资者主要为机构发行的资管产品，其中大部分仍是个人投资者资金的集合。因此，穿透来看公募基金还是主要服务于个人投资者。

（二）资金流动①

从2021年全年来看，公募基金呈现资金净流入状态，延续了近两年的净流入态势。2021年全年净流入资金较2020年下降18%，其中非货币基金净流入金额增长约40%，货币基金则呈现净流出（见图2-8）。

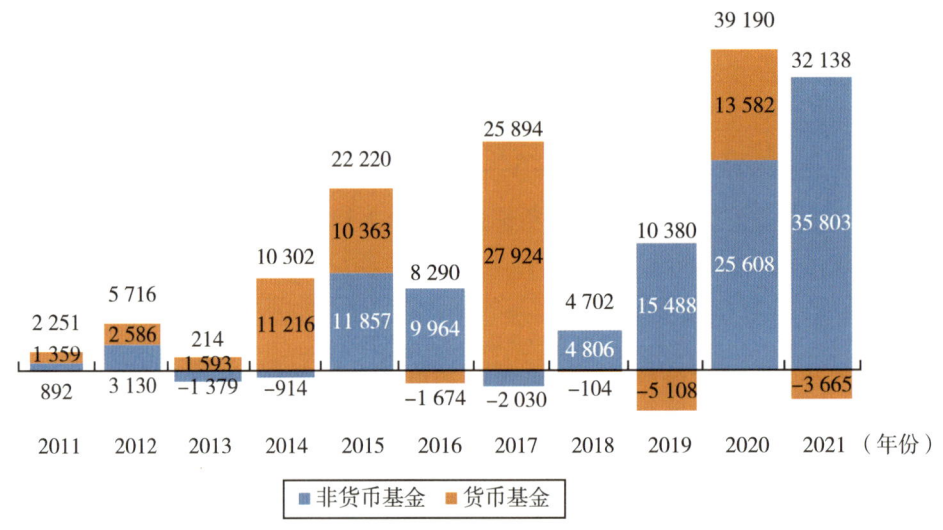

图 2-8 公募基金资金净流动情况（亿元）

资料来源：中国证监会（2018年及以前），中国证券投资基金业协会（2019—2021年）。

从具体各类型基金的资金净流入情况看，2021年，股票基金净流入3 172.76亿元，混合基金净流入13 125.88亿元，债券基金净流入18 796.72亿元，货币基金净流出3 665.12亿元，QDII基金净流入1 642.12亿元。

---

① 资金净流动=认购金额+申购金额−赎回金额，不考虑分红，仅考虑投资者的申购赎回带来的资金流动，资金净流动为正表示净流入，资金净流动为负表示净流出。本部分数据来自公募基金年报，成立时间较短未公布年报的基金仅将首发认购规模纳入计算，成立后年内的申购赎回未纳入。

六、新设情况

延续2020年良好的发行势头，2021年新基金的成立数量和募集规模均继续大幅攀升，共成立1 988只基金，合计募集资金2.98万亿份，其中，股票型基金513只，募集份额3 762.22亿份；混合型基金910只，募集份额1.69万亿份；债券型基金418只，募集份额7 538.91亿份；QDII基金34只，募集规模331.03亿份；FOF共成立96只，募集规模1 194.86亿份（见图2-9和图2-10）。

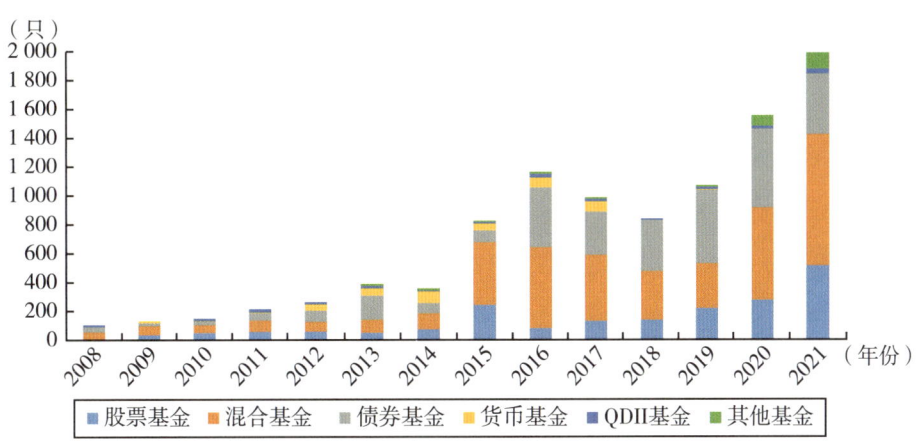

图2-9　2008—2021年各类型基金新设立数量

资料来源：中国银河证券基金研究中心。

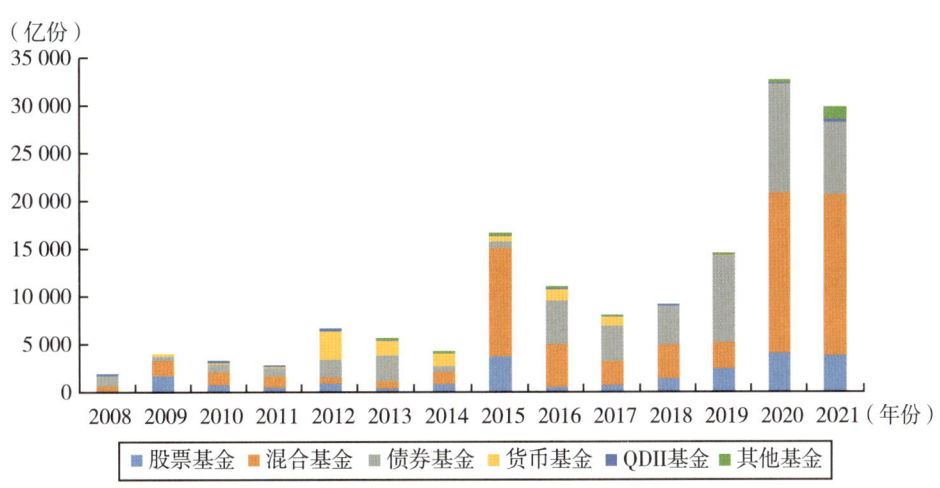

图2-10　2008—2021年各类型基金新发行份额

资料来源：中国银河证券基金研究中心。

从平均募集份额看，2021年全市场基金平均募集份额为15.01亿份。其中，股票基金平均募集份额7.33亿份，混合基金平均募集份额18.56亿份，债券基金平均募集份额18.04亿份，QDII平均募集份额9.74亿份，其他基金（含公募REITs）平均募集份额11.58亿份。

此外，2021年公募基金产品线持续丰富、不断创新，公募REITs（Real Estate Investment Trusts）、同业存单指数基金获批、北交所基金、公募FOF-LOF和MOM问世、指数增强型ETF等创新产品出现，为大众投资者提供了更为多元化的选择。

（一）公募REITs

公募REITs是指依法向社会投资者公开募集资金形成基金财产，通过投资证券化后的基础设施资产，将产生的绝大部分收益分配给投资者的基金产品。2020年4月30日，国家发改委和中国证监会联合发布《关于推进基础设施领域不动产投资信托基金（REITs）试点相关工作的通知》，标志着境内基础设施领域公募REITs试点正式起步。2021年5月17日，首批9只公募基础设施REITs基金正式获得中国证监会批复。截至2021年末，共11个项目发行上市，涵盖产业园区、高速公路、污水处理、仓储物流等重点领域。

（二）同业存单指数基金

2021年11月26日，富国基金、鹏华基金、南方基金、中航基金、华富基金、惠升基金等6家公司上报的中证同业存单AAA指数7天持有期基金正式获批。该类基金以市值法估值，80%以上投资同业存单，主要跟踪的是中证同业存单AAA指数，是现金管理工具的重要补充。

（三）FOF-LOF

2021年9月23日，广发、中欧、兴证全球、交银施罗德、民生加银五家公募管理人申报的首批5只FOF-LOF产品获批。作为FOF产品的一个创新品类，FOF-LOF最大的特点是兼具FOF和LOF产品的优势，即可以上市交易的FOF。由于FOF-LOF产品存在封闭期，且可以场内交易，场内的交易是实时进行的，交易价格实际上是由交易者来决定，因此产品的交易价格和净值可能会有差异，存在折溢价的风险。

（四）北交所主题基金

2021年9月2日，北京证券交易所宣布设立，11月15日正式开市，上市公司以创新型中小企业、"专精特新"企业为主，标志着我国多层次资本市场的进一步完善。11月12日，华夏基金、易方达基金、广发基金、南方基金、嘉实基金、汇添富基金、大成基金和万家基金等8家基金公司上报的北交所主题基金正式获批，均为2年期持有型或2年期定开型产品，约定80%以上非现金基金资产投资于北交所市场。

（五）指数增强型ETF

2021年11月15日，首批5只国内增强型ETF获得中国证监会的批文，分别是招商沪深300增强策略ETF、国泰沪深300增强策略ETF、景顺中证500增强策略ETF、华泰柏瑞中证500增强策略ETF以及南方中证500增强策略ETF。增强型ETF可以通过一级市场申赎或二级市场买卖来参与投资，介于被动型股票指数和主动型股票基金之间，在紧密跟踪标的指数的同时，通过增强策略来获得一定的超额收益。

七、ETF和LOF

ETF是一种在交易所上市交易的、基金份额可变的开放式基金。ETF以某一选定的指数所包含的成分证券（股票、债券等）或商品为投资对象，依据构成指数的证券或商品的种类和比例，采取完全复制或抽样复制进行被动投资。ETF采用实物申购、赎回机制，一级市场与二级市场交易并存。

LOF是一种既可以在场外市场进行基金份额申购、赎回，又可以在交易所（场内市场）进行基金份额交易和基金份额申购或赎回的开放式基金。它是我国证券投资基金的本土化创新。LOF结合了银行等代销机构和交易所两者的销售优势，为开放式基金销售开辟了新的渠道。

ETF和LOF都具有开放式申购、赎回和场内交易的特点，但两者存在本质区别。一是申购、赎回的标的不同：ETF与投资者交换的是基金份额与一篮子证券或商品；LOF申购、赎回的是基金份额与现金的对价。二是申购赎回的场所不同：

ETF通过交易所进行；LOF既可以在场外销售机构网点进行也可以在交易所进行。三是对申购赎回的限制不同：只有资金在一定规模以上的投资者才能参与ETF一级市场的申购赎回交易；而LOF无特别要求。四是基金投资策略不同：ETF通常采用完全被动式管理方法；LOF则是普通的开放式基金增加了交易所的交易方式，可以是指数基金，也可以是主动管理型基金。截至2021年末，全市场已上市交易的ETF共有641只，LOF407只，资产份额分别为10 275.41亿份和5 692.88亿份（见表2-3）。

表2-3　　　　　　　上交所、深交所上市ETF、LOF概览

年份	ETF		LOF	
	数量（只）	份额（亿份）	数量（只）	份额（亿份）
2004	1	54.35	1	27.71
2005	1	81.12	13	86.09
2006	5	89.96	17	331.37
2007	5	77.23	26	2 388.79
2008	5	154.91	28	2 267.82
2009	9	363.39	37	2 389.09
2010	20	702.04	57	2 323.16
2011	37	949.17	82	2 400.96
2012	50	1 156.11	97	2 501.66
2013	87	1 159.50	109	2 186.90
2014	107	1 251.48	124	1 856.87
2015	129	3 544.20	162	1 509.24
2016	147	3 030.06	207	2 201.34
2017	170	2 333.01	272	1 815.15
2018	198	4 462.27	295	3 144.50
2019	285	4 900.13	318	3 795.47
2020	378	7 204.27	341	4 210.32
2021	641	10 275.41	407	5 692.88

注：LOF按交易代码口径统计。

资料来源：上海证券基金评价研究中心，Wind资讯。

第二节 专业化投资能力

一、基金的主动投资管理能力

公募基金是个人投资者低成本参与资本市场、间接分享经济发展成果的重要渠道。以主动管理股票型基金为代表,基金的专业化管理能力体现为在波动市场中的主动管理能力,在市场景气时期能够获得与市场一致的投资回报,在市场不景气时期能够有效管理市场下行风险。

通过5年滚动年化收益率[①]来衡量基金的主动投资管理能力,我们发现除了2018年以外,在大部分时间里主动基金的滚动表现均优于以沪深300为代表的基础市场。这意味着,2004年以来的任一时点上,投资者持有主动管理股票型基金5年以上,通常可以实现好于同期市场指数的平均年化收益率(见图2-11)。

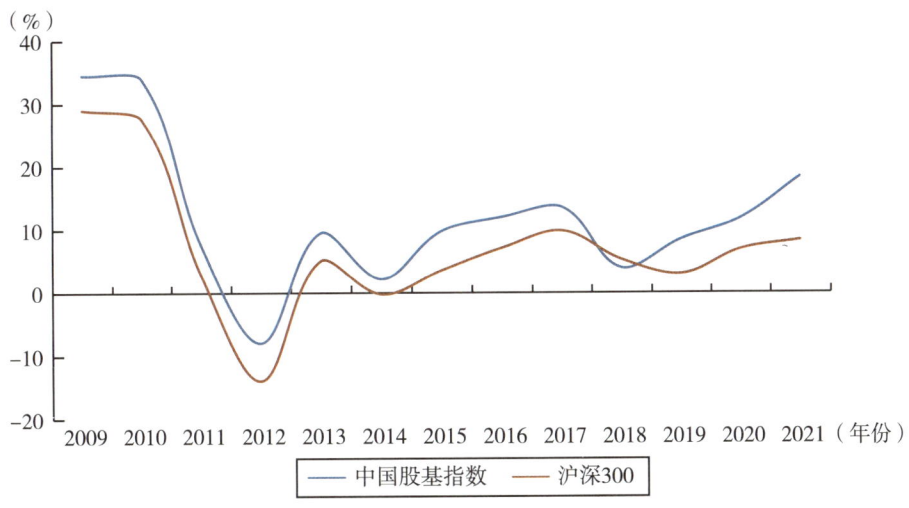

图2-11 主动管理股票型基金和沪深300指数5年滚动年化收益

资料来源:上海证券基金评价研究中心。

分年度和从5年滚动收益率来看,各类型主动管理基金均表现出较好的管理能力,在多数情况下能够给长期投资者带来优于市场基准的业绩表现(见图2-12)。2021年资本市场板块分化较大,主动管理股票型基金的表现中规中矩,

---

① 即在任一时点上计算的过去5年平均年化收益率。

全年股基指数收益超越了中证全指约5个百分点。超额水平虽较上年大幅收窄，但5年滚动收益率的领先优势仍在扩大。

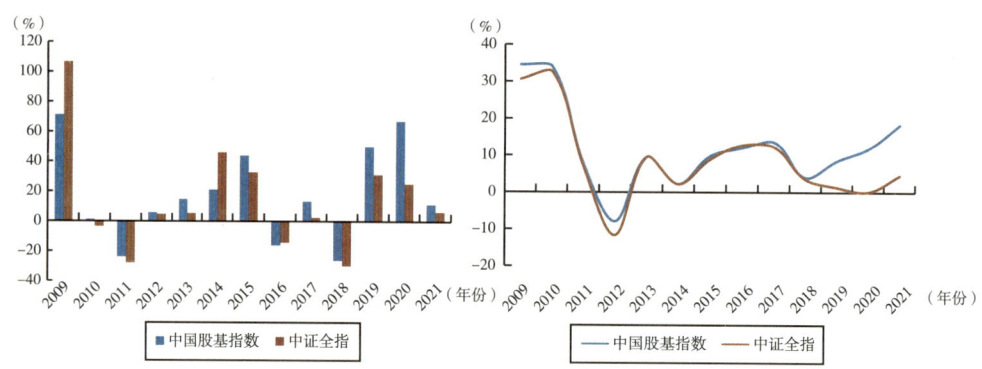

注：图中蓝色代表主动管理股票型基金，红色代表中证全指。

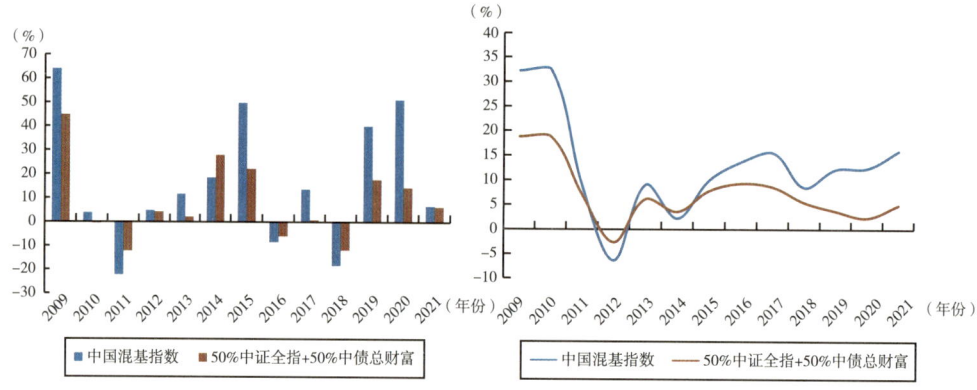

注：图中蓝色代表主动管理混合型基金，红色代表50%中证全指+50%中债总财富指数。

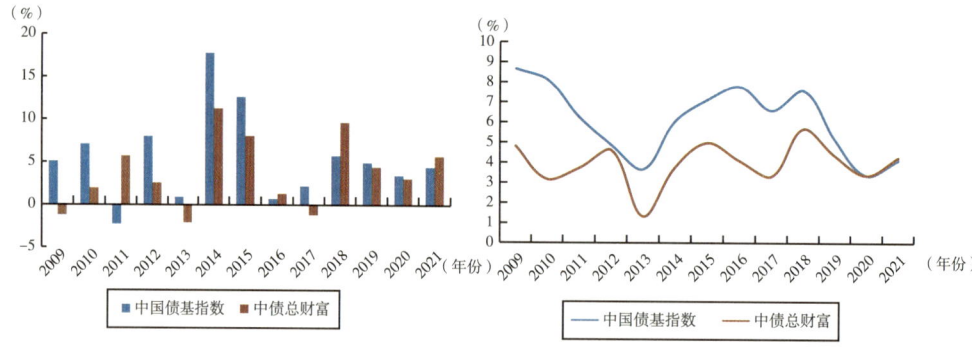

图 2-12　各类开放式主动管理基金指数和基准指数分年度及 5 年滚动收益率情况

注：图中蓝色代表主动管理债券型基金，红色代表中债总财富指数。
资料来源：上海证券基金评价研究中心。

二、基金与个人投资者[1]的投资能力比较

对于个人投资者而言，基金可以实现高效率的分散化投资，降低个人投资者因为信息不足和非理性投资而导致的资源浪费，有效实现社会分工，是个人投资者低成本参与资本市场、分享经济增长的理想途径。近三年个人投资者与基金投资收益率的分布数据显示基金比个人投资者表现出了更强的投资管理能力。

2019年市场全面回暖，沪深300指数取得了36.07%的上涨。股票型基金表现出了卓越的收益创造能力，四成以上的产品盈利超过了50%，且无一亏损。个人方面，盈利超过20%的则不到调查样本的三成，仅有一成投资者表示其当年盈利超过50%。有接近一半的投资者并没有实现盈利，其中更有三成的投资者表示其亏损超过了20%（见图2-13）。

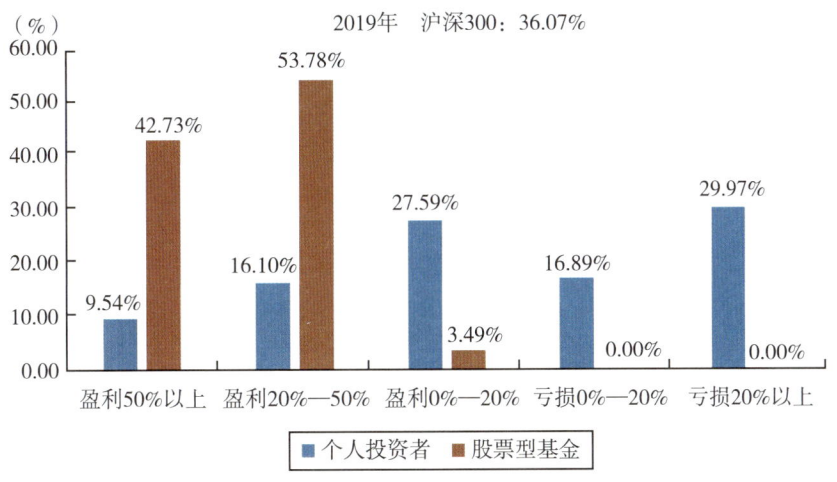

图2-13　2019年基金与个人投资者投资能力对比

资料来源：2019年度东方财富网投资者调查问卷，上海证券基金评价研究中心整理。

2020年虽然经历了重大疫情的冲击，但基础市场抗住压力后依然走出了强劲的上升行情。股票型基金表现较上年更为出色，近六成的产品盈利超过了50%，99%以上产品实现正收益。个人投资者的情况与2019年变化不大，盈利超过20%的情况占到所有调查样本的26.91%，三成以上的投资者亏损幅度超过了20%，

---

[1]　个人投资者年度盈亏情况来自东方财富网的年度股民调查问卷，https://finance.eastmoney.com/a/202112142213382883.html。

依然有近半的投资者未取得正收益（见图2-14）。

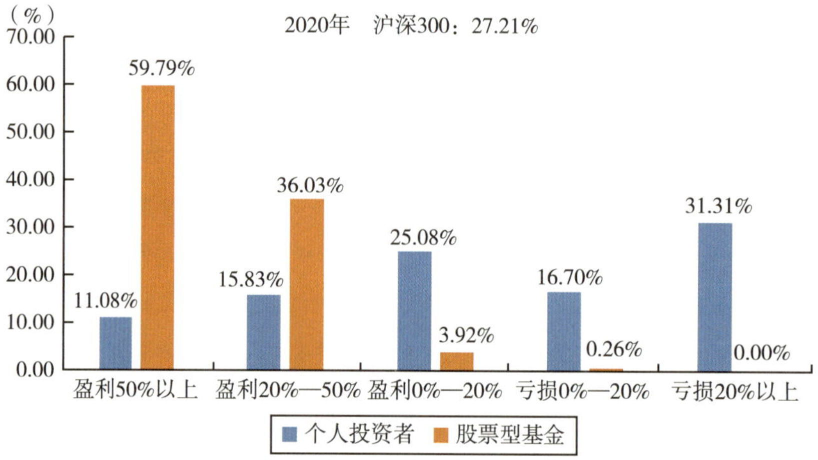

图2-14　2020年基金与个人投资者投资能力对比

资料来源：2020年度东方财富网投资者调查问卷，上海证券基金评价研究中心整理。

2021年市场板块分化较为显著，全年沪深300回撤5.2%，但中证500指数则上涨了15.58%。在震荡分化市场中，股票型基金优势较为突出。近七成股票型基金实现正收益，仅有不到1%的产品亏损幅度超过了20%。个人投资者方面，约54%的投资者取得正收益，而亏损超过20%的投资者则占到了所有投资者的1/4（见图2-15）。

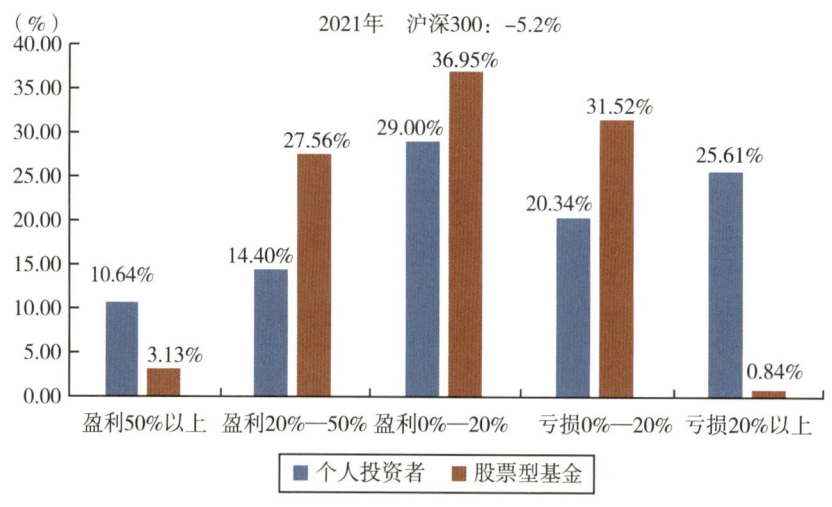

图2-15　2021年基金与个人投资者投资能力对比

资料来源：2021年度东方财富网投资者调查问卷，上海证券基金评价研究中心整理。

第三节　各类型基金

一、股票基金

（一）股票基金的数量与规模

从股票基金的历史发展来看，2015年以前，60%以上投资于股票资产的基金即为股票基金。2014年新的基金运作管理办法实施后，股票基金需要80%以上的资产投资于股票，并设置了1年过渡期。2015年，正常运作的300多只股票基金陆续更名为混合基金，涉及基金资产5 864亿元。受此影响，2015年底的股票基金，无论数量还是资产规模均有大幅下滑，事实上仅是统计口径的变化导致的。此外，更名转混合基金的基本上都是主动管理的股票基金，因此主动管理的股票基金占比大幅下降，被动指数基金占比大幅提升。

从基金数量来看，2021年末，主动管理股票基金、标准指数基金、增强指数基金、股票ETF及其联接基金的数量占比分别为28.0%、15.9%、9.2%和46.9%。从资产规模来看，2021年末，主动管理股票基金、标准指数基金、增强指数基金、股票ETF及其联接基金的规模占比分别为32.9%、13.2%、6.4%和47.5%（见图2-16）。被动投资的指数基金合计占比67%。

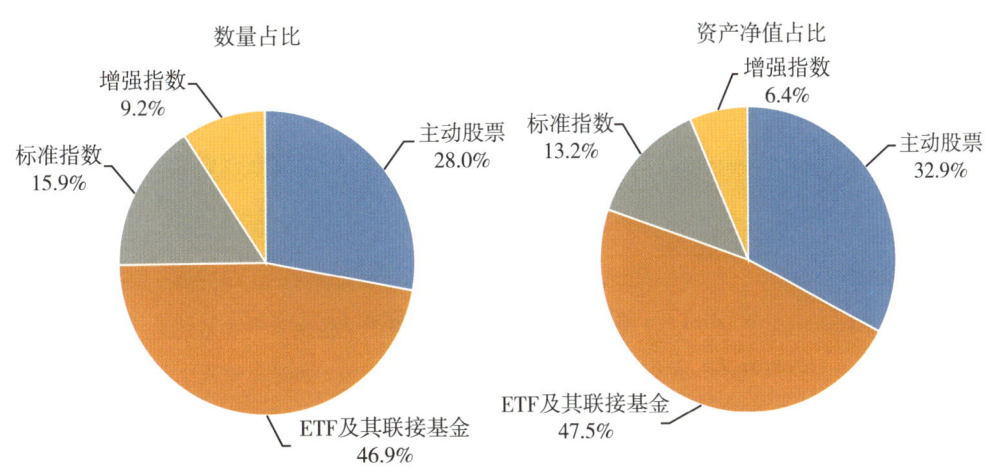

图2-16　2021年末各类型股票基金占比情况

资料来源：中国银河证券基金研究中心。

2021年主动股票基金资产规模较上年度增长21%，增强指数基金资产规模较上年度增长37%，标准指数基金资产规模较上年度增长30%，股票ETF及其联接基金的资产规模较上年度增长26%。总体来看，主动股票基金规模增幅趋缓，被动股票基金发展相对较快。

（二）股票基金的资产配置

截至2021年末，已披露季报的股票基金股票市值21 597亿元，占比84.3%；基金投资（全部为ETF联接基金投资对应的ETF）2 311亿元，占比9.0%；银行存款1 365亿元，占比5.3%。包含债券在内的其他资产338亿元，占比1.4%。考虑基金投资的ETF持有的几乎都是股票市值，穿透计算，股票基金持有股票市值的占比约93%。

主动投资的股票基金资产总值8 495亿元，其中股票市值7 531亿元，占比88.7%；银行存款780亿元，占比9.2%；债券市值99亿元，占比1.2%；其他资产占比1%（见图2-17）。

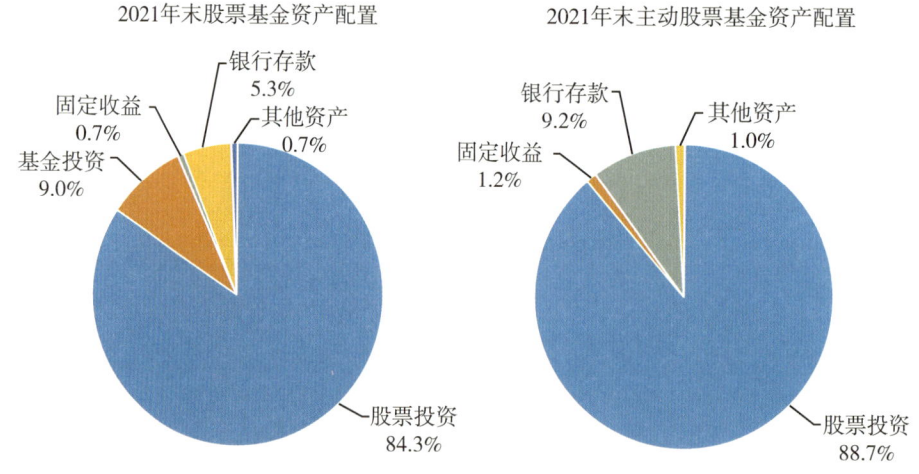

图2-17　2021年末股票基金资产配置情况

资料来源：中国银河证券基金研究中心。

近5年来，股票基金的资产配置相对比较稳定，持有的股票市值占总资产的比例保持在84%上下，基金投资（ETF联接基金）保持在10%左右，银行存款占比5%左右（见图2-18）。

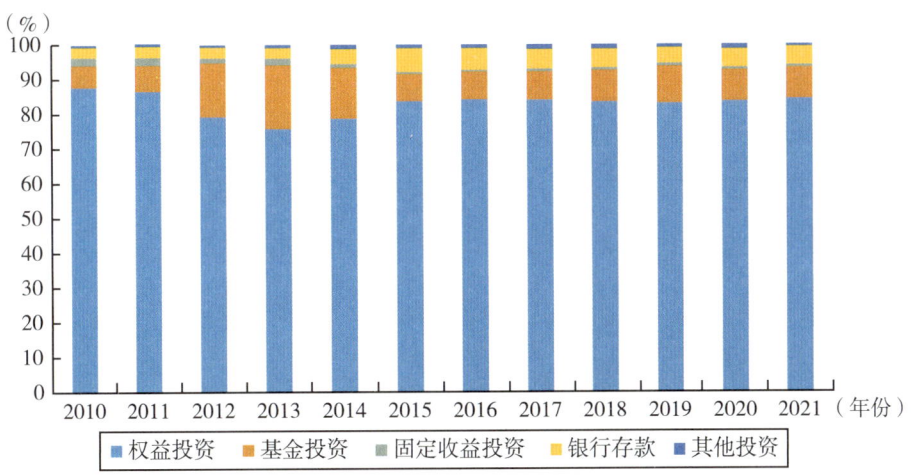

图 2-18　2010—2021 年股票基金的资产配置

资料来源：中国银河证券基金研究中心。

2015—2018 年，股票基金持有的股票市值保持在 6 000 亿元上下，2018 年由于股票 ETF 基金规模大幅增长，尽管股市大幅下跌，股票基金持有的股票市值逆市上涨到 6 618 亿元。2019 年至 2021 年在资金净流入和股市大涨的背景下，股票基金持有的股票市值三年内增长了 226%，突破 2 万亿元（见图 2-19）。

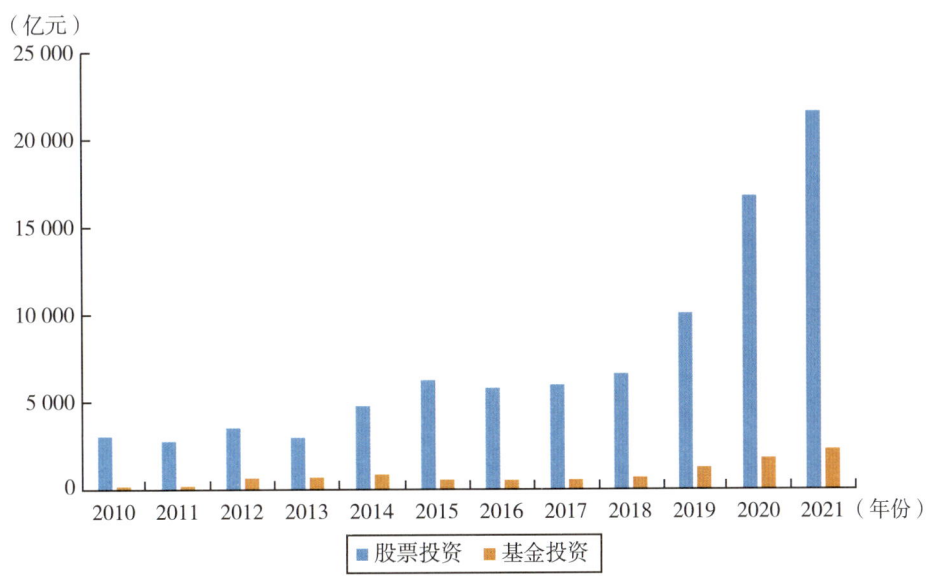

图 2-19　2010—2021 年股票基金持有的股票市值和基金投资

资料来源：中国银河证券基金研究中心。

2014年新的基金运作管理办法实施以后，股票基金投资股票的比例下限变成80%，主动股票基金的规模加权股票投资比例一直保持在较高的水平。数据显示，2015年以来剔除处于建仓期的新基金，正常运作的主动股票基金的规模加权股票投资比例常年保持在85%以上，波动较小，最高接近93%，平均89%。即便在2015年3季度和2018年4季度，该数据出现相对低点，对应股市极度悲观恐慌的时刻，分别也有86%和87%，2021年末是91%，高于历史平均水平（见图2-20）。

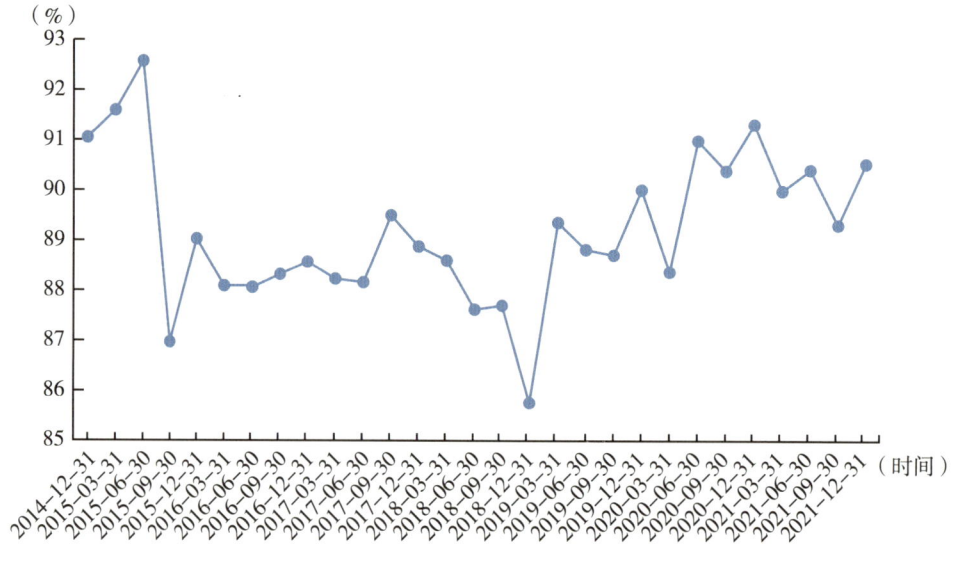

图2-20　主动股票基金股票投资比例

资料来源：中国银河证券基金研究中心。

（三）股票基金的周转率

2021年，投资者持有股票基金的年度周转率为158%（规模加权平均），较上年度有所回落。其中股票ETF为167%，主动股票基金为98%（见图2-21）。近十年的数据显示，股票基金持有人的周转率与股市行情、基金业绩密切相关，股市行情好的时候，周转率显著上升；同时，与基金产品特征也显著相关，股票ETF作为工具型配置型产品，周转率显著高于主动股票基金。

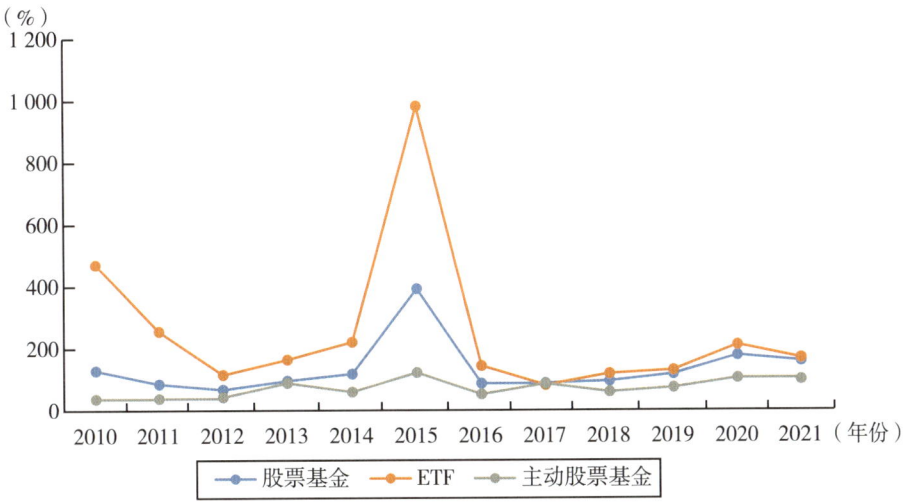

图 2-21 2010—2021 年投资者持有股票基金的年度周转率

注：加权平均持有人周转率 =〔（期间申购金额 + 期间赎回金额）/2〕/〔（期初所有者权益 + 期末所有者权益）/2〕。

资料来源：中国银河证券基金研究中心。

（四）股票基金的持有人结构

截至2021年末，股票基金中个人持有资产占比为66%，机构持有资产占比为34%，与上年度基本持平。

从持有的股票基金资产规模来看，个人投资者在股市行情较好的2015年、2017年和2019年、2020年和2021年，持有的资产规模增加，在股市行情下行的2016年和2018年，持有的资产规模减小。而机构投资者持有的规模与市场行情的相关性不高，甚至在股市行情下跌的2016年和2018年，持有的资产规模反而逆市增加。2021年个人和机构持有的股票基金规模继续上升，均创历史新高（见图2-22）。

2015年至2021年，股票基金的持有人户数逐年大幅攀升，从1 713万户上升到14 406万户，增长了741%，年均复合增长43%。户均持有的资产从4.29万元下降到1.73万元（见图2-23）。2021年在持有人户数继续大幅增长的同时，户均资产持续下滑。

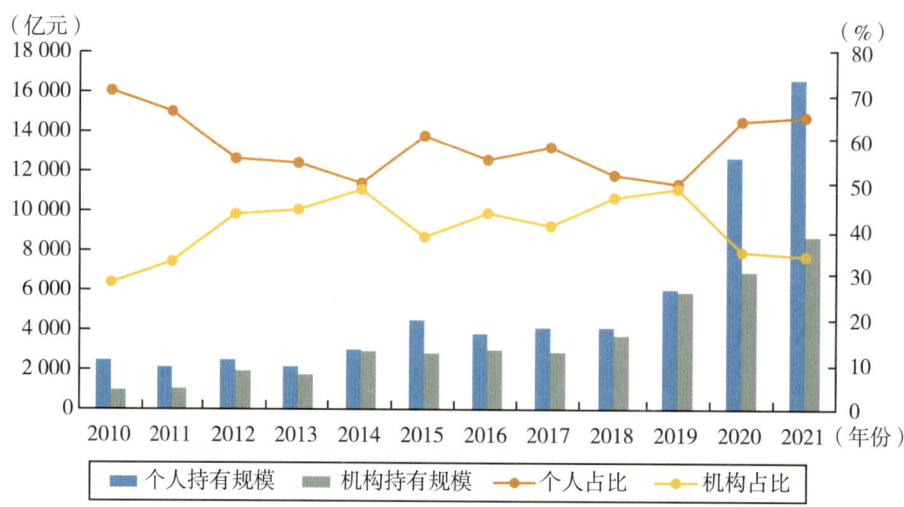

图 2-22　2010—2021 年股票基金的持有人结构

资料来源：中国银河证券基金研究中心。

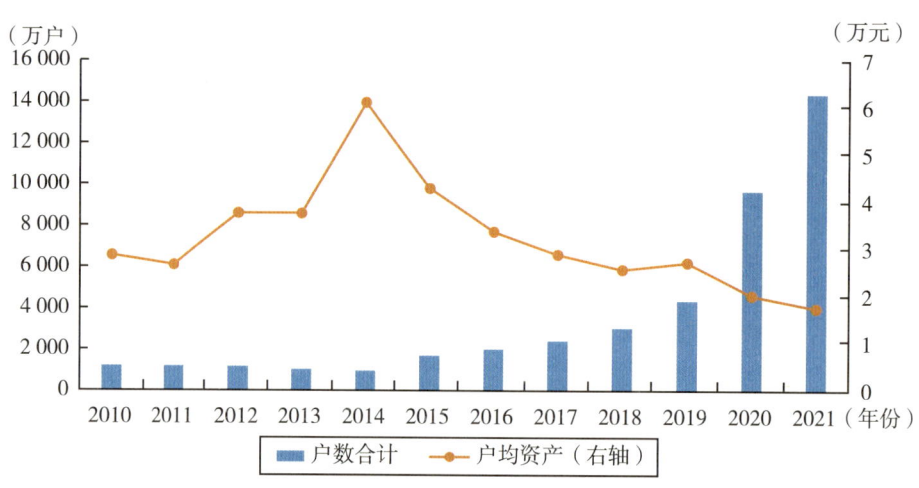

图 2-23　2010—2021 年股票基金持有人户数与户均资产

资料来源：中国银河证券基金研究中心。

分具体类别来看，主动管理的股票基金，个人投资者持有比例较高，且较为稳定。个人投资者持有的主动股票基金规模在2015年达到最高值88%，后逐年略有下降，平均占比是82%，截至2021年末占比80%，与上年持平。个人投资者持有的资产规模随着股市行情起伏，2021年达到6 800亿元，创新高（见图2-24）。

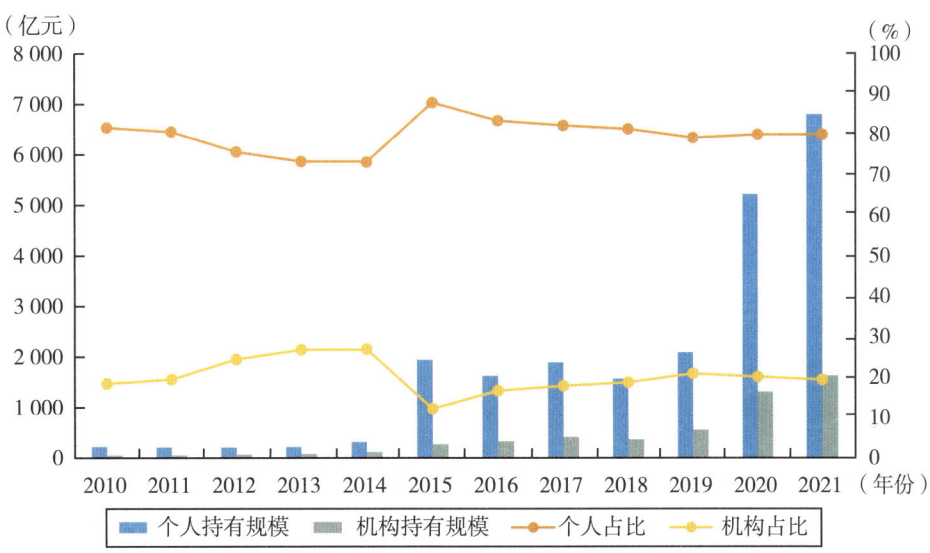

图 2-24　2010—2021 年主动股票基金的持有人结构

资料来源：中国银河证券基金研究中心。

主动管理的股票基金的持有人户数从2015年底533万户上升到4 641万户，增长了770%，年均复合增长43%。户均持有的资产从4.14万元下降到1.82万元（见图2-25）。特别是2020年和2021年，持有人户数爆发性增长了322%。

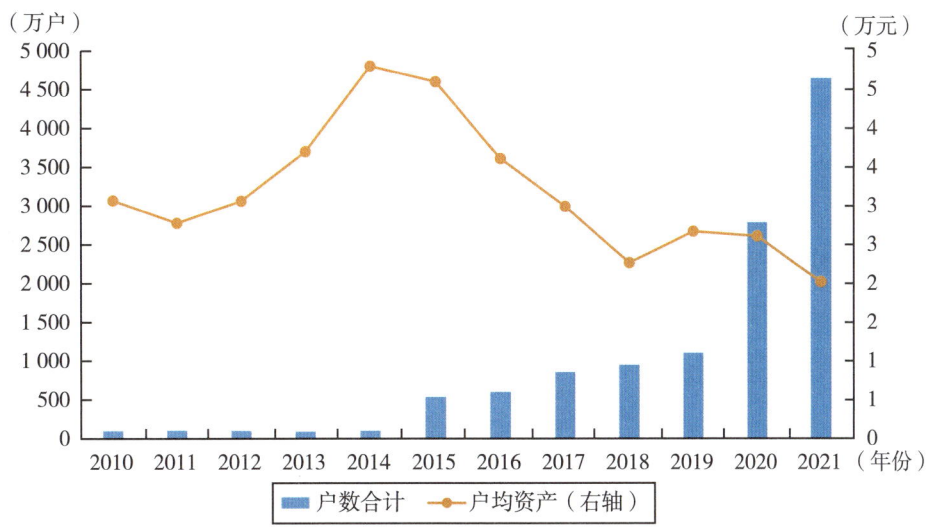

图 2-25　2010—2021 年主动股票基金持有人户数与户均资产

资料来源：中国银河证券基金研究中心。

在股票基金的细分类别中，仅ETF是机构占主导地位的，但在2020年和2021年，机构占比显著下降。最高时机构持有ETF占比接近90%（见图2-26）。截至2021年末，机构持有ETF规模占比64%，个人持有ETF规模占比36%。

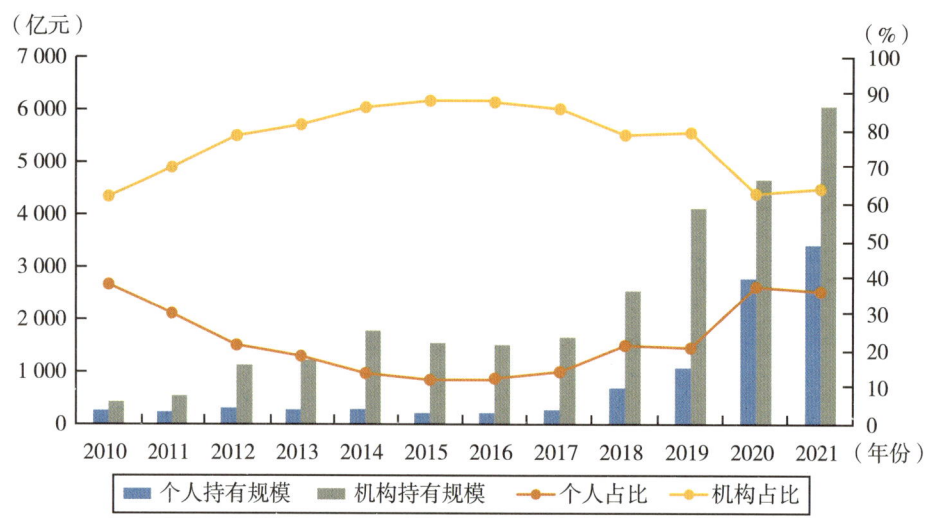

图2-26 2010—2021年股票ETF的持有人结构

资料来源：中国银河证券基金研究中心。

股票ETF份额中有一部分是ETF联接基金持有的，虽被统计为机构持有，穿透下去，其实相当一部分是个人持有的。按穿透计算，在2014年以前，ETF也是个人持有占主导，只有不到四成为机构持有，2014年机构持有的ETF规模追平个人，2015年大幅超越个人，接下来几年基本维持在略超六成的状态。2020年再次反转，个人持有占比超过机构。2021年末，机构实际持有股票ETF规模占比42%，个人持有股票ETF规模占比58%。

2010—2017年，股票ETF的持有人户数平稳中略有下降，保持在50万~70万户之间，2018年伴随着股票ETF资产规模的逆市增长，持有人户数大幅上升至161万户，2020年和2021年继续大幅上升至1 101万户，户均市值大幅下降至9万元（见图2-28）。

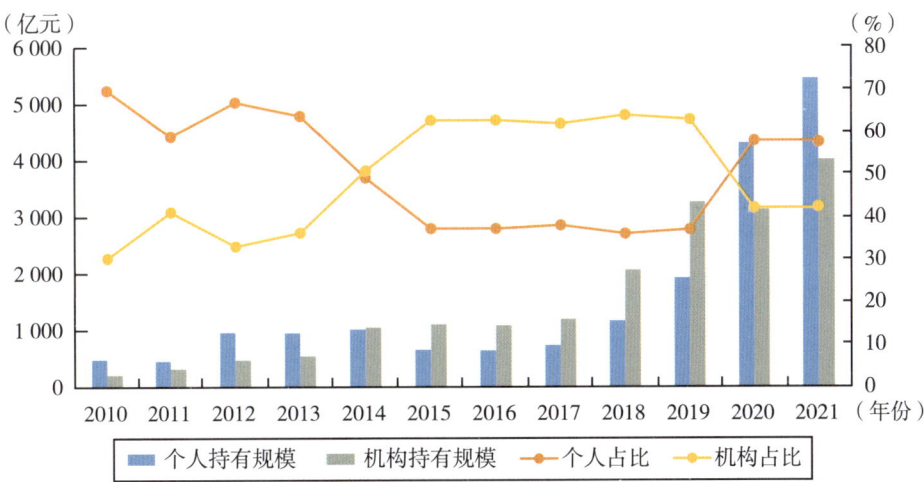

图 2-27　2010—2021 年股票 ETF 基金的持有人结构（ETF 联接基金穿透计算）

资料来源：中国银河证券基金研究中心。

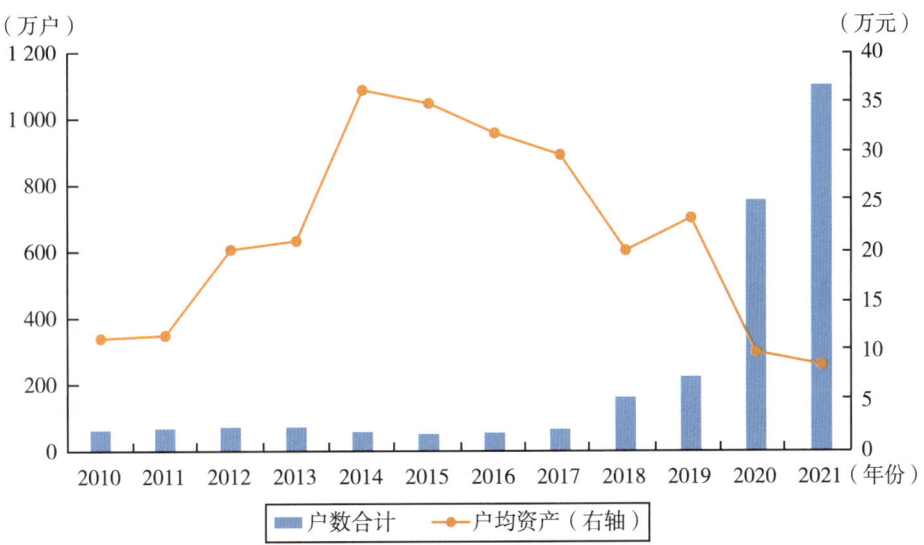

图 2-28　2010—2021 年股票 ETF 基金持有人户数与户均资产

资料来源：中国银河证券基金研究中心。

二、债券基金

（一）债券基金数量与规模

从债券基金的发展历史来看，随着我国债券市场发展的不断深化，近几年来债券基金规模也持续增长。尤其是近些年机构投资者对债券基金的认可度增加，银行、保险等资金增大了固定收益类产品的配置。从基金数量来看，纯债基金、普通债券基金（部分可投转债和二级市场股票的基金）、指数债券基金、可转债基金的数量占比分别是63.1%、28.8%、6.7%和1.5%。从基金规模来看，纯债基金、普通债券基金（部分可投转债和二级市场股票的基金）、指数债券基金、可转债基金的规模占比分别是68.2%、24.6%、6.3%和0.9%（见图2-29）。

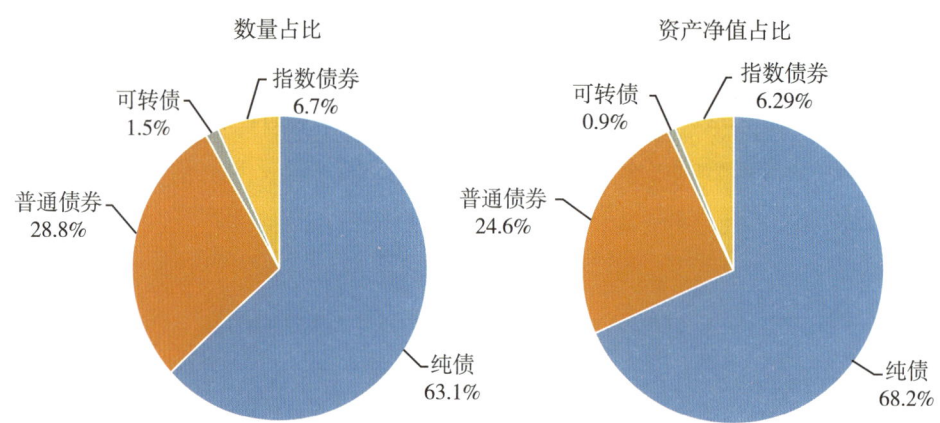

图2-29 2021年末各类型债券基金占比

资料来源：中国银河证券基金研究中心。

近十年来债券基金的发展主要体现为2012年以来纯债基金的兴起和大发展，在此之前，纯债基金数量仅有两三只，规模也可以忽略不计。此后的8年时间，纯债基金实现了跨越式发展，数量超过千只，规模超过4万亿元，无论是数量还是规模都占据债券基金的六成以上。

（二）债券基金的资产配置

1. 债券基金的大类资产配置

2021年末，债券基金固定收益投资75 587亿元，占总资产比93.3%；银行存款1 111亿元，占总资产比1.4%；权益投资1 659亿元，占总资产比2.0%；其他资产2 631亿元，占总资产比3.2%（见图2-30）。从近十年的配置趋势来看，债券基金的债性逐步提升。2010年，债券基金配置权益资产的比例曾达到9.4%，到如今仅为2%左右，几乎可以忽略。

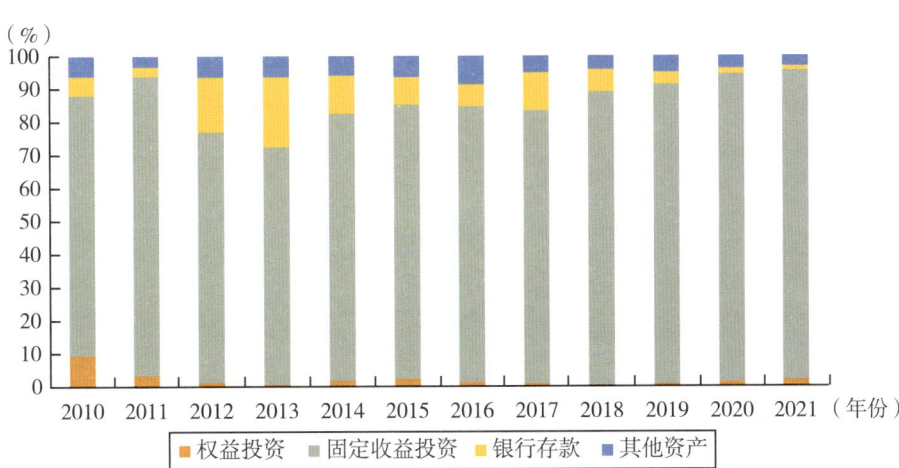

图 2-30　2010—2021 年债券基金的资产配置

资料来源：中国银河证券基金研究中心。

2.债券基金的券种配置

在债券类资产配置方面，2021年末，金融债券、中期票据、企业债券、企业短期融资券、国债、同业存单和可转债是公募基金债券类资产的主要配置品种，上述各债券品种占债券资产比例分别为57.33%、15.87%、10.63%、6.46%、2.20%、2.67%和2.53%，合计占比97.70%。地方政府债和其他债券的占比较低。

从债券基金对债券资产配置历史数据看，2008年至2013年，国债与央行票据配置合计占比从41%下滑至3.5%，此后不再成为主要配置债券品种。企业债券曾是债券基金配置比例最高的券种，尤其是在2014年二季度，配置比例高达63.1%，之后在2015年和2016年配置比例连续大幅下滑，最近几年亦处于持续下滑中，其主要原因在于企业债的信用风险升高，债券违约事件频现。与此同时，债券基金对以政策性金融债为主的金融债券配置比例持续上升，2018年反超企业债券，成为配置比例最高券种。2021年金融债券的占比维持高位，企业债券占比继续下滑，企业短融债券的占比有所回升。2020年债券基金配置同业存单和可转债的比例略有上升（见图2-31）。

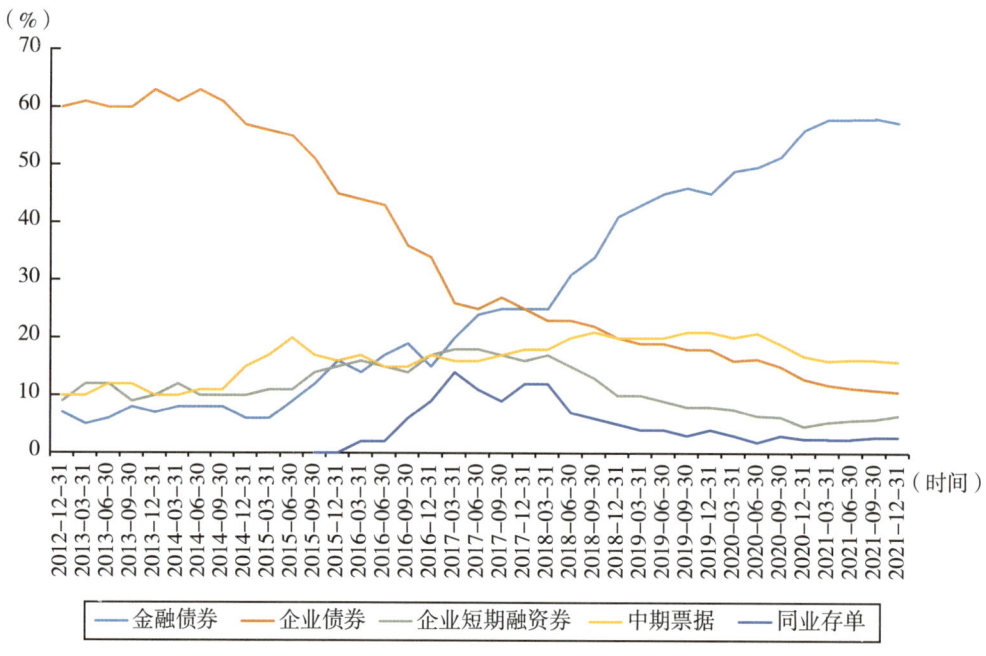

图 2-31　2012—2021 年债券基金的券种配置

资料来源：中国银河证券基金研究中心。

3. 债券型基金杠杆率

债券基金杠杆率从 2014 年 6 月见顶后持续下降，直到 2017 年 6 月触底，之后维持较低的杠杆水平。2021 年末，全部债券基金的规模加权平均杠杆率 1.23 倍，与上年度基本持平。其中，纯债基金的杠杆率是 1.16 倍，微幅提升，普通债券型基金杠杆率最低，仅有 1.13 倍，较上年度大幅下降；定开纯债基金杠杆率最高，为 1.36 倍，且较 2020 年末的 1.31 倍继续提升。定开普通债券型基金的杠杆为 1.28 倍，大幅上升。2021 年定开类债券基金的杠杆显著上升。

（三）债券基金的周转率

2021 年投资者持有债券基金的年度周转率为 64%，继续保持在低位。2015 年以来，伴随着债券基金机构持有占比大幅上升，投资者持有债券基金的周转率不断下降（见图 2-32）。

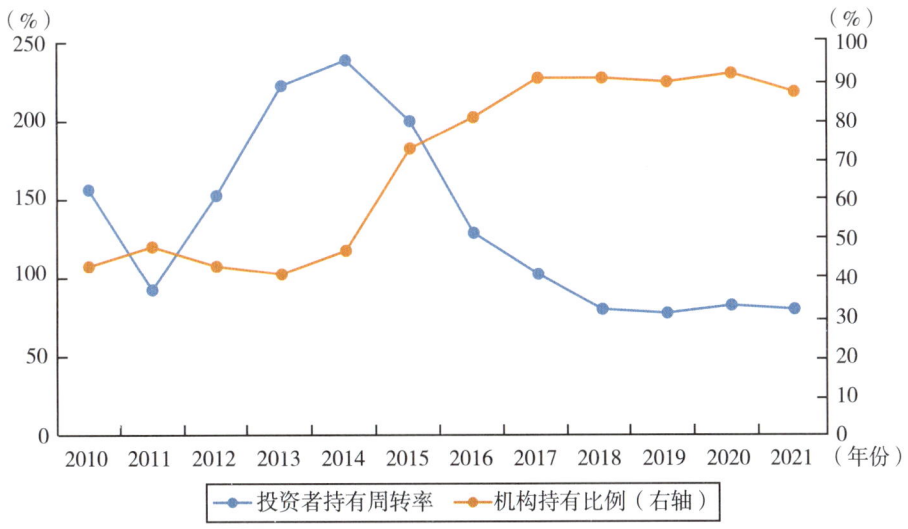

图 2-32　2010—2021 年投资者持有债券基金的年度周转率

资料来源：中国银河证券基金研究中心。

（四）债券基金的持有人结构

2021年末，机构投资者持有债券基金规模占比87%，个人投资者持有债券基金规模占比13%。2015年以来，机构持有的债券基金规模从2 000亿元快速攀升至5万亿元以上，机构持有的比例逐渐占据绝对优势（见图2-33）。

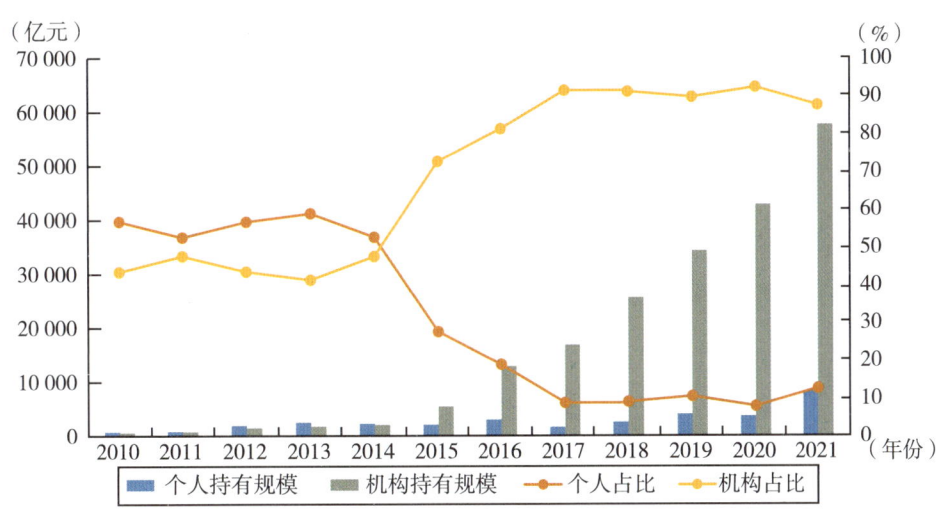

图 2-33　2010—2021 年债券基金的持有人结构

资料来源：中国银河证券基金研究中心。

最近3年，债券基金总的持有户数大幅增加，从2018年底的1 170万户，增加至2021年末的7 897万户，户均持有规模也从24万元，显著下降到8万元（见图2-34）。

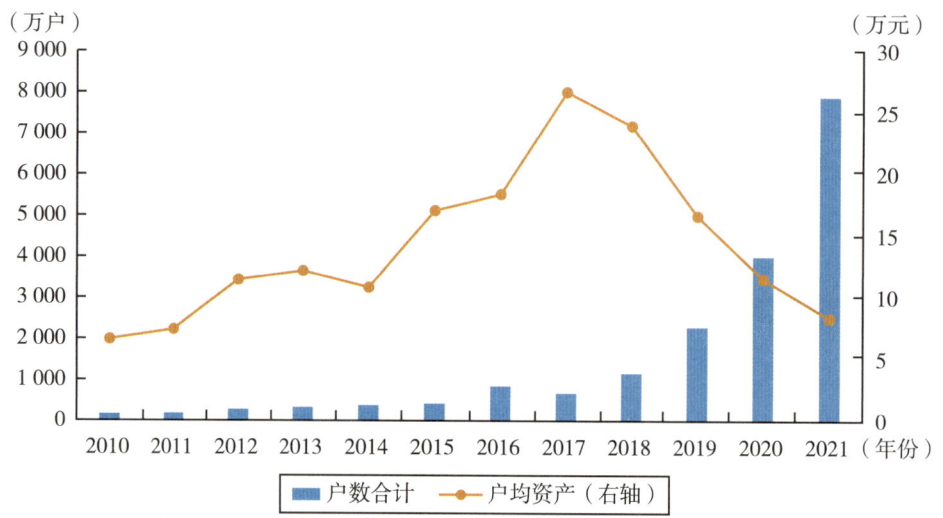

图2-34　2010—2021年债券基金持有人户数及户均资产

资料来源：中国银河证券基金研究中心。

三、混合基金

（一）混合基金的数量与规模

2020年和2021年混合基金的资产规模实现了跨越式增长，此前10年的规模一直徘徊在2万亿元左右。存量资产的增值与新增资金大量涌入使得混合基金的资产规模在2021年末超过6万亿元。从基金数量来看，2021年末，混合偏股基金、灵活配置基金、股债平衡基金、混合偏债基金、绝对收益目标基金、其他混合基金的数量占比分别是49.7%、29.1%、1.0%、15.9%、4.2%、0.1%。从基金规模来看，2021年末，混合偏股基金、灵活配置基金、股债平衡基金、混合偏债基金、绝对收益目标基金、其他混合基金的规模占比分别是62.9%、17.9%、1.4%、13.8%、4.0%、0.1%（见图2-35）。

过去两年混合基金的发展呈现出风格明晰的发展趋势，混合偏股与混合偏债的基金数量增速与资产规模增速都远远快于其他类型的混合基金，而灵活配置和绝对收益目标基金的数量不断下降。

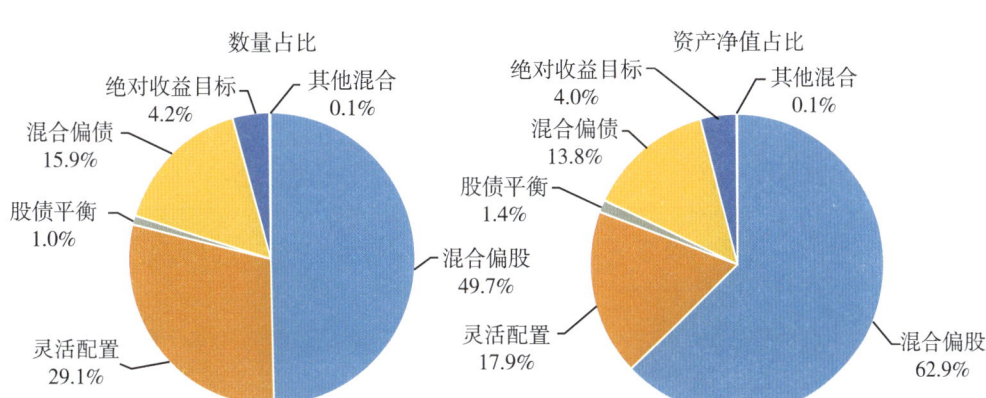

图 2-35　2021 年各类型混合基金占比

资料来源：中国银河证券基金研究中心。

（二）混合基金的资产配置

2021年末，混合基金持有的权益投资市值44 373亿元，占总资产比71.1%；固定收益投资市值11 306亿元，占总资产比18.1%；银行存款5 036亿元，占总资产比8.1%；其他资产1 679亿元，占总资产比2.7%。与上年度相比，2021年混合基金的权益投资占比基本持平，固定收益投资占比小幅上升（见图2-36）。

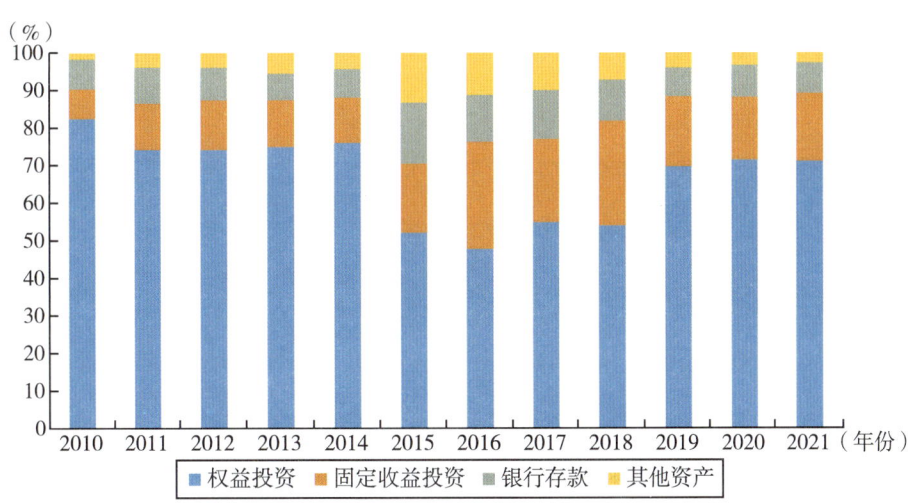

图 2-36　2010—2021 年混合基金的资产配置

资料来源：中国银河证券基金研究中心。

2021年末，混合基金持有的权益投资市值较上年度增加10 624亿元，增幅31%。混合基金持有权益投资市值由2010年的14 382亿元大幅下降至2011年10 052亿元，持续多年保持在万亿元左右，2018年降至8 444亿元，为近十年来最低，2019年大幅上涨，回升至2010年的水平，2020年历史性突破上升到3万亿元以上，2021年持续创新高，上升到4万亿元以上（见图2-37）。

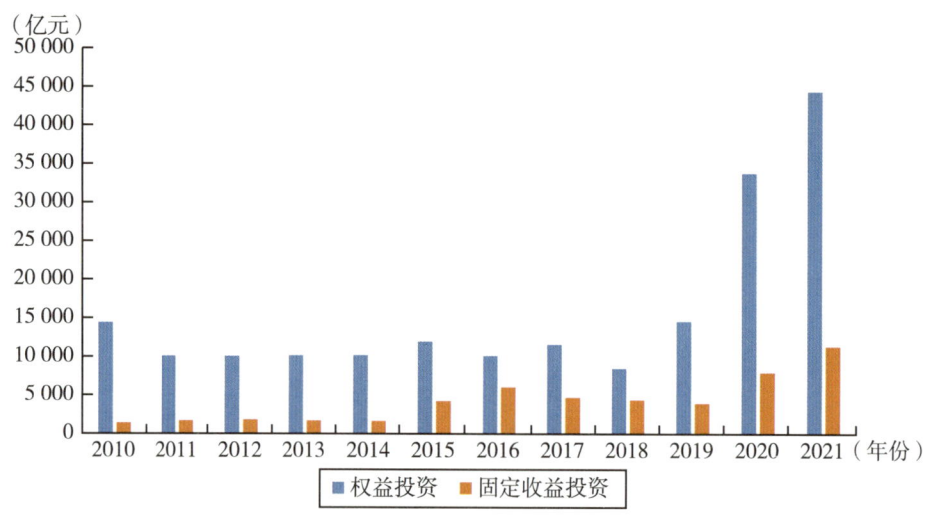

图2-37　2010—2021年混合基金的权益投资市值和固定收益投资市值

资料来源：中国银河证券基金研究中心。

（三）混合基金的周转率

2021年，混合基金投资者持有基金的年度周转率为76%，较2020年的86%有所下降，更远低于2015年的151%。近十年的数据显示，混合基金投资者持有基金的年度周转率与股市行情、基金业绩呈现一定程度的正相关性（见图2-38）。

（四）混合基金的持有人结构

混合基金整体上以个人持有为主。2021年末，个人投资者持有混合基金的规模占比为81%，机构投资者持有混合基金的规模占比为19%（见图2-39）。2010—2019年，个人投资者持有的混合基金规模一直比较平稳，在1万亿元至1.5万亿元之间摆动，投资比例的变化主要由机构持有规模的大幅变动导致的。机构投资者持有的混合基金规模在2015年显著增长，从常年的2 000亿元左右，突破到1万亿元，持有比例也从不到20%上升到46%，此后机构持有的规模不断下降，占比下滑。2021年个人投资者持有混合基金规模继续大幅增长，除了市场上涨带来的增值外，主要是新发基金带来的资金净流入。

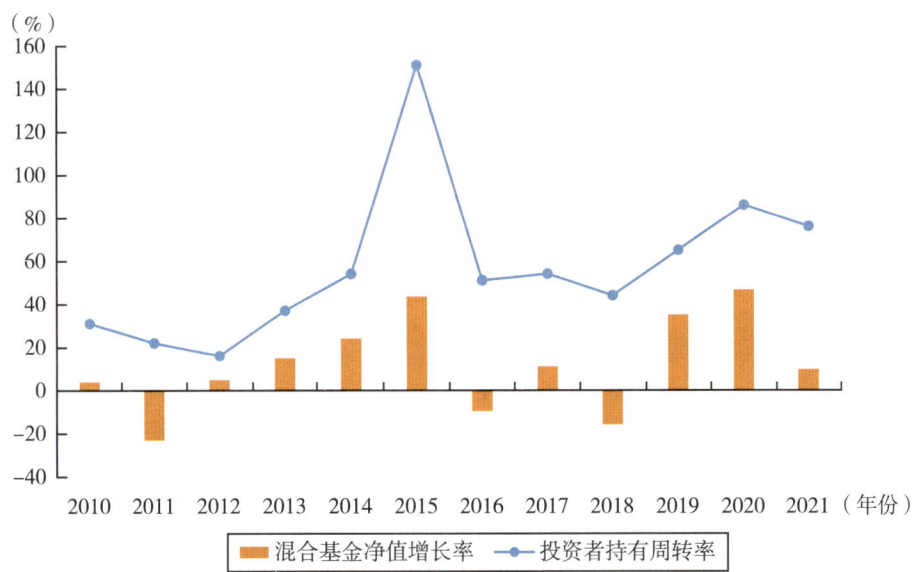

图 2-38　2010—2021 年投资者持有混合基金的年度周转率

资料来源：中国银河证券基金研究中心。

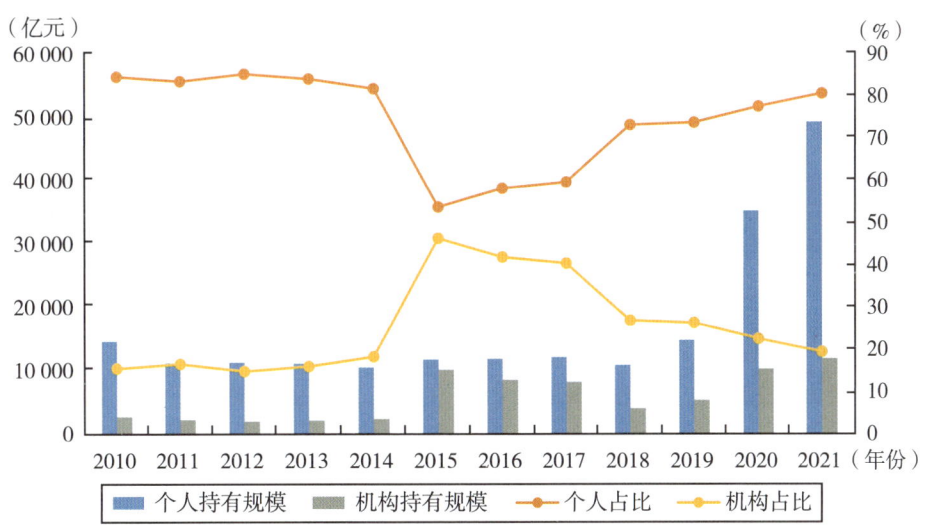

图 2-39　2010—2021 年混合基金的持有人结构

资料来源：中国银河证券基金研究中心。

2021年末，混合基金持有人户数27 393万户。2021年混合基金持有人户数继续大幅上升，增加了9 642万户，增幅54%，户均资产2.2万元。2010年以来的数据显示，混合持有人户数经过了先降后升的"V"形走势，于2015年见底，2019年回升到2010年的水平，并于2020年、2021年大幅跃升（见图2-40）。

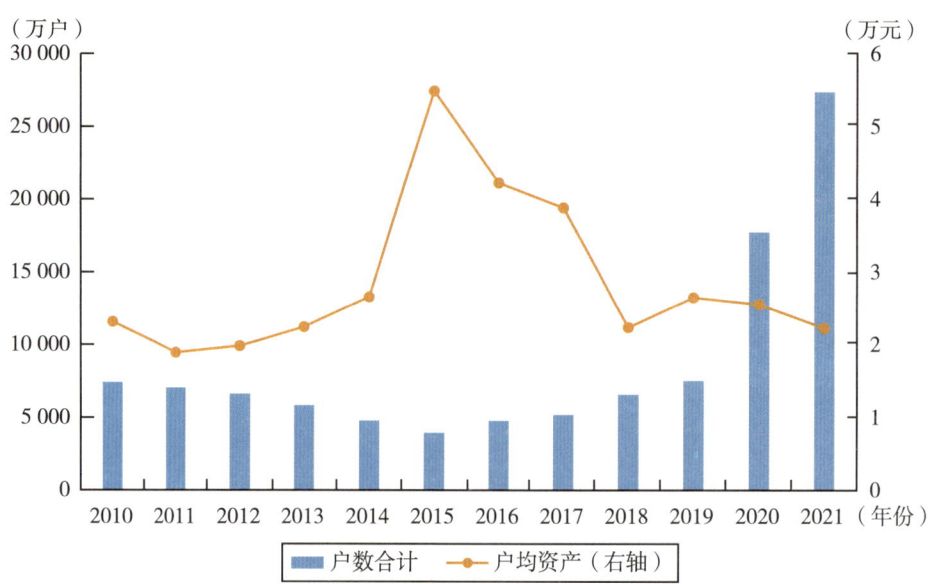

图2-40　2010—2021年混合基金持有人户数及户均资产

资料来源：中国银河证券基金研究中心。

四、货币市场基金

（一）货币市场基金数量与规模

2013年以来，在普惠金融和利率市场化改革的背景下，货币市场基金发展成为最大的公募基金类别。2019年浮动净值型货币基金面世，成为货币基金发展过程中一个探索。2021年摊余成本货币市场基金依然占据绝对的主导。2021年没有新发成立的货币市场基金，有2只券商集合计划转型为公募基金，同时有2只货币市场基金清盘退出。

从基金数量来看，2021年末，摊余成本型货币市场基金占比98.2%，浮动净值型货币市场基金仅占比1.8%。从基金规模来看，2021年末，摊余成本型货币市场基金占比99.94%，浮动净值型货币市场基金占比0.06%（见图2-41）。

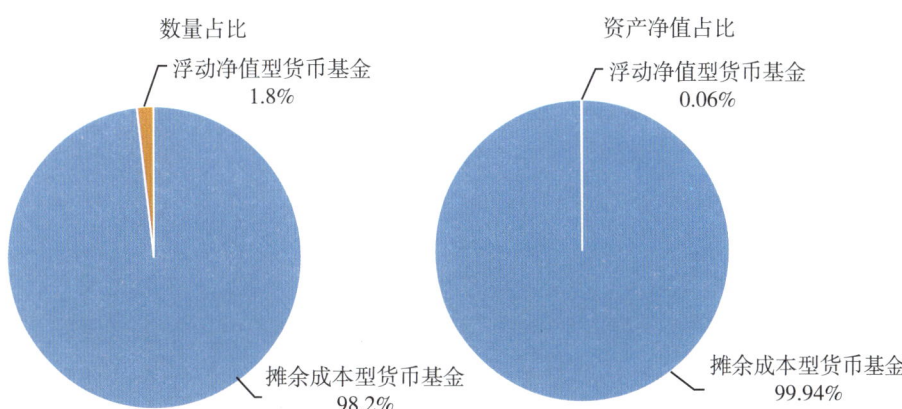

图 2-41　2021 年末各类货币基金占比

资料来源：中国银河证券基金研究中心。

（二）货币市场基金的资产配置

2021年末，货币市场基金持有的固定收益投资市值40 943亿元，占总资产比40.3%；买入返售金融资产20 018亿元，占总资产比19.7%；银行存款39 769亿元，占总资产比39.2%；其他资产751亿元，占比0.7%。与上年度比较，买入返售金融资产的占比大幅下降，固定收益投资和银行存款的占比所有上升（见图2-42）。

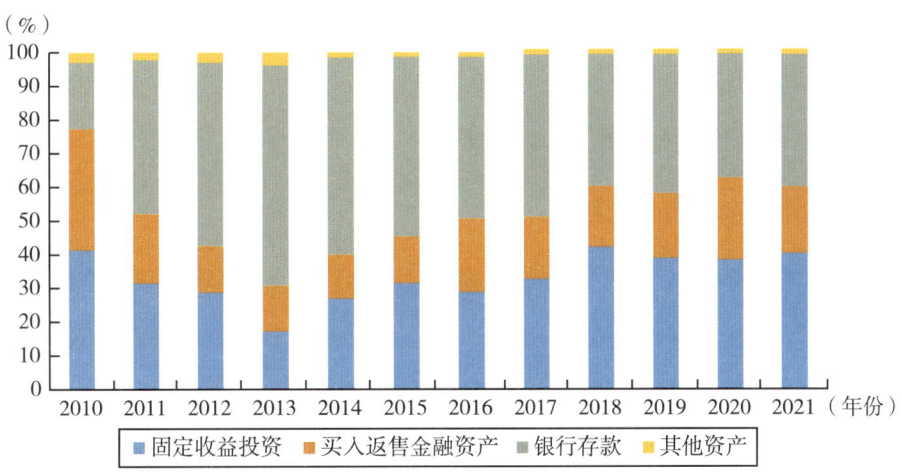

图 2-42　2010—2021 年货币市场基金的资产配置

资料来源：中国银河证券基金研究中心。

2021年货币市场基金的资产净值规模较上年度增加超万亿元，货币市场基金持有的固定收益投资市值增加了7 965亿元，银行存款增加了8 213亿元，买入返售金融资产减少了838亿元，资产净值规模的上升对应在资产配置上，主要是增加了固定收益投资和银行存款的配置（见图2-43）。

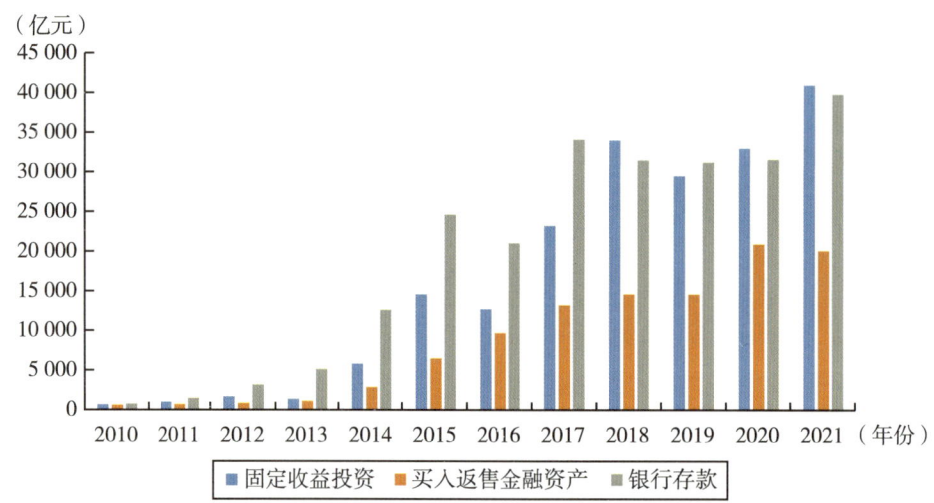

图2-43　2010—2021年货币基金主要资产类别持有的市值

资料来源：中国银河证券基金研究中心。

（三）货币基金的周转率

2021年，投资者持有货币基金的年度周转率为1 039%，较上年度继续大幅上升，创历史新高。作为现金管理工具，货币基金的周转率一直非常高，近十年来的平均水平为678%（见图2-44）。

（四）货币基金的持有人结构

2021年末，个人投资者持有货币基金占比61%，较上年度下降2个百分点，机构投资者持有货币市场基金占比39%，较上年度上升2个百分点。过去十年的数据显示，货币市场基金的规模在2015年和2017年出现显著的跃升，从持有人结构看，2015年是机构投资者主导，机构持有规模增加了2.15万亿元，而2017年则是个人投资者主导，个人持有规模增加了2.21万亿元（见图2-45）。

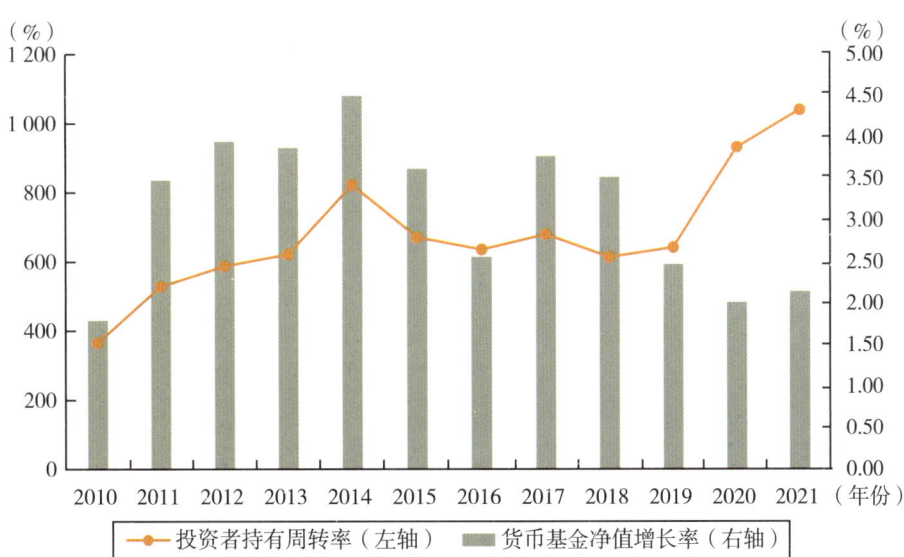

图 2-44 2010—2021 年投资者持有货币基金的年度周转率

资料来源：中国银河证券基金研究中心。

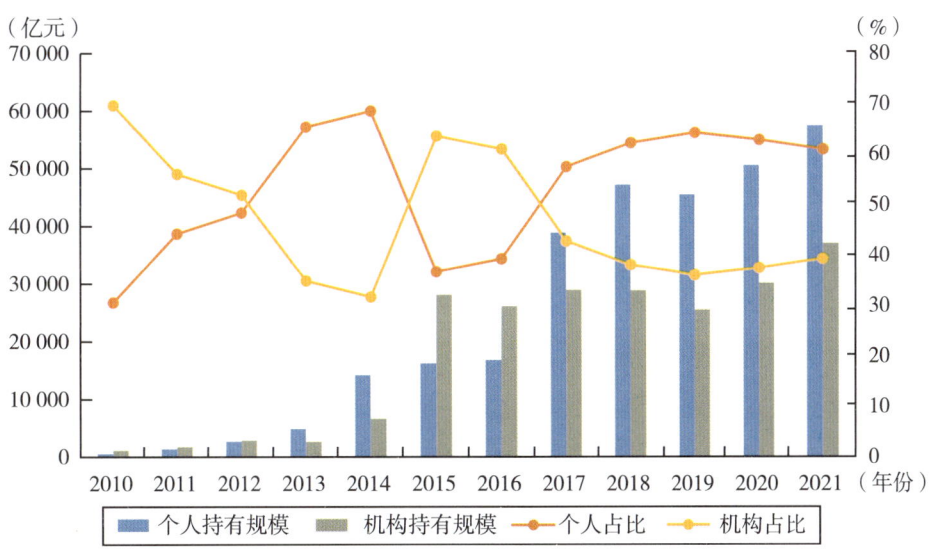

图 2-45 2010—2021 年货币市场基金的持有人结构

资料来源：中国银河证券基金研究中心。

2021年末，货币市场基金持有人户数合计15.87亿户（每只基金披露的持有人户数加总合计），户均持有资产0.6万元，较上年度基本持平。2010年以来数据显示，2013年以前，货币市场基金的持有人户数不超过300万户，2013年爆发式增长到4 696万户，此后逐年指数级增长，成为最为投资者广泛持有的基金类别（见图2-46）。

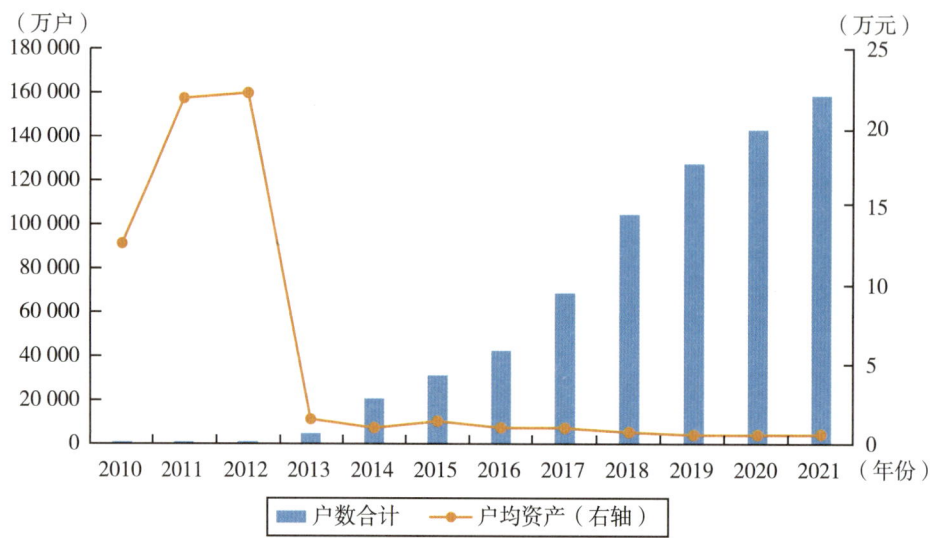

图2-46　2010—2021年货币基金持有人户数及户均资产

资料来源：中国银河证券基金研究中心。

五、QDII基金

（一）QDII基金数量与规模

由于额度限制，QDII基金在近十年的发展较为温和，数量虽不断增加，但规模和份额并没有较大提升。而与2010年至2020年期间徘徊不前相比，2021年QDII基金的资产规模飞跃上升了一个大台阶，首次突破2 000亿元。

从基金数量上看，QDII股票基金、QDII混合基金、QDII债券基金、QDII其他基金（主要是黄金、商品和房地产信托基金）的数量占比分别是55.5%、22.5%、13.1%、8.9%。从基金规模上看，QDII股票基金、QDII混合基金、QDII债券基金、QDII其他基金（主要是黄金、商品和房地产信托基金）的规模占比分别是79.0%、16.0%、3.6%、1.5%（见图2-47）。

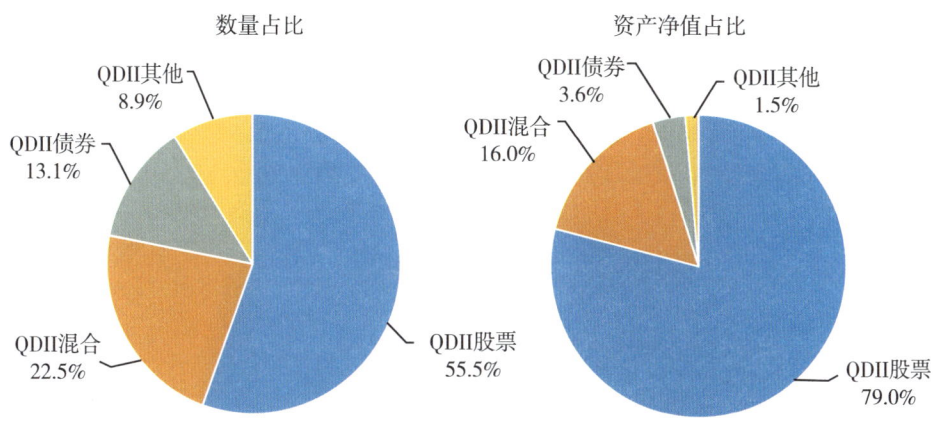

图 2-47　2021 年末各类 QDII 基金占比

资料来源：中国银河证券基金研究中心。

（二）QDII 的资产配置

2021年末，QDII基金持有的权益投资市值1 815亿元，总资产占比为76.4%；基金投资市值259亿元，总资产占比为10.9%；固定收益投资市值80亿元，总资产占比为3.4%；银行存款204亿元，总资产占比为8.6%；其他投资17亿元，总资产占比为0.7%（见图2-48）。与上年度相比，主要是权益投资的比例大幅上升了9个百分点，固定收益投资的比例下降了6个百分点。

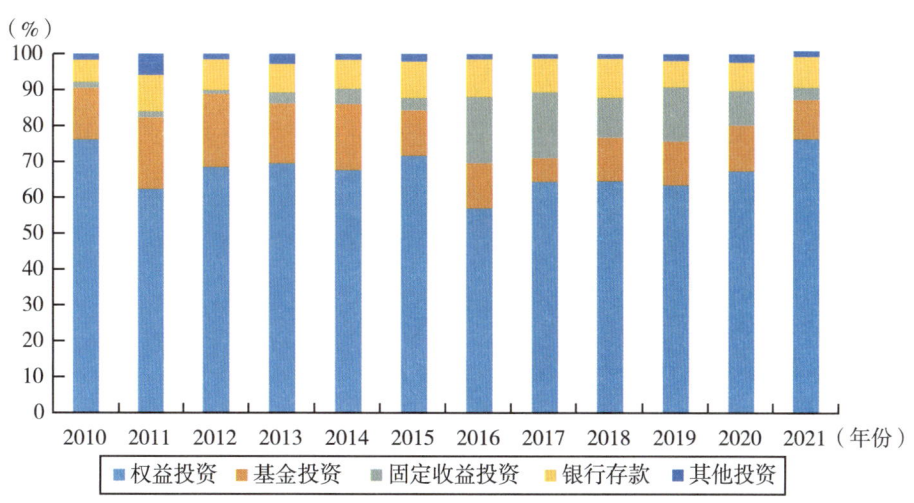

图 2-48　2010—2021 年 QDII 基金的资产配置

资料来源：中国银河证券基金研究中心。

2021年末，QDII基金持有的权益投资市值较上年度增加941亿元，增幅108%，达到1 815亿元，创历史新高。QDII基金持有的固定收益投资市值较上年度减少44亿元，降幅36%。QDII基金持有的基金投资市值较上年度增加92亿元，增幅55%（见图2-49）。

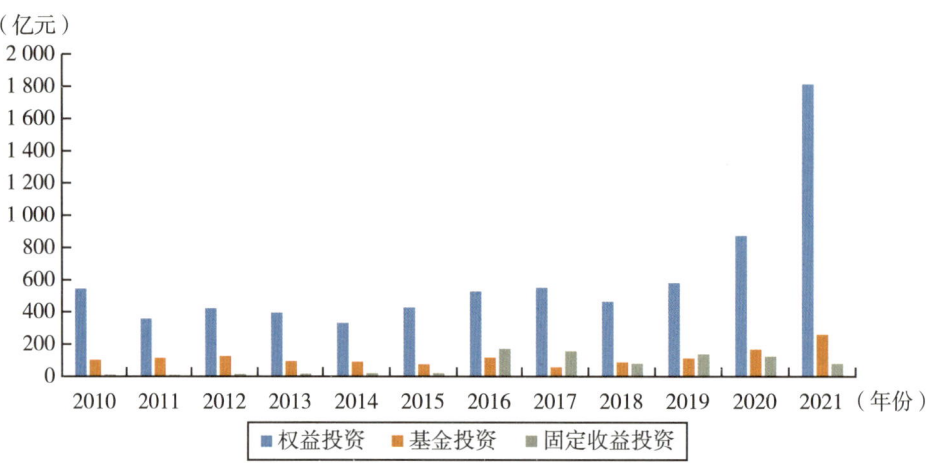

图2-49　2010—2021年QDII基金主要资产类别持有的市值

资料来源：中国银河证券基金研究中心。

（三）QDII基金的周转率

2021年度，投资者持有QDII基金的年度周转率为94%。历史数据显示，投资者持有QDII基金的年度周转率走势与混合基金基本一致，也就是说投资者持有QDII基金的周转率与国内股市行情、混合基金业绩非常相关，而与QDII基金本身的业绩关系不大（见图2-50）。QDII基金与混合基金一样大部分都是权益资产，个人投资者占比也与混合基金相当，两者的周转率走势高度一致，可能是情绪传导所致。

（四）QDII基金的持有人结构

2021年末，个人投资者持有QDII基金的规模占比76%，较上年度大幅提升7个百分点，机构投资者持有QDII基金的规模占比24%。过去十年，个人投资者持有的QDII基金资产规模相对稳定，在起步之初，几乎全部由个人持有，2015年开始，机构持有的资产规模开始大幅上升，个人投资者的占比相对下降，但依然占据主导地位（见图2-51）。

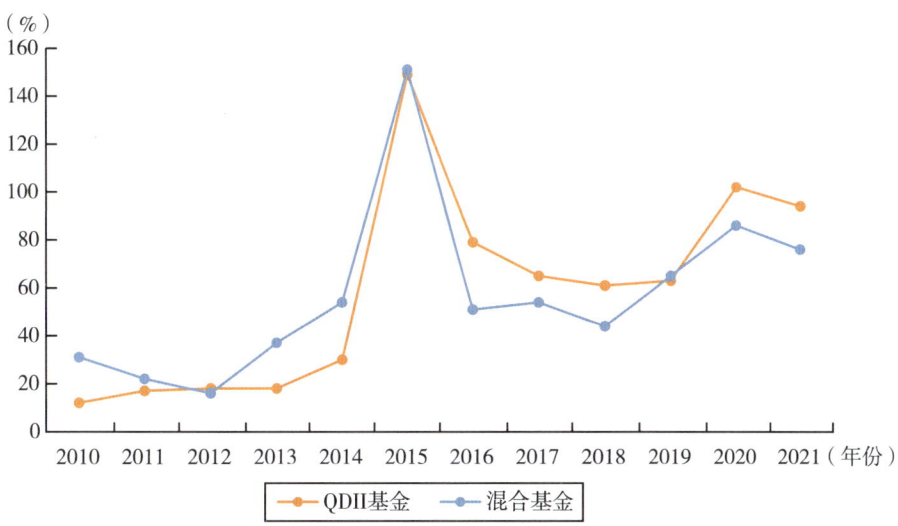

图 2-50　2010—2021年投资者持有QDII基金的年度周转率

资料来源：中国银河证券基金研究中心。

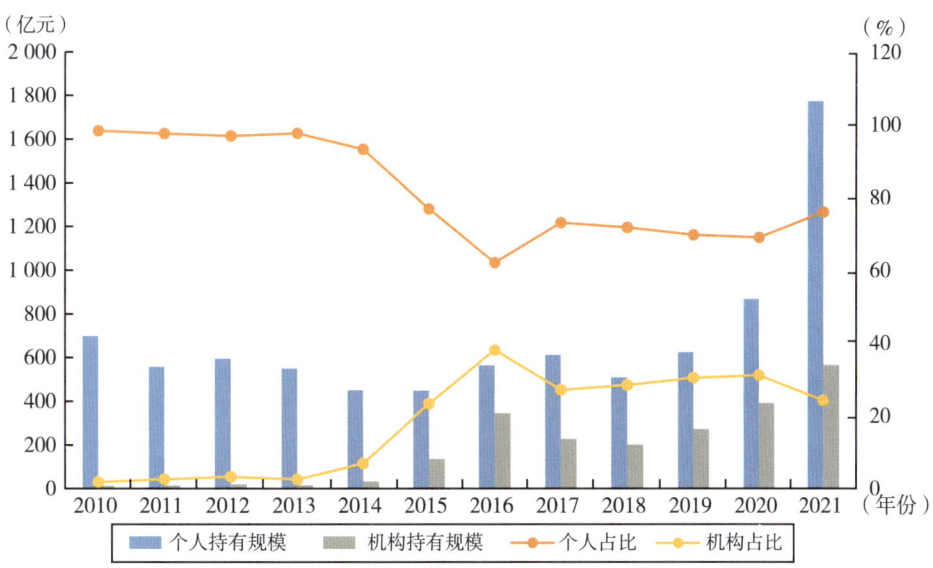

图 2-51　2010—2021年QDII基金的持有人结构

资料来源：中国银河证券基金研究中心。

2021年末，QDII基金的持有人户数合计1 491万户，较上年度增加了402万户，增幅37%，户均持有资产1.6万元。过去十年的数据显示，QDII基金的持有人户数先是逐年下降，于2015年见底，再逐步回升创新高（见图2-52）。

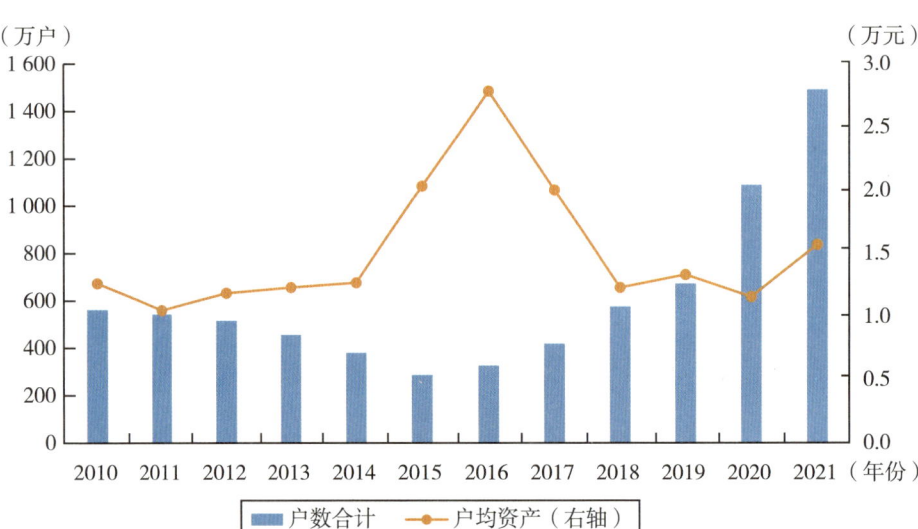

图2-52　2010—2021年QDII基金持有人户数及户均资产

资料来源：中国银河证券基金研究中心。

六、基金中基金（FOF）

（一）FOF的基金数量与规模

2021年末，FOF数量237只，较上年度增加95只，增幅67%；资产净值2 176亿元，较上年度增加1 265亿元，增幅139%；基金份额1 957亿份，较上年度增加1 194亿份，增幅157%（见图2-53）。FOF 2017年开始起步，2019年以来持续快速发展。

从基金数量上看，养老目标日期FOF共66只，占比27.8%；养老目标风险FOF共87只，占比36.7%；混合型FOF共77只，占比32.5%。从基金规模上看，养老目标日期FOF共172亿元，占比7.9%；养老目标风险FOF共961亿元，占比44.2%；混合型FOF共1 025亿元，占比47.1%（见图2-54）。

（二）FOF的资产配置

2021年末，FOF的基金投资市值1 673亿元，占比87.8%；权益投资市值76

亿元，占比4.0%；固定收益投资90亿元，占比4.7%；银行存款42亿元，占比2.2%；其他投资25亿元，占比1.3%（见图2-55）。与上年度相比，基金投资的比例上升了3.4个百分点，权益投资的比例下降了2.2个百分点。

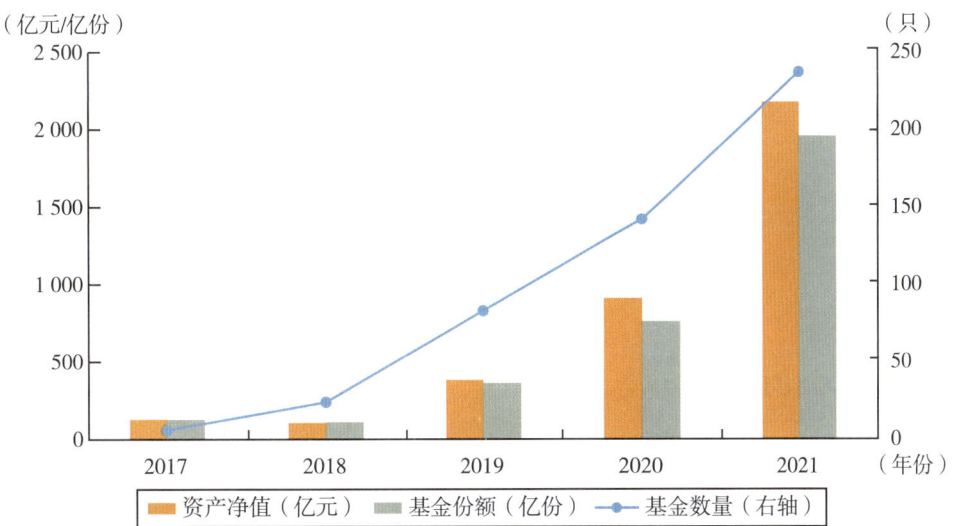

图2-53　2017—2021年FOF基金的数量、资产净值与份额规模

资料来源：中国银河证券基金研究中心。

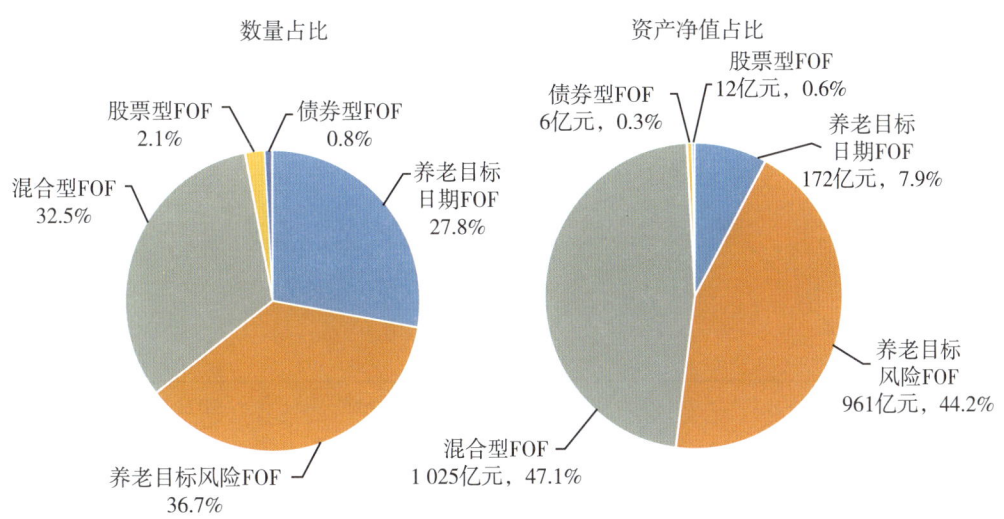

图2-54　2021年末各类FOF占比

资料来源：中国银河证券基金研究中心。

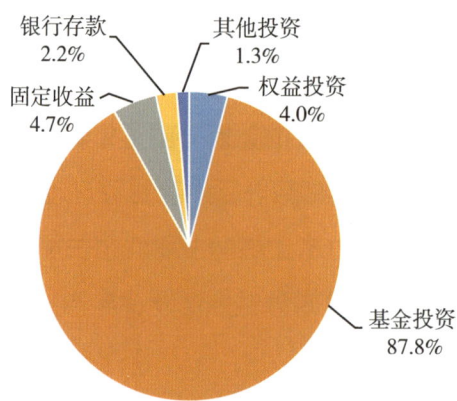

图 2-55　2021 年末 FOF 的资产配置

资料来源：中国银河证券基金研究中心。

（三）FOF 的周转率

2021年度，投资者持有FOF的年度周转率36%，是所有基金类别中周转率最低的，主要原因是2018年9月以来大量发行的FOF很多都是持有期基金，持有期限分别为1年期、3年期和5年期不等（见图2-56）。

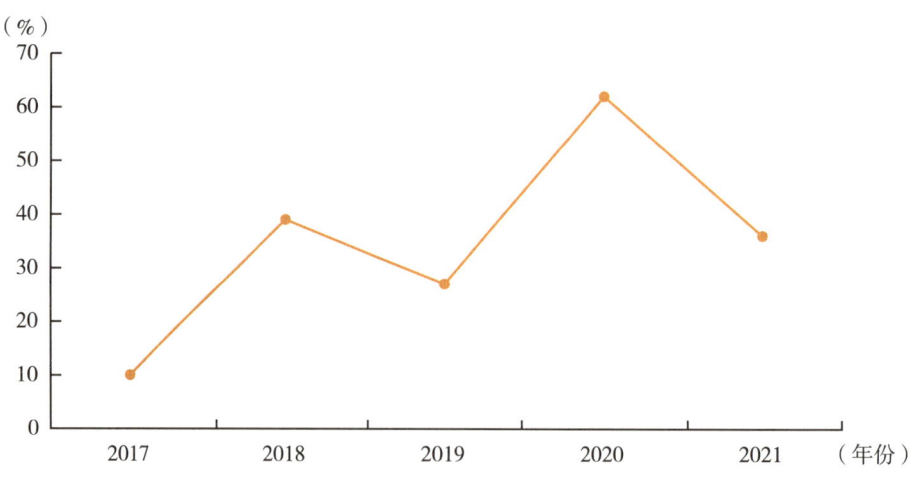

图 2-56　2017—2021 年投资者持有 FOF 的年度周转率

资料来源：中国银河证券基金研究中心。

（四）FOF 的持有人结构

2021年末，个人投资者持有FOF的规模占比为95%，较上年度大幅增加5个百分点；机构投资者持有FOF的规模占比为5%。自2017年FOF起步发展以来，个人投资者一直占据主导地位（见图2-57）。

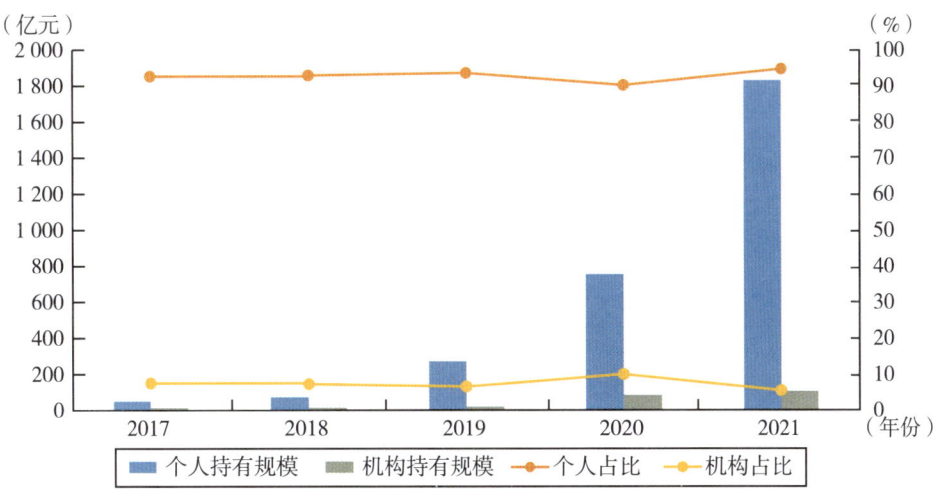

图2-57　2017—2021年FOF的持有人结构

资料来源：中国银河证券基金研究中心。

2021年末，FOF的持有人户数合计641万户，较上年度增加了417万户，增幅187%，户均持有资产3万元，较上年度小幅下降（见图2-58）。

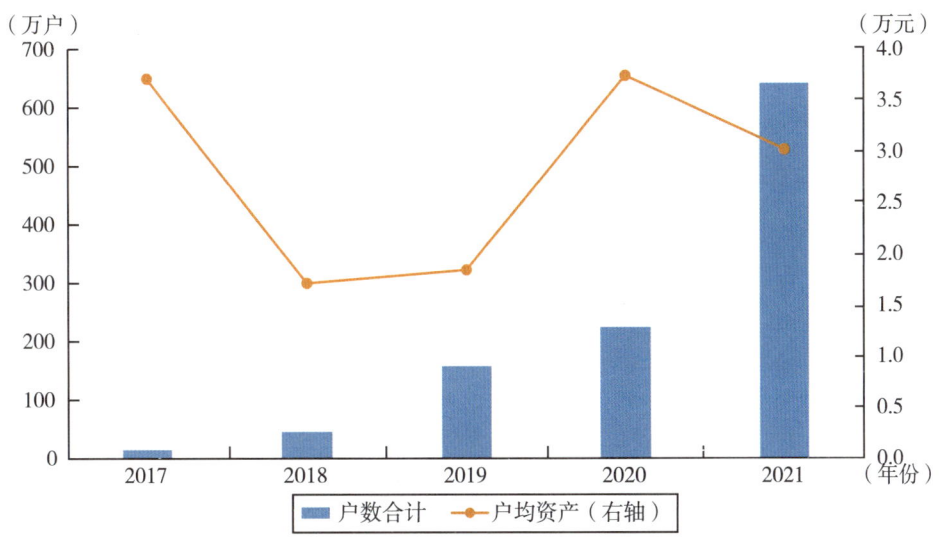

图2-58　2017—2021年FOF持有人户数与户均资产

资料来源：中国银河证券基金研究中心。

第四节 公募基金销售及基金费率

一、基金销售市场概况

（一）基金销售认、申购及赎回情况

1.认、申购情况

2021年度基金销售认、申购金额中，商业银行渠道占比为39.39%，连续5年提升；直销渠道占比自2017年开始下降，截至2021年末仅为26.42%；其次为独立基金销售机构渠道（以下简称"独销渠道"）占比为25.44%，较上年基本持平；证券公司渠道和其他渠道认、申购金额较上年均略有下降，占比分别为8.06%和0.69%（见图2-59）。

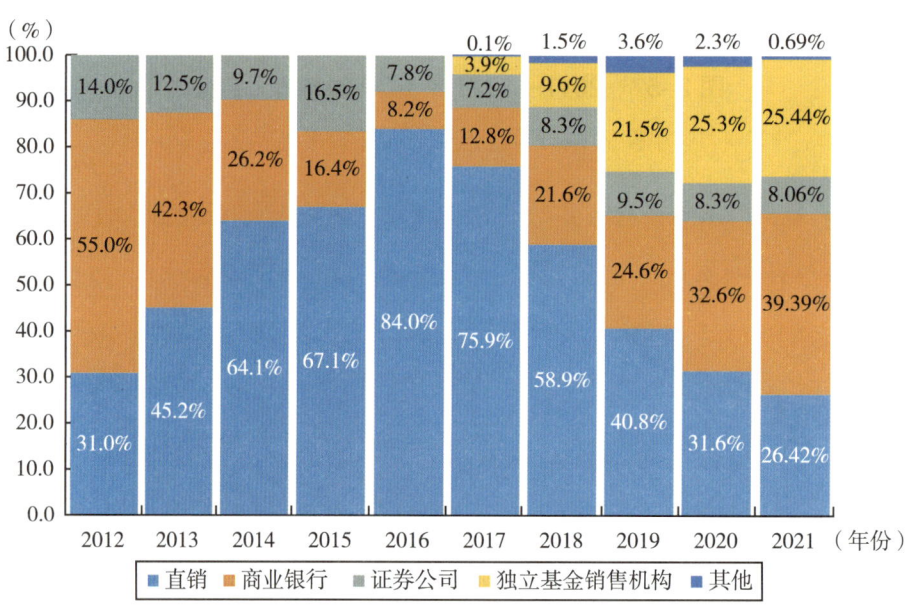

图2-59 基金认、申购渠道占比情况

资料来源：中国证券投资基金业协会。

从各基金类型看，2021年度股票基金认、申购金额中，证券公司渠道占比最高，为43.26%，其次为独销渠道，占比为36.18%；混合基金认、申购金额中，商业银行渠道占比最高，为39.73%，其次为独销渠道，占比为33.07%；债券基金认、申购金额中，直销渠道占比最高，为62.79%，其次为独销渠道，占比为

24.45%；货币市场基金认、申购金额中，商业银行渠道占比最高，为42.59%，其次为直销渠道，占比为25.94%（见图2-60）。

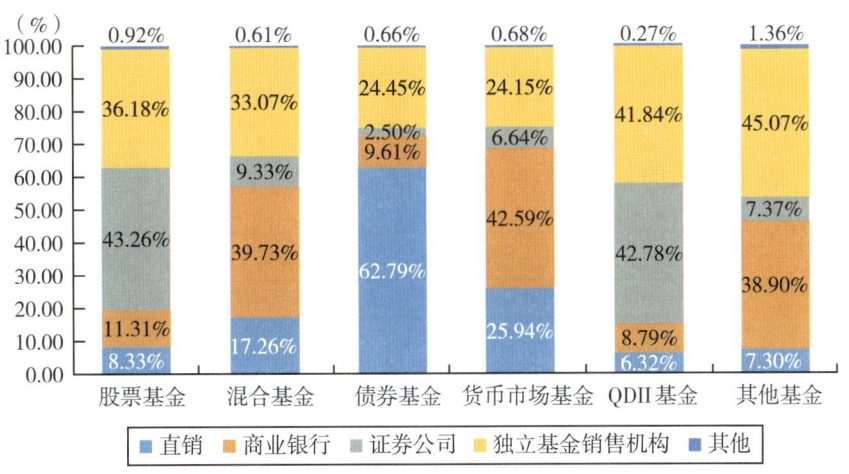

图2-60 各类型基金认、申购渠道占比情况

资料来源：中国证券投资基金业协会。

2.赎回情况

2021年度基金赎回总金额中，商业银行渠道占比最大，为39.26%；其次为直销渠道，占比为27.37%；再次为独销渠道，占比为24.70%；证券公司渠道及其他渠道占比分别为8.05%和0.61%。从各基金类型看，股票基金赎回金额中，证券公司占比最高，为45.09%，其次为独销渠道，占比为33.68%；混合基金赎回金额中，商业银行渠道占比最高，为36.79%，其次为独销渠道，占比为31.64%；债券基金赎回金额中，直销渠道占比最高，为65.69%，其次为独销渠道，占比为18.89%；货币市场基金赎回金额中，商业银行渠道占比最高，为41.75%，其次为直销渠道，占比为27.10%（见图2-61）。

（二）基金销售保有规模情况

截至2021年末，直销渠道保有规模占比仍最高，为42.56%，但呈现逐年下降趋势；商业银行渠道保有规模占比略有上升，为28.07%；独销渠道保有规模占比持续上升，为19.14%；证券公司渠道保有规模占比基本持平，为9.67%；其他渠道保有规模占比仅为0.56%（见图2-62）。

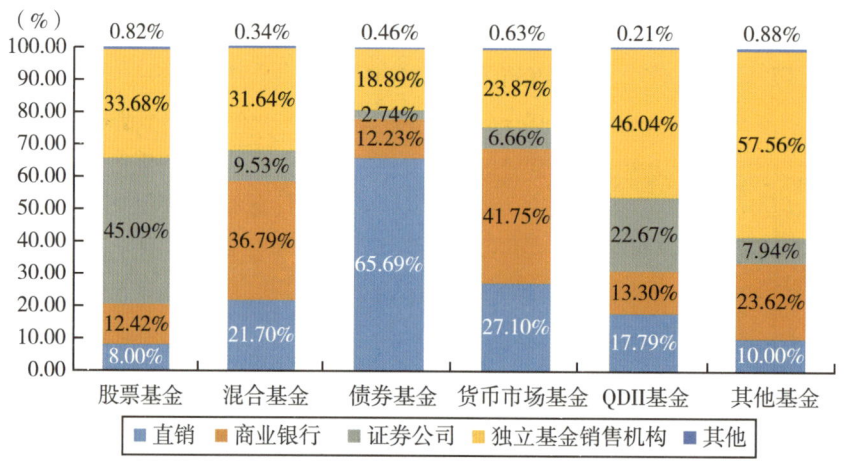

图 2-61 各类型基金赎回渠道占比情况

资料来源：中国证券投资基金业协会。

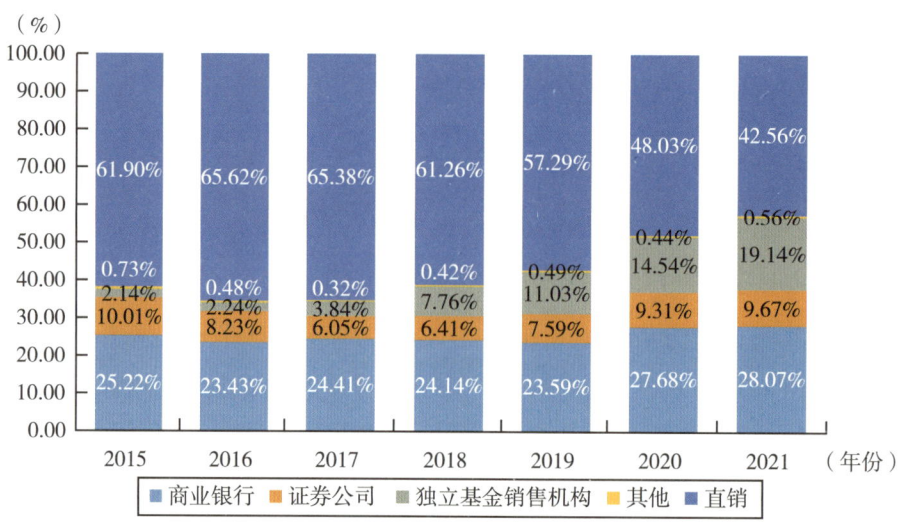

图 2-62 各渠道基金销售保有规模占比情况

资料来源：中国证券投资基金业协会。

1.股票基金

截至2021年末，股票基金保有规模中，证券公司渠道保有规模占比最高，为42.21%，较上年略有下降；独销渠道占比为23.48%，较上年有所提高；商业银行渠道占比为19.65%，并呈逐年下降趋势；直销和其他渠道保有规模分别为12.11%和2.55%，较上年基本持平（见图2-63）。

图 2-63 各渠道股票基金销售保有规模占比情况

资料来源：中国证券投资基金业协会。

2. 混合基金

截至2021年末，混合基金保有规模中，商业银行渠道保有规模占比最高，为50.56%，较上年基本持平；独销渠道保有规模占比大幅提升至20.24%，呈现逐年上升趋势；直销渠道保有规模占比下降至18.46%，呈现逐年下降趋势；证券公司渠道保有规模占比较上年基本持平，为10.19%；其他渠道保有规模占比仅为0.55%（见图2-64）。

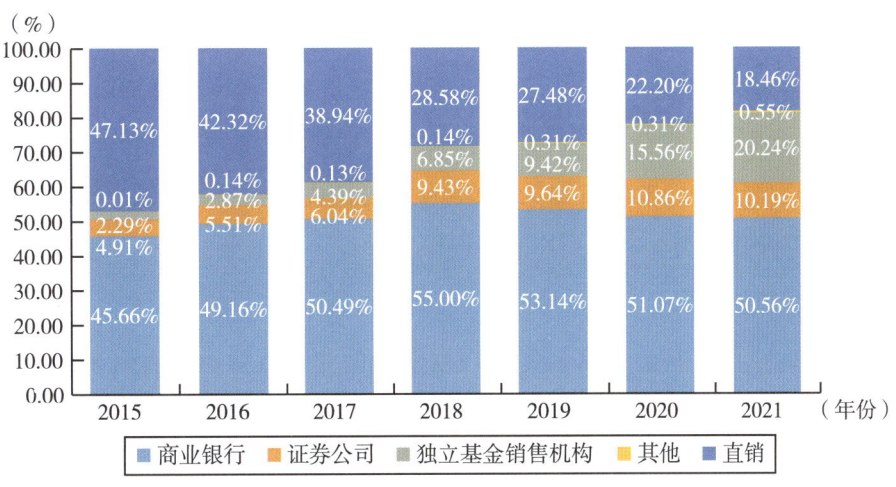

图 2-64 各渠道混合基金销售保有规模占比情况

资料来源：中国证券投资基金业协会。

3.债券基金

截至2021年末,债券基金保有规模中,直销渠道保有规模占比最高,为77.57%,较上年有所下降;独销渠道保有规模占比大幅提升至13.08%,呈现逐年上升趋势;商业银行渠道保有规模占比为7.74%,呈现逐年下降趋势;证券公司渠道和其他渠道保有规模占比较小,分别为1.42%和0.19%(见图2-65)。

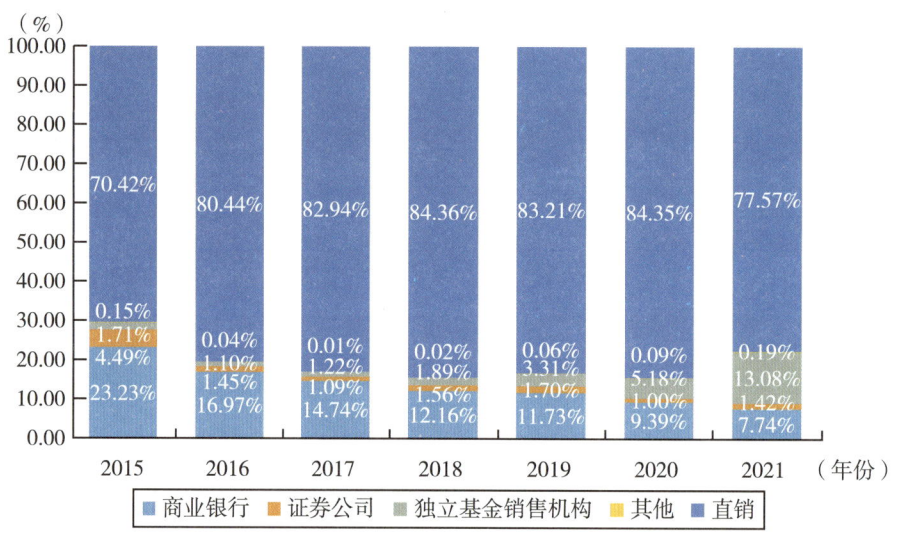

图2-65 各渠道债券基金销售保有规模占比情况

资料来源:中国证券投资基金业协会。

4.货币市场基金

截至2021年末,货币市场基金保有规模中,直销渠道保有规模占比最高,为44.37%,呈现逐年下降趋势;商业银行渠道保有规模占比为29.28%,较上年有所上升;独销渠道保有规模占比为20.04%,占比逐年提升;证券公司渠道保有规模占比略有提升,为5.99%;其他渠道保有规模占比仅为0.31%(见图2-66)。

5.基金中基金

截至2021年末,基金中基金保有规模中,商业银行渠道保有规模占比最高,为79.03%,呈现逐年上升趋势;独销渠道保有规模占比为8.72%,较上年有所上升;直销渠道保有规模占比为6.24%,呈现逐年下降趋势;证券公司渠道保有规模占比略有下降,为5.93%;其他渠道保有规模占比仅为0.08%(见图2-67)。

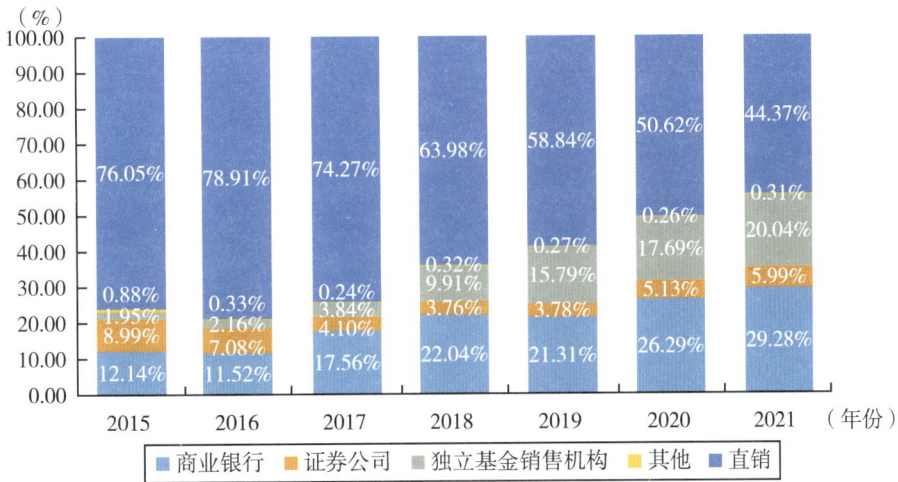

图 2-66 各渠道货币市场基金销售保有规模占比情况

资料来源：中国证券投资基金业协会。

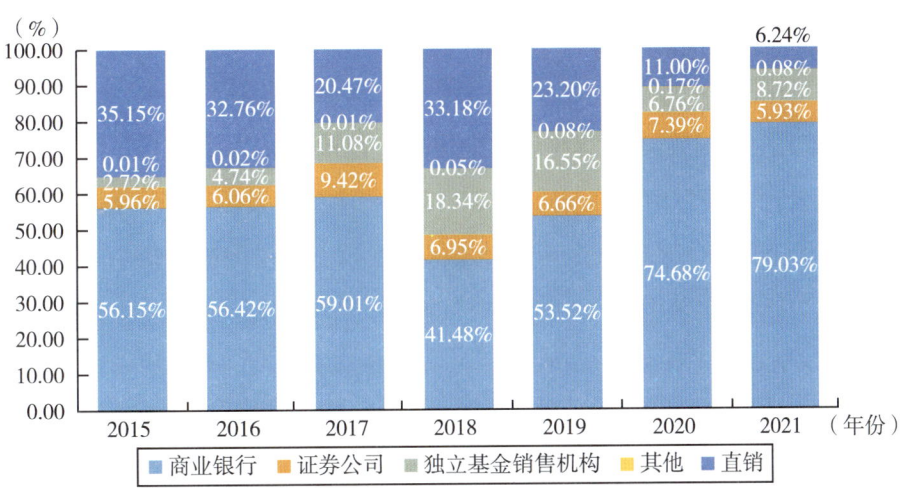

图 2-67 各渠道基金中基金销售保有规模占比情况

资料来源：中国证券投资基金业协会。

6. QDII基金

截至2021年末，QDII基金保有规模中，证券公司渠道保有规模占比最高，为50.07%，较上年大幅提升；独销渠道保有规模占比为23.91%，较上年有所下降；商业银行渠道保有规模占比为17.69%，呈现逐年下降趋势；直销渠道保有规模占比有所下降，为8.02%；其他渠道保有规模占比仅为0.31%（见图2-68）。

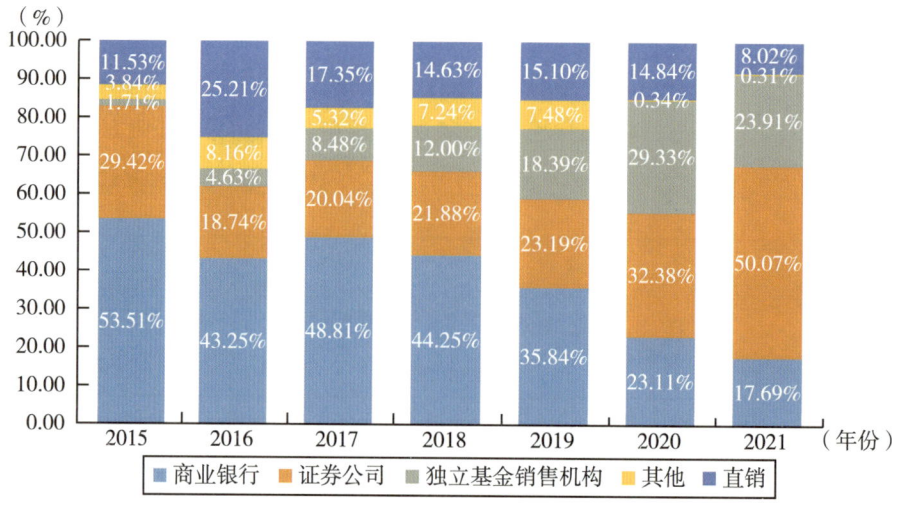

图 2-68　各渠道 QDII 基金销售保有规模占比情况

资料来源：中国证券投资基金业协会。

7. 其他基金

截至 2021 年末，其他基金保有规模中，独销渠道保有规模占比最高，为 37.53%，较上年大幅提升；商业银行渠道保有规模占比为 31.63%，较上年有所上升；证券公司渠道保有规模占比为 21.89%，较上年大幅下降；直销渠道保有规模占比有所上升，为 8.01%；其他渠道保有规模占比仅为 0.94%（见图 2-69）。

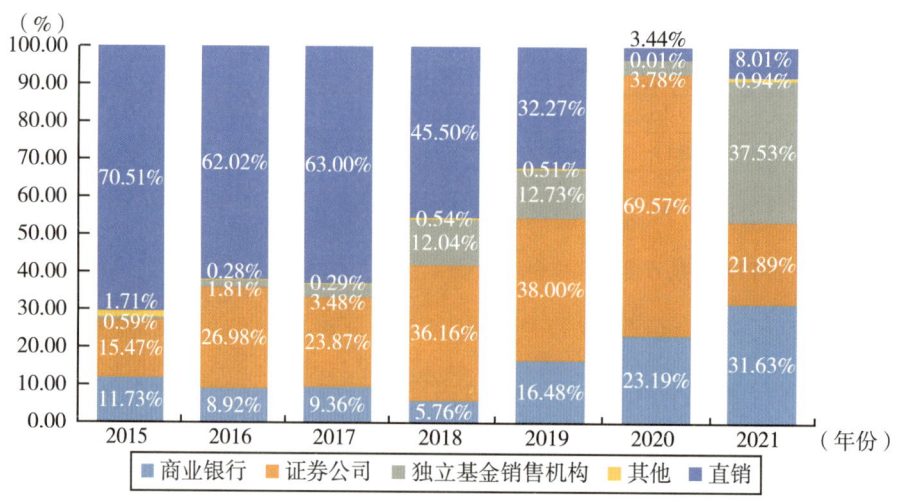

图 2-69　各渠道其他基金销售保有规模占比情况

资料来源：中国证券投资基金业协会。

（三）基金销售机构销售收入结构

2021年度基金销售机构销售收入中，申购费收入占比最高，为28.75%，较上年有所下降；销售服务费收入占比为27.36%，较上年略有上升；认购费收入占比为24.21%，较上年略有下降；赎回费收入占比为18.35%，较上年有所上升；转换费收入占比依旧较小，为1.33%，整体销售收入结构与去年相似（见图2-70）。近两年，销售服务费占比下降明显，申购费和认购费占比有所提升，在一定程度上说明各渠道销售以认、申购费收入为主的权益类基金的意愿较强，权益类基金得到了渠道和投资者的认可。

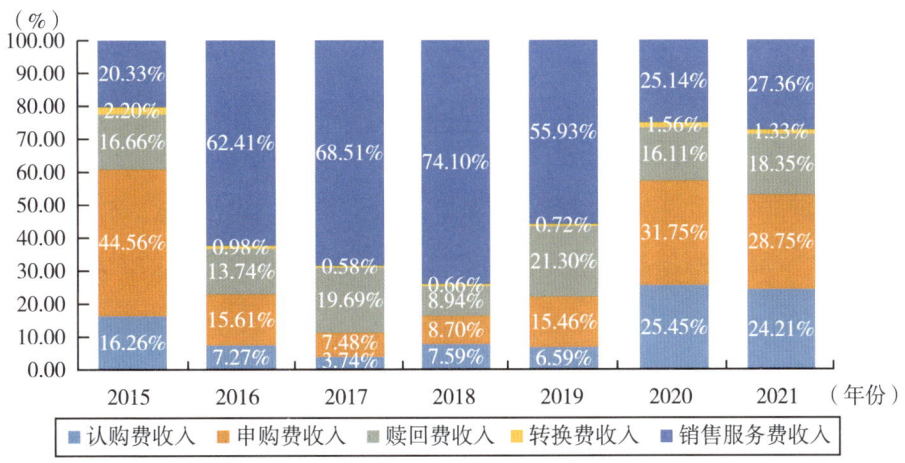

图 2-70 销售收入结构

资料来源：中国证券投资基金业协会。

1.商业银行

2021年度商业银行渠道销售收入结构中，申购费收入占比仍然最高，为36.22%，较上年有所下降；认购费收入占比为35.23%，较上年基本持平；销售服务费收入占比为19.50%，较上年有所上升；赎回费收入占比为8.35%，较上年略有下降；转换费收入占比依旧较小，为0.71%。近两年，商业银行销售收入结构变化与行业整体趋同，其认、申购费收入占比均高于行业整体水平（见图2-71）。

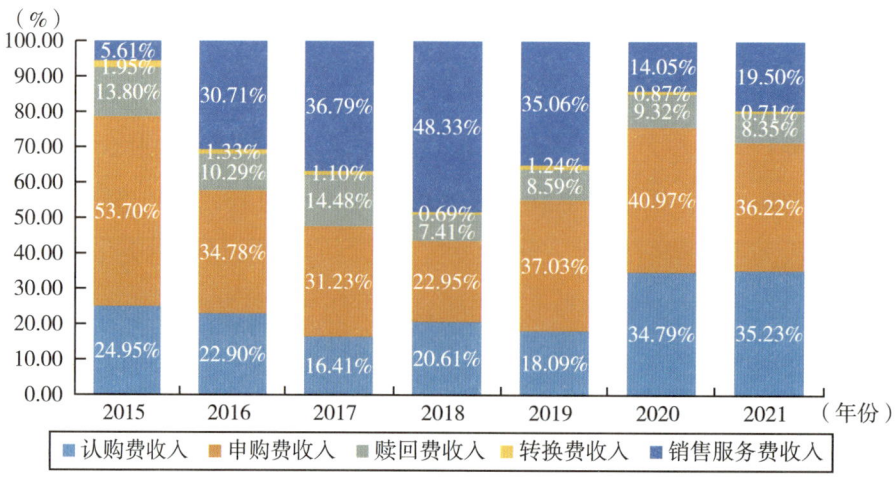

图 2-71 商业银行销售收入结构

资料来源：中国证券投资基金业协会。

2. 证券公司

2021年度证券公司渠道销售收入结构中，认购费收入占比最高，为37.65%，较上年有所下降；申购费收入占比为33.51%，较上年略有下降；销售服务费收入占比为20.29%，较上年有所提升；赎回费收入占比为7.94%，较上年略有下降；转换费收入占比微小，仅为0.61%（见图2-72）。近两年，证券公司认、申购费占比明显上升，且显著高于行业整体水平，或与证券公司主要销售ETF等股票基金有关。

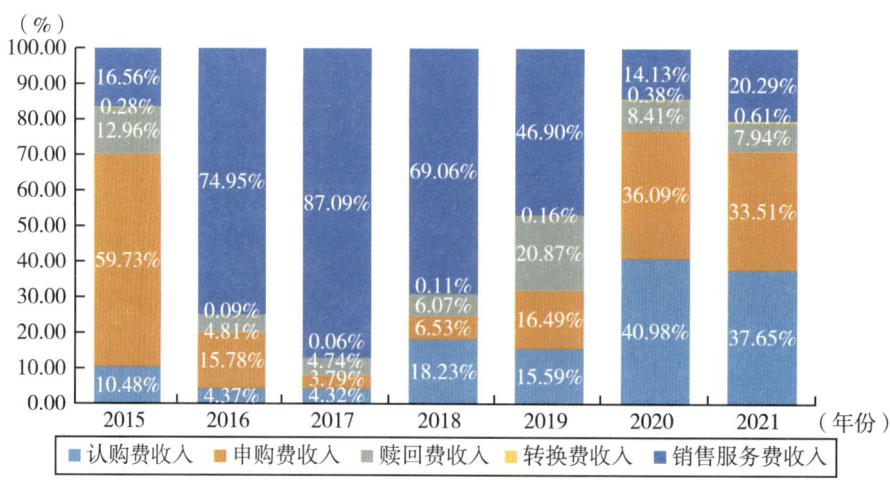

图 2-72 证券公司销售收入结构

资料来源：中国证券投资基金业协会。

3. 独立基金销售机构

2021年度独销渠道销售收入结构中，销售服务费收入占比最高，为36.02%，较上年略有下降；赎回费收入占比为32.85%，较上年有所上升；申购费收入占比为27.00%，较上年略有上升；认购费收入占比下降至3.37%；转换费收入占比仅为0.76%（见图2-73）。与行业整体结构变化明显不同的是，独销渠道销售收入结构变化较少，销售服务费收入占比始终最高，或与以蚂蚁基金为主的互联网平台推介C类份额有关；赎回费收入占比最高，或与独销机构客户交易性较强、持有基金时间较短从而产生较高比例的惩罚性赎回费有关。

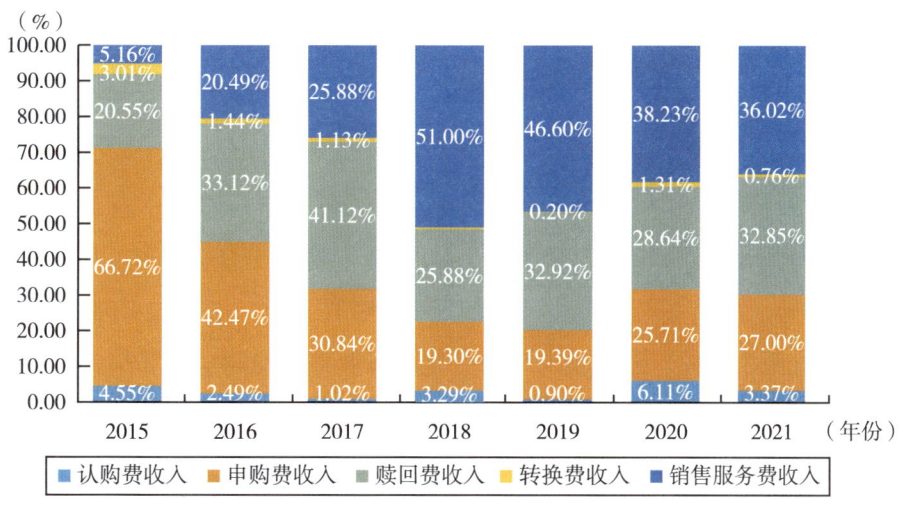

图2-73 独销销售收入结构

资料来源：中国证券投资基金业协会。

4. 直销

2021年度直销渠道销售收入结构中，销售服务费收入占比最高，为45.58%，较上年有所下降；赎回费收入占比为38.30%，较上年有所上升；认购费收入占比为6.79%，较上年略有上升；申购费收入和转换费收入占比均较上年下降且依旧较小，为4.95%和4.38%（见图2-74）。近年来，销售服务费收入占比持续降低但始终最高，或与其主要销售以C类份额为主的债券基金有关。

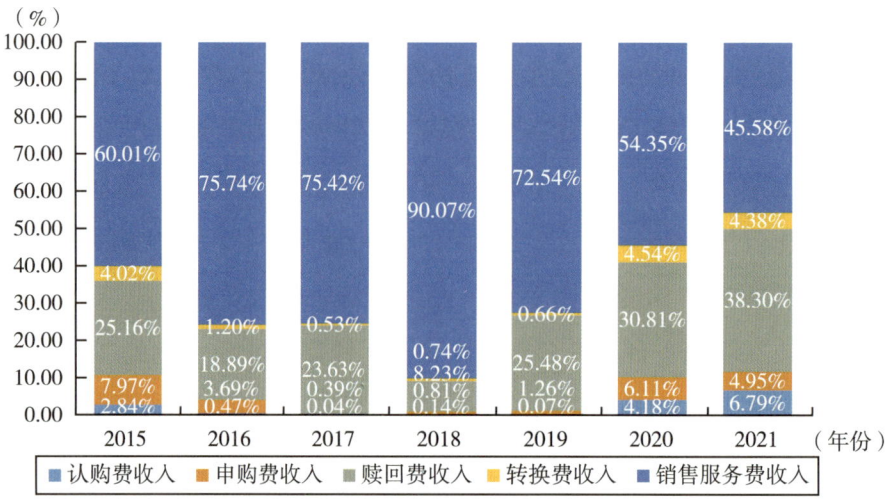

图 2-74 直销销售收入结构

资料来源：中国证券投资基金业协会。

5.其他

2021年度其他渠道销售收入结构中，申购费收入占比最高，为34.88%，较上年略有下降；销售服务费收入占比为31.87%，较上年有所下降；赎回费收入占比为25.00%，较上年大幅提升；认购费收入略有下降，占比为4.68%；转换费收入占比上升至3.57%，销售收入结构变化与行业整体趋同（见图2-75）。

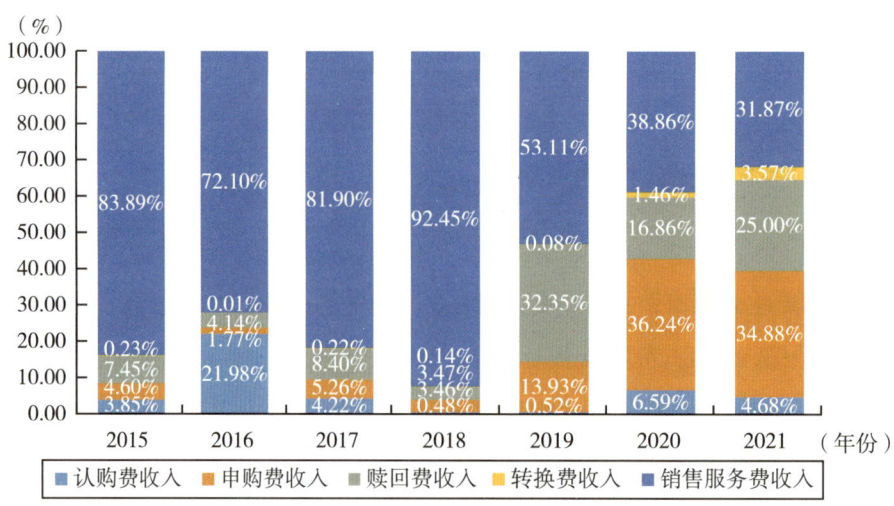

图 2-75 其他渠道销售收入结构

资料来源：中国证券投资基金业协会。

二、基金销售费率

从可追溯的数据来看，近年来随着基金市场分工的精细化程度提升、互联网信息技术应用的渗透度增加等因素，公募基金由投资者负担的费率总额整体呈下行趋势，但各类费率的变化趋势不尽相同。

（一）认购费率

2021年，不同类型基金成立规模加权平均认购费率中（基金合同约定的最高认购费率，以下简称"平均认购费率"），除FOF平均认购费率较上年提升至0.87%外，其他类型基金的平均认购费率均较上年有所下降，股票基金、混合基金、债券基金、QDII和其他基金分别下降至0.87%、1.06%、0.47%、0.85%和0.54%，收取认购费的基金中，平均认购费率最高的为混合基金，其次为股票基金和FOF（见图2-76）。

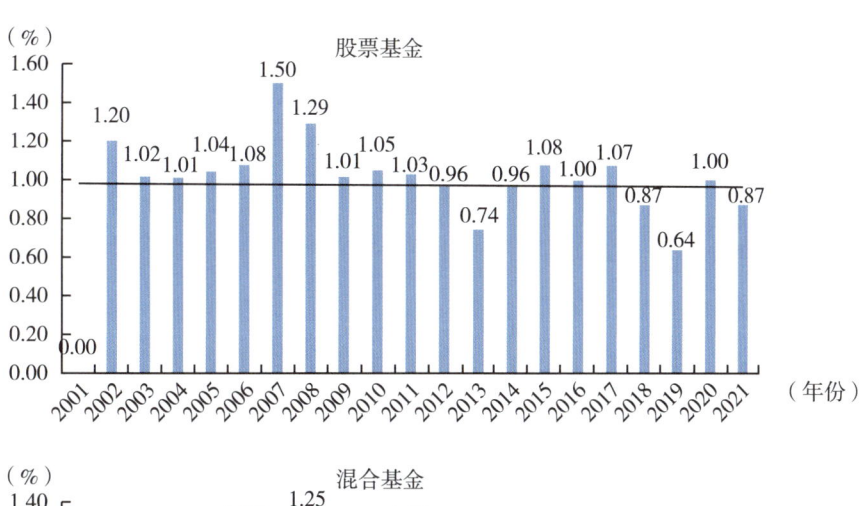

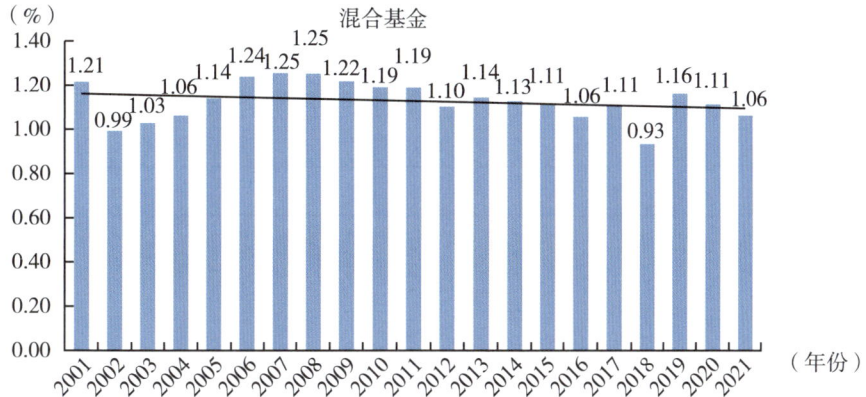

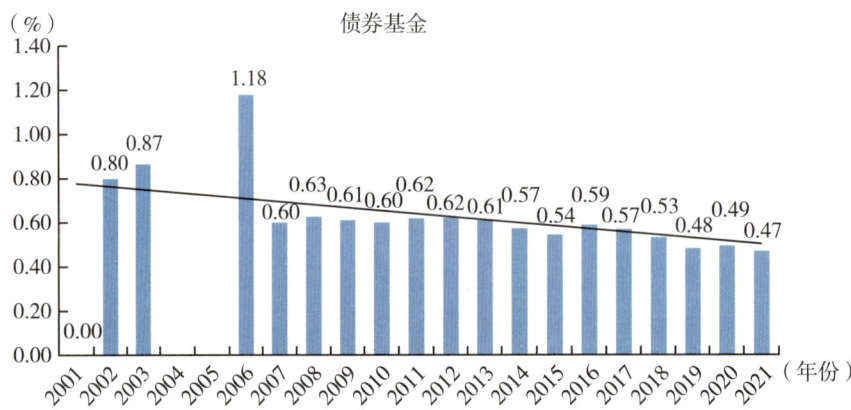

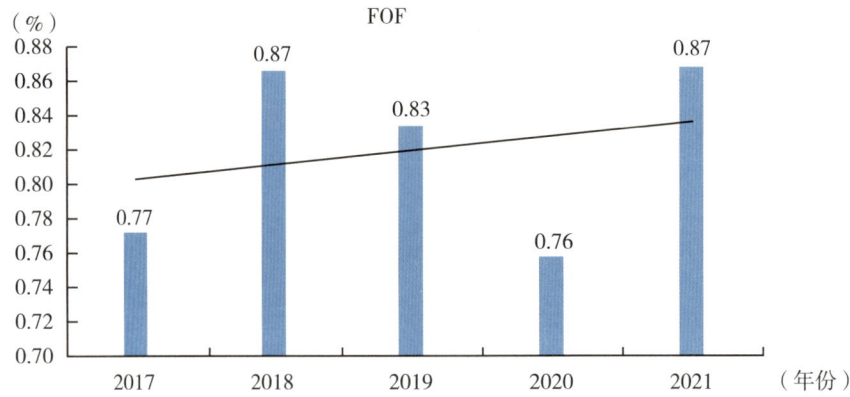

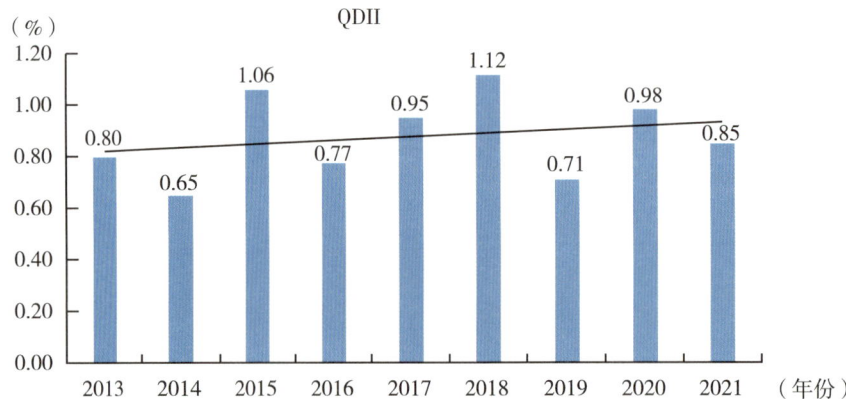

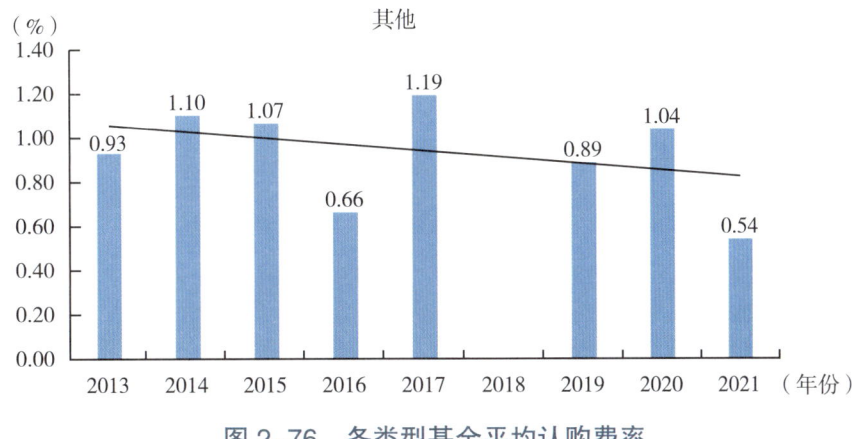

图 2-76 各类型基金平均认购费率

注：（1）如当年无新成立产品或当年新成立产品中无收取该项费用的产品，则对应年度无相关数据，图中以空白列示，下同。

（2）部分年份满足统计要求的样本数量较少，或存在异常值导致平均费率水平过高/过低，下同。

资料来源：上海证券基金评价研究中心，Wind 资讯。

（二）申购费率

2021年，股票基金、混合基金、债券基金成立规模加权平均申购费率（基金合同约定的最高申购费率，以下简称"平均申购费率"）较上年分别降至1.15%、1.31%和0.57%，FOF和QDII的平均申购费率较上年分别升至1.03%和1.47%。收取申购费的基金中，QDII平均申购费率最高，其次为混合基金（见图2-77）。

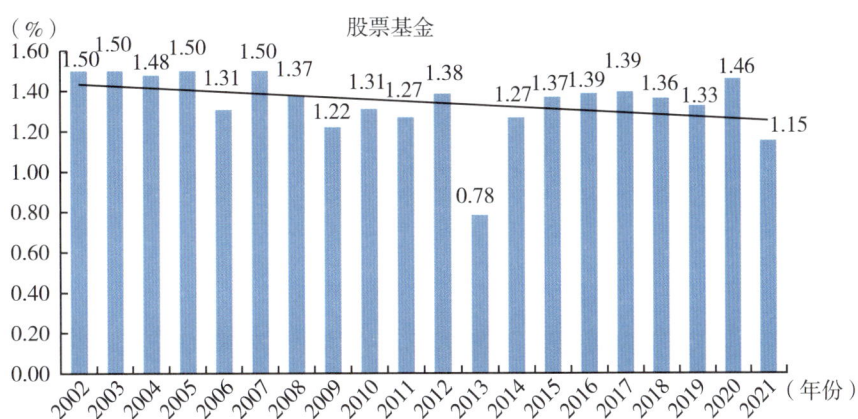

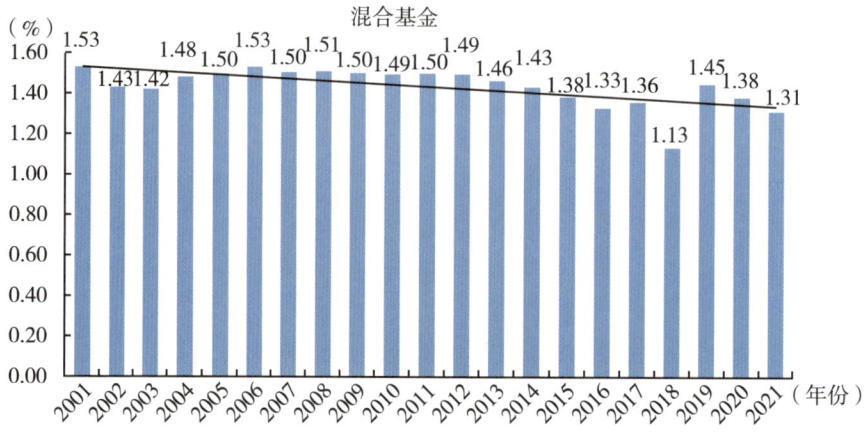

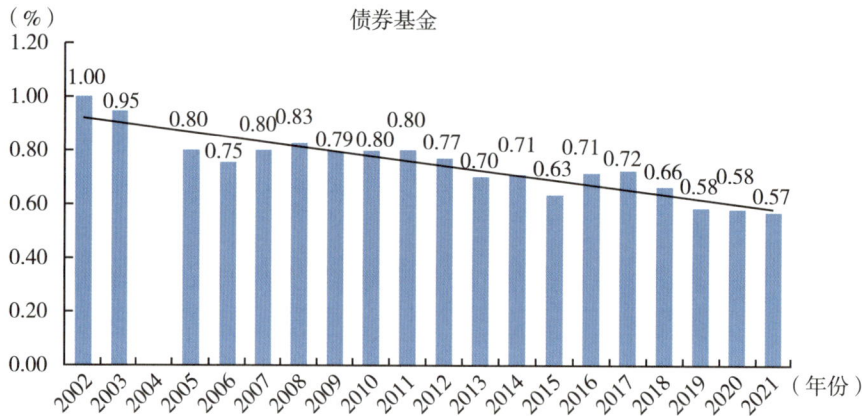

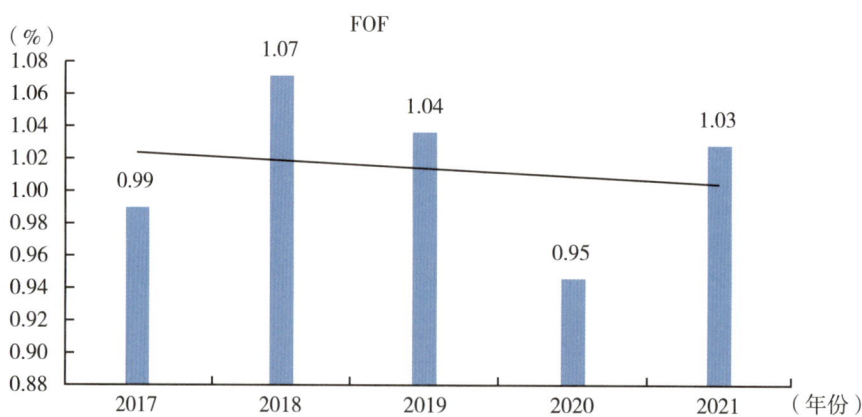

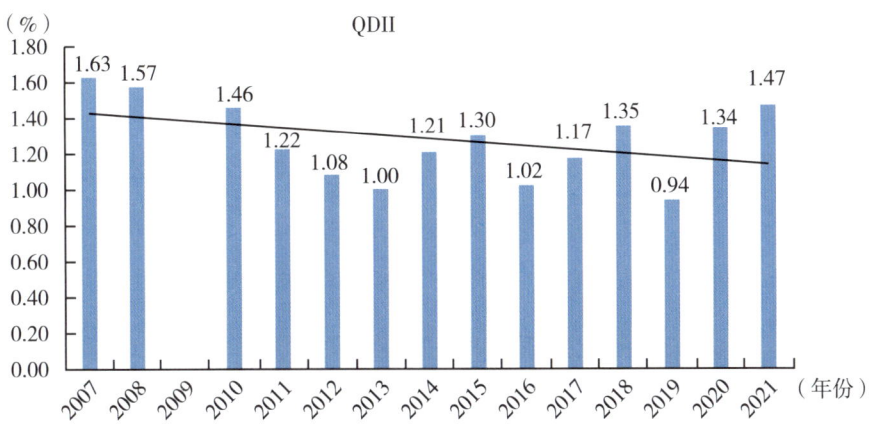

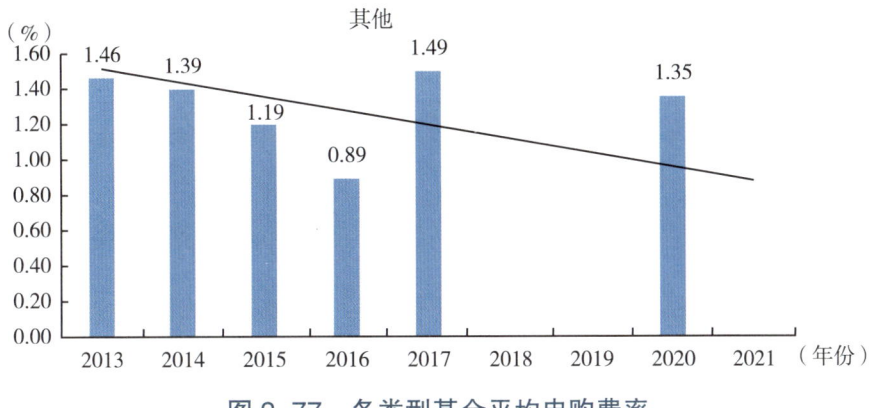

图 2-77 各类型基金平均申购费率

资料来源：上海证券基金评价研究中心，Wind 资讯。

(三)赎回费率

设置赎回费的目的主要是鼓励投资者长期持有以获取长期收益，当投资者持有基金份额的时限足够长时，基金赎回费率会逐步降低直至为零，而持有时间过短的投资者将缴纳较高的赎回费。同时，作为对其他基金持有人的补偿，赎回费将全部或部分计入基金财产。

2021年，由于持有期基金规模的提升，大部分类型基金成立规模加权平均赎回费率（基金合同约定的最高赎回费率，以下简称"平均赎回费率"）有所下降，混合基金、债券基金、FOF和QDII平均赎回费率较上年分别降至0.86%、1.36%、0.29%和1.39%，股票基金平均赎回费率较上年升至1.45%（见图2-78）。

股票基金

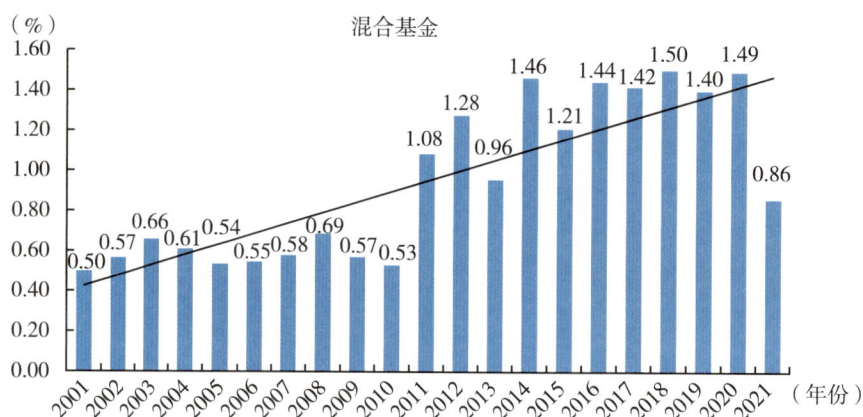

混合基金

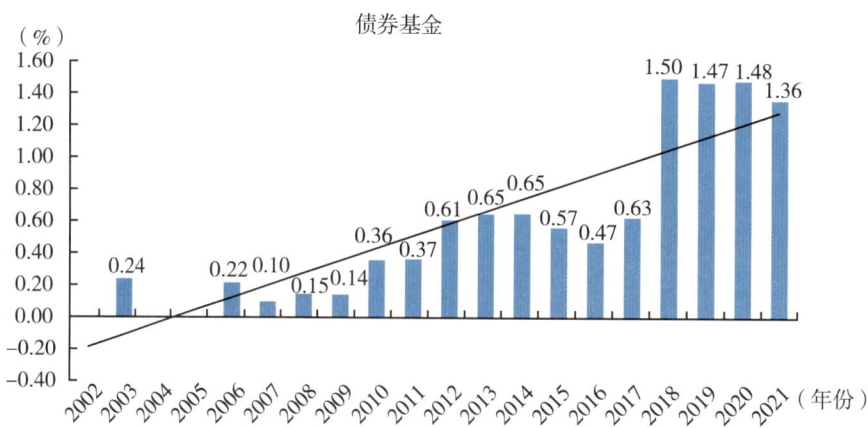

债券基金

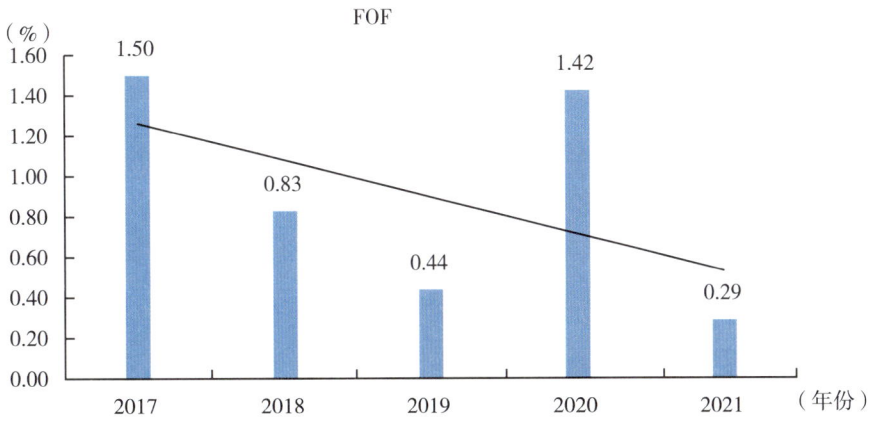

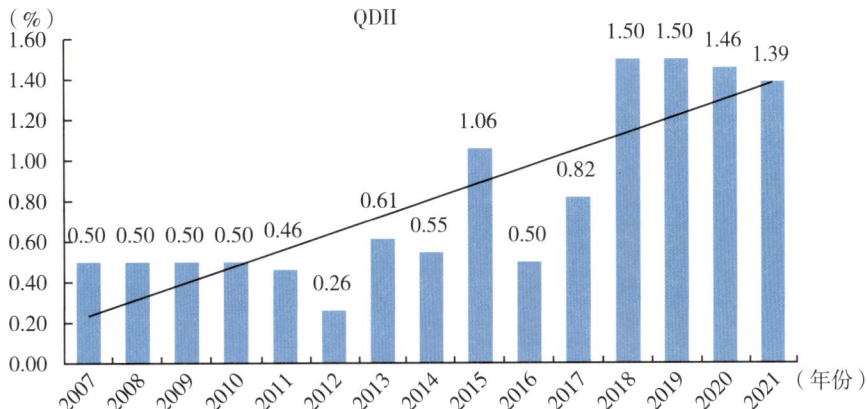

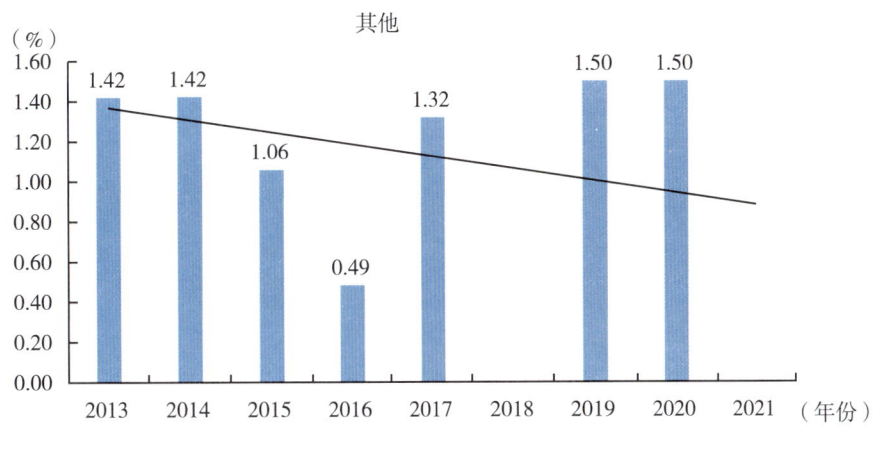

图 2-78 各类型基金平均赎回费率

资料来源：上海证券基金评价研究中心、Wind 资讯。

(四)销售服务费率

销售服务费是指基金管理人根据基金合同的约定及相关法律法规的规定,从开放式基金财产中计提的一定比例的费用,用于支付销售机构佣金、基金营销费用以及基金份额持有人服务费等。

2021年,股票基金、债券基金、其他基金成立规模加权平均销售服务费率(以下简称"平均销售服务费率")较上年有所下降,分别降至0.34%、0.23%和0.40%;混合基金、FOF、QDII基金和货币市场基金平均销售服务费率较上年有所上升,分别升至0.49%、0.41%、0.38%和0.15%。收取销售服务费的基金中,混合基金平均销售服务费率最高,其次为FOF(见图2-79)。

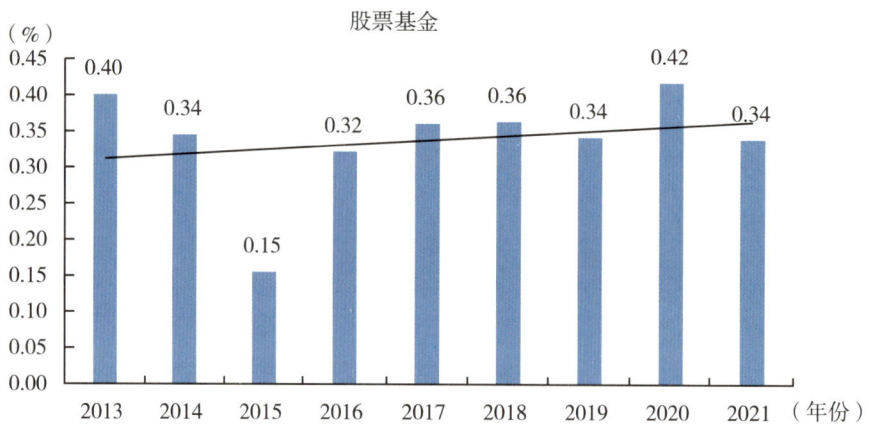

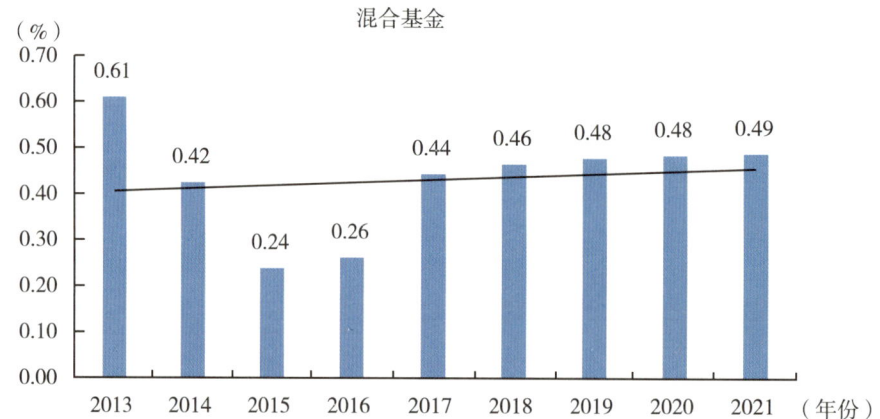

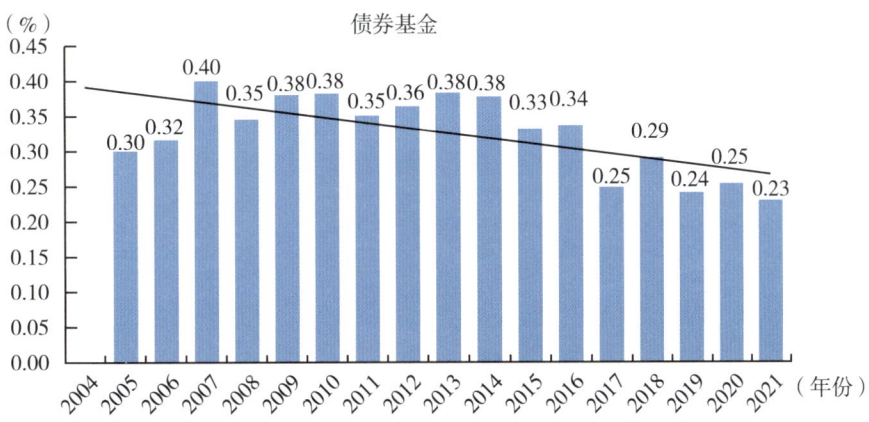

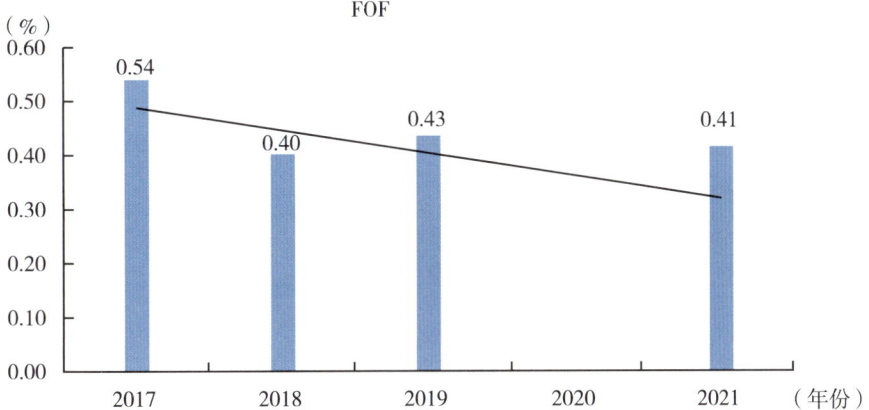

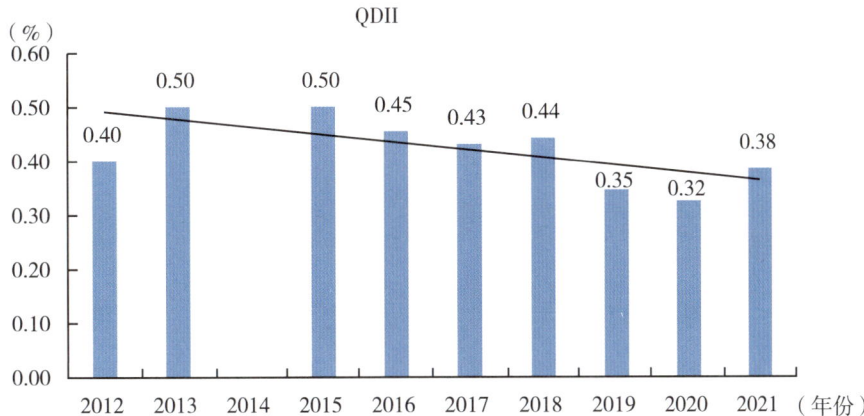

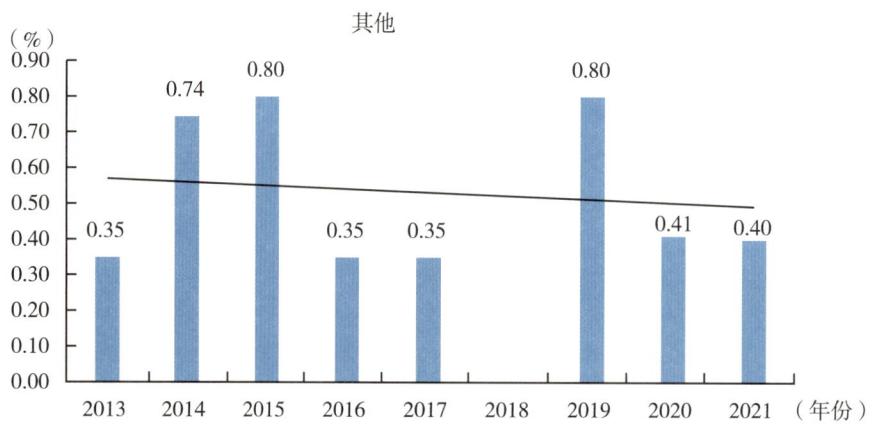

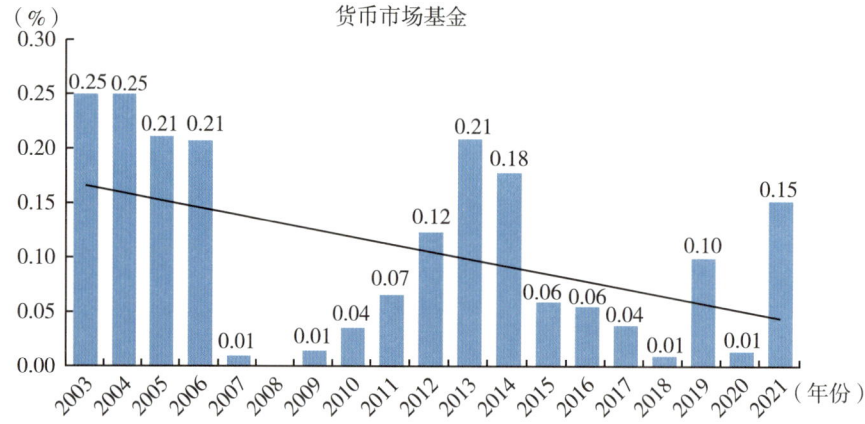

图 2-79 各类型基金平均销售服务费率

资料来源：上海证券基金评价研究中心、Wind 资讯。

三、基金管理费率与托管费率

（一）管理费率

2021年，公募基金管理费率得到进一步优化。一方面，为降低投资者投资成本，增强旗下基金产品竞争力，共有79只存量基金（以基金份额统计）下调管理费率；另一方面，继续发行浮动管理费基金，截至2021年末，共有114只浮动管理费基金（以主份额基金统计）。股票基金、混合基金、QDII和其他基金规模加权平均管理费率（以下简称"平均管理费率"）较上年有所下降，分别降至0.66%、1.24%、0.79%和0.50%；债券基金、FOF和货币市场基金的平均管理费率较上年有所上升，分别升至0.34%、0.77%和0.90%。此外，2021年多只券商大集合产品转型为公募货币基金，规模较大且管理费率较高，拉高了货币基金平均管理费率（见图2-80）。

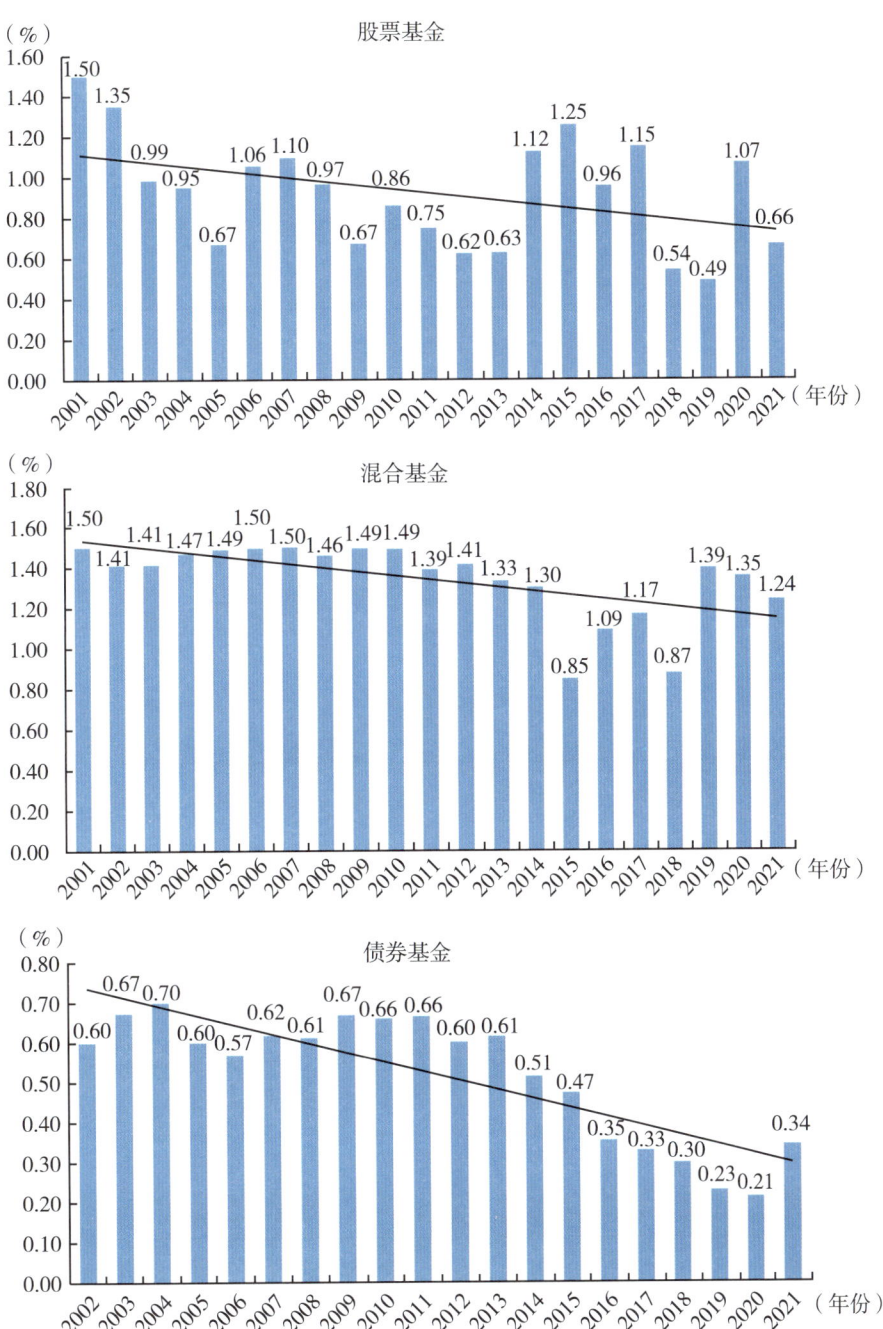

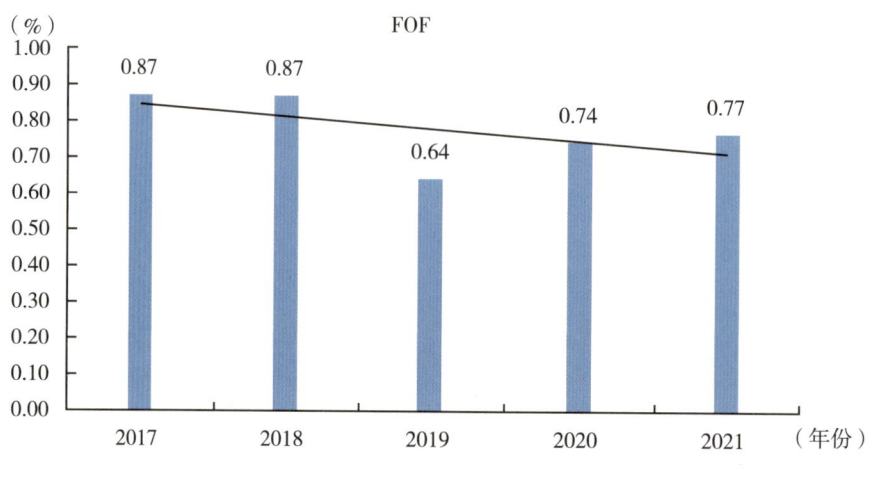

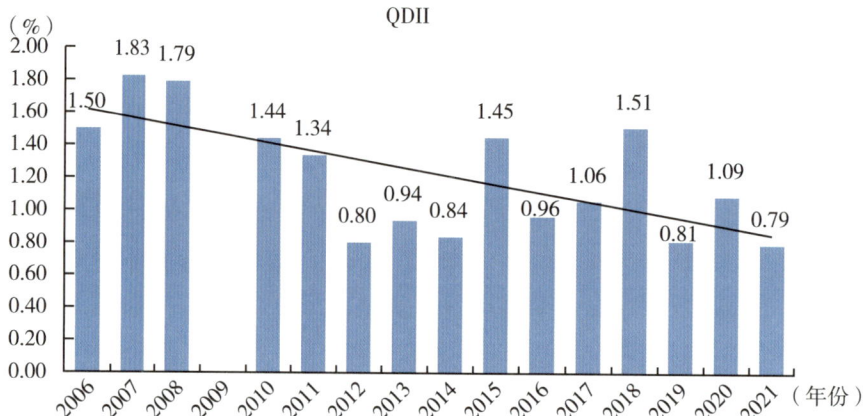

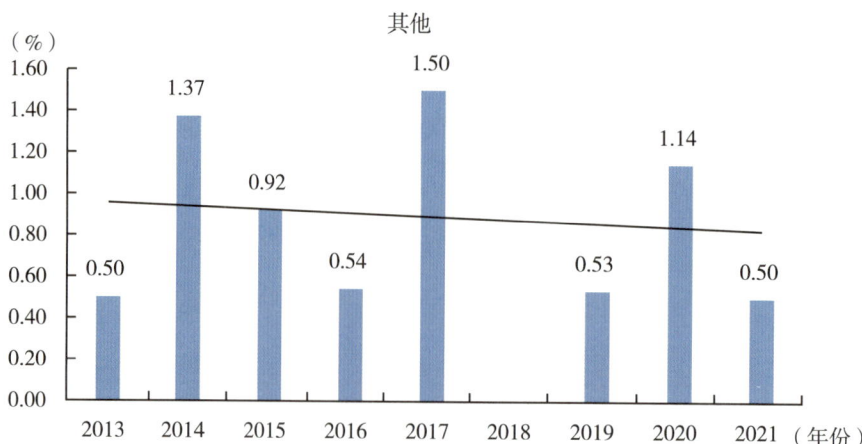

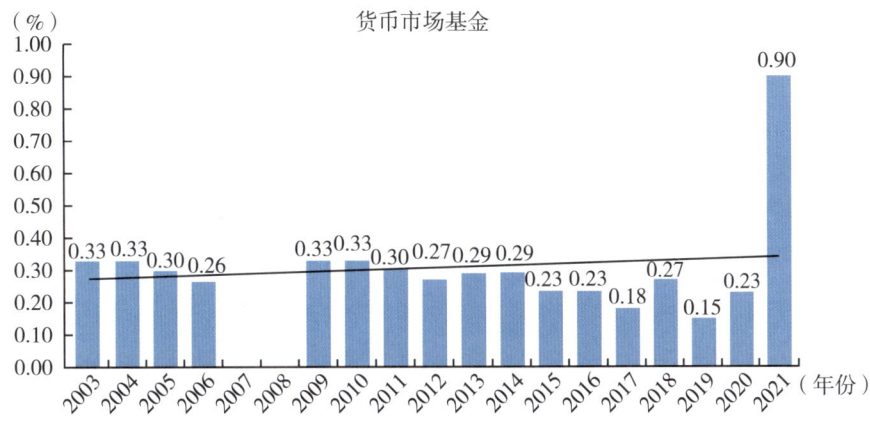

图 2-80　各类型基金平均管理费率

资料来源：上海证券基金评价研究中心、Wind 资讯。

（二）托管费率

2021年，股票基金、混合基金、FOF、QDII、其他基金和货币基金成立规模加权平均托管费率（以下简称"平均托管费率"）分别降至0.12%、0.21%、0.17%、0.18%、0.03%和0.05%。仅债券基金的平均管理费率较上年有所上升，为0.09%。近年来，各类型基金平均托管费率基本呈现下降趋势（见图2-81）。

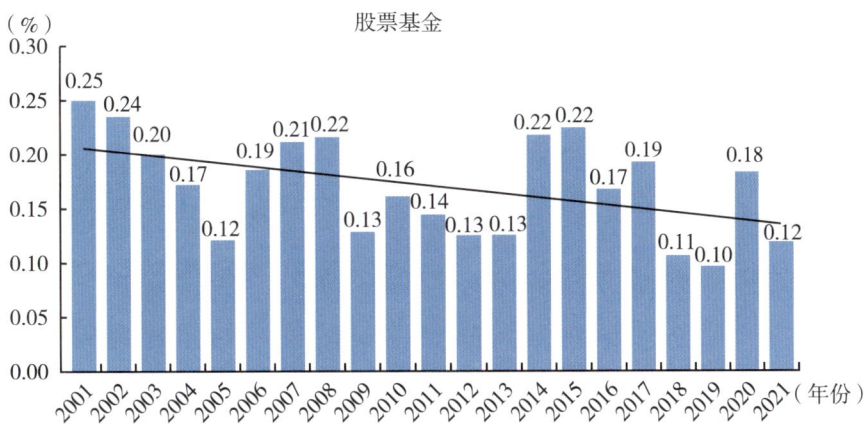

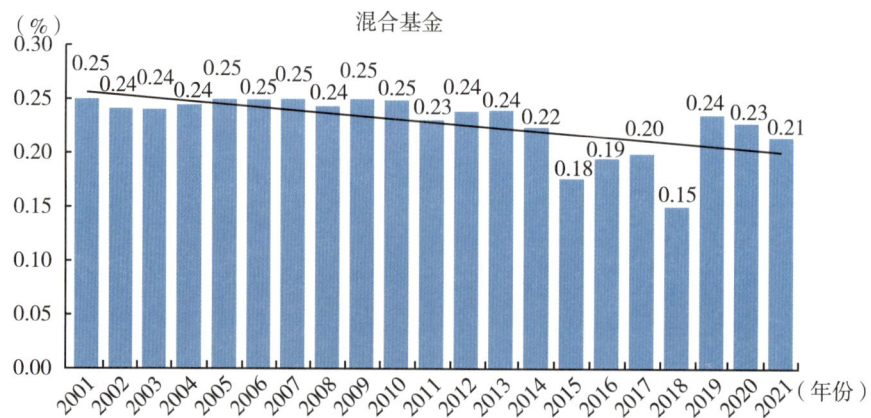

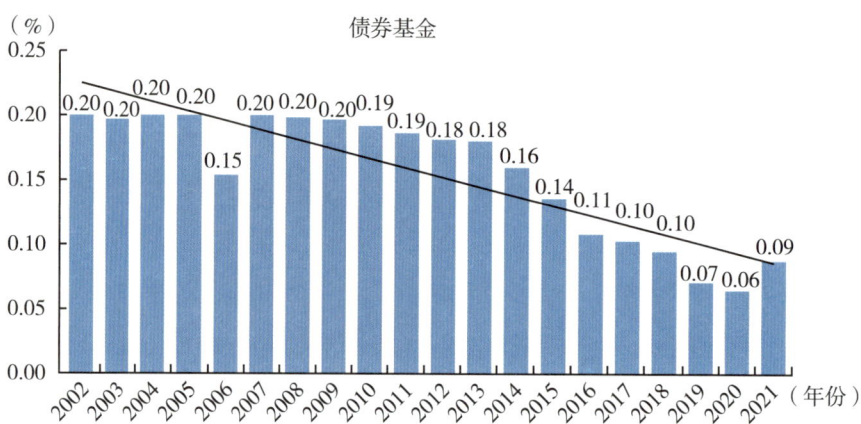

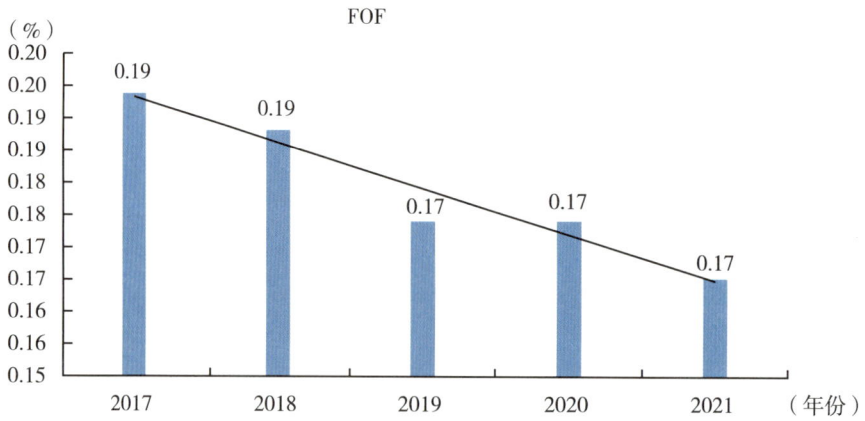

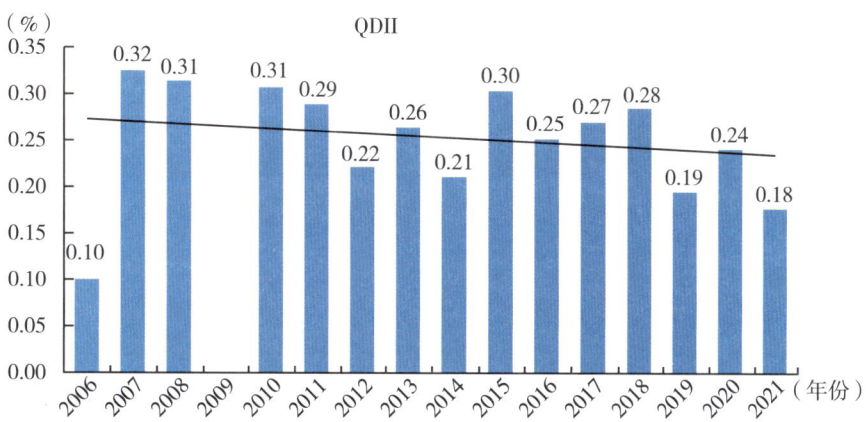

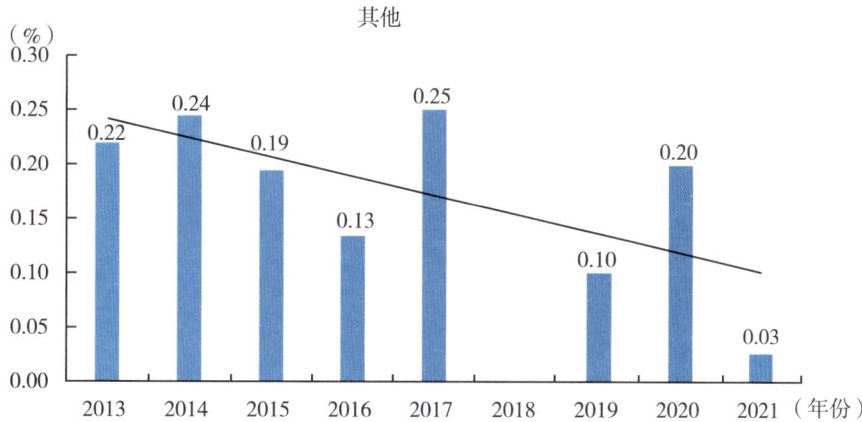

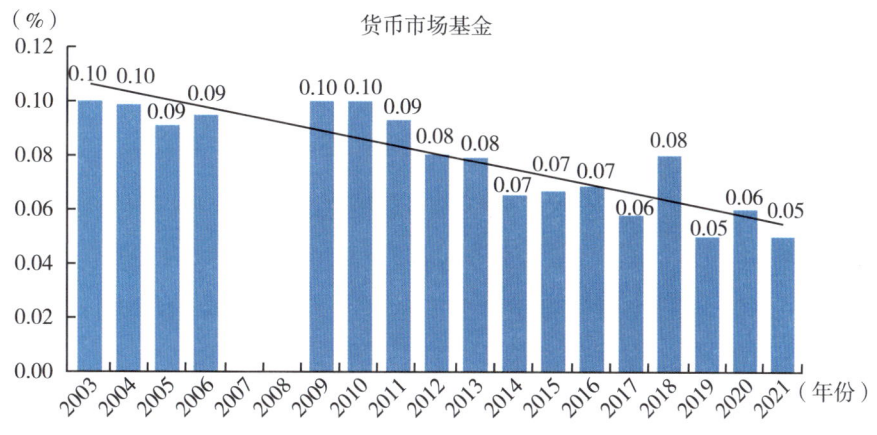

图 2-81　各类型基金平均托管费率

资料来源：上海证券基金评价研究中心、Wind 资讯。

第三章
我国境内养老金投资管理

第一节 我国养老金投资运营情况概览

一、养老金投资运营规模

截至2020年末,我国养老金总规模约12.05万亿元,较2019年增长9.16%,养老金总规模约占我国同期GDP的11.89%[①]。其中,基本养老保险基金(以下简称基本养老金)结余规模5.81万亿元,较2019年减少7.63%;全国社会保障基金(以下简称社保基金)资产总额为2.92万亿元,较2019年增长11.19%;企业年金和职业年金规模合计3.54万亿元,较2019年增长46.97%。基本养老金在养老金总规模中占比为48.19%,相较2019年降低8.76%。尽管我国多层次养老保障体系结构仍不平衡,较为依赖第一支柱,但其占比逐渐下降。

投资方面,2020年末我国已开展投资运营的养老金(含直接投资或受托直投、委托投资)约7.82万亿元,投资规模较2019年增长42.90%,约占养老金总规模的64.92%。投资运营已实现收益约2.57万亿元,较2019年增长44.18%,占养老金总资产的21.30%,相较2019年增长5.17%,养老金投资作用逐步显现。

具体来看,社保基金投资规模占总规模比例为100%,已基本实现全部投资运营。基本养老金自2016年底开始启动市场化投资运营,截至2020年末,投资规模达1.40万亿元,所有省份均启动实施基本养老金委托投资工作。职业年

---

① 根据国家统计局统计,2020年我国GDP总量为101.36万亿元。

金自2019年开启市场化投资运营，发展快速，2020年末投资规模达1.29万亿元（见表3-1）。

表3-1 2020年末我国养老金规模情况统计

类别	规模（亿元）	投资规模（亿元）	委托投资规模（亿元）	当年收益率（%）	年均收益率[1]（%）	已实现投资收益（亿元）	投资规模占养老金规模（%）	投资收益占养老金规模（%）
社保基金	29 227[2]	29 227[3]	19 080	15.84	8.51	16 251	100.00	55.60
基本养老金	58 075	13 951[4]	7 745	10.95	6.89	1 986	24.02	3.42
企业年金	22 497	22 150	21 686	10.31	7.30	6 422[5]	98.46	28.54
职业年金	12 900	12 900	—	—	—	1 010	100.00	7.83
总计	120 502[6]	78 227	48 511	—	—	25 669	64.92	21.30

注：（1）自成立以来按年统计收益率的几何平均。社保基金时间范围为2000—2020年，基本养老金为2017—2020年，企业年金为2007—2020年。

（2）（3）此处引用的是《2020年全国社会保障基金理事会社保基金年度报告》中的"2020年末社保基金资产总额"，该口径包含了负债余额，此处使用该口径是为与本表格中"委托投资规模"的数据口径保持一致。

（4）此处引用的是《全国社会保障基金理事会基本养老保险基金受托运营年度报告（2020年度）》中"2020年末基本养老保险基金资产总额"，该口径包含了负债余额，此处使用该口径是为与本表格中"委托投资规模"的数据口径保持一致。

（5）2012年后的企业年金投资收益是人力资源和社会保障部年报数据披露，2012年之前采用"规模×当年的加权平均收益率"的方式进行估算。

（6）为避免重复计算，规模和投资规模已剔除社保受托管理的做实个人账户资金和地方委托权益共计约2 197亿元。

资料来源：人力资源和社会保障部官网、全国社会保障基金理事会官网。

二、养老金投资管理机构及市场占比

截至2020年末，从各行业管理的养老金规模[①]看，基金、保险、券商分别占

---

① 含社保基金境内投资与境外投资、企业年金，基本养老金和职业年金由于无法获取各行业细分数据，因此未包含在内。

比59.81%、32.71%、7.06%，从管理养老金资产规模占比情况看，基金行业是我国养老金投资主力军。

社保基金自成立以来至2020年末取得了8.51%的年均收益率，累计投资收益1.63万亿元，投资收益占社保基金总规模比例达55.60%。在18家社保基金投管人中有16家为基金管理公司，基金管理公司管理规模占社保基金委托投资规模的73.60%，助力社保基金获取了优异的长期业绩。

企业年金方面，2020年末，基金行业市场份额占比从2011年的43.5%持续下降为35.9%，下降7.6个百分点，同期保险业市场份额占比从46.3%上升为55.0%，上升8.7个百分点（见表3-2）。

表3-2 2020年末不同行业投资管理社保基金（境内外）和企业年金规模情况

行业类别	社保基金（亿元）	占社保基金委托投资（境内外）比例	企业年金（亿元）	占企业年金委托投资比例	投资管理总规模（亿元）	行业占比
基金[1]	14 044	73.60%[2]	7 781	35.88%	21 824	59.81%
保险	—	—	11 938	55.05%	11 938	32.71%
券商	760	3.98%[3]	1 815	8.37%	2 575	7.06%
专业养老金管理机构[4]	—	—	153	0.70%	153	0.42%
总计	14 804	—	21 686	100.00%	36 490	100.00%

注：（1）为公募基金受托管理规模，不包含社保直投私募基金规模。
（2）（3）为占2020年社保委托投资总规模（境内外）19 080亿元的比重。
（4）为建信养老金管理有限责任公司。
资料来源：人力资源和社会保障部官网，全国社会保障基金理事会官网，中国证券投资基金业协会。

三、养老金投资收益

（一）全国社会保障基金投资收益

1.历年收益率

截至2020年末，社保基金在已公布投资业绩的20年间取得了8.51%的年均收益率。社保基金在20年之中有18年获得正收益，正收益最高的两年发生在2007年与2006年，分别为43.19%和29.01%；仅在2008年与2018年取得负收益，分别为–6.79%和–2.28%（见图3–1）。

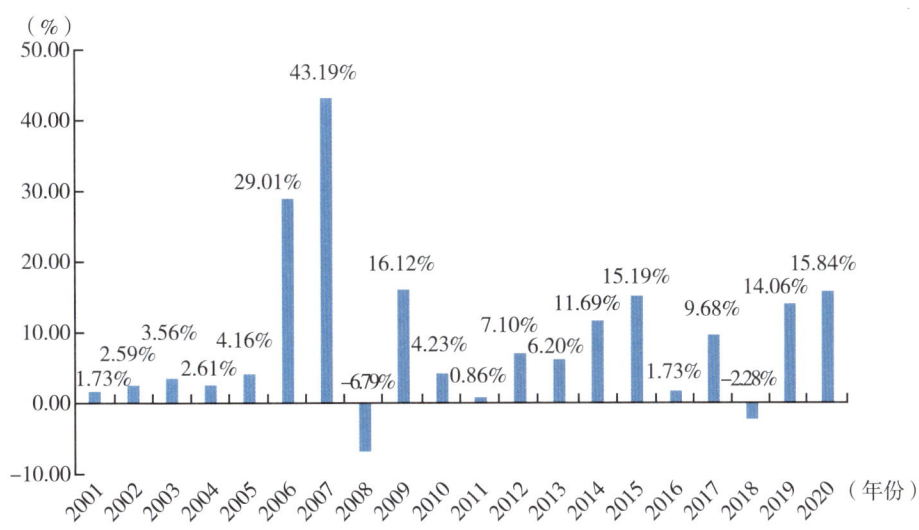

图3–1　社保基金历年投资收益率

资料来源：全国社会保障基金理事会官网。

2.历年累计收益占权益总额比例

截至2020年末，社保基金权益总额为26 788.13亿元，累计投资收益额为16 250.66亿元，累计收益额占权益总额比例为60.66%。2020年，社保基金投资收益额为3 786.60亿元。

社保基金累计投资收益额占权益总额比例在2001年至2007年间呈上升趋势，该数值于2008年大幅下降至31.15%，又在随后11年中逐步上升，于2020年达到峰值60.66%（见图3–2）。社保基金累计收益额于2008年单年下降655.20亿元，投资收益额占权益总额比例在2008年大幅下降，主要有两方面原因：一是2008年投资亏损，收益率为–6.79%，亏损393.72亿元；二是2008年首次执行新会计准则，调减以前年度收益261.48亿元[①]。

[①] 摘自全国社会保障基金理事会官网披露的"社保基金历年收益情况表"。

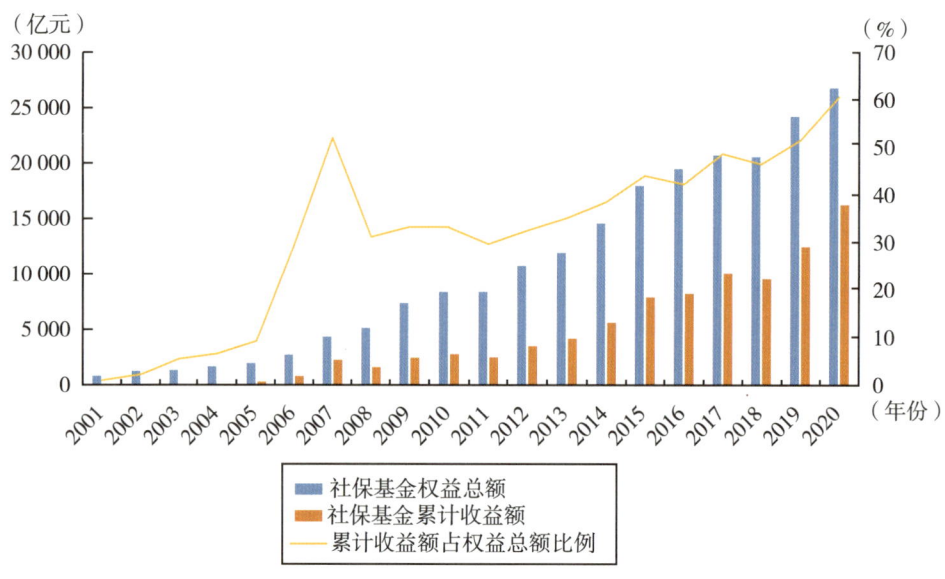

图 3-2 社保基金历年累计收益占权益总额比例情况

资料来源：全国社会保障基金理事会官网。

（二）企业年金投资收益

1.历年收益率

截至2021年，企业年金公布投资业绩以来，15年间取得了7.17%的年均收益率。企业年金在15年之中有13年获得正收益，当年加权平均收益率超10%的两年发生在2007年与2020年，分别为41.00%和10.31%；仅在2008年与2011年取得负收益，分别为-1.83%和-0.78%（见图3-3）。

2.历年累计收益占积累基金比例

截至2021年末，企业年金积累基金为26 406.39亿元，累计收益额为7 663.53亿元[①]，累计收益额占积累基金比例为29.02%，较2020年末增长0.48个百分点。

从整体趋势看，企业年金累计收益占积累基金比例逐步升高，从2007年的4.17%提高至2021年的29.02%，显示出持续投资对资产长期增值的贡献。可以看到，累计收益占积累基金比例在上升的过程中有两次比较明显的回落，发生在2008年与2011年，2008年从4.17%回落到2.38%，2011年从9.01%回落至6.36%。

---

① 2012年后的企业年金投资收益是人社部年报数据披露，2012年之前是用规模×当年的加权平均收益率估算。

2008年与2011年正是企业年金投资发生亏损的两年（见图3-4）。

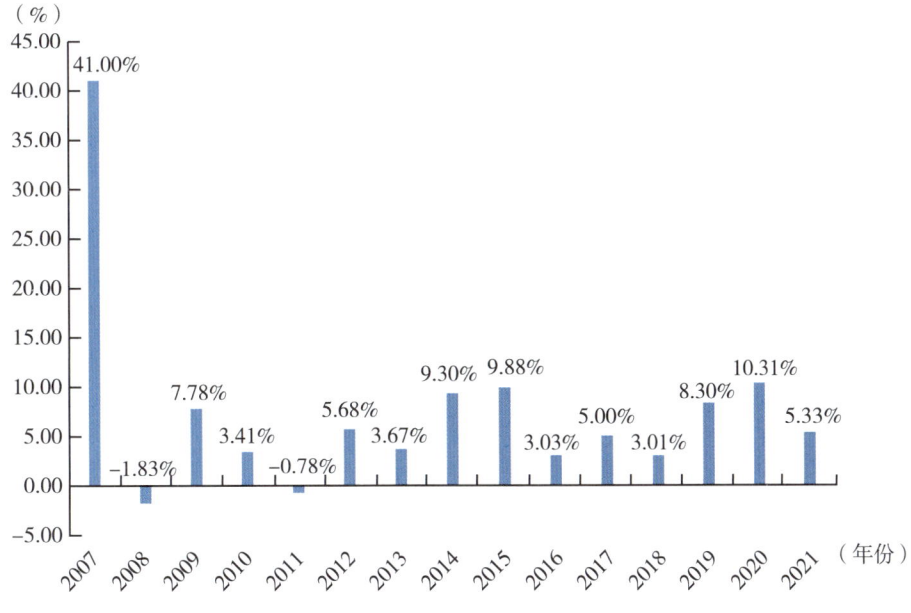

图3-3 企业年金历年投资收益率

注：历年投资收益率由每年加权平均收益率组成，计算方法详见人社部公布的企业年金2021年年报。
资料来源：人力资源和社会保障部官网。

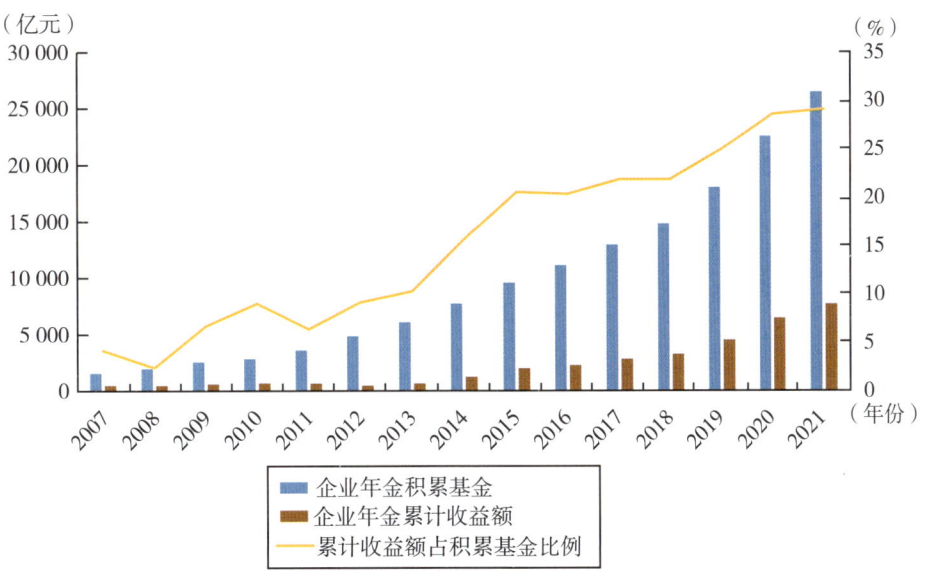

图3-4 企业年金历年累计收益占积累基金比例情况

资料来源：人力资源和社会保障部官网。

第二节　公募基金行业管理养老金情况

一、公募基金行业管理养老金规模情况

截至2021年末，公募基金行业管理包括社保基金、基本养老金、企业年金、职业年金和其他境外养老金在内的各类养老金资产合计3.97万亿元，较2020年末增加0.60万亿元，增幅17.77%。规模增量由两部分构成：一是委托资金增量；二是投资收益。

具体来看，基金行业管理各类养老金资产规模实现稳健增长，除社保基金、其他境外养老金外，其余养老金资产增幅均在20%以上。随着职业年金市场化投资运营的稳步发展，基金行业管理职业年金规模较2020年增长0.25万亿元，占总体规模增量的40.97%，增幅达41.41%（见表3-3）。

表3-3　公募基金行业管理养老金规模情况

类别	公募基金行业管理规模（亿元）		较2020年规模增量（亿元）	较2020年规模增长
	2020年	2021年		
社保基金	14 044	14 500	456	3.25%
基本养老金	5 873	7 233	1 359	23.14%
企业年金	7 781	9 498	1 718	22.08%
职业年金	5 923	8 376	2 453	41.41%
其他境外养老金	79	80	1	0.73%
总计	33 700	39 687	5 987	17.77%

资料来源：中国证券投资基金业协会。

二、养老目标基金

（一）总体情况

养老目标基金是指以追求养老资产的长期稳健增值为目的，鼓励投资者长期持有，采用成熟的资产配置策略，合理控制投资组合波动风险的公开募集证券投资基金，是公募基金行业为服务个人投资者养老投资推出的一类产品。

中国证监会于2018年上半年发布《养老目标证券投资基金指引（试行）》，首只养老目标基金产品于2018年9月成立。截至2021年末，共有50家基金公司发行的152只养老目标基金成立运作；总规模1 132.50亿元，持有人户数为302.39万户[①]，规模与户数分别较2020年增长了91.99%与53.69%（见图3-4）。

表 3-4　　　　　　　　　养老目标基金基本情况表

类别	2020年	2021年	较2020年增量	较2020年增长
管理人数量（家）	43	50	7	16.28%
产品数量（只）	104	152	48	46.15%
总规模（亿元）	589.87	1 132.50	542.63	91.99%
持有人户数（户）	1 967 528	3 023 991	1 056 463	53.69%

资料来源：Wind资讯，中国证券投资基金业协会。

（二）采用目标日期策略的养老目标基金

1. 基本情况

截至2021年末，采用目标日期策略的养老目标基金（以下简称目标日期基金）总共有66只，较2020年末增加17只，增幅为34.69%；规模为171.60亿元，较2020年末增加27.06亿元，增幅为18.72%；持有人户数为124.70万户，较2020年末增加17.48万户，增幅为16.30%（见表3-5）。

表 3-5　　　　　　　　　目标日期基金基本情况表

类别	2020年	2021年	较2020年增量	较2020年增长
管理人数量（家）	24	31	7	29.17%
产品数量（只）	49	66	17	34.69%
总规模（亿元）	144.54	171.60	27.06	18.72%
持有人户数（户）	1 072 276	1 247 027	174 751	16.30%

资料来源：Wind资讯，中国证券投资基金业协会。

---

① 仅统计披露年报的基金持有人户数，未披露年报的认购户数不包含在内。

2. 目标日期分布情况

目标日期策略是指随着所设定目标日期的临近，逐步降低权益类资产的配置比例，增加非权益类资产的配置比例。截至2021年末，31家已发行目标日期基金的管理人中，布局5只目标日期基金的管理人有2家，布局4只目标日期基金的管理人有3家，布局3只目标日期基金的管理人有6家，布局2只目标日期基金的管理人有6家，布局1只目标日期基金的基金公司有14家。

其中，布局数量前四的目标日期为2040年、2035年、2045年、2050年，分别有21只、16只、9只、7只产品布局（见表3-6）。

表 3-6 2021年末目标日期分布情况表

目标日期（年）	2025	2030	2033	2035	2038	2040	2043	2045	2050	2055	总计
产品数量（只）	3	5	1	16	1	21	1	9	7	2	66

资料来源：Wind 资讯，中国证券投资基金业协会。

3. 目标日期基金资产组合情况

截至2021年末，披露年报的64只目标日期基金总资产合计179.04亿元；其中，持有基金市值为149.03亿元，占基金总资产的83.24%；持有股票市值为10.59亿元，占基金总资产的5.92%；持有债券市值为9.04亿元，占基金总资产的5.05%；持有银行存款市值为5.96亿元，占基金总资产的3.33%；持有其他资产市值4.42亿元，占基金总资产的2.47%（见图3-5）。

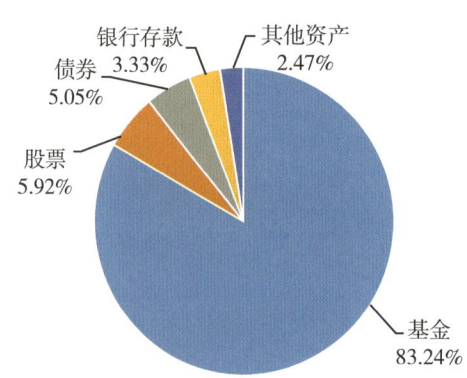

图 3-5 2021年末目标日期基金资产组合情况

资料来源：Wind 资讯。

（三）采用目标风险策略的养老目标基金

1.基本情况

截至2021年末，采用目标风险策略的养老目标基金（以下简称目标风险基金）总共有86只，较2020年增加31只，增幅为56.36%；规模为960.90亿元，较2020年增加515.58亿元，增幅为115.78%；持有人户数为177.70万户，较2020年增加88.17万户，增幅为98.49%（见表3-7）。

表3-7　　　　　　　目标风险基金基本情况表

类别	2020年	2021年	较2020年增量	较2020年增长
管理人数量（家）	37	45	8	21.62%
产品数量（只）	55	86	31	56.36%
总规模（亿元）	445.32	960.90	515.58	115.78%
持有人户数（户）	895 252	1 776 964	881 712	98.49%

资料来源：Wind资讯，中国证券投资基金业协会。

2.目标风险分布情况

目标风险策略是指根据特定的风险偏好设定权益类资产、非权益类资产的恒定配置比例，或使用广泛认可的方法界定组合风险（如波动率），并采取有效措施控制基金组合风险。在实践中，目标风险分为稳健/保守、平衡/均衡、积极三档，对应低、中、高组合风险。

截至2021年末，45家发行了目标风险基金的管理人中，布局4只目标风险基金的管理人有3家，布局3只目标风险基金的管理人有8家，布局2只目标风险基金的管理人有16家，布局1只目标风险基金的管理人有18家。其中，56只产品选择了稳健/保守目标风险，占比65.12%；26只产品选择了平衡/均衡目标风险，占比30.23%；4只产品选择积极目标风险，占比4.65%（见表3-8）。

表3-8　　　　　　　2021年末目标风险分布情况表

目标风险	稳健/保守	平衡/均衡	积极	总计
产品数量（只）	56	26	4	86

资料来源：Wind资讯，中国证券投资基金业协会。

3. 目标风险基金资产组合情况

截至2021年末，披露年报的78只目标风险基金总资产合计931.23亿元；其中，持有基金市值为825.18亿元，占基金总资产的88.61%；持有股票市值为33.52亿元，占基金总资产的3.60%；持有债券市值为41.88亿元，占基金总资产的4.50%；持有银行存款市值为19.68亿元，占基金总资产的2.11%；持有其他资产市值10.97亿元，占基金总资产的1.18%（见图3-6）。

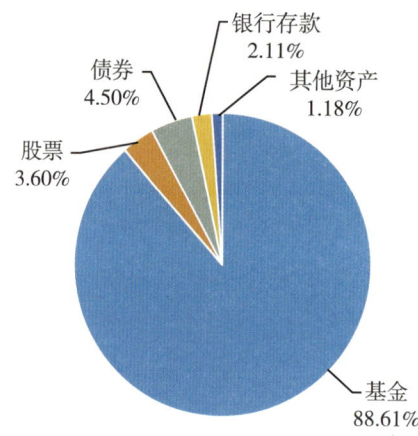

图3-6　2021年末目标风险基金资产组合情况

资料来源：Wind资讯。

第四章
证券期货经营机构私募资产管理业务

第一节 总体情况

证券期货经营机构私募资产管理计划①（以下简称私募资管计划或私募资管产品）净资产规模（以下简称规模）近9年先快速增长，2016年达顶峰后连续缩减。自2018年资管新规②发布以来，私募资管业务持续规范化整改，通道业务快速压降处置。截至2021年末，基本完成全部资管业务的整改，存续私募资管产品数量3.10万只，规模降至15.98万亿元（见图4-1）。

图 4-1 私募资管产品数量与净资产规模趋势

资料来源：中国证券投资基金业协会。

---

① 证券期货经营机构私募资产管理计划包括证券公司及其资管子公司私募资管计划、基金管理公司私募资管计划、基金子公司私募资管计划、期货公司及其资管子公司私募资管计划及证券公司私募子公司私募基金。

② 2018年资管新规指2018年4月27日中国人民银行、中国银行保险监督管理委员会、中国证券监督管理委员会、国家外汇管理局联合印发的《关于规范金融机构资产管理业务的指导意见》（银发〔2018〕106号）。

资管新规"非标存量压降"落实效果显著。截至2021年末，私募资管投向非标准化资产[1]规模约4.02万亿元，同比下降37.16%；非标准化资产规模占私募资管投向合计的22.8%，同比下降12.32%。

近3年私募资管产品备案[2]通过的产品数量逐年增长，备案规模[3]先增后减。固定收益类产品备案数量稳定居前，混合类和商品及金融衍生品类产品备案数量快速增长。2021年混合类产品备案数量首次超过固收类位列第一，其备案数量是2019年的3.5倍；商品及金融衍生品类产品备案数量为2019年的5倍。备案规模方面，2021年固定收益类产品备案规模稳定居首，近三年备案规模小幅波动，呈现先增后减趋势；混合类产品备案规模在2020年跳跃式增长后逐渐趋缓，2020年、2021年备案规模增幅分别为142.6%与10.5%；权益类产品备案规模由增转降，2021年同比下降6.6%；2021年商品及金融衍生品类产品备案规模仍为四类中最小，但增幅最大，超过200%（见图4-2）。

全年资金净流入5 794亿元，扭转连续2年净流出态势。权益类产品与混合类产品总体分别净流出1 524亿元和1 883亿元，固定收益类产品净流入8 396亿元，上半年小幅净流出，下半年大幅净流入，商品及金融衍生品类产品持续净流入，全年净流入804亿元。

私募资管产品出资者以企业、各类资管计划等为主，占比达90%以上。2021年银行理财资金占比大幅增长，其他资管产品出资占比近3年连续下降；银行自有资金占比近3年连续下降，其他企业出资占比连续增长。截至2021年末，私募资管产品来源于银行理财资金的占比最大，达49.07%，同比增加8.13个百分点；银行自有资金占比次之，为18.51%，同比下降6.03个百分点；企业（不含银行）

---

[1] 本章标准资产包括股票、债券（含同业存单）、公募基金，非标资产包括未上市股权、债权、收益权、各类产品，其他包括各类存款等现金类及无法分类资产等。

[2] 本书中，某时间段内备案产品指在中国证券投资基金业协会AMBERS系统备案通过日期在该时间段内的产品。根据《证券期货经营机构私募资产管理业务管理办法》要求，证券期货经营机构私募资产管理计划应于成立后5个工作日内在基金业协会进行备案，故备案时段与成立时段存在时间差，本文以备案口径分析新产品发行市场情况。

[3] 备案规模指产品备案时填报的募集规模或初始规模，证券公司私募子公司私募基金备案规模指备案时填报的实缴规模。备案规模仅衡量产品备案时点资金到账情况，存在备案规模小而备案时点后运作资金才到账的情况，也存在备案规模大而后续资金快速撤离的情况。

出资占比15.51%,同比增加1.51个百分点;各类资管计划(不含银行理财)出资占比7.73%,同比下降2.78个百分点(见图4-3)。

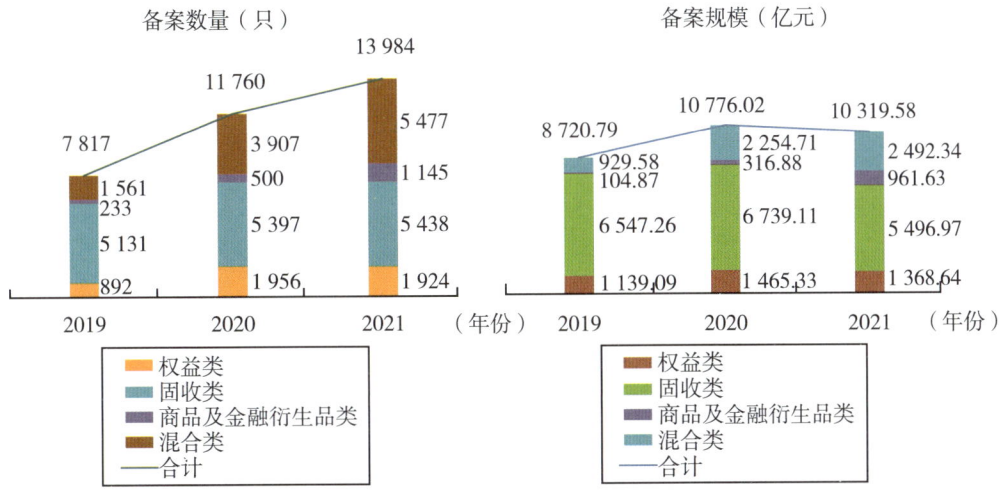

图4-2 按投资类型分私募资管产品备案情况

资料来源:中国证券投资基金业协会。

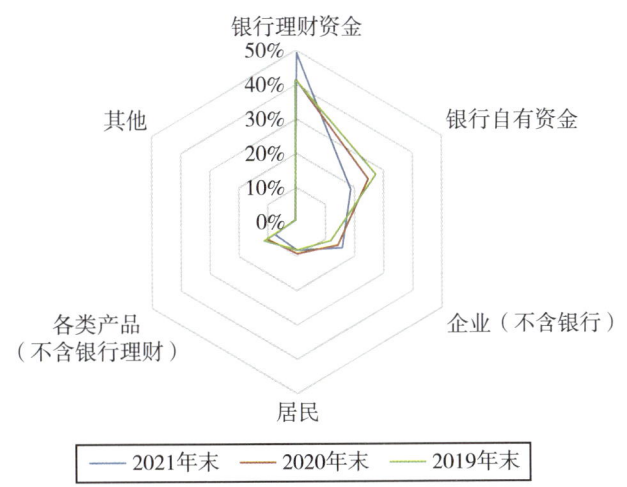

图4-3 近3年私募资管产品主要资金来源占比情况

资料来源:中国证券投资基金业协会。

私募资管产品以配置债类资产为主,占比达57.49%。从近3年资产类别分布趋势来看,股类资产占比总体提升,债券资产占比连续增长,债权资产占比大幅缩减,收益权类资产占比持续下降,投向各类资管计划占比保持下降趋势。截至2021年末，私募资管产品投向股类资产占比11.74%，同比下降0.56个百分点，较2019年末增加2.21个百分点；投向债券资产占比51.01%，同比增加8.67个百分点；投向债权资产占比6.49%，同比下降6.04个百分点；投向收益权类资产占比6.22%，同比下降2.37个百分点，投向各类资管计划占比6.94%，同比下降3.76个百分点（见图4-4）。

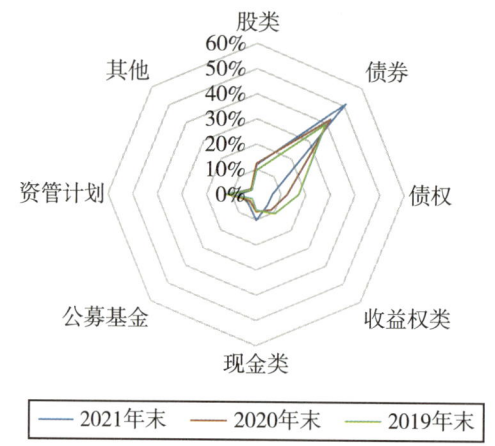

图4-4 近3年私募资管产品资产配置占比情况

资料来源：中国证券投资基金业协会。

一、产品发行情况

2021年，私募资管产品共备案13 984只，备案规模10 319.58亿元，月均备案规模859.96亿元。全年备案产品数量较2020年增长18.91%，备案规模较2020年减少4.24%。近3年备案产品数量逐年递增，而备案规模先增后减，平均单只产品备案规模从2019年的1.12亿元下降至2021年的0.74亿元。

从机构类型看，2021年证券公司及其资管子公司备案数量与备案规模占比最高，分别为48.91%和35.39%。近3年趋势来看，证券公司及其资管子公司备案产品数量持续增长，而备案规模连续下降，可见单只产品规模大幅下降；基金管理公司、基金子公司、期货公司及其资管子公司备案产品数量均保持增长态势，除基金管理公司备案规模在2021年有较大幅度下降外，基金子公司与期货公司及其资管子公司的备案规模均保持增长趋势。

从年内各季度情况来看,2020年与2021年私募资管产品备案数量高峰均出现在三季度,2019年与2020年备案规模高峰均为四季度,而2021年四季度备案规模较三季度有所下降(见图4-5和图4-6)。

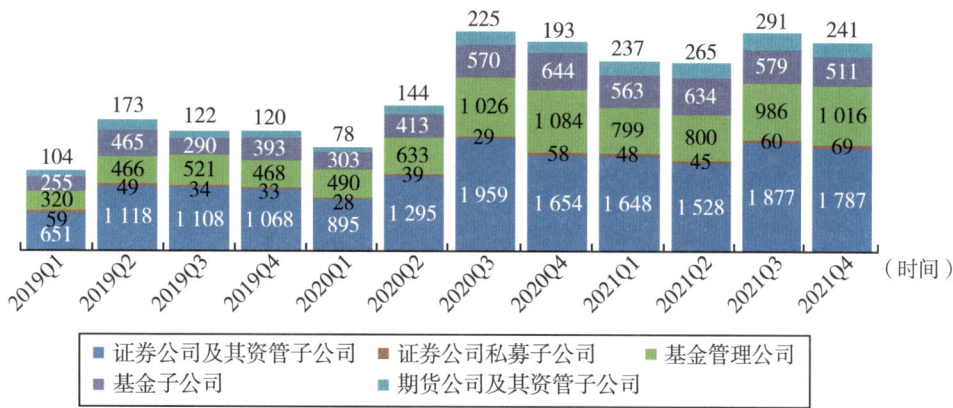

图 4-5　按机构类型分私募资管产品备案数量

资料来源:中国证券投资基金业协会。

图 4-6　按机构类型分私募资管产品备案规模

资料来源:中国证券投资基金业协会。

从备案的产品类型[①]看,近3年单一资产管理计划备案数量高于集合资产管理计划;单一资产管理计划备案规模先增后减,集合资产管理计划备案规模持续增长(见图4-7和图4-8)。

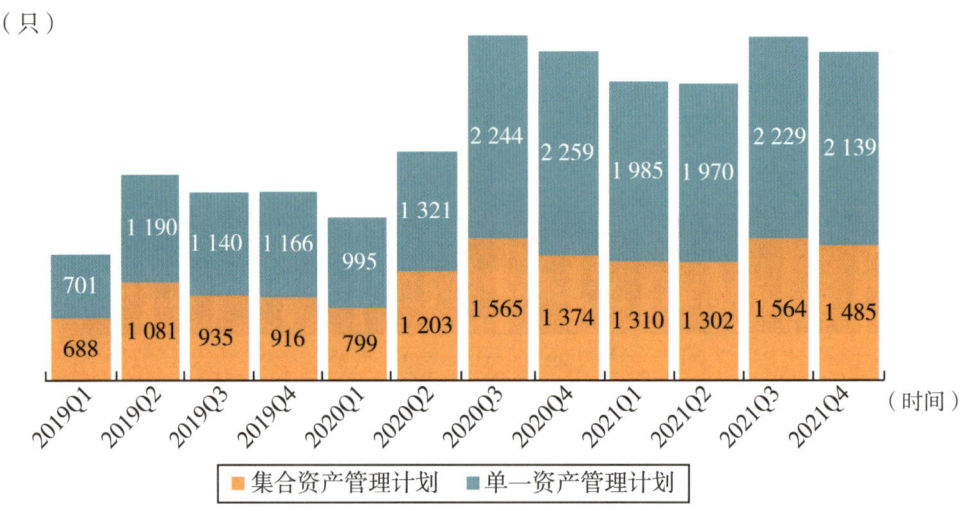

图4-7 按产品类型分私募资管产品备案数量

资料来源:中国证券投资基金业协会。

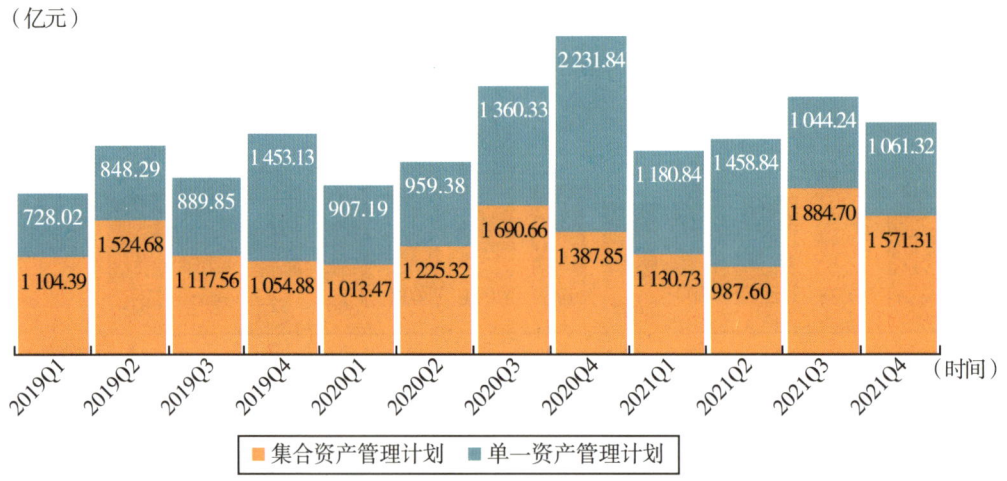

图4-8 按产品类型分私募资管产品备案规模

资料来源:中国证券投资基金业协会。

---

① 证券公司私募子公司的私募基金大多为有限合伙形式,为简便起见,在总体统计中,统一纳入集合资产管理计划。

从备案产品的投资类型来看，2021年备案混合类产品5 477只，近3年首度超越固定收益类备案数量；固定收益类产品备案规模依然稳居各类产品首位，但近3年私募资管产品备案规模合计中的比例保持下降趋势。在私募资管产品中，权益类产品与混合类产品备案数量合计占比与备案规模合计占比均呈现出增长态势（见图4-9至图4-12）。

图4-9　按投资类型分私募资管产品备案数量（只）

资料来源：中国证券投资基金业协会。

图4-10　按投资类型分私募资管产品备案规模（亿元）

资料来源：中国证券投资基金业协会。

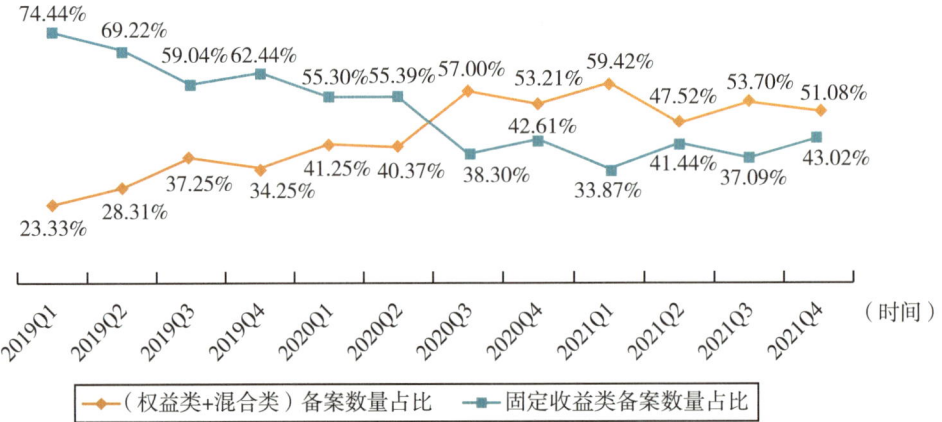

图 4-11 （权益类 + 混合类）与固定收益类备案数量占比趋势

资料来源：中国证券投资基金业协会。

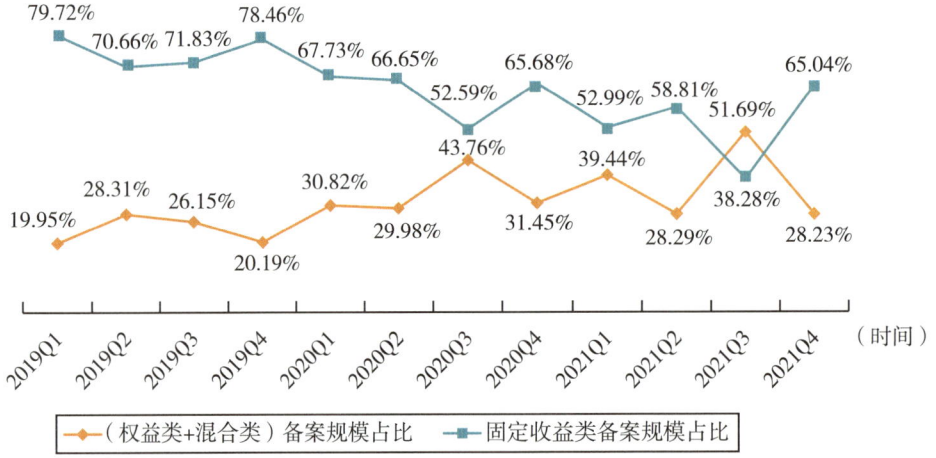

图 4-12 （权益类 + 混合类）与固定收益类备案规模占比趋势

资料来源：中国证券投资基金业协会。

二、产品存续情况

截至 2021 年末，私募资管产品存续数量 3.10 万只，较 2020 年末增加 470 只；存续规模共 15.98 万亿元，较 2020 年末减少 0.85 万亿元，降低 5.05%。资管新规后私募资管产品存续数量先持续减少，后连续增加，存续规模保持下降趋势。2021 年，资管新规过渡期最后一年，四季度产品数量大幅缩减；存续规模三季度经历小幅增加，四季度再减5 009.82亿元（见图4–13和图4–14）。

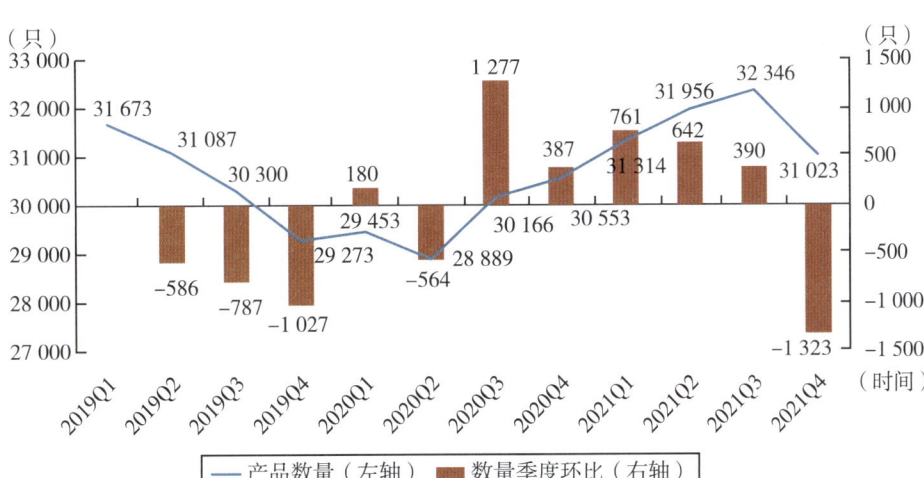

图4–13　私募资管产品存续数量及季度环比变化趋势

资料来源：中国证券投资基金业协会。

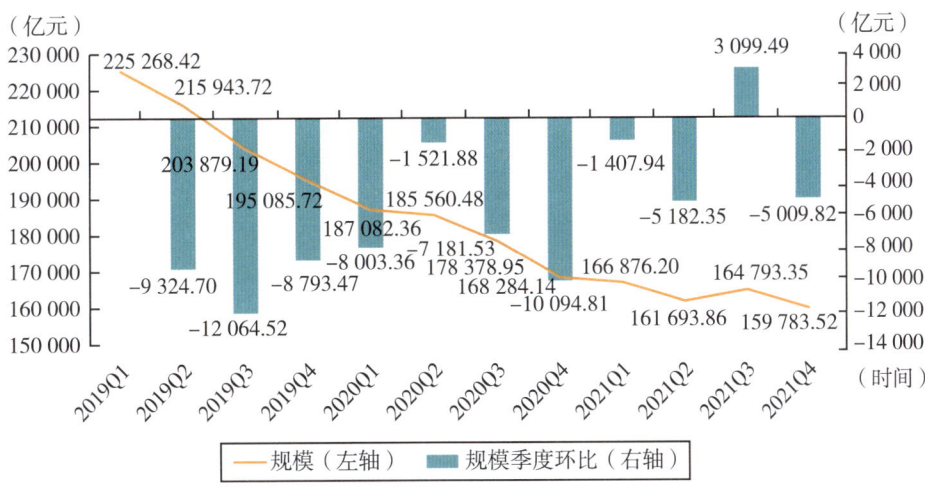

图4–14　私募资管产品存续规模及季度环比变化趋势

资料来源：中国证券投资基金业协会。

从私募资管产品管理机构类型来看，证券公司及其资管子公司管理产品数量比例过半，达54%，管理规模比例近3年连续下降至48%；基金管理公司管理产品数量与规模比例均保持增长趋势，占比分别达24%与32%；基金子公司管理产品数量与规模占比持续下降至13%与15%（见图4–15和图4–16）。

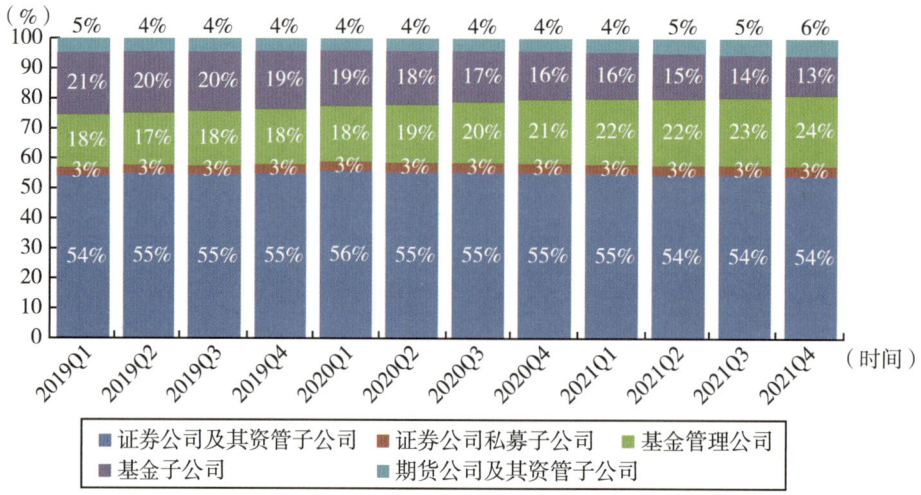

图 4-15 按机构类型分私募资管产品存续数量占比

资料来源：中国证券投资基金业协会。

图 4-16 按机构类型分私募资管产品存续规模占比

资料来源：中国证券投资基金业协会。

从产品类型看，截至2021年末，单一资产管理计划数量为1.83万只，数量占比近3年从68%降至59%，集合资产管理计划数量为1.27万只，数量占比从32%持续增至41%；单一资产管理计划存续规模由18.72万亿元降至8.66万亿元，占比由83%降至54%，集合资产管理计划存续规模由3.81万亿元增至7.31万亿元，占比由17%增至46%（见图4-17和图4-18）。

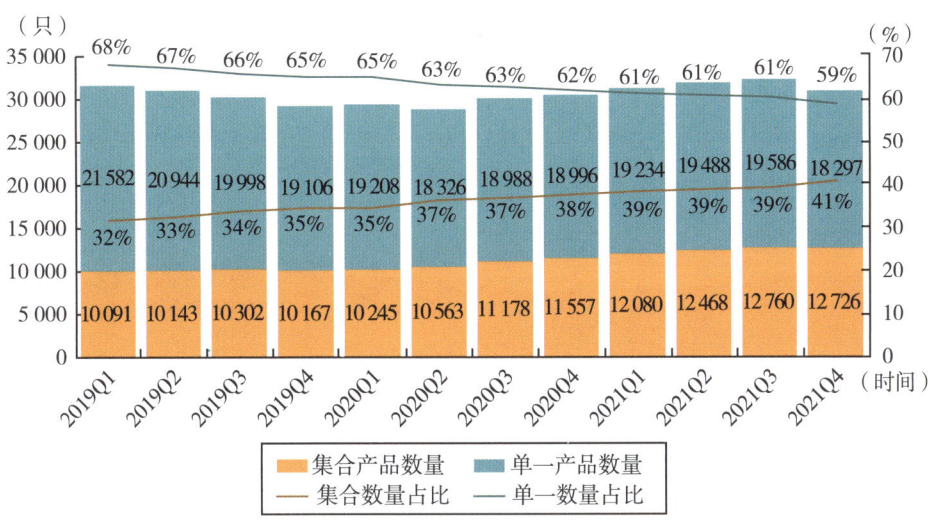

图 4-17 按产品类型分私募资管产品存续数量占比

资料来源：中国证券投资基金业协会。

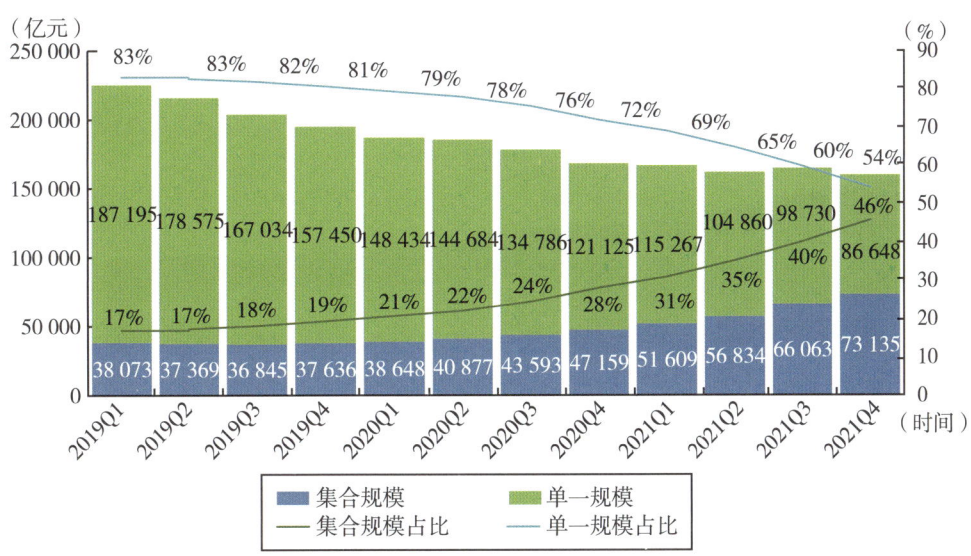

图 4-18 按产品类型分私募资管产品存续规模占比

资料来源：中国证券投资基金业协会。

从产品投资类型看，固定收益类产品数量与规模保持下降趋势，存量占比依然均为各类型首位；混合类产品数量保持增长态势，存续规模连续缩减，下降速度超过固定收益类；权益类产品数量与规模相对稳定；商品及金融衍生品类产品数量与规模双双高速增长，但由于基数较小，存量占比依然较小。截至2021年末，存续固定收益类产品1.39万只，占比44.86%，规模为11.67万亿元，占比73.03%；混合类产品1.01万只，占比32.57%，规模为1.98万亿元，占比12.41%；权益类产品5 862只，占比18.90%，规模2.20万亿元，占比13.79%；商品及金融衍生品类产品1 141只，占比3.68%，规模1 231亿元，占比0.77%（见图4-19和图4-20）。

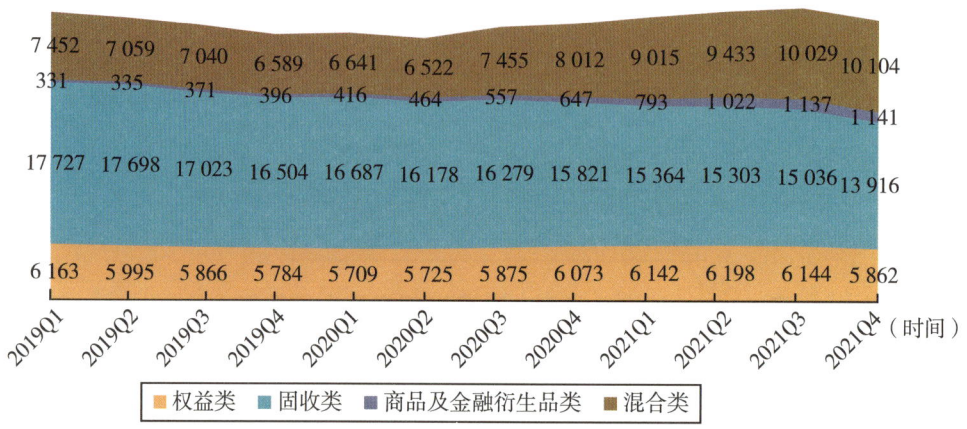

图4-19　按投资类型分私募资管产品存续数量（只）

资料来源：中国证券投资基金业协会。

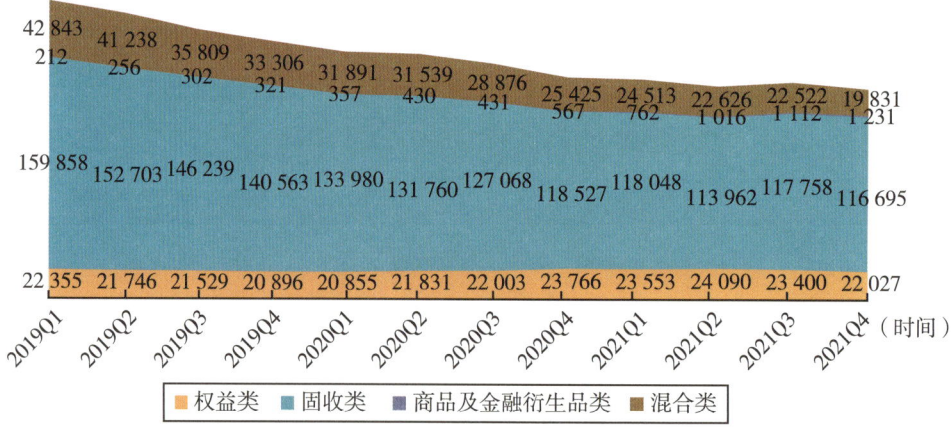

图4-20　按投资类型分私募资管产品存续规模（亿元）

资料来源：中国证券投资基金业协会。

从近3年趋势来看，混合类产品数量季度平均增量241只，居各类型产品数量增量首位，季度平均增速2.81%，存续规模季度平均减少2 092亿元，季度平均下降6.76%，为各类型产品存续规模季度平均降速最大；固定收益类产品季度平均减少346

只，降速2.18%，存续规模季度平均缩减3 924亿元，居各类型产品存续规模季度平均减量首位；商品及金融衍生品类产品数量与规模季度平均增加74只与93亿元，增速分别达11.91%与17.32%，成为增长速度最大的类型；权益类产品存续数量季度平均减少27只，平均下降30亿元，季度平均降速分别为0.45%与0.13%（见图4-21和图4-22）。

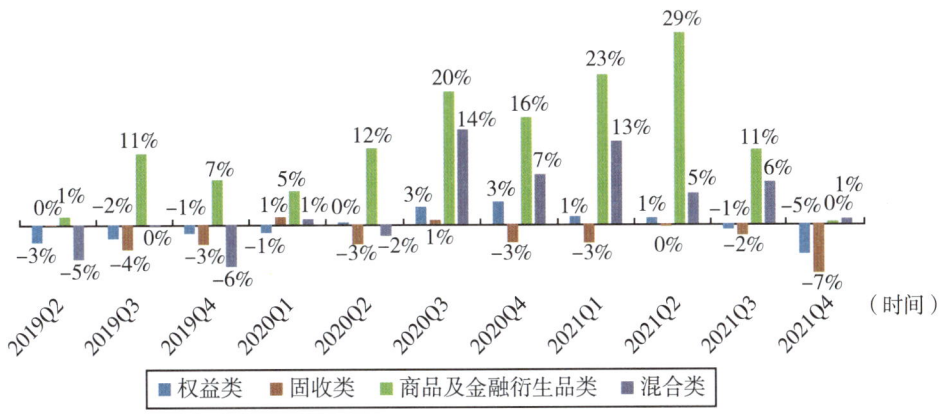

图4-21 按投资类型分私募资管产品存续数量季度增长率

资料来源：中国证券投资基金业协会。

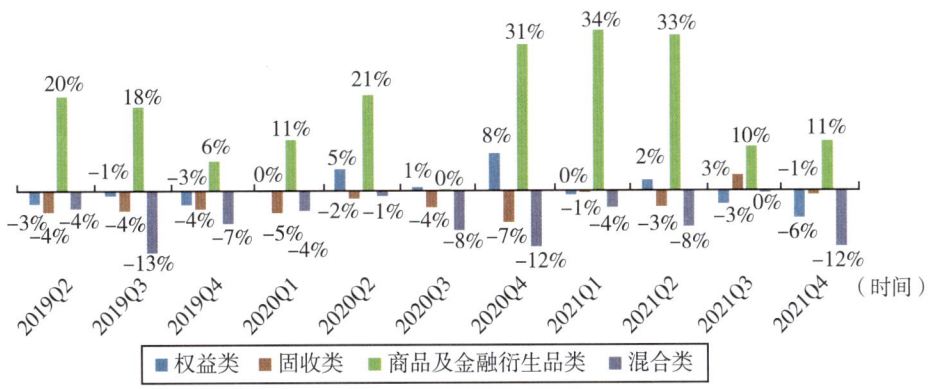

图4-22 按投资类型分私募资管产品存续规模季度增长率

资料来源：中国证券投资基金业协会。

从不同类型机构管理的产品类型分布来看，截至2021年末，证券公司及其子公司[①]管理的固定收益类产品数量占比最大，混合类产品次之；基金管理公司管

---

① 鉴于证券公司私募子公司私募基金存续数量与存续规模相对较小，为简单起见，此处纳入证券公司及其子公司分类中统计。

理的混合类产品数量占比最大,固定收益类次之;基金子公司管理的固定收益类产品数量占比最大,权益类次之;期货公司及其资管子公司管理的混合类产品数量最大,商品及金融衍生品类产品次之。各类型产品存续规模分布中,固定收益类产品占比均为最大,证券公司及其子公司、基金管理公司、基金子公司均超过七成,期货公司及其资管子公司也超过五成;证券公司及其子公司与基金子公司管理的存续规模排第二位的均为权益类产品,基金管理公司与期货公司及其资管子公司排第二位的均为混合类产品。对期货公司及其资管子公司来说,管理商品及金融衍生品类产品数量与规模占比明显高于其他类型机构,分别达到31.55%与13.56%(见图4-23和图4-24)。

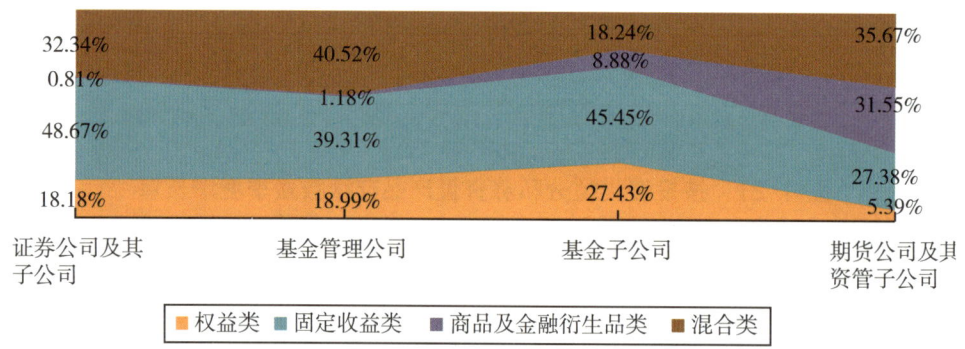

图4-23 2021年末各类机构按投资类型分私募资管产品数量分布

资料来源:中国证券投资基金业协会。

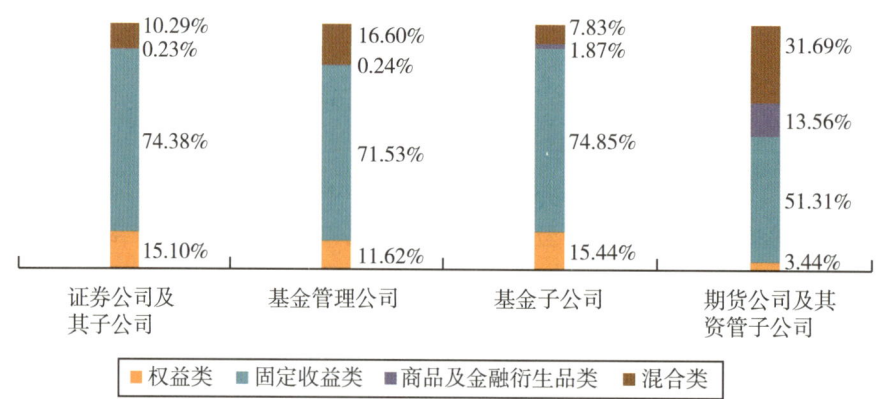

图4-24 2021年末各类机构按投资类型分私募资管产品存续规模分布

资料来源:中国证券投资基金业协会。

三、资金净流动（认/申赎）情况

2021年受股市下行压力带来的投资负面情绪增长，权益类产品与混合类产品整体资金共净流出3 406亿元，较2020年净流出量扩大超5倍；下半年固定收益类产品资金大幅净流入，扭转自资管新规以来持续净流出的状态；由于雪球类产品一度盛行，商品及金融衍生品类产品净流入总量达804亿元，是2020年净流入总量的3.09倍（见图4-25和图4-26）。

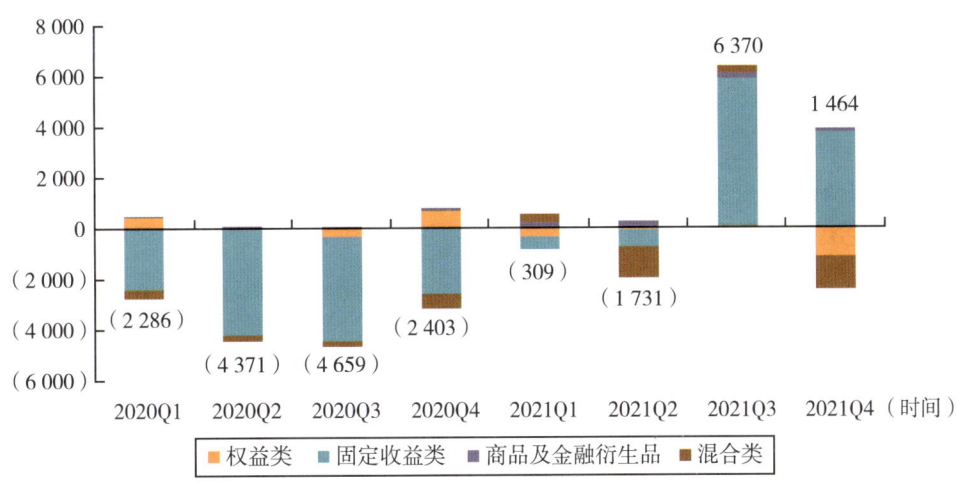

图4-25 私募资管产品资金净流动情况

资料来源：中国证券投资基金业协会。

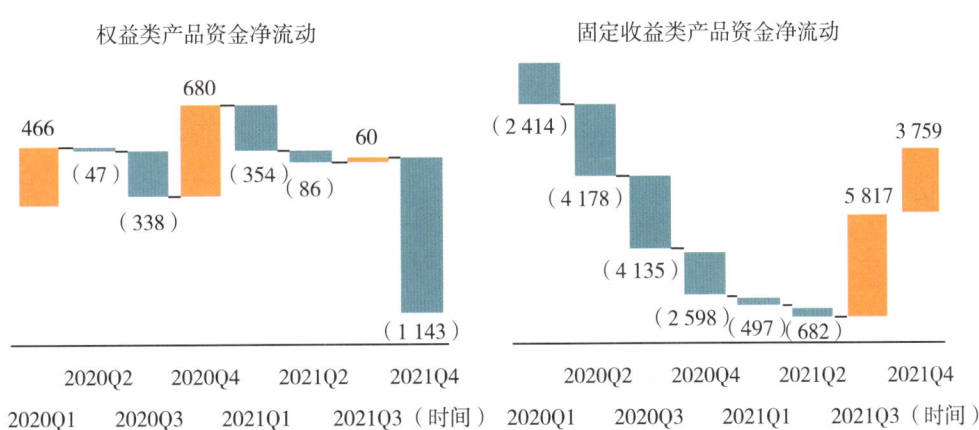

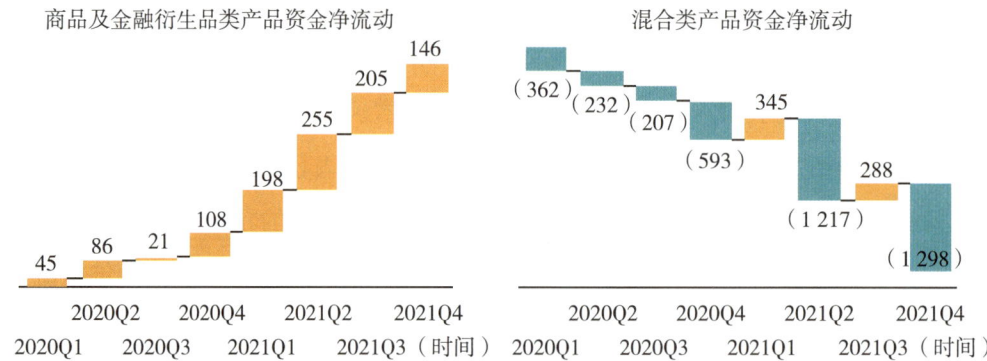

图 4-26　私募资管各类型产品资金净流动趋势（亿元）

资料来源：中国证券投资基金业协会。

四、资金来源（投资者出资）情况

从直接出资者来看，私募资管产品的居民出资占比较小，仅8.45%，企业出资占比为34.01%，各类产品（包括各类资管计划、理财产品等）出资合计占比56.80%，其余为养老金、社会基金、境外资金及其他。近3年，居民出资占比保持相对稳定，银行理财资金占比有较大增长，银行自有资金占比快速下降，企业（不含银行）出资占比略有增长，各类产品（不含银行理财）出资占比保持下降趋势（见图4-27）。

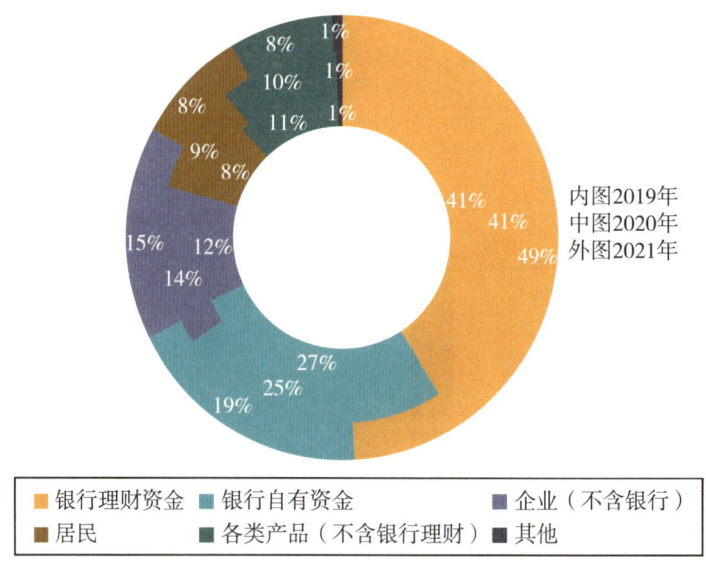

图 4-27　近 3 年私募资管产品资金来源分布变化情况

资料来源：中国证券投资基金业协会。

资管新规后，私募资管业务有较大收缩，私募资管产品除来自银行自有资金规模大幅下降外，出资减少最大的是信托计划与私募资管产品类资金，2021年末较2019年末二者合计减少超1万亿元，"去嵌套"的效果显著，资金内部空转状况得到有力改善（见图4-28）。

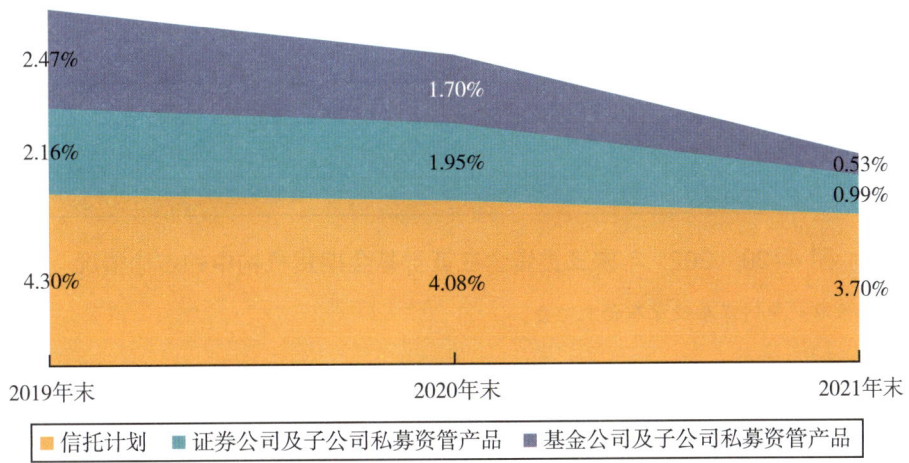

图4-28 近3年私募资管业务资金缩减最大的产品出资占比变化情况

资料来源：中国证券投资基金业协会。

行业在积极发挥自身资源禀赋优势开拓创新业务，资金来源表现出动态结构性特点。如基金管理公司因公募基金管理经验相较证券公司更受保险资金的青睐，证券公司以其资本市场深度参与历程更吸引银行资金投资，期货公司因其在期货市场的优势受到专业机构投资者信任。截至2021年末，基金管理公司受托保险公司委托资金规模占私募资管产品受托保险资金规模合计的84.28%，较2020年末增加1.63个百分点。在银行委托私募资管产品的资金（含银行理财资金）中50.89%是证券公司及其子公司管理的，较2020年末增加2.15个百分点。期货公司及其资管子公司受托规模的53.79%为银行理财资金，较2020年末增加14.73个百分点，9.00%为私募基金管理人委托资金，较2020年末减少1.38个百分点，这两类专业机构委托期货公司及其资管子公司资金占比均高于证券公司及其子公司、基金管理公司及基金子公司（见图4-29和图4-30）。

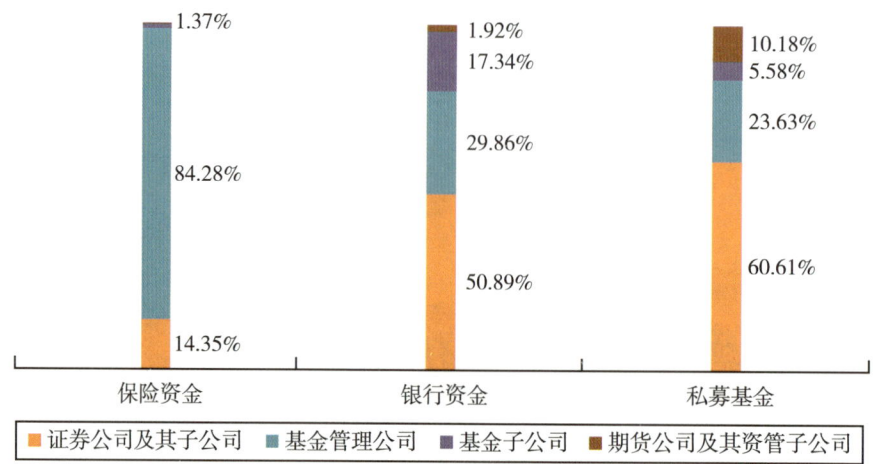

图 4-29　2021 年末三类资金在证券基金期货机构中的占比情况

资料来源：中国证券投资基金业协会。

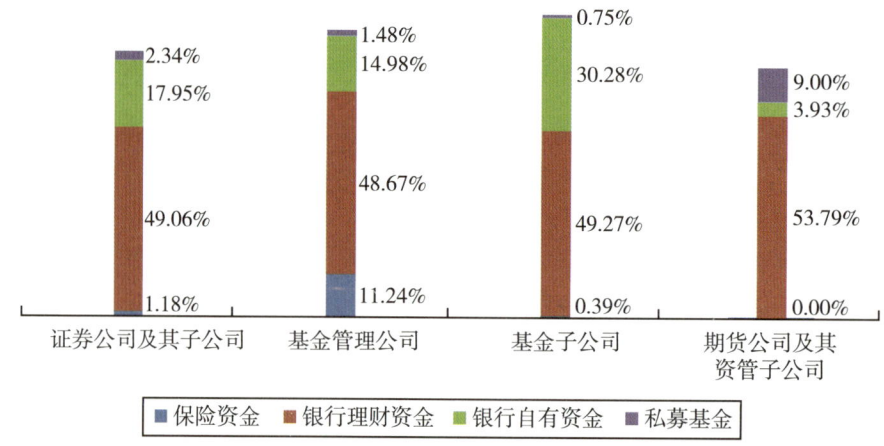

图 4-30　2021 年末各类机构私募资管产品主要资金类型占比情况

资料来源：中国证券投资基金业协会。

五、资产配置情况

从大类资产配置来看，私募资管产品主要资产配置于债类资产、股类资产及货币类资产。截至2021年末，债类资产占比达57.49%，股类资产占比为11.74%，货币类资产占比为10.30%，其余投向各类产品、收益权类资产、公募基金及其他。私募资管产品投向货币类资产、公募基金的占比近3年连续增长，投向收益权类资产、各类产品的占比保持下降态势（见图4-31）。

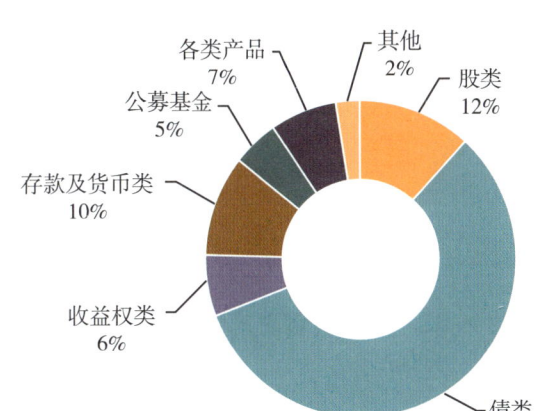

图 4-31　2021年末私募资管资产配置分布

资料来源：中国证券投资基金业协会。

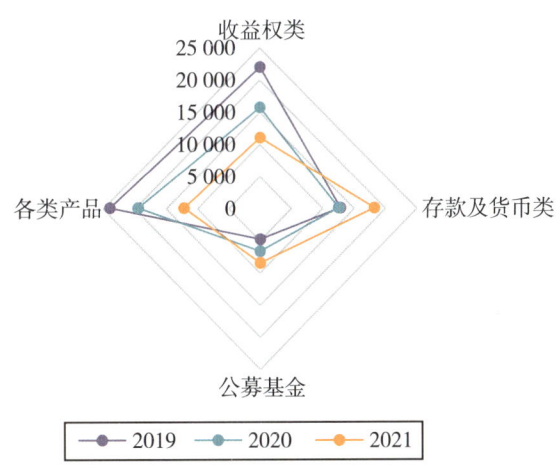

图 4-32　近3年私募资管资产配置变化较大的类别

资料来源：中国证券投资基金业协会。

私募资管产品投资标准化趋势显著，资产呈现"标增非标减"的特点。私募资管产品投向股票、债券、公募基金等标准资产比例大幅增长，截至2021年末，达70.08%，较2020年末增加12.48个百分点；投向境内债权、资管计划和收益权类等非标资产占比大幅缩减至22.80%，较2020年末下降12.32个百分点（见图4-33）。

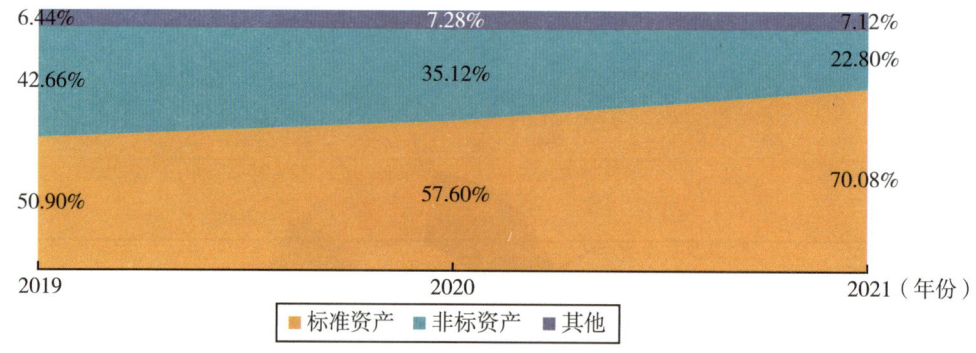

图 4-33 私募资管资产配置标准化趋势

资料来源：中国证券投资基金业协会。

私募资管产品投向债类资产、收益权类资产、存款及货币类资产及各类产品中，证券公司及其资管子公司所管产品投资占比最大；基金管理公司所管产品投向股类资产、公募基金及其他类资产占比最大；基金子公司投向各类产品的占比稍低于证券公司及其资管子公司，位居第二（见图4-34）。

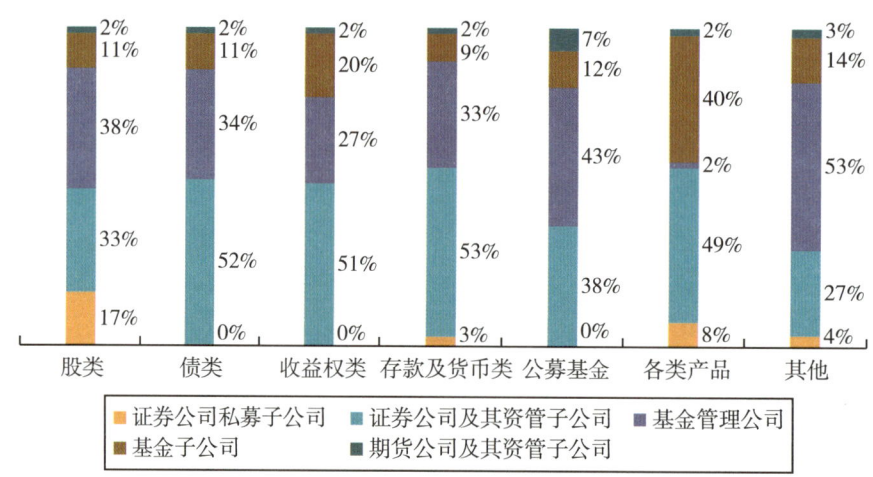

图 4-34 2021 年末私募资管的各类资产在机构类型中的分布情况

资料来源：中国证券投资基金业协会。

私募资管产品的标准化资产中，证券公司及其资管子公司与基金管理公司分别贡献五成与四成；在非标资产中，基金子公司贡献32%，仅次于证券公司及其资管子公司的48%；在其他资产中，证券公司及其资管子公司银行存款最多，基金管理公司境外投资最大，银行存款居第二（见图4-35）。

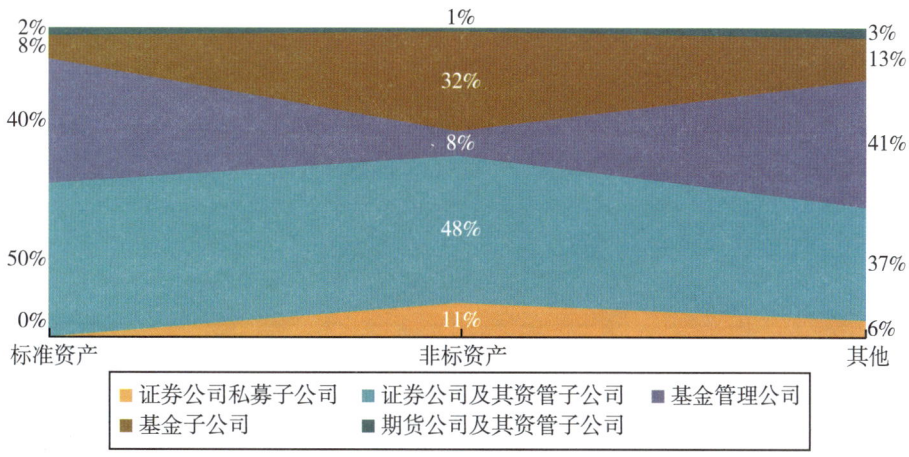

图 4-35　2021 年末私募资管的标准化资产在机构类型中的分布情况

资料来源：中国证券投资基金业协会。

各类机构管理的私募资管产品资产配置特点鲜明，证券公司私募子公司主要为未上市股权投资；证券公司及其资管子公司所管产品资产配置占比最大的是债类资产，达62%；基金管理公司除配置60%的债类资产资产外，股类资产配置比例高于证券与期货类机构；基金子公司投向债类资产48%，投向各类产品20%，为配置比例居前的两类资产类别；期货公司及其资管子公司投向债类资产51%，投向公募基金15%，为配置比例第一与第二的资产类别（见图4-36）。

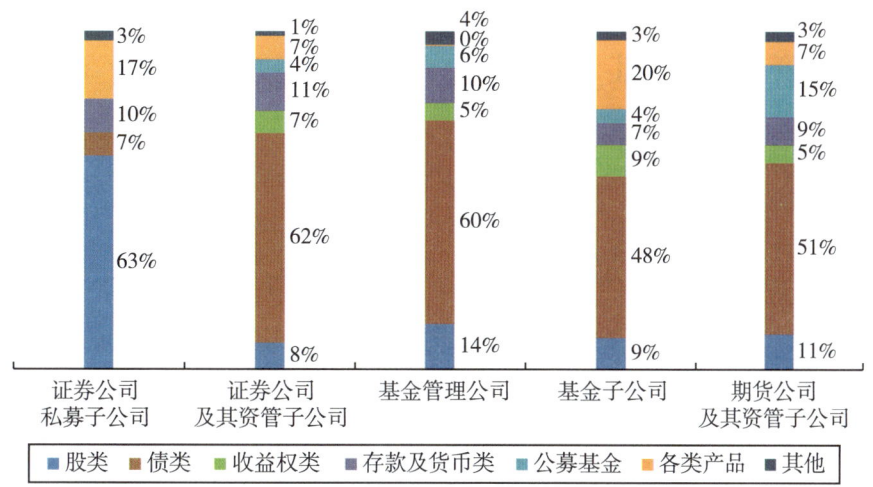

图 4-36　2021 年末各类机构私募资管产品资产配置情况

资料来源：中国证券投资基金业协会。

基金管理公司专注标准化投资，标准资产占比一直较高，截至2021年末达到86%。在私募资管配置资产标准化趋势下，期货公司及其资管子公司、证券公司及其资管子公司、期货公司及其资管子公司的标准化资产截至2021年末分别达到77%、72%、39%，较2020年末增加5个百分点、18个百分点、6个百分点（见图4-37）。

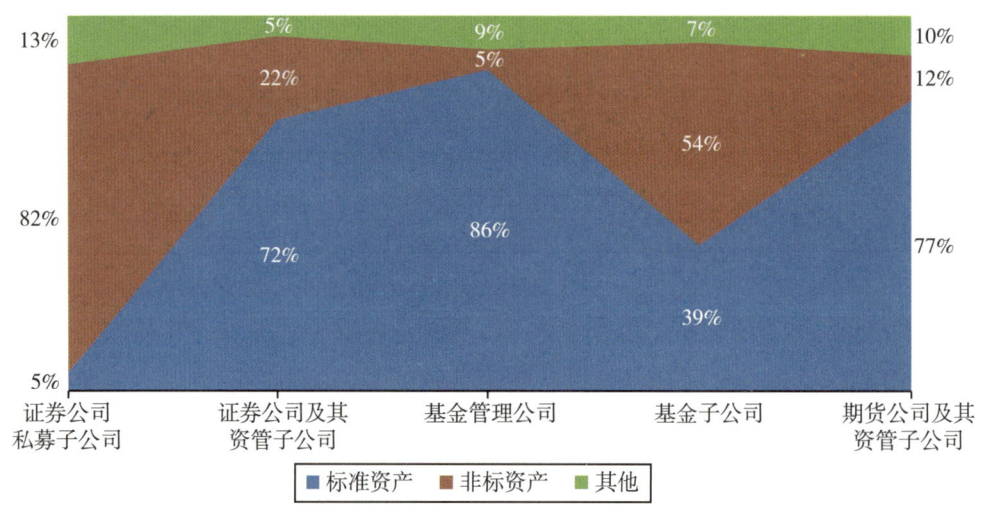

图4-37　2021年末各类机构私募资管产品标准化资产情况

资料来源：中国证券投资基金业协会。

第二节　基金管理公司私募资产管理业务

一、产品发行情况

2021年，基金管理公司备案私募资管产品3 601只，备案规模2 423.70亿元，同比分别增长11.38%与下降19.82%。其中，集合资管计划备案数量1 339只，同比小幅下降2.48%，备案规模1 522.78亿元，同比增加6.78%，而2020年备案数量与备案规模的增长率分别为99.56%与106.81%。2021年集合资管计划平均单只备案规模1.14亿元/只，同比增长9.49%；单一资管计划备案数量2 262只，同比增加21.61%，备案规模900.92亿元，同比大幅下降43.58%，2020年该两项数据增长率分别为71.11%与72.05%，2021年单一资管计划平均单只备案规模大幅下降53.61%至0.40亿元/只（见图4-38）。

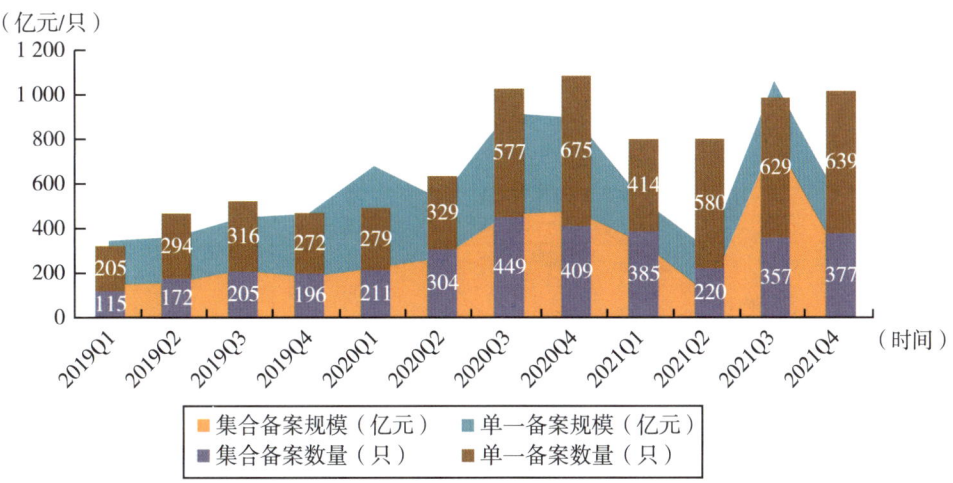

图4-38　基金管理公司私募资管产品备案趋势（按产品类型）

资料来源：中国证券投资基金业协会。

从季度趋势来看，2021年第三、第四季度备案数量与备案规模有较明显的增长，这或反映了银行、保险等机构类资金在下半年集中向外委托或配置基金管理公司管理资产的需求。

从基金管理公司设立私募资管产品的投资类型来看，混合类产品以其资产配置的灵活性优势，2021年备案1 597只，备案规模1 230.29亿元，领先其他品类，双双延续同比增长；固定收益类产品年内备案1 375只，备案规模778.40亿元，备案数量同比增长而备案规模大幅下降；权益类产品备案583只，备案规模403.60亿元，同比均大幅下降；商品及金融衍生品类产品备案46只，备案规模11.42亿元，同比均大幅增长（见图4-39）。

从各季度情况来看，2020年二季度开始股票市场反弹上涨，第三、第四季度权益类产品与混合类产品备案数量明显增长，2021年股市震荡波动，投资者避险情绪增长，第三、第四季度备案数量增长集中于混合类产品与固定收益类产品，或存在部门资金低位布局，三季度权益类产品与混合类产品备案规模大幅增长（见图4-40和图4-41）。

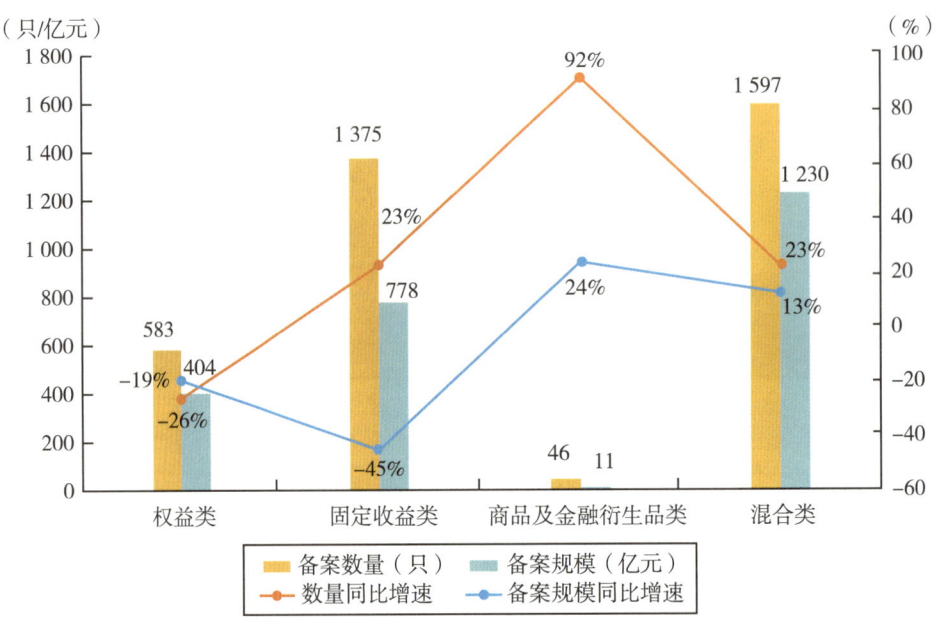

图 4-39　2021 年基金管理公司各投资类型产品备案情况

资料来源：中国证券投资基金业协会。

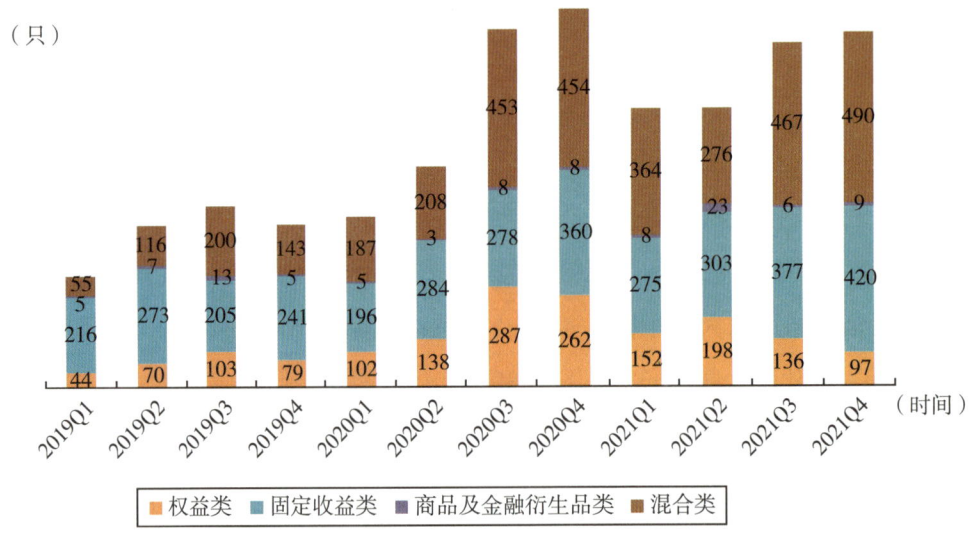

图 4-40　基金管理公司各投资类型产品备案数量

资料来源：中国证券投资基金业协会。

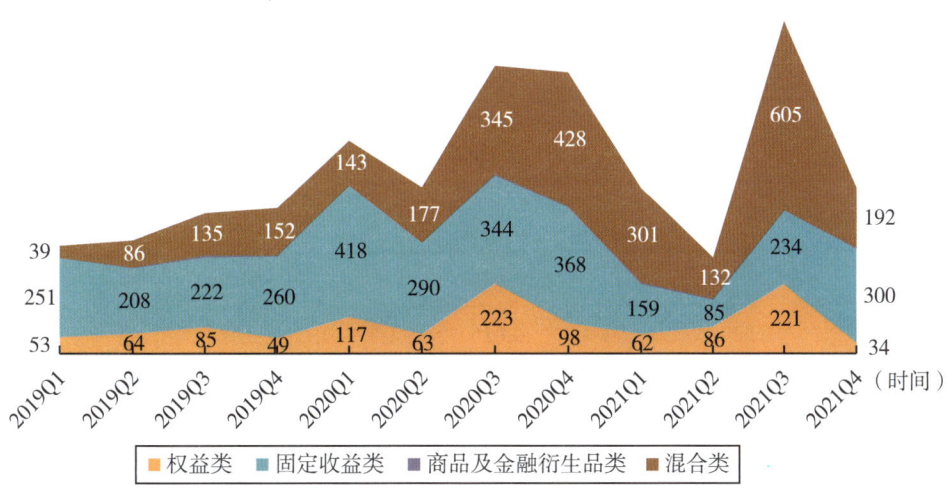

图 4-41　基金管理公司各投资类型产品备案规模

资料来源：中国证券投资基金业协会。

二、产品存续情况

截至 2021 年末，124 家基金管理公司开展私募资产管理业务[①]，较 2020 年末增加 5 家，存续产品 7 293 只，管理资产规模 5.07 万亿元[②]，同比增加 4 011.08 亿元，增幅 8.60%。自 2018 年资管新规发布之后，集合资产管理业务规模大幅增长，存续 2 804 只，管理资产规模 2.30 万亿元，占比 45.45%，较 2020 年末增加 8 247.66 亿元，增长 55.81%；单一资产管理业务连续下降，存续 4 489 只，管理资产规模 2.76 万亿元，占比 54.55%，较 2020 年末减少 4 236.58 亿元，下降 13.29%（见图 4-42）。

私募资管存续混合类产品数量占比保持增长，截至 2021 年末超越固定收益类产品占比，居各类型之首；固定收益类产品规模占比增长至 71.53%，远超其他品类产品规模占比。截至 2021 年末，权益类产品存续 1 385 只，规模 5 887.15 亿元，同比分别下降 5.78% 与 10.14%；固定收益类产品存续 2 867 只，规模 3.62 万

---

① 指管理资产规模非零的公司。
② 不含基金管理公司管理的养老金，本节以下同。

亿元，同比分别增长7.90%与16.17%；商品及金融衍生品类产品存续86只，规模124.12亿元，同比大幅增长48.28%与51.48%；混合类产品存续2 955只，规模8 411.68亿元，数量同比增长27.26%，规模同比下降4.68%（见图4-43）。

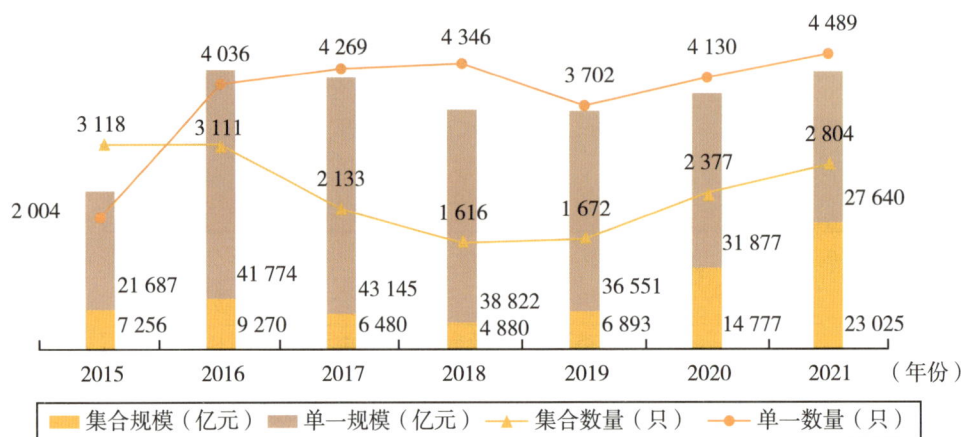

图4-42　基金管理公司私募资产管理产品存续数量与规模

资料来源：中国证券投资基金业协会。

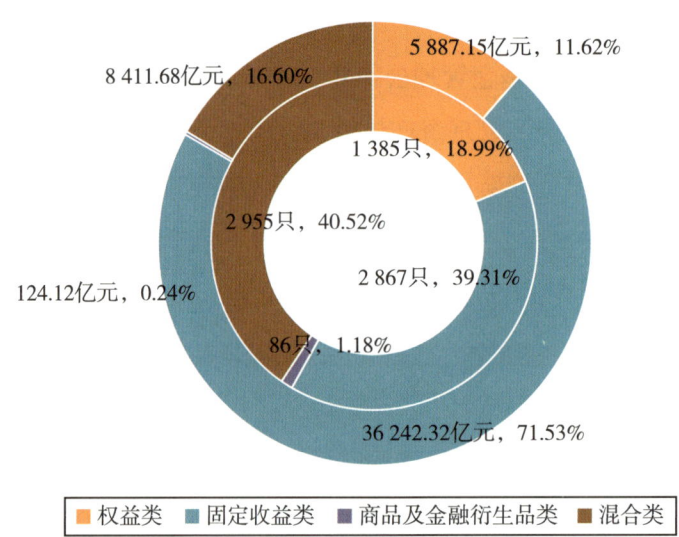

图4-43　2021年末基金管理公司私募资管产品数量与规模的投资类型分布

资料来源：中国证券投资基金业协会。

从存续权益类产品数量季度变化趋势来看，2020年三季度表现出明显增势，而2021年第三、第四季度开始缩减。可见，清盘产品数量多于新设产品。固定收益类产品数量总体表现出稳定增长趋势。商品及金融衍生品类产品数量于2021年第二季度出现大幅增长。混合类产品数量2019年第四季度明显缩减后保持稳定，类似于权益类产品，2020年第三季度开始增量显著，不同的是，2021年股市行情下行带来的是混合类产品依然保持稳定增长趋势（见图4-44和图4-45）。

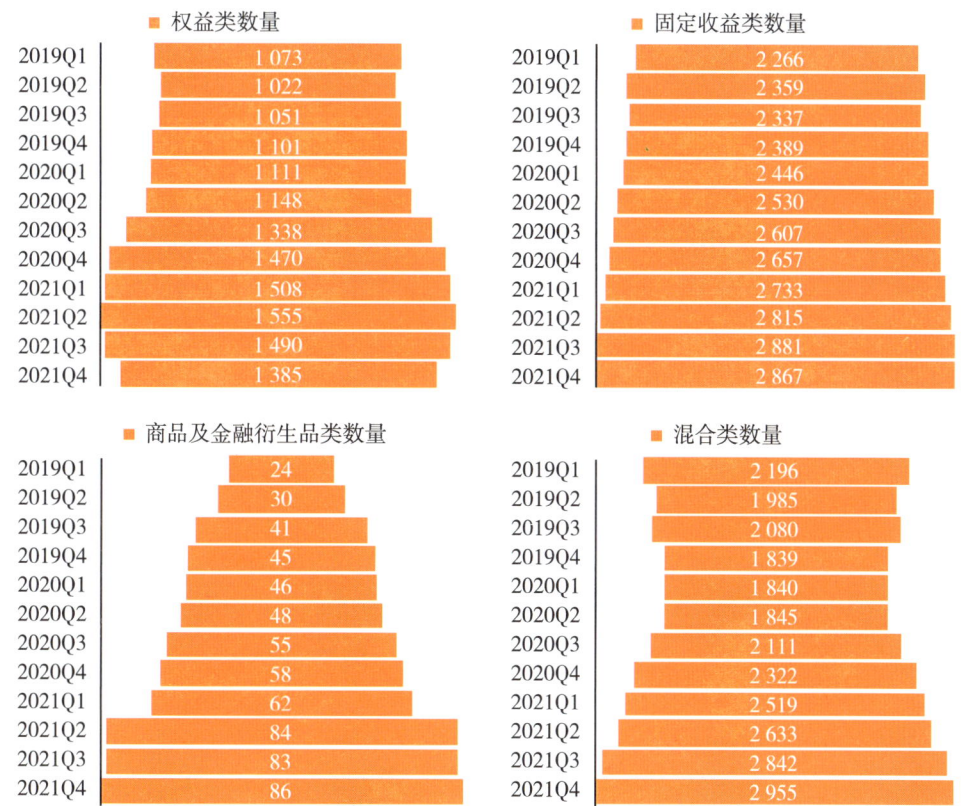

图4-44 基金管理公司各类型私募资管产品数量情况（只）

资料来源：中国证券投资基金业协会。

三、资金净流动（认申赎）情况

2021年，基金管理公司私募资管产品净流入4 387亿元，比2020年净流入金额减少3 665亿元。其中，权益类产品年内各季度连续净流出，全年净流出1 077亿元，固定收益类产品净流入4 764亿元，商品及金融衍生品类产品净流入20亿元，混合类产品净流入681亿元（见图4-46）。

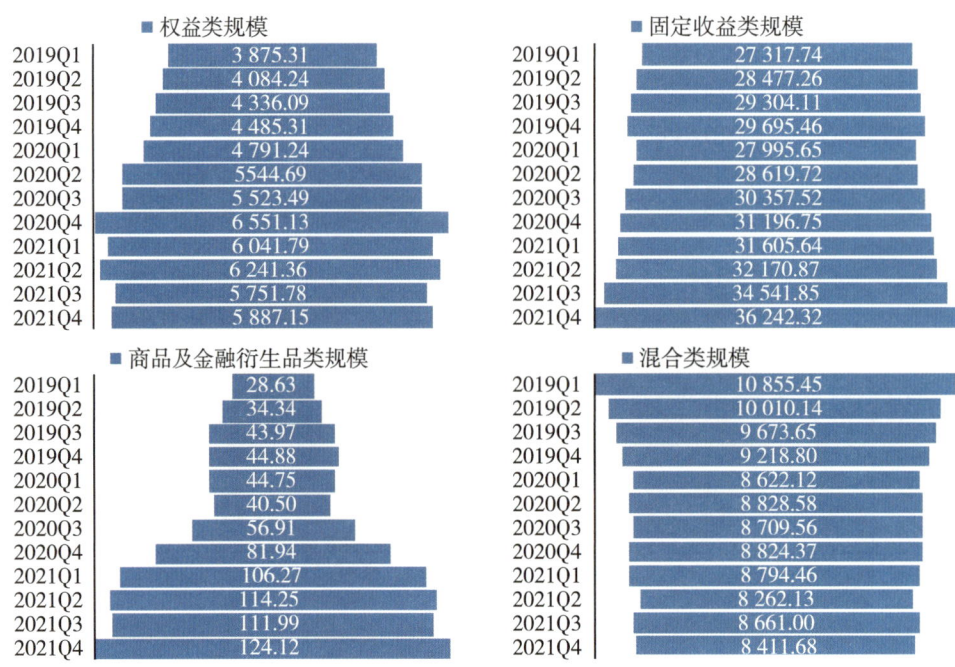

图 4-45 基金管理公司各类型私募资管产品规模情况（亿元）

资料来源：中国证券投资基金业协会。

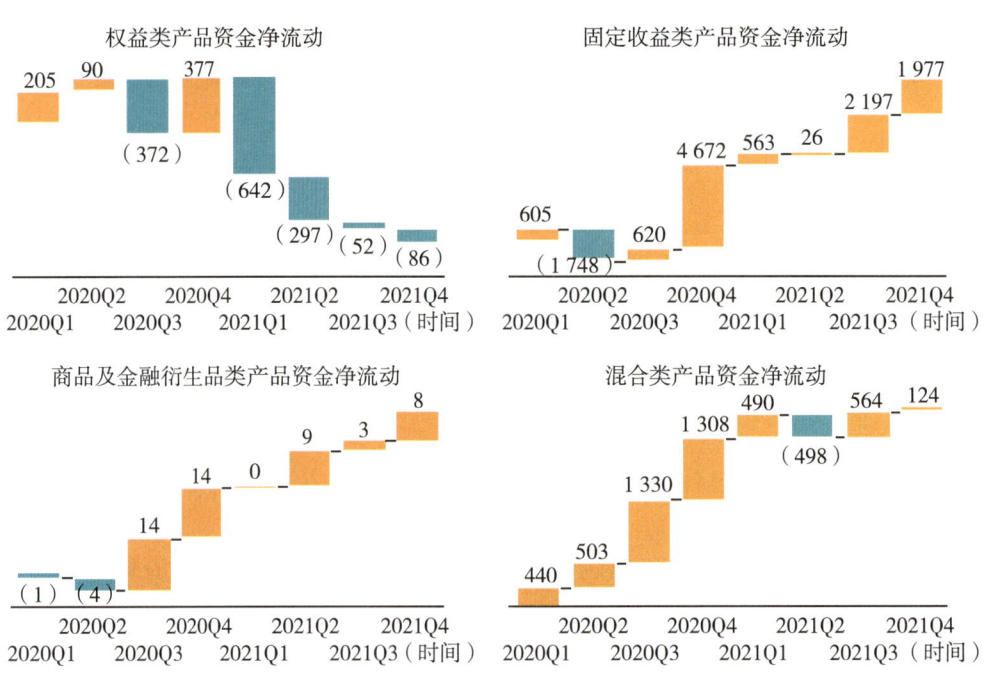

图 4-46 基金管理公司各类型私募资管产品资金流动情况（亿元）

资料来源：中国证券投资基金业协会。

我们通过申购赎回资金占平均存续规模观测产品投资者端换手率情况，总体来看固定收益类产品换手率明显高于其他类别产品，而权益类产品换手率为各类产品中最低（见表4-1）。可见，固定收益类产品资金流动频繁，而权益类产品投资者持有稳定性更强。

表4-1　　　　基金管理公司私募资管产品季度换手率　　　　（单位：%）

时间	权益类	固定收益类	商品及金融衍生品类	混合类	合计
2020Q1	16.17	153.86	7.90	44.04	115.58
2020Q2	17.62	157.59	13.98	45.96	117.26
2020Q3	44.45	111.96	55.95	62.13	93.41
2020Q4	27.70	80.13	43.07	74.37	72.03
2021Q1	26.67	105.12	40.68	58.26	85.53
2021Q2	20.88	102.18	26.26	33.53	78.75
2021Q3	21.23	88.19	18.98	32.32	69.79
2021Q4	18.99	70.17	33.19	31.58	57.50

资料来源：中国证券投资基金业协会。

四、资金来源（投资者出资）情况

从基金管理公司私募资管产品直接出资者类型来看，居民出资占比小幅增长，但依然比例较小，截至2021年末仅4.51%；企业直接出资占比连续增长至36.19%，其中银行自有资金出资占比为14.98%；各类产品出资占比三年大幅缩减，但依然为出资比例最大的类型，截至2021年末占比降至58.95%，同比缩减6.91个百分点，其中银行理财资金贡献产品出资的82.56%（见图4-47）。

从直接出资者属性来看，基金管理公司私募资管产品来源于金融机构及其理财产品的资金比例合计高达85.27%，其中银行资金占比63.64%，保险资金占比9.08%，信托资金占比5.56%，证券基金期货机构及其产品资金占比5.51%，私募基金资金占比1.48%；非金融类资金占比为12.57%，其中企业资金占比为7.71%，居民资金占比4.51%，其余为财政出资及境外资金等其他资金（见图4-48）。

图4-47　2021年末基金管理公司私募资管产品直接出资者大类分布

资料来源：中国证券投资基金业协会。

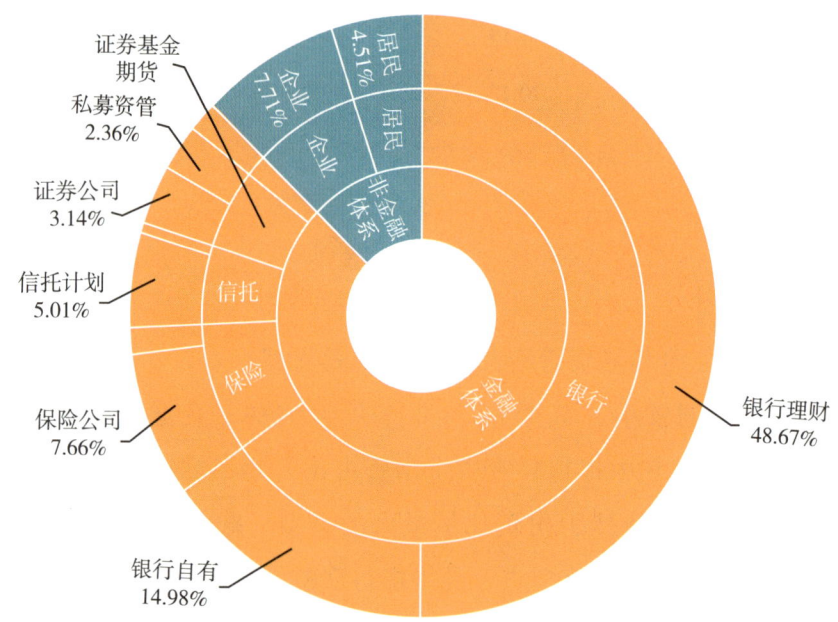

图4-48　2021年末基金管理公司私募资管产品直接出资者属性分布

资料来源：中国证券投资基金业协会。

从穿透来看，银行理财产品99%的投资者为居民，基金管理公司私募资管产品直接或间接服务大量居民投资者资产配置需求。

从各类资金变化趋势来看,银行自有资金、保险公司资金、证券公司资金、企业资金以及居民资金占比保持不同程度的增长趋势,而信托计划资金、私募资管资金占比出现较大幅度缩减(见表4-2)。

表4-2 基金管理公司私募资管产品直接出资者分类占比趋势 (单位:%)

类型	2019年末	2020年末	2021年末
银行自有	12.48	11.60	14.98
银行理财	48.65	49.93	48.67
保险公司	6.60	7.66	9.81
保险资管	1.91	1.49	1.42
信托公司	1.79	0.97	0.55
信托计划	7.07	6.53	5.01
证券公司	1.95	2.16	3.14
私募资管	8.71	5.92	2.36
私募基金	2.11	1.99	1.48
居民	2.95	4.35	4.51
企业(不含银行)	5.15	7.02	7.71
其他	0.61	0.38	0.35

资料来源:中国证券投资基金业协会。

五、资产配置情况

从产品投向来看,基金管理公司私募资管计划主要投向债券及股票资产。截至2021年末,基金管理公司私募资管计划投向债券的规模为3.49万亿元,占投资总规模的60.23%;投向股票的规模为7 820.08亿元,占比13.51%;投向存款及货币类资产规模合计为6 047.51亿元,占比为10.45%(见图4-49)。

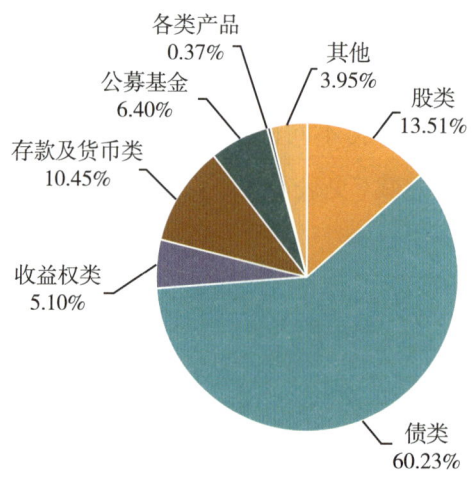

图 4-49　2021 年末基金管理公司私募资管产品资产分布

资料来源：中国证券投资基金业协会。

从各类资产分布趋势来看，债类资产占比同比增长，而股类资产占比相应下降，投向公募基金的规模占比连续增加（见表 4-3）。

表 4-3　　　　基金管理公司私募资管各类资产占比趋势　　　　（单位：%）

资产类别	2019年末	2020年末	2021年末
股类	14.17	15.84	13.51
债类	64.03	58.90	60.23
收益权类	4.38	3.84	5.10
存款及货币类	9.11	10.10	10.45
公募基金	3.59	5.36	6.40
各类产品	0.20	0.28	0.37
其他	4.52	5.69	3.95

资料来源：中国证券投资基金业协会。

六、集中度情况

2021 年基金管理公司私募资管业务发展呈现出两极分化趋势，行业不平衡性有增强趋势。截至2021年末，行业龙头机构管理规模同比增长38.85%，其与排第二位的机构规模差距进一步拉大；行业规模中位数同比下降13.48%。近两年，行业规模较低的80%的机构管理规模合计占比下降2.94个百分点至24.13%。按管理规模从小到大机构家数行业占比与对应累计管理规模行业占比描画曲线如图4-50，曲线越弯曲向横轴，行业规模分布越不平衡，头尾差距越大。对比2021年12月曲线较2020年1月更向下弯曲，可见不均衡趋势有增强趋势。

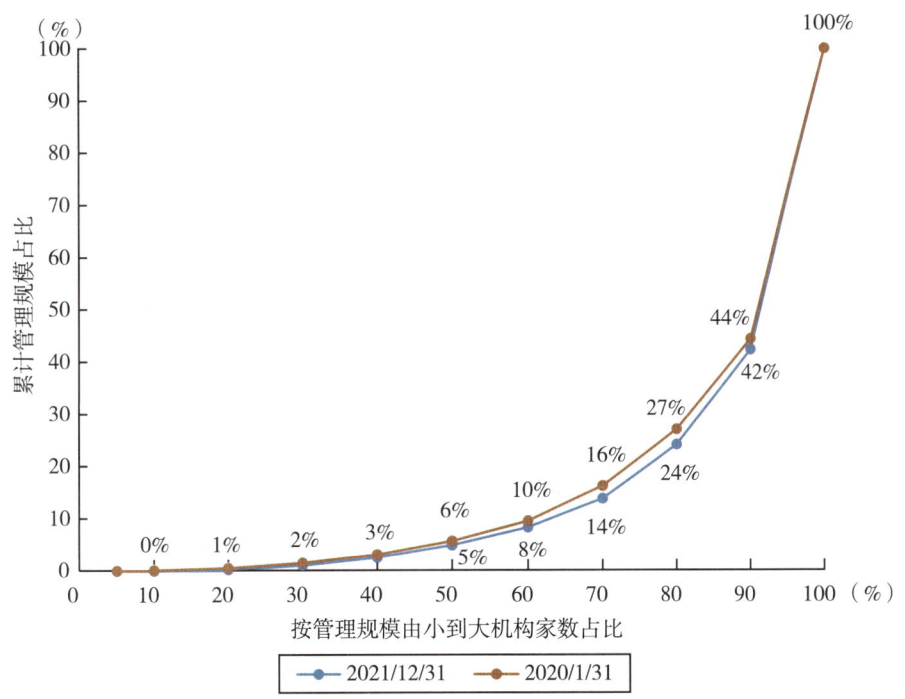

图4-50　基金管理公司私募资管行业"洛伦兹曲线"

资料来源：中国证券投资基金业协会。

从近两年行业分布动态趋势来看，规模最大值越来越远离行业大部分机构，3/4分位值基本保持稳定，排名前10%的机构规模下限增长11.06%。可见，行业大部分机构规模增长性不足，头部机构小幅增长（见图4-51）。

从年内各月末平均管理规模来看，行业前10的机构管理51.9%的规模，行业前20的机构管理69.51%的规模（见表4-4）。

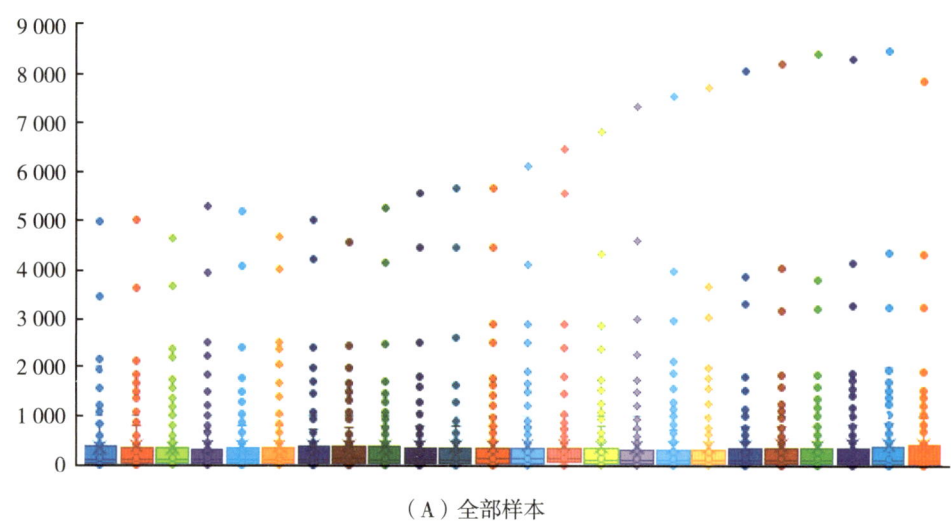

（A）全部样本

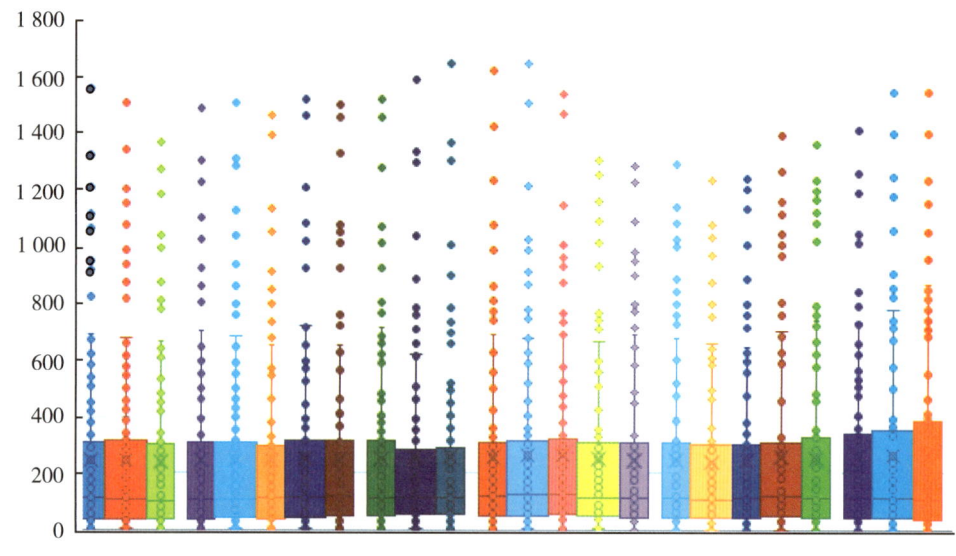

（B）缩尾5%样本

图 4-51 基金管理公司私募资管产品规模分布箱形图（2020 年 1 月—2021 年 12 月）

注：箱形图最高点为最大值，箱体上方小横线表示排名前 10% 机构管理规模下限，"×"表示平均值，箱体上端线表示 3/4 分位数，箱体下端线表示 1/4 分位数，箱体中横线表示中位数，箱体下方最低点为最小值。

资料来源：中国证券投资基金业协会。

表 4-4　　　2021 年基金管理公司私募资管平均管理规模前 20

序号	机构名称	2021年平均管理规模(亿元)	行业占比(%)	累计占比(%)
1	创金合信基金管理有限公司	7 609.94	15.69	15.69
2	建信基金管理有限责任公司	4 221.43	8.70	24.39
3	博时基金管理有限公司	3 083.21	6.36	30.75
4	华夏基金管理有限公司	2 004.54	4.13	34.88
5	易方达基金管理有限公司	1 839.60	3.79	38.67
6	汇添富基金管理股份有限公司	1 562.04	3.22	41.89
7	广发基金管理有限公司	1 291.70	2.66	44.55
8	嘉实基金管理有限公司	1 277.53	2.63	47.19
9	睿远基金管理有限公司	1 153.41	2.38	49.56
10	交银施罗德基金管理有限公司	1 133.85	2.34	51.90
11	平安基金管理有限公司	1 023.97	2.11	54.01
12	融通基金管理有限公司	1 021.41	2.11	56.12
13	浦银安盛基金管理有限公司	977.49	2.02	58.13
14	南方基金管理股份有限公司	885.62	1.83	59.96
15	中欧基金管理有限公司	824.56	1.70	61.66
16	富国基金管理有限公司	799.79	1.65	63.31
17	国寿安保基金管理有限公司	769.41	1.59	64.89
18	工银瑞信基金管理有限公司	769.35	1.59	66.48
19	兴证全球基金管理有限公司	744.36	1.53	68.01
20	招商基金管理有限公司	727.25	1.50	69.51

资料来源：中国证券投资基金业协会。

第三节　基金子公司私募资产管理业务

一、产品发行情况

2021年，基金子公司备案私募资管产品数量与规模呈现不同程度的增长，与

2020年相比增速大幅下降。全年备案产品2 287只，备案规模3 558.10亿元，同比分别增长18.50%和3.41%，增速同比分别下降19.06个百分点与39.07个百分点。单只产品备案规模1.56亿元/只，同比下降12.73%。

分类型来看，2021年备案单一资管计划1 356只，同比增长11.06%，备案规模2 381.82亿元，同比小幅下降3.26%，2020年两个指标增幅均超过50%，单只产品备案规模同比下降12.89%至1.76亿元/只；集合资管计划备案931只，备案规模1 176.29亿元，同比分别增长31.31%与20.20%，增速分别扩大15.08个百分点与7.60个百分点，单只产品备案规模1.26亿元/只，同比下降8.46%。

从年内各季度来看，单一资管计划备案数量与备案规模出现明显下降趋势，集合资管计划备案规模略有上升（见图4-52）。

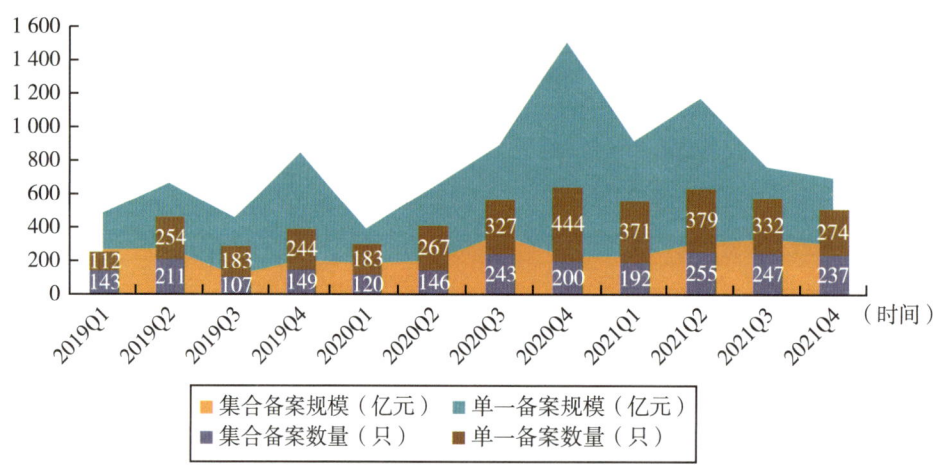

图4-52 基金子公司私募资管产品备案趋势（按产品类型）

资料来源：中国证券投资基金业协会。

从基金子公司设立私募资管产品的投资类型来看，固定收益类产品全年备案883只，备案规模2 244.00亿元，虽同比大幅下降，但依然领先其他类型产品占比最大；商品及金融衍生品类产品备案640只，备案规模765.65亿元，同比均大幅增长，双双超越权益类产品与混合类产品，居各类型占比第二位（见图4-53）。

第四章 证券期货经营机构私募资产管理业务

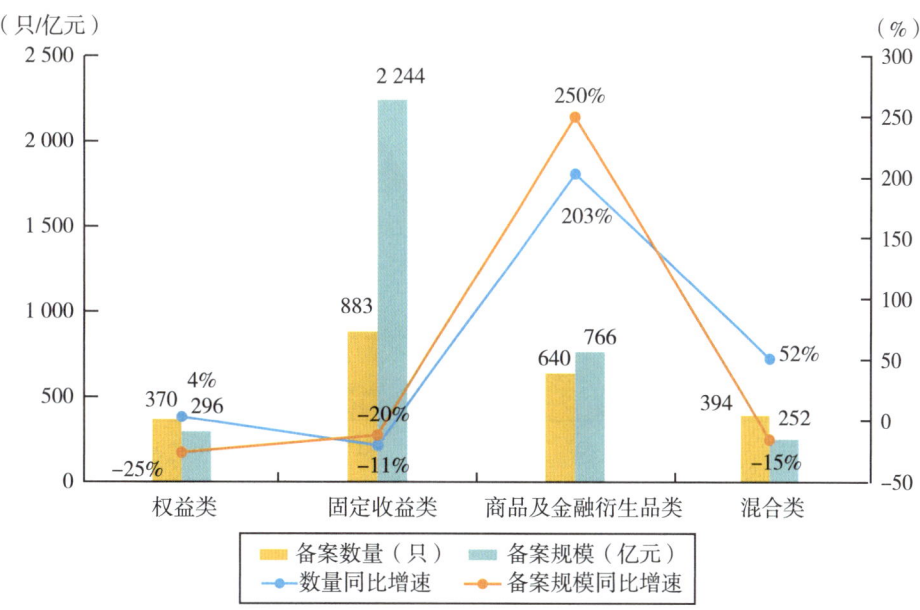

图 4-53 2021 年基金子公司各投资类型产品备案情况

资料来源：中国证券投资基金业协会。

从近年各季度备案产品的投资类型来看，基金子公司新设产品结构优化，从以固定收益类产品"一枝独大"的状态，走向权益类、混合类、商品及金融衍生品类等均逐步增长，各占一定比例的状况（见图4-54至图4-56）。

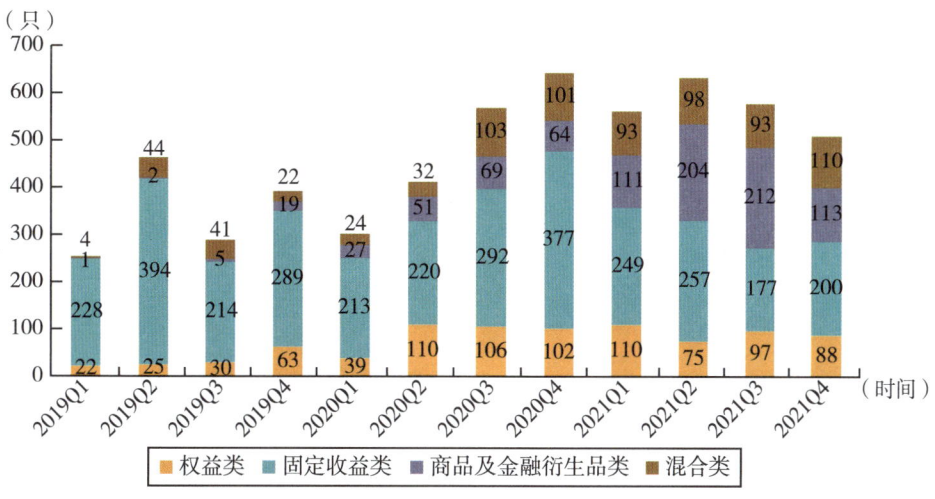

图 4-54 基金子公司各投资类型产品备案数量

资料来源：中国证券投资基金业协会。

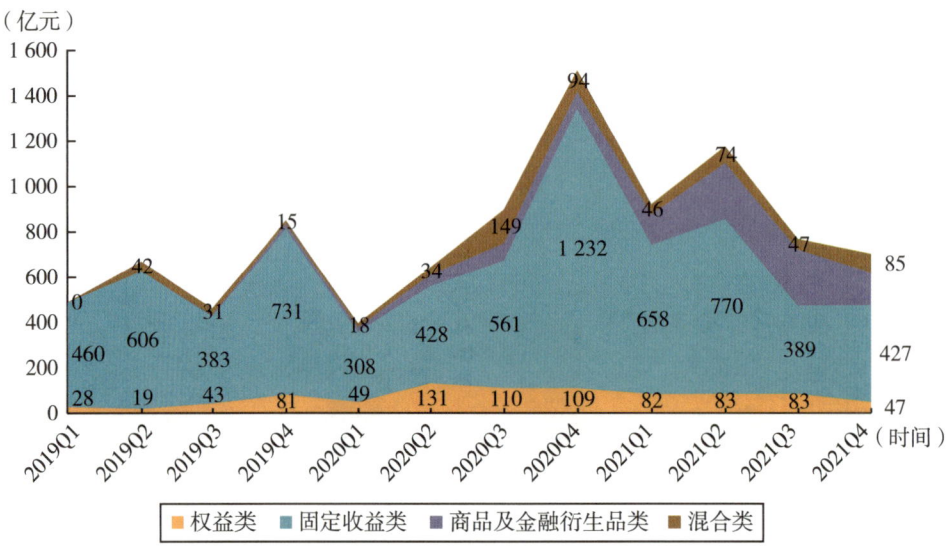

图 4-55 基金子公司各投资类型产品备案规模

资料来源：中国证券投资基金业协会。

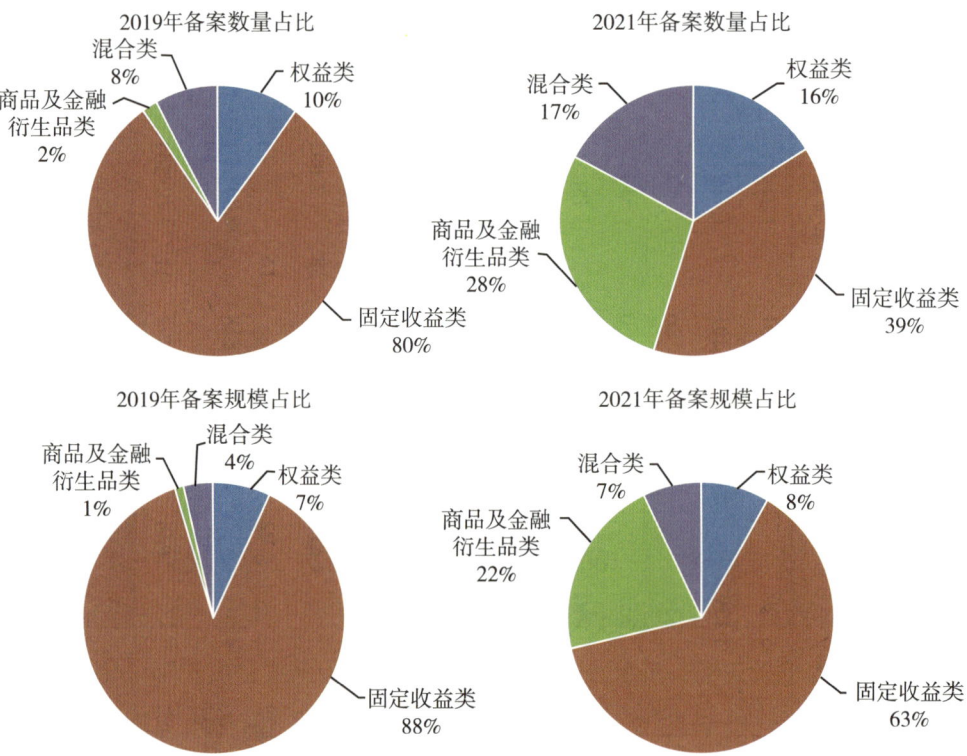

图 4-56 基金子公司各投资类型产品备案数量与备案规模占比对比

资料来源：中国证券投资基金业协会。

二、产品存续情况

截至2021年末,71家基金子公司开展私募资产管理业务[①],较2020年末减少5家,存续产品继续减少至4 134只,管理资产规模下降至2.32万亿元,同比减少1.07万亿元,下降31.52%。2016年7月,中国证监会发布了《证券期货经营机构私募资产管理业务运作管理暂行规定》,强调资管业务"正本清源、划清底线、强化约束"的健康规范发展之路,2018年资管新规发布,大资管领域全覆盖同尺度监管政策落地,非标通道业务控制增量、存量到期不再续期,基金子公司私募资管规模以年均减少1.6万亿元的速度快速下降,从2016年顶峰时期的10.50万亿元缩减78%至2021年末的2.32万亿元。

2021年,基金子公司集合资产管理业务规模实现正增长,存续1 491只,管理资产规模5 408.15亿元,占比23.29%,较2020年末增加795.41亿元,增长17.24%;单一资产管理业务减幅增大,存续2 643只,管理资产规模1.78万亿元,占比76.71%,较2020年末减少1.15万亿元,下降39.20%(见图4-57)。

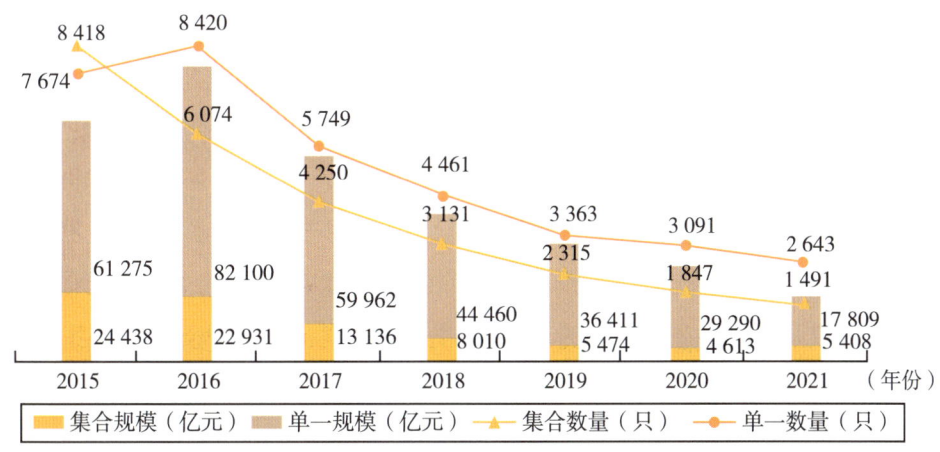

图4-57 基金子公司私募资产管理产品存续数量与规模

资料来源:中国证券投资基金业协会。

截至2021年末,权益类产品存续1 134只,规模3 585.54亿元,同比分别下降8.92%与14.29%;固定收益类产品存续1 879只,规模1.74万亿元,同比分别

---

① 指管理资产规模非零的公司。

下降32.09%与35.56%；商品及金融衍生品类产品存续367只，规模435.18亿元，同比大幅增长114.62%与113.88%；混合类产品存续754只，规模1 818.93亿元，同比分别下降0.13%与28.60%（见图4-58）。

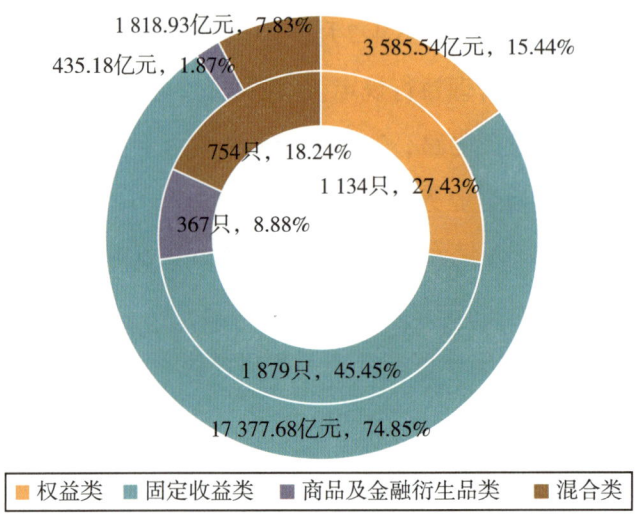

图4-58 2021年末基金子公司私募资管产品数量与规模的投资类型分布

资料来源：中国证券投资基金业协会。

近3年基金子公司私募资管季度存续数量与规模呈现出明显的变化趋势，除商品及金融衍生品类产品数量与规模呈现"塔形"增长、混合类产品存续规模呈现"倒塔形"缩减外，其他类型产品数量与规模均表现出"倒梯形"下降形态（见图4-60）。

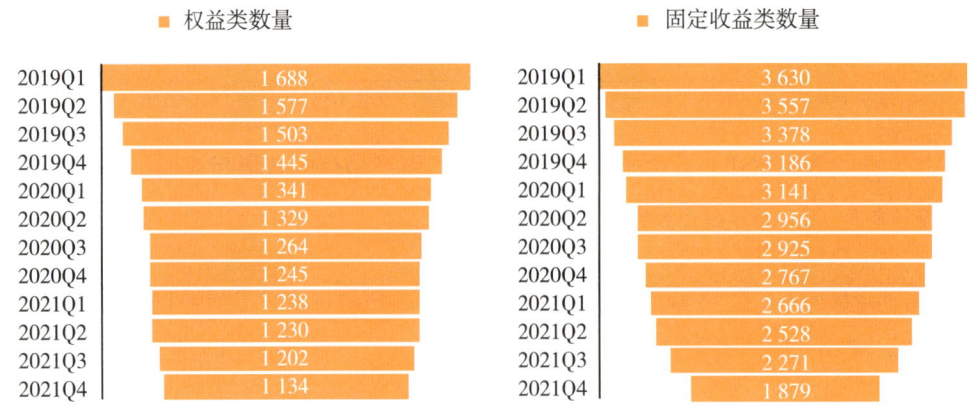

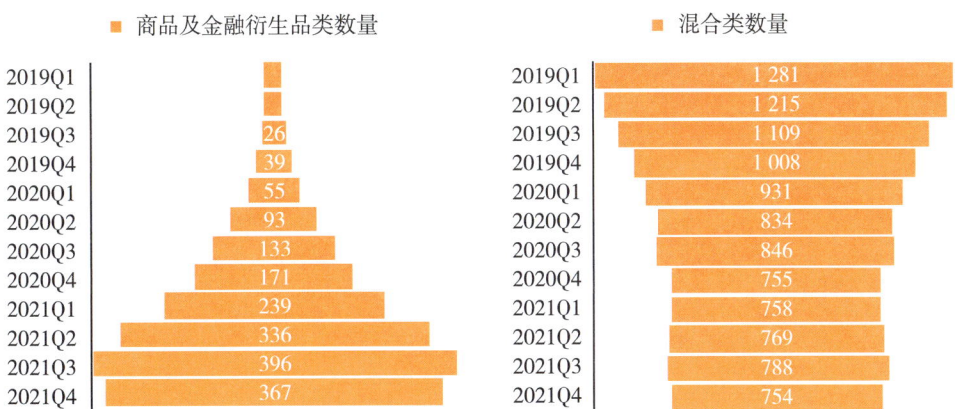

图 4-59 基金子公司各类型私募资管产品数量情况（只）

资料来源：中国证券投资基金业协会。

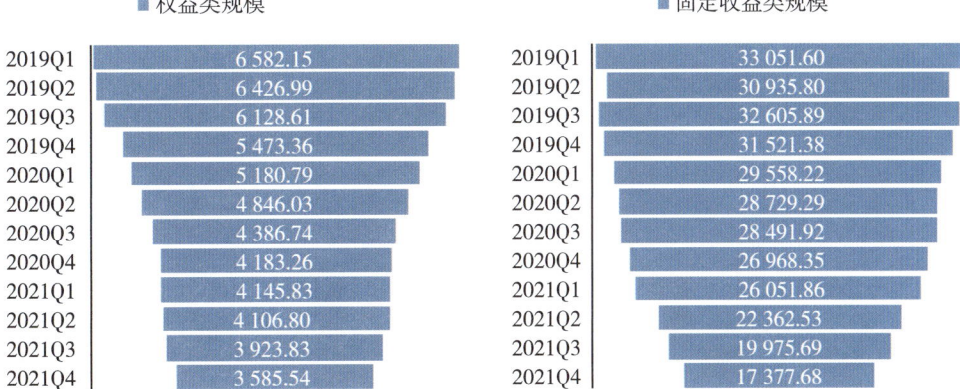

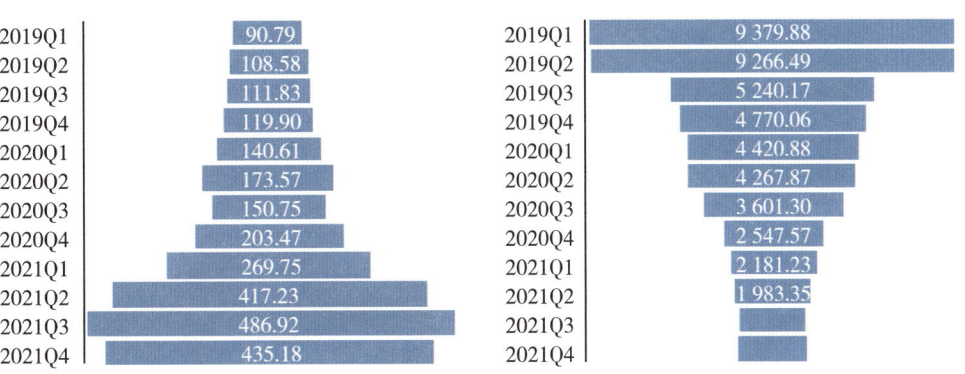

图 4-60 基金子公司各类型私募资管产品规模情况（亿元）

资料来源：中国证券投资基金业协会。

三、资金净流动（认申赎）情况

2021年，基金子公司私募资管产品净流出3 805亿元[①]，比2020年净流出金额增加1 765亿元。其中，固定收益类产品年内各季度连续净流出，全年净流出3 113亿元，混合类产品净流出667亿元，权益类产品净流出358亿元，商品及金融衍生品类产品净流入333亿元（见图4-61）。

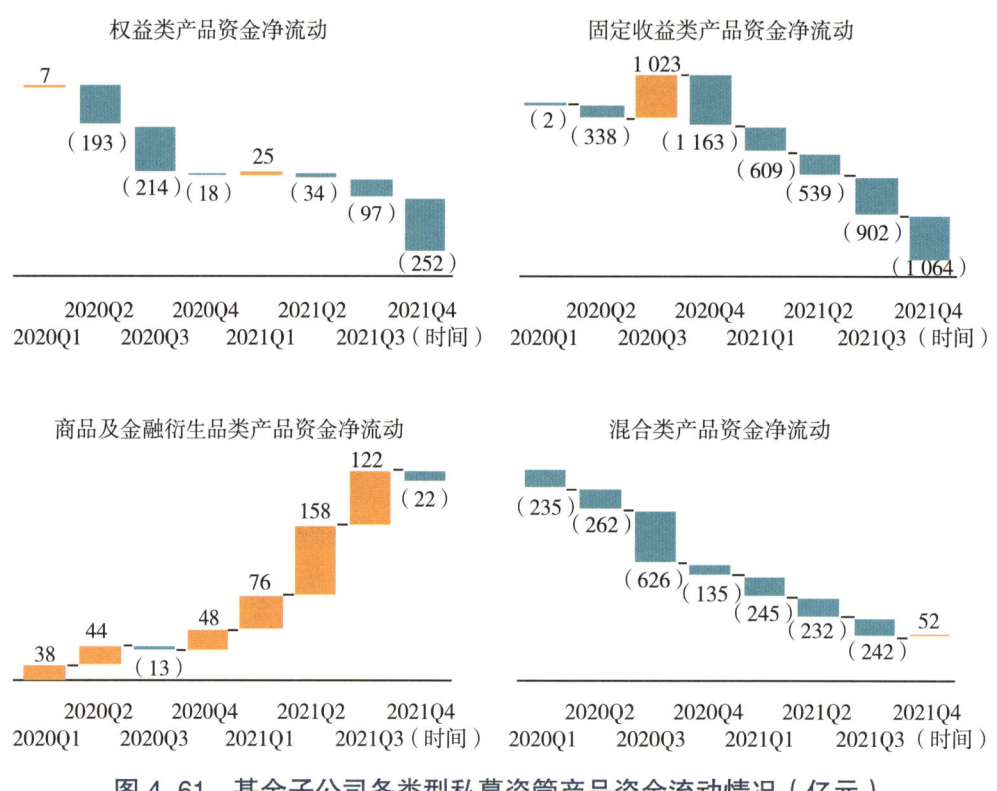

图 4-61　基金子公司各类型私募资管产品资金流动情况（亿元）

资料来源：中国证券投资基金业协会。

从基金子公司私募资管产品投资者端换手率来看，混合类产品换手率最高，其次为固定收益类产品，而权益类产品换手率为各类产品中最低。可见，混合类产品资金流动频繁，而权益类产品投资者持有稳定性更强（见表4-5）。

---

① 基金子公司资金净流出远小于存续规模下降总量，主要是全年清盘产品规模减少部分在赎回金额中不足以全部体现，此外是受估值变化的影响。

表 4-5　　　　　　基金子公司私募资管产品季度换手率　　　　　　（单位：%）

时间	权益类	固定收益类	商品及金融衍生品类	混合类	合计
2020Q1	31.42	23.18	19.52	44.92	26.71
2020Q2	24.42	31.38	29.55	43.63	31.84
2020Q3	25.59	34.19	117.75	56.65	35.86
2020Q4	17.20	51.24	38.43	54.50	47.32
2021Q1	15.57	44.98	41.75	51.77	41.76
2021Q2	19.93	52.45	54.16	77.80	49.82
2021Q3	16.62	65.15	46.34	57.35	57.22
2021Q4	20.64	44.90	51.90	57.84	42.27

资料来源：中国证券投资基金业协会。

四、资金来源（投资者出资）情况

从基金子公司私募资管产品直接出资者类型来看，居民出资占比小幅增长，但依然比例较小，截至2021年末仅6.89%；企业直接出资占比连续增长至38.62%，其中银行自有资金出资占比为30.28%；各类产品出资占比三年连续下降，但依然为出资比例最大的类型，截至2021年末占比降至54.35%，同比缩减2.84个百分点，其中银行理财资金贡献产品出资的90.65%（见图4-62）。

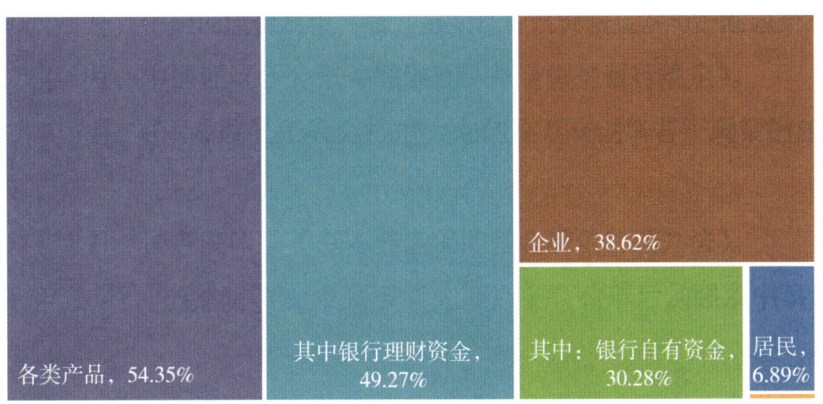

图 4-62　2021年末基金子公司私募资管产品直接出资者大类分布

资料来源：中国证券投资基金业协会。

从直接出资者属性来看，基金子公司私募资管产品来源于金融机构及其理财产品的资金比例合计高达86.76%，其中银行资金占比79.55%，信托资金占比3.83%，证券基金期货机构及其产品资金占比2.03%，保险资金与私募基金资金占比合计1.35%；非金融类资金占比为13.45%，其中居民资金占比6.89%，企业资金占比为6.42%，其余为社会基金及境外资金等其他资金（见图4-63）。

直接投资者中，银行理财资金出资近乎基金子公司私募资管产品的一半，从穿透来看，银行理财产品99%的投资者为居民，基金子公司私募资管产品直接或间接亦服务了大量居民投资者资产配置需求。

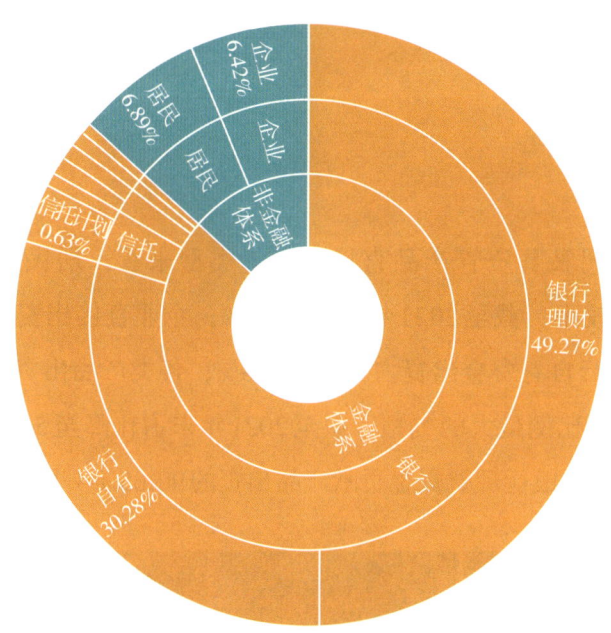

图4-63 2021年末基金子公司私募资管产品直接出资者属性分布

资料来源：中国证券投资基金业协会。

从各类资金变化趋势来看，银行自有资金、保险公司资金、证券公司资金、企业资金以及居民资金占比保持不同程度的增长趋势，而信托计划资金、私募资管资金占比出现较大幅度缩减（见表4-6）。

表 4-6　　基金子公司私募资管产品直接出资者分类占比趋势　　（单位：%）

类型	2019年末	2020年末	2021年末
银行自有	26.72	29.53	30.28
银行理财	50.39	49.91	49.27
保险公司	0.22	0.56	0.36
保险资管	0.02	0.02	0.03
信托公司	0.84	0.72	0.63
信托计划	3.29	2.62	3.21
证券公司	0.19	0.35	0.94
私募资管	5.24	3.38	1.09
私募基金	1.46	1.27	0.75
居民	5.08	5.74	6.89
企业（不含银行）	6.52	5.79	6.42
其他	0.05	0.09	0.14

资料来源：中国证券投资基金业协会。

五、资产配置情况

从产品投向来看，基金子公司私募资管计划主要投向债类及私募基金。截至2021年末，基金子公司私募资管计划投向债类资产1.14万亿元，占投资总规模的47.80%；投向私募基金3 458.72亿元，占比14.45%；投向股类资产2 259.05亿元，占比为9.44%（见图4-64）。

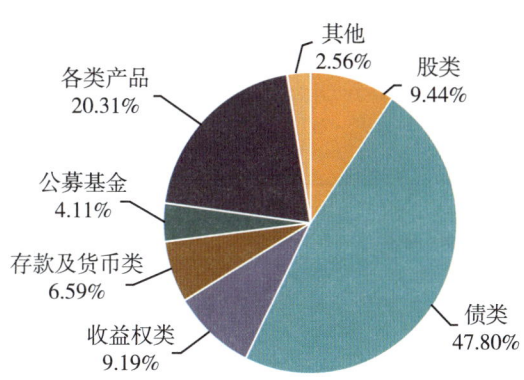

图 4-64　2021年末基金子公司私募资管产品资产分布

资料来源：中国证券投资基金业协会。

从各类资产分布趋势来看，股类资产占比同比增长，债类资产占比小幅下降，投向各类产品的资产占比连续下降（见表4-7）。

表 4-7　　基金子公司私募资管各类资产占比趋势　　（单位：%）

资产类别	2019年末	2020年末	2021年末
股类	6.64	7.65	9.44
债类	48.75	48.47	47.80
收益权类	7.86	11.61	9.19
存款及货币类	4.62	3.64	6.59
公募基金	2.59	2.64	4.11
各类产品	28.47	24.63	20.31
其他	1.07	1.36	2.56

资料来源：中国证券投资基金业协会。

在大资管投资资产标准化趋势下，基金子公司私募资管近3年投向非标资产[①]比例连续下降，而标准化资产占比持续上升（见图4-65）。

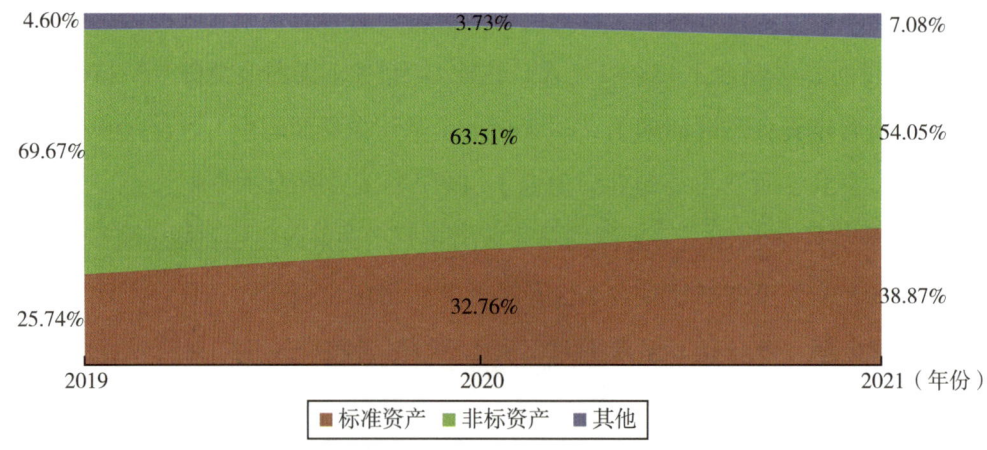

图 4-65　2021 年末基金子公司私募资管非标资产占比趋势

资料来源：中国证券投资基金业协会。

---

① 包括未上市股权、非标债权、收益权及各类产品。

六、集中度情况

2021年基金子公司私募资管规模分布向下集中趋势显著，前10%的机构管理规模下限连续下降，平均值与中位数越来越接近。截至2021年末，头部机构规模下限较2年前下降22.27%，行业管理最大规模下降45.53%。近2年，行业规模较低的80%的机构管理规模合计占比下降5.46个百分点至25.12%。按管理规模从小到大机构家数行业占比与对应累计管理规模行业占比描画曲线，曲线越弯曲向横轴，行业规模分布越不平衡，头尾差距越大。对比2021年12月曲线较2020年1月更向下弯曲，可见不均衡趋势有增强趋势（见图4-66）。

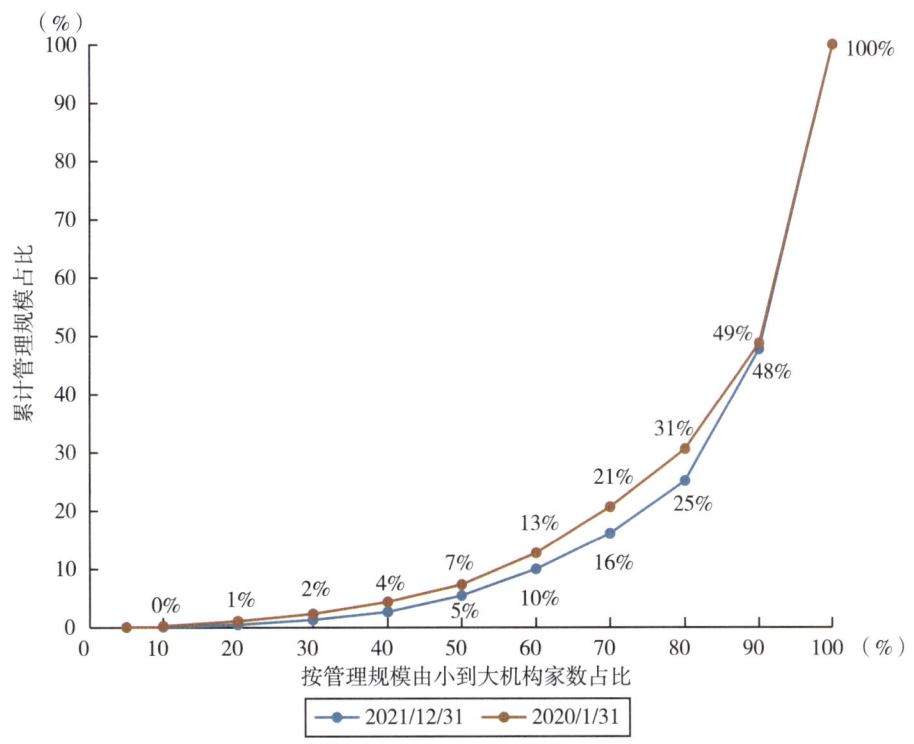

图4-66 基金子公司私募资管行业"洛伦兹曲线"

资料来源：中国证券投资基金业协会。

从近两年行业分布动态趋势来看，规模最大值越来越靠近行业大部分机构，3/4分位值大幅缩减39.03%，可见头部机构与尾部机构管理规模同步缩减

（见图4-67）。

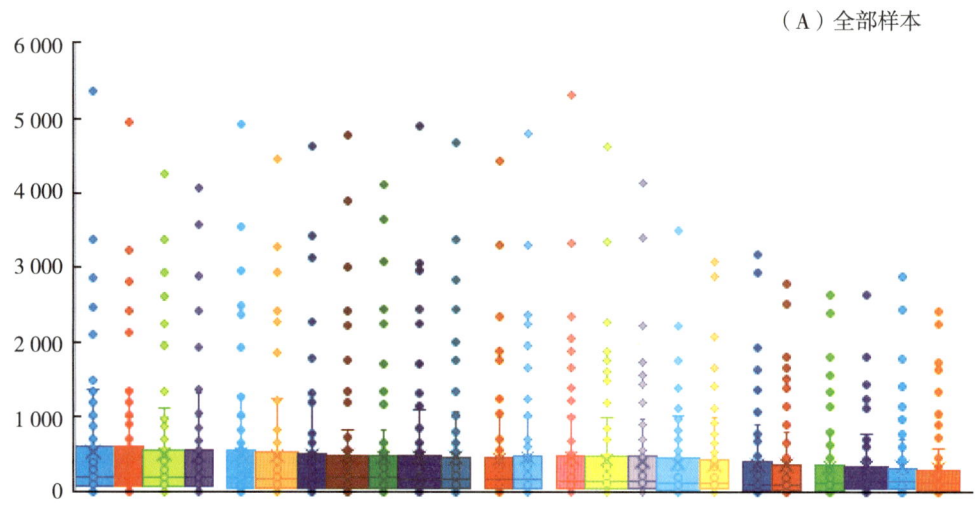

（A）全部样本

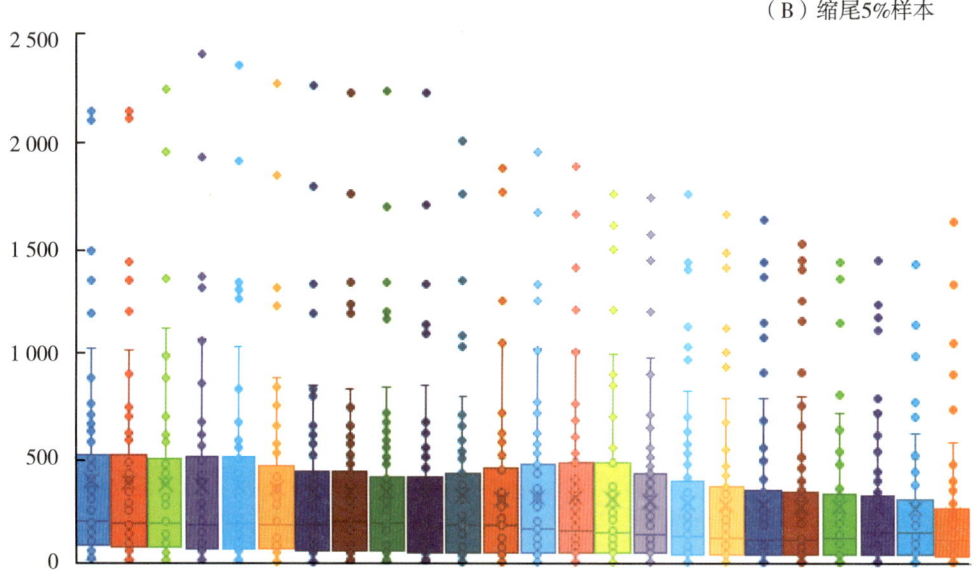

（B）缩尾5%样本

图4-67　基金子公司私募资管产品规模分布箱形图（2020年1月—2021年12月）

注：箱形图最高点为最大值，箱体上方小横线表示排名前10%机构管理规模下限，"×"表示平均值，箱体上端线表示3/4分位数，箱体下端线表示1/4分位数，箱体中横线表示中位数，箱体下方最低点为最小值。

资料来源：中国证券投资基金业协会。

从年内各月末平均管理规模来看，行业前10的机构管理61.13%的规模，行业前20的机构管理79.54%的规模（见表4-8）。

表4-8　　2021年基金子公司私募资管平均管理规模前20

序号	机构名称	2021年平均管理规模（亿元）	行业占比（%）	累计占比（%）
1	建信资本管理有限责任公司	3 452.80	11.89	11.89
2	招商财富资产管理有限公司	2 976.39	10.25	22.13
3	上海浦银安盛资产管理有限公司	2 037.89	7.02	29.15
4	农银汇理资产管理有限公司	1 702.33	5.86	35.01
5	鑫沅资产管理有限公司	1 663.35	5.73	40.73
6	工银瑞信投资管理有限公司	1 531.13	5.27	46.00
7	博时资本管理有限公司	1 347.33	4.64	50.64
8	交银施罗德资产管理有限公司	1 163.40	4.00	54.65
9	瑞元资本管理有限公司	975.55	3.36	58.01
10	易方达资产管理有限公司	906.39	3.12	61.13
11	深圳平安汇通投资管理有限公司	824.84	2.84	63.97
12	北银丰业资产管理有限公司	670.09	2.31	66.27
13	嘉实资本管理有限公司	636.58	2.19	68.46
14	兴业财富资产管理有限公司	521.32	1.79	70.26
15	首誉光控资产管理有限公司	517.41	1.78	72.04
16	华夏资本管理有限公司	456.38	1.57	73.61
17	中银资产管理有限公司	453.48	1.56	75.17
18	万家共赢资产管理有限公司	443.63	1.53	76.70
19	深圳市红塔资产管理有限公司	417.61	1.44	78.14
20	富国资产管理（上海）有限公司	406.93	1.40	79.54

资料来源：中国证券投资基金业协会。

第四节　证券公司私募资产管理业务

一、产品发行情况

2021年，证券公司及其资管子公司备案私募资管产品数量保持增长，备案规模继续下降，从而单只产品备案规模大幅减少。全年备案产品6 840只，备案规模3 652.21亿元，同比分别增长17.78%和下降1.31%。2021年备案单一资管计划数量是集合资管计划的1.73倍，而集合资管计划备案规模是单一资管计划的1.66倍。全年备案单一资管计划4 338只，同比增长22.79%，备案规模1 372.47亿元，同比小幅增长2.14%，单只产品备案规模同比下降16.82%至0.32亿元/只；集合资管计划备案2 502只，备案规模2 279.74亿元，同比分别增长10.22%与下降3.27%，单只产品备案规模降至0.91亿元/只，同比减少12.24%（见图4-68）。

从年内各季度来看，集合资管计划备案规模在四季度出现波峰，2020年与2019年波峰出现在第二季度与第三季度。

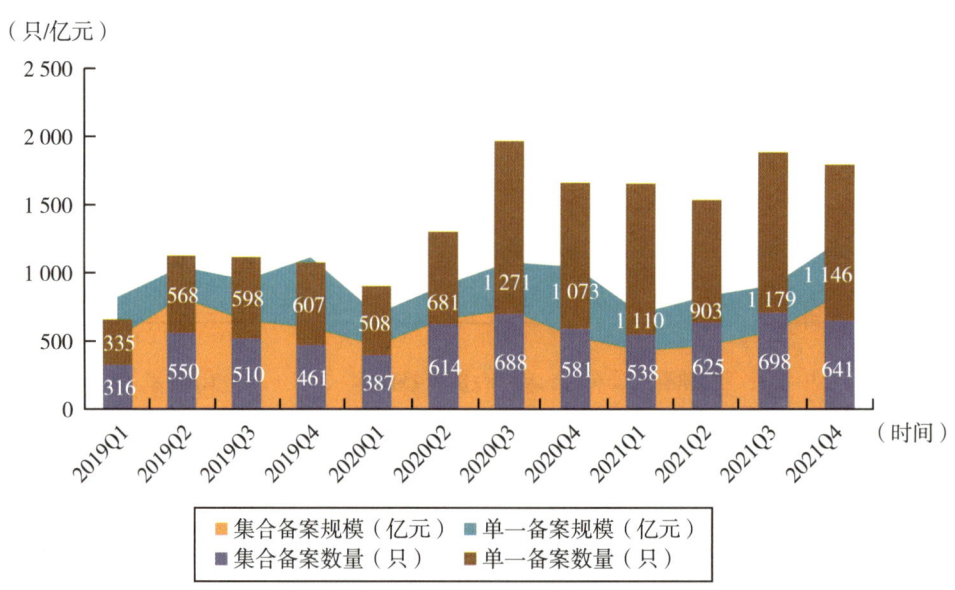

图4-68　证券公司及其资管子公司私募资管产品备案趋势（按产品类型）

资料来源：中国证券投资基金业协会。

从设立私募资管产品的投资类型来看，混合类产品全年备案3 145只，备案规模823.38亿元，同比分别增长47.38%与12.03%；固定收益类产品全年备案数量与备案规模同比均下降，但在新设产品中占比依然较高；权益类产品备案699只，备案规模330.51亿元，同比分别增长14.97%与42.77%；商品及金融衍生品类产品备案149只，备案规模100.84亿元，同比均大幅增长144.26%与130.69%（见图4-69）。

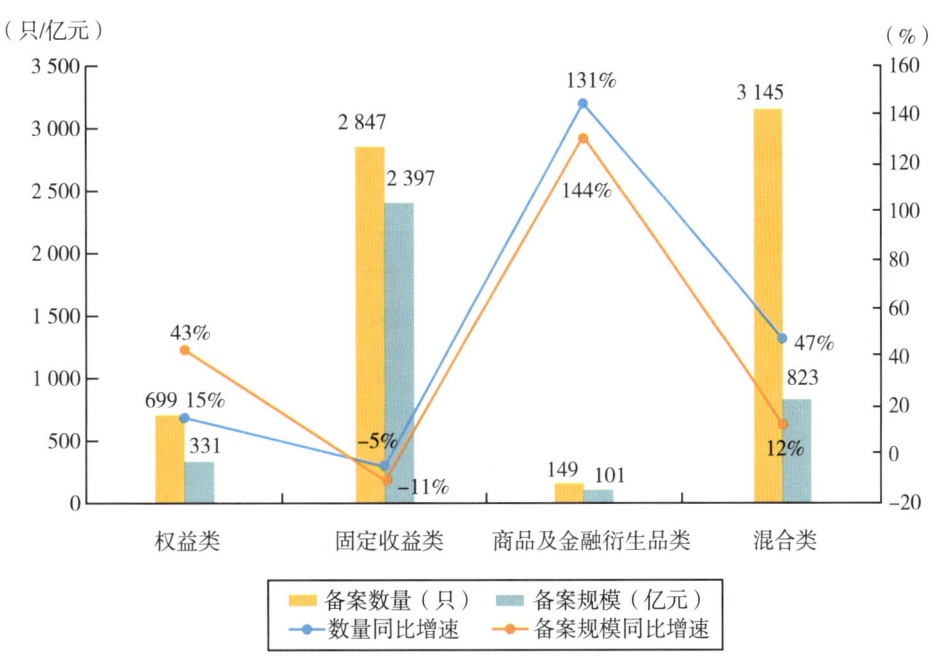

图4-69　2021年证券公司及其资管子公司各投资类型产品备案情况

资料来源：中国证券投资基金业协会。

从近年各季度备案产品的投资类型来看，混合类产品数量占比逐步超越固定收益类产品，权益类产品占比也有相应增长，而固定收益类产品互补下降；对备案规模占比来说，混合类产品与权益类产品均有增长，但规模占比不及固定收益类。年度来看，2021年固定收益类备案数量占比较2019年下降31个百分点至42%，备案规模占比下降20个百分点至66%（见图4-70至图4-72）。

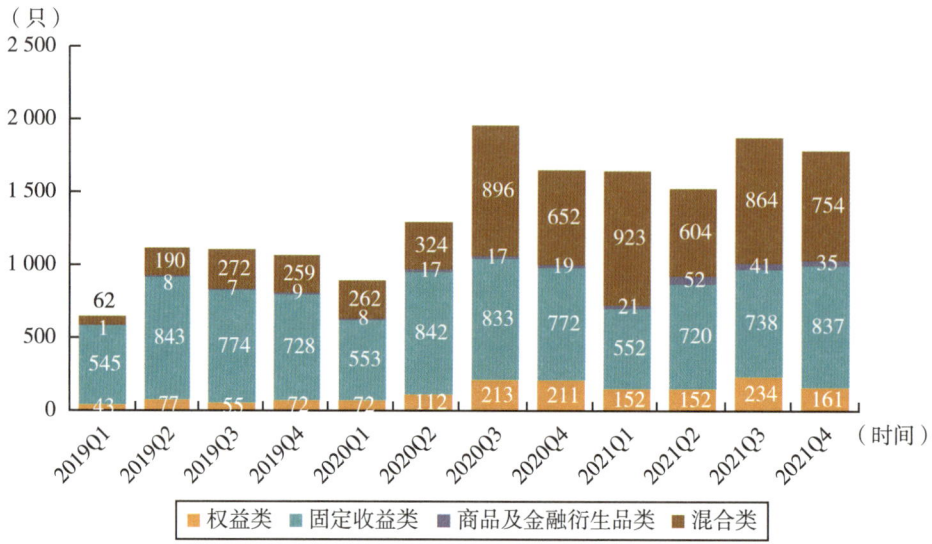

图 4-70　证券公司及其资管子公司各投资类型产品备案数量

资料来源：中国证券投资基金业协会。

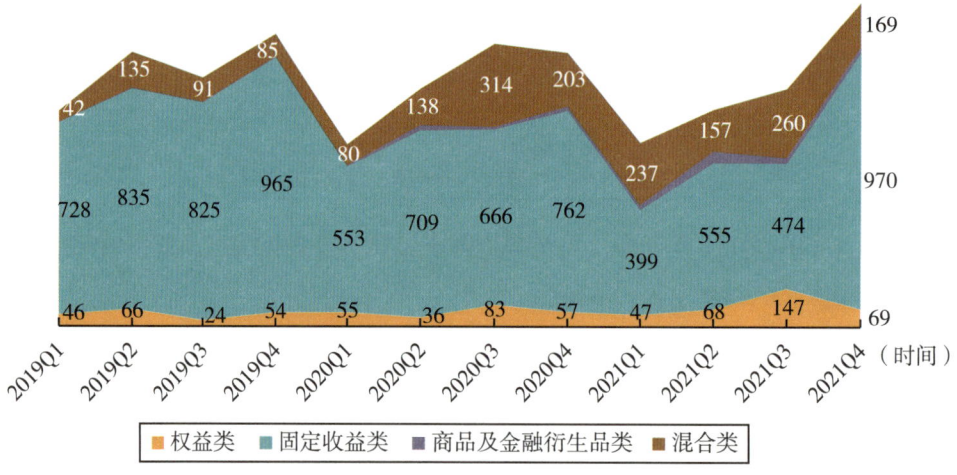

图 4-71　证券公司及其资管子公司各投资类型产品备案规模（亿元）

资料来源：中国证券投资基金业协会。

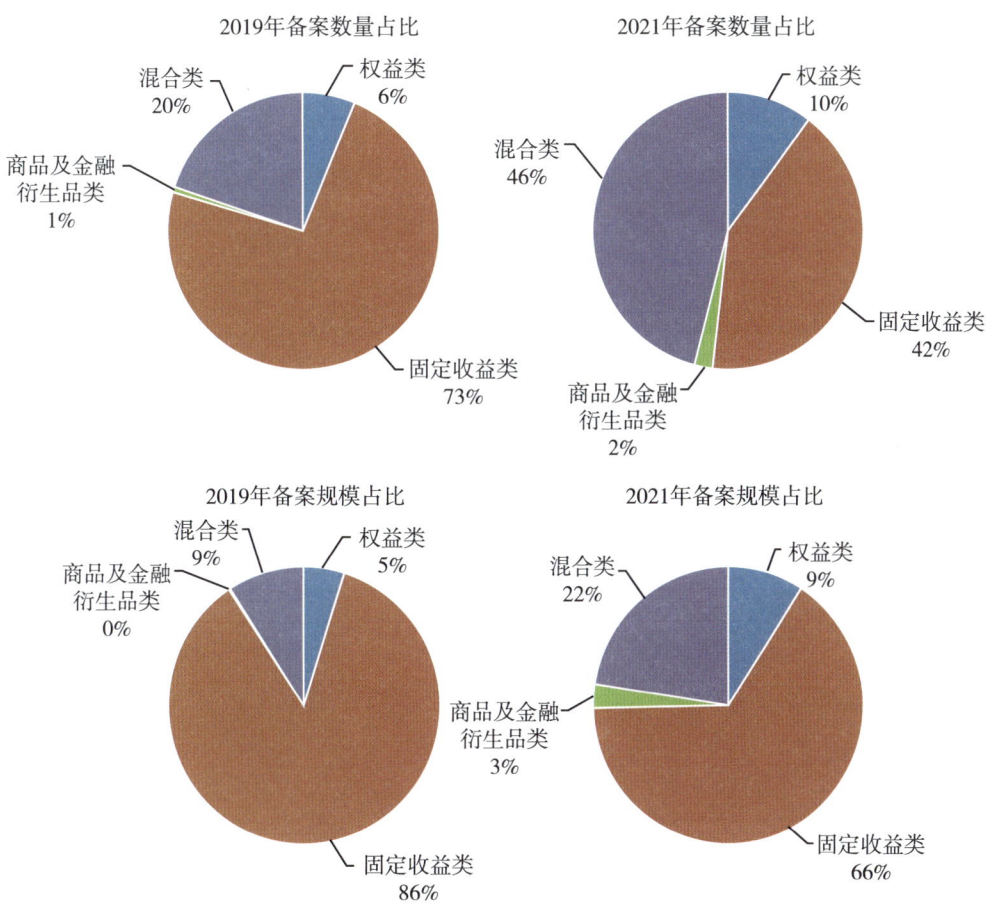

图 4-72　证券公司及其资管子公司各投资类型产品备案数量与备案规模占比对比

资料来源：中国证券投资基金业协会。

二、产品存续情况

截至 2021 年末，94 家证券公司及其资管子公司开展私募资产管理业务[①]，较 2020 年末减少 2 家，存续产品 1.68 万只，管理资产规模下降至 7.69 万亿元，同比减少 3 252.76 亿元，下降 4.06%。资管新规发布后 3 年，证券公司及其资管子公司单一资管计划以年均 2.59 万亿元总量缩减，存续 1.06 万只，管理资产规模 4.04 万亿元，占比 52.53%。集合资产管理业务大幅增长，存续 6 185 只，管理资产规模 3.65 万亿元，占比 47.47%，较 2020 年末增加 1.56 万亿元，增长 74.52%（见图 4-73）。

---

① 指管理资产规模非零的公司。

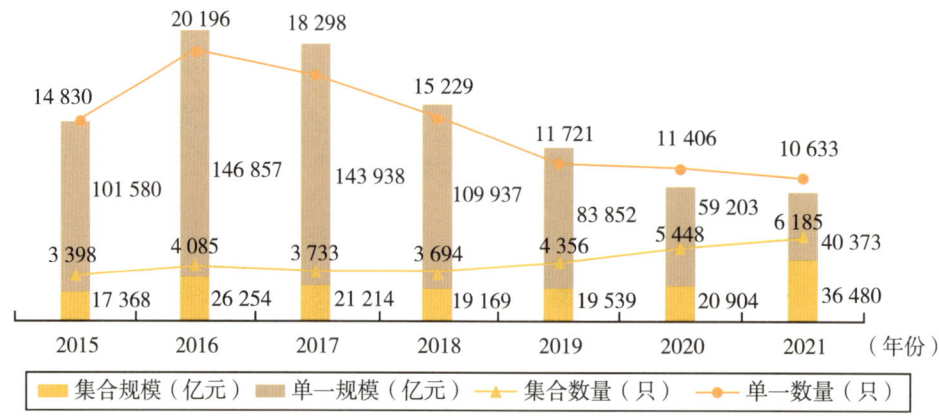

图 4-73　证券公司及其资管子公司私募资产管理产品存续数量与规模

资料来源：中国证券投资基金业协会。

截至2021年末，权益类产品存续2 196只，规模6 933.72亿元，同比分别下降3.73%与7.36%；固定收益类产品存续8 698只，规模6.13万亿元，同比分别下降13.24%与增长3.30%；商品及金融衍生品类产品存续144只，规模190.44亿元，同比大幅增长100%与69.34%；混合类产品存续5 780只，规模8 475.41亿元，同比分别增长29.13%与下降35.85%（见图4-74）。

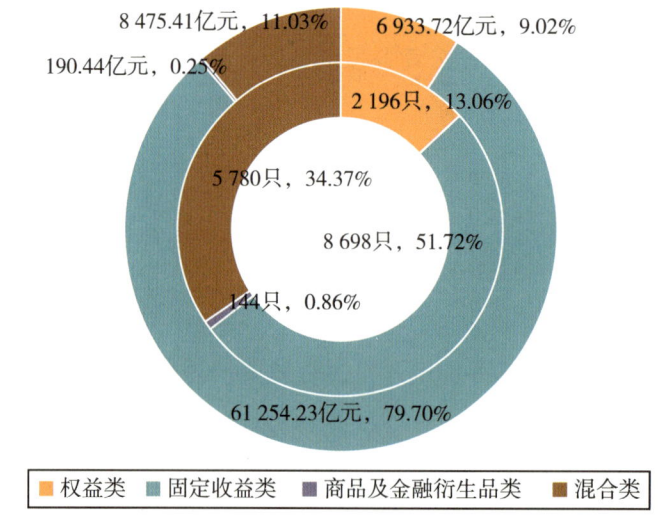

图 4-74　2021年末证券公司及其资管子公司私募资管产品数量与规模的投资类型分布

资料来源：中国证券投资基金业协会。

近3年各类型私募资管产品季度存续数量与规模呈现出明显的变化趋势，混合类产品与商品及金融衍生品类产品数量明显增长，固定收益类产品与混合类产品的存续规模显著下降（见图4-75和图4-76）。

图4-75　证券公司及其资管子公司各类型私募资管产品数量情况（只）

资料来源：中国证券投资基金业协会。

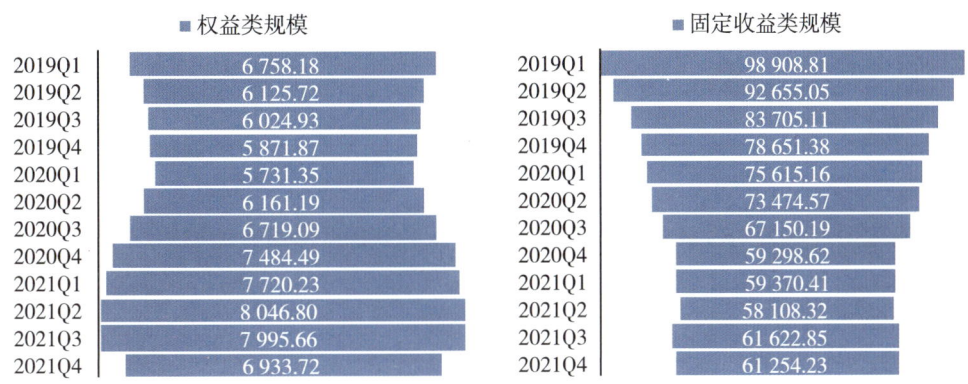

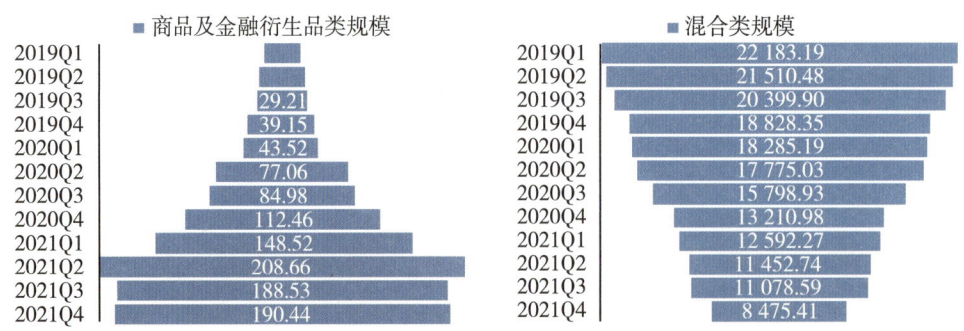

图 4-76　证券公司及其资管子公司各类型私募资管产品规模情况（亿元）

资料来源：中国证券投资基金业协会。

三、资金净流动（认申赎）情况

2021年，证券公司及其资管子公司私募资管产品净流入3 836亿元[①]，上半年净流出747亿元，而下半年净流入4 584亿元。其中，固定收益类产品全年净流入6 005亿元，混合类产品净流出2 177亿元，权益类产品净流出118亿元，商品及金融衍生品类产品净流入127亿元（见图4-77）。

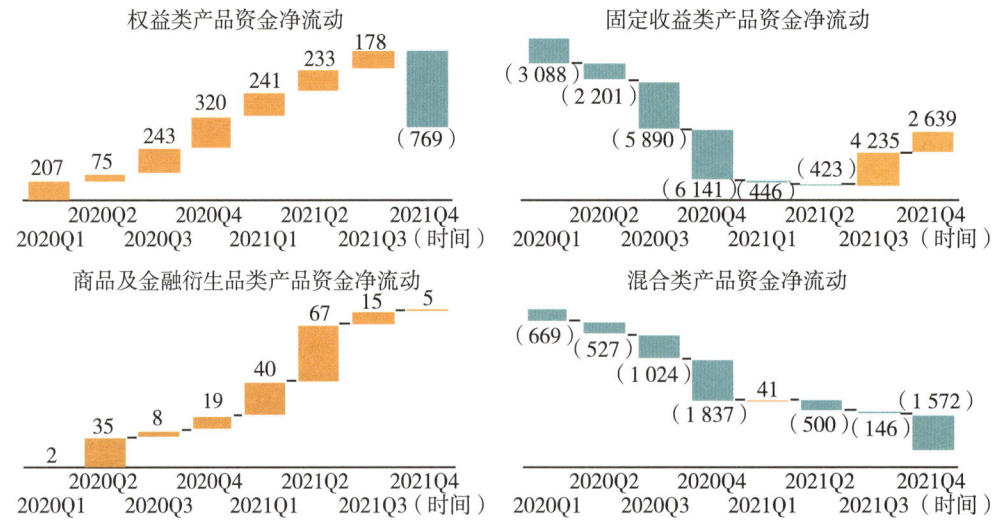

图 4-77　证券公司及其资管子公司各类型私募资管产品资金流动情况（亿元）

资料来源：中国证券投资基金业协会。

---

① 基金子公司资金净流出远小于存续规模下降总量，主要是全年清盘产品规模减少部分在赎回金额中不足以全部体现，此外是受估值变化的影响。

从证券公司及其资管子公司私募资管产品投资者端换手率来看，固定收益类产品换手率最高，其次为混合类产品，而权益类产品换手率为各类产品中最低（见表4-9）。可见，固定收益类产品申赎频繁，这或是受短期理财类固定收益类产品资金流动影响所致，而权益类产品投资者持有稳定性更强。

表4-9　证券公司及其资管子公司私募资管产品季度换手率　（单位：%）

时间	权益类	固定收益类	商品及金融衍生品	混合类	合计
2020Q1	10.83	103.76	26.99	59.15	90.27
2020Q2	9.52	101.35	49.93	71.58	90.33
2020Q3	20.87	148.44	8.08	61.26	123.91
2020Q4	22.75	131.83	23.27	82.69	114.19
2021Q1	15.71	112.58	24.88	53.32	93.67
2021Q2	19.44	115.32	24.64	57.56	96.71
2021Q3	19.28	140.43	24.28	55.37	115.82
2021Q4	36.03	120.23	33.56	58.51	104.40

资料来源：中国证券投资基金业协会。

四、资金来源（投资者出资）情况

从证券公司及其资管子公司私募资管产品直接出资者类型来看，居民出资占比小幅下降，截至2021年末为11.55%，明显高于基金管理公司与基金子公司私募资管居民资金占比；企业直接出资占比连续下降至30.90%，其中银行自有资金出资占比为19.21%；各类产品出资占比同比增长15.64个百分点，截至2021年末占比57.50%，其中银行理财资金贡献产品出资的91.49%（见图4-78）。

从直接出资者属性来看，证券公司及其资管子公司私募资管产品来源于金融机构及其理财产品的资金比例合计达81.26%，其中银行资金占比71.82%，证券基金期货机构及其产品资金占比4.88%，信托资金占比3.05%，保险资金与私募基金资金占比合计1.52%；非金融类资金占比为18.34%，其中居民资金占比11.55%，企业资金占比为6.73%，其余为社会基金及境外资金等其他资金（见图4-79）。

图 4-78 2021年末证券公司及其资管子公司私募资管产品直接出资者大类分布

资料来源：中国证券投资基金业协会。

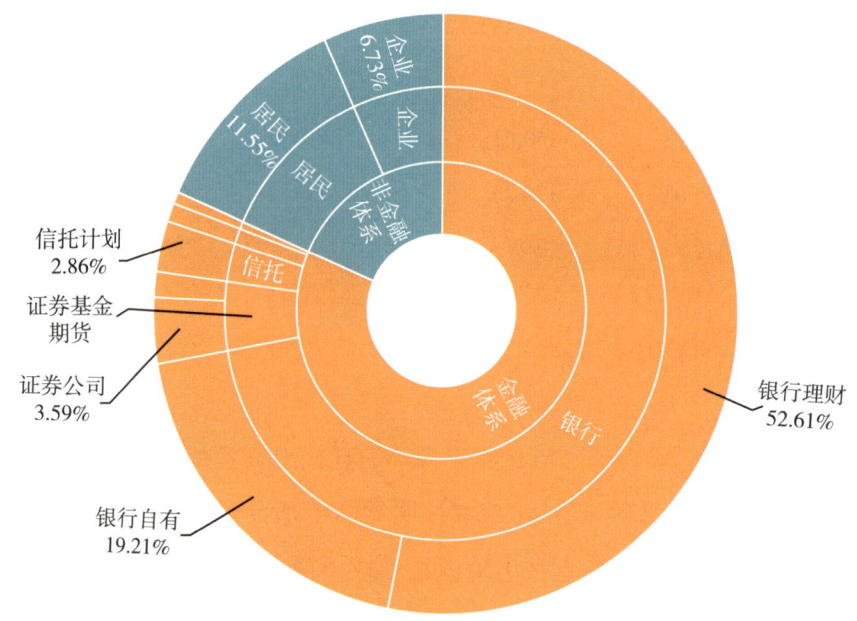

图 4-79 2021年末证券公司及其资管子公司私募资管产品直接出资者属性分布

资料来源：中国证券投资基金业协会。

直接投资者中，银行理财资金出资超过私募资管产品的一半。从穿透来看，银行理财产品99%的投资者为居民，再加上居民直接出资部分，证券公司及其资管子公司私募资管产品直接或间接亦服务了大量居民投资者资产配置需求。

银行出资总体占比保持稳定，但银行自有资金出资占比连续下降，而银行理财资金占比2021年大幅增长（见表4-10）。

表4-10 证券公司及其资管子公司私募资管产品直接出资者分类占比趋势 （单位：%）

类型	2019年末	2020年末	2021年末
银行自有	35.15	32.04	19.21
银行理财	36.14	34.78	52.61
保险公司	0.55	0.77	1.17
保险资管	0.09	0.07	0.10
信托公司	0.53	0.37	0.19
信托计划	3.50	3.18	2.86
证券公司	1.64	2.52	3.59
私募资管	3.01	2.85	1.29
私募基金	0.75	0.97	0.65
居民	12.17	14.19	11.55
企业（不含银行）	6.43	8.21	6.73
其他	0.03	0.04	0.06

资料来源：中国证券投资基金业协会。

五、资产配置情况

从产品投向来看，证券公司及其资管子公司私募资管计划主要投向境内债券，占比超过资产总值的一半，2021年同业存单配置比例大幅增长。截至2021年末，证券公司及其资管子公司私募资管计划投向债类资产5.27万亿元，占投资总规模的61.94%，其中境内债券投资规模为4.63万亿元，占54.46%；投向存款及货币类资产9 657.27亿元，占比11.35%；投向股类资产6 755.91亿元，占比为

7.94%（见图4-80）。

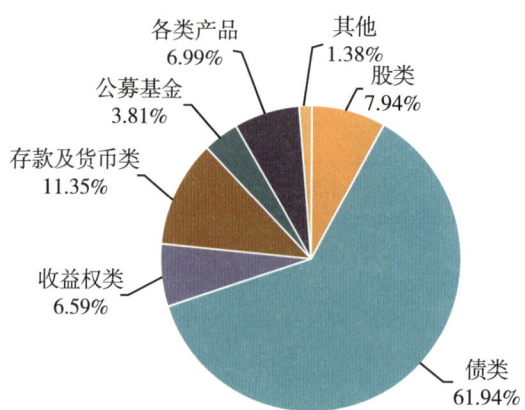

图4-80　2021年末证券公司及其资管子公司私募资管产品资产分布

资料来源：中国证券投资基金业协会。

从各类资产分布趋势来看，而股类资产占比小幅下降，债类资产占比同比增长4.03个百分点，投向存款及货币类资产占比同比增加5.41个百分点，投向收益权类资产比例下降4.30个百分点，投向各类产品的资产占比同比下降4.19个百分点（见表4-11）。

表4-11　证券公司及其资管子公司私募资管各类资产占比趋势　（单位：%）

资产类别	2019年末	2020年末	2021年末
股类	6.22	9.14	7.94
债类	58.70	57.91	61.94
收益权类	15.39	10.89	6.59
存款及货币类	5.21	5.94	11.35
公募基金	1.75	2.97	3.81
各类产品	10.52	11.18	6.99
其他	2.20	1.96	1.38

资料来源：中国证券投资基金业协会。

在大资管投资资产标准化趋势下，证券公司及其资管子公司私募资管近3年投向非标资产①比例连续下降,而标准化资产占比持续上升(见图4-81)。

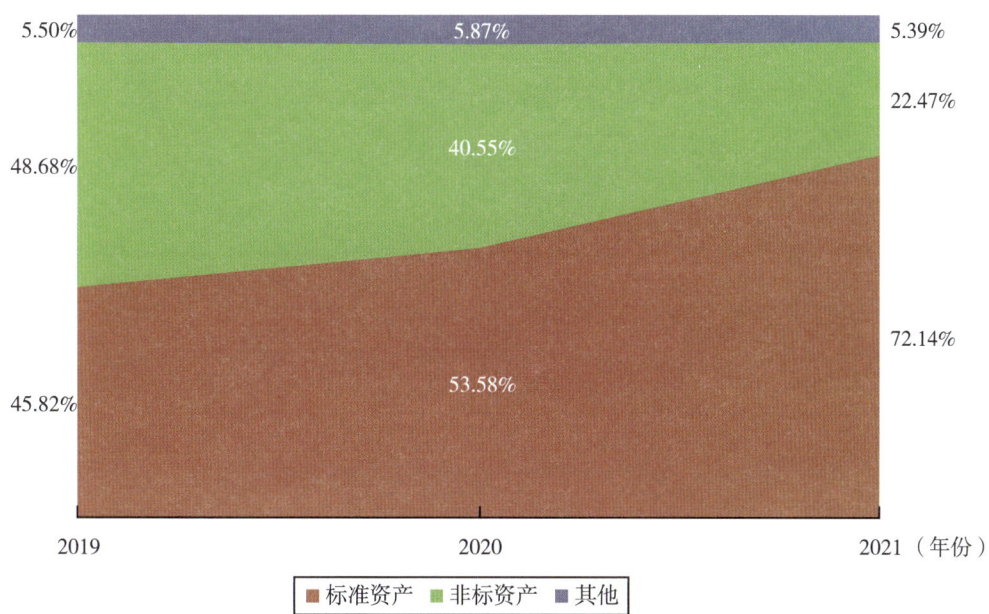

图4-81　2021年末证券公司及其资管子公司私募资管非标资产占比趋势
资料来源:中国证券投资基金业协会。

六、集中度情况

2021年证券公司及其资管子公司私募资管规模总体向下压缩,全行业规模3/4分位数下降21.11%至638.26亿元,中位数下降16.92%至287.33亿元。截至2021年末,头部机构规模下限较2年前增长16.61%,行业管理最大规模增长10.91%。近2年,行业规模较低的80%的机构管理规模合计占比下降11.70个百分点至23.72%。按管理规模从小到大机构家数行业占比与对应累计管理规模行业占比描画曲线,曲线越弯曲向横轴,行业规模分布越不平衡,头尾差距越大。对比2021年12月曲线较2020年1月更向下弯曲,可见不均衡趋势有增强趋势(见图4-82)。

从行业分布动态趋势来看,下半年规模最大值有远离行业大部分机构规模趋

---

① 包括未上市股权、非标债权、收益权及各类产品。

势，尾部机构管理规模保持缩减趋势（见图4-83）。

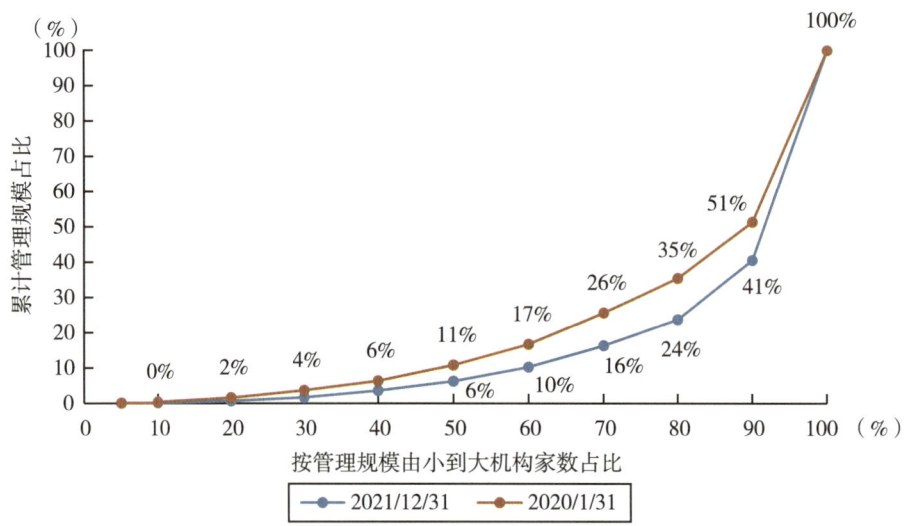

图 4-82　证券公司及其资管子公司私募资管行业"洛伦兹曲线"

资料来源：中国证券投资基金业协会。

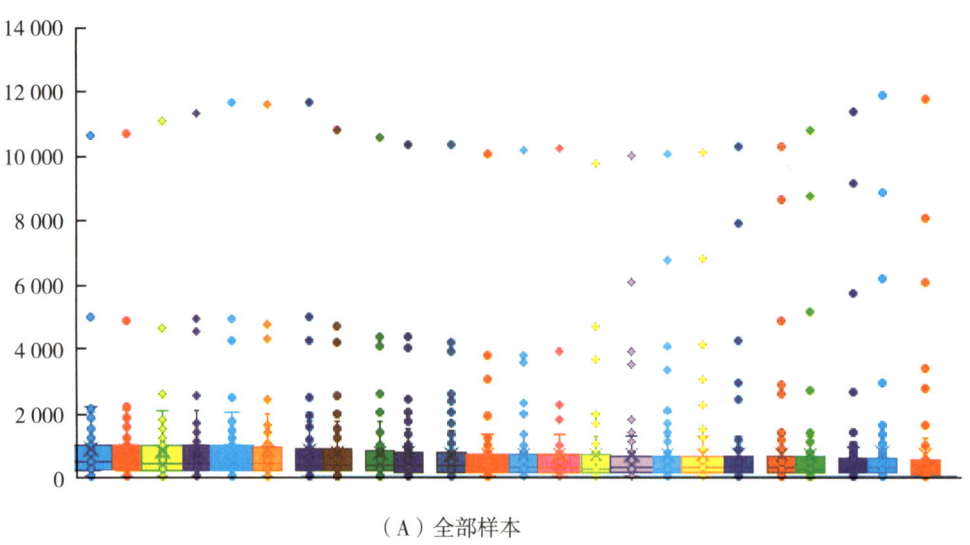

（A）全部样本

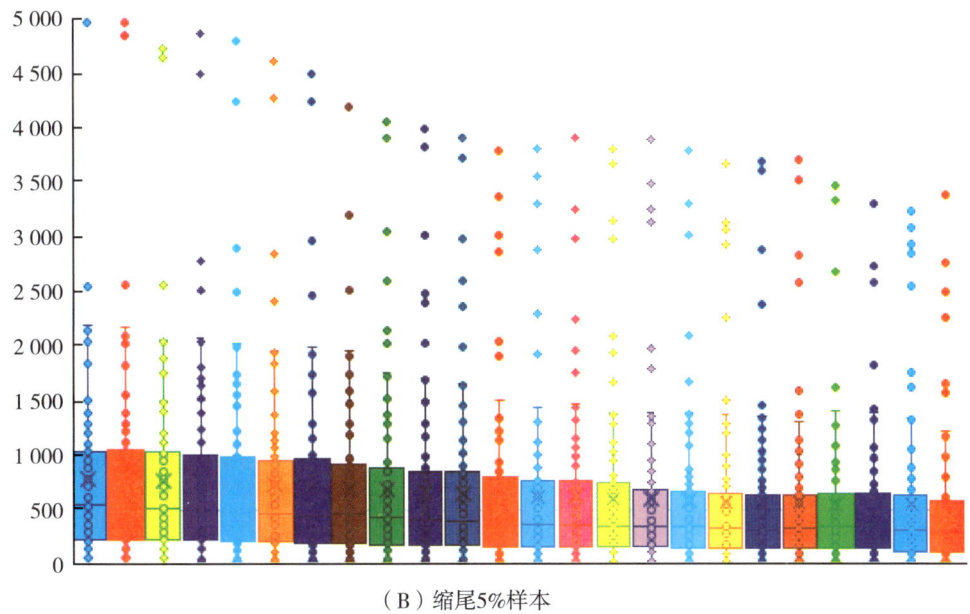

（B）缩尾5%样本

图4-83 证券公司及其资管子公司私募资管产品规模分布箱形图（2020年1月—2021年12月）

注：箱形图最高点为最大值，箱体上方小横线表示排名前10%机构管理规模下限，"×"表示平均值，箱体上端线表示3/4分位数，箱体下端线表示1/4分位数，箱体中横线表示中位数，箱体下方最低点为最小值。

资料来源：中国证券投资基金业协会。

从年内各月末平均管理规模来看，行业前10的机构管理58.58%的规模，行业前20的机构管理73.02%的规模（见表4-12）。

表4-12　　　2021年证券公司及其资管子公司私募资管平均管理规模前20

序号	机构名称	2021年平均管理规模（亿元）	行业占比（%）	累计占比（%）
1	中信证券股份有限公司	10 563.02	13.14	13.14
2	中国国际金融股份有限公司	6 933.73	8.63	21.77
3	招商证券资产管理有限公司	4 669.21	5.81	27.58
4	中银国际证券股份有限公司	4 654.26	5.79	33.37
5	上海国泰君安证券资产管理有限公司	3 989.20	4.96	38.33
6	广发证券资产管理（广东）有限公司	3 856.58	4.80	43.13

续表

序号	机构名称	2021年平均管理规模（亿元）	行业占比（%）	累计占比（%）
7	华泰证券（上海）资产管理有限公司	3 629.17	4.51	47.64
8	中信建投证券股份有限公司	3 168.68	3.94	51.58
9	申万宏源证券有限公司	2 881.23	3.58	55.17
10	上海光大证券资产管理有限公司	2 413.91	3.00	58.17
11	中泰证券（上海）资产管理有限公司	1 512.57	1.88	60.05
12	上海海通证券资产管理有限公司	1 463.60	1.82	61.87
13	国信证券股份有限公司	1 376.03	1.71	63.59
14	银河金汇证券资产管理有限公司	1 350.49	1.68	65.27
15	平安证券股份有限公司	1 285.57	1.60	66.87
16	安信证券资产管理有限公司	1 174.60	1.46	68.33
17	浙江浙商证券资产管理有限公司	1 009.42	1.26	69.58
18	方正证券股份有限公司	964.05	1.20	70.78
19	财通证券资产管理有限公司	926.86	1.15	71.93
20	五矿证券有限公司	872.70	1.09	73.02

资料来源：中国证券投资基金业协会。

第五节　证券公司私募子公司私募基金业务

一、产品发行情况

2021年，证券公司私募子公司备案私募基金222只，备案规模316.34亿元，分别同比增长44.16%与下降0.96%。其中，合伙型203只，备案规模304.02亿元；契约型19只，备案规模12.32亿元（见图4-84）。

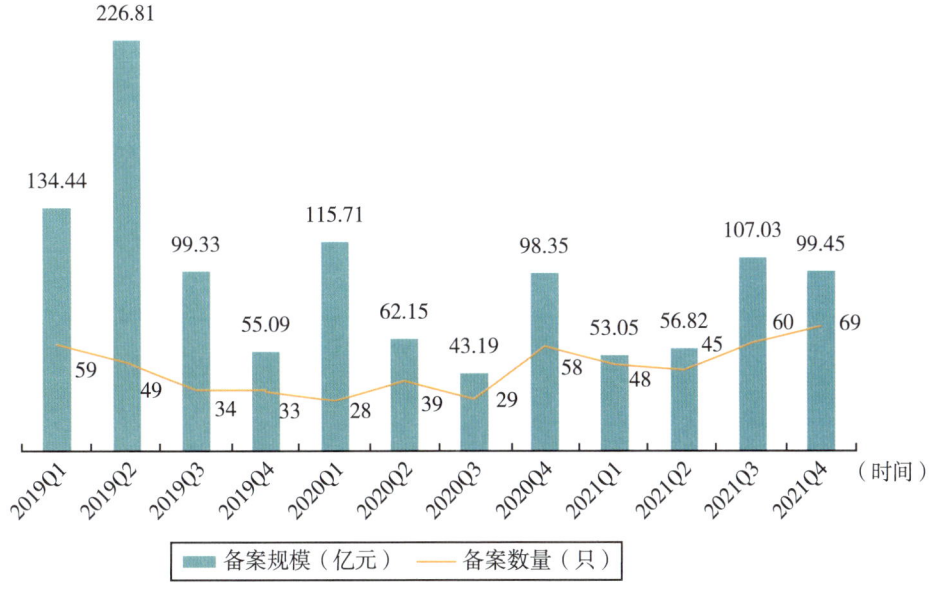

图 4-84 证券公司私募子公司私募基金备案趋势

资料来源：中国证券投资基金业协会。

二、产品存续情况

截至2021年末，73家证券公司一级私募子公司[①]有存续私募基金产品，存续私募基金1 054只，存续规模5 498.03亿元，较2020年末增加73.96亿元，增长1.36%（见图4-85）。其中，合伙型956只，存续规模5 063.10亿元；公司型18只，存续规模94.46亿元；契约型80只，存续规模340.47亿元。

三、资金来源（投资者出资）情况

从证券公司私募子公司私募基金直接出资者类型来看，居民出资占比仅为4.70%；企业直接出资占比小幅下降至48.98%，其中银行自有资金出资占比1.08%；各类产品出资占比同比下降，截至2021年末占比30.28%，其中银行理财资金占比1.63%（见图4-86）。

---

① 二级子公司归至对应一级子公司合并统计。

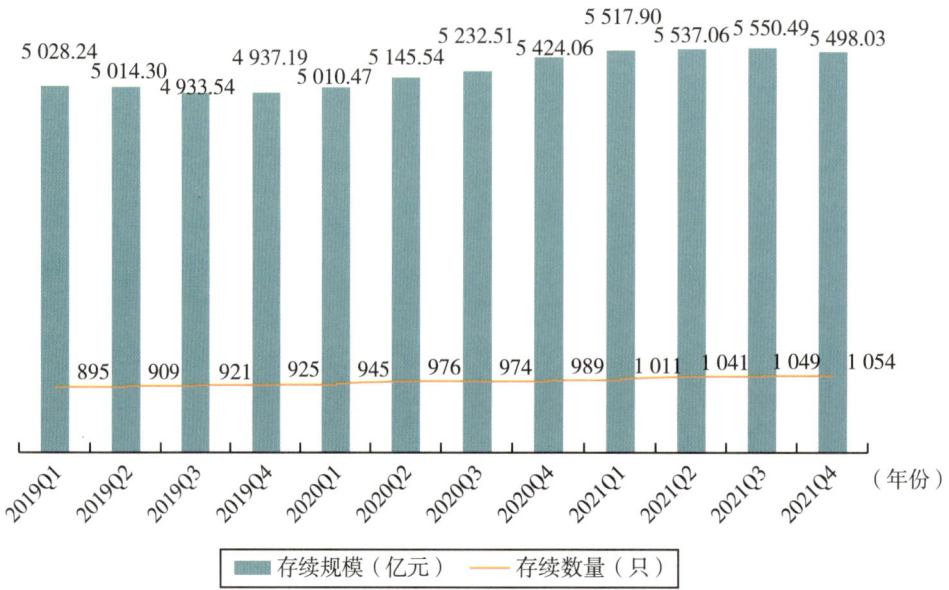

图 4-85　证券公司私募子公司私募基金存续数量与规模趋势

资料来源：中国证券投资基金业协会。

图 4-86　2021 年末证券公司私募子公司私募基金直接出资者大类分布

资料来源：中国证券投资基金业协会。

从直接出资者属性来看，证券公司私募子公司私募基金来源于金融机构及其理财产品的资金比例合计达 31.36%，其中私募基金资金占比 24.99%，信托计划资金 3.65%，银行资金占比 2.71%；非金融类资金占比 68.64%，其中居民资金占比 4.70%，企业资金占比 47.90%，财政资金占比 12.00%，其余为其他资金（见图 4-87）。

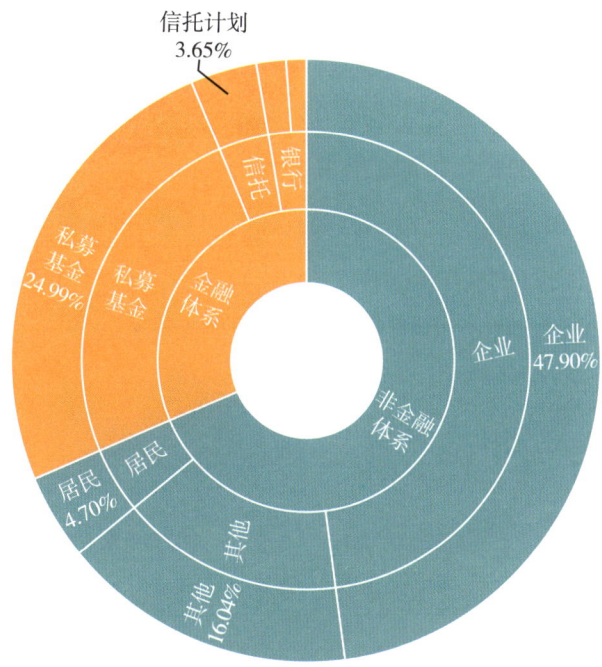

图 4-87　2021 年末证券公司私募子公司私募基金直接出资者属性分布

资料来源：中国证券投资基金业协会。

企业出资占比虽有下降，但保持出资占比最大类别，私募基金出资占比略有下降，财政出资占比保持增长趋势（见表 4-13）。

表 4-13　证券公司私募子公司私募基金直接出资者分类占比趋势　（单位：%）

类型	2019 年末	2020 年末	2021 年末
银行自有	1.11	1.17	1.08
银行理财	1.98	1.86	1.63
信托计划	5.24	4.56	3.65
私募基金	25.31	26.35	24.99
居民	2.94	4.07	4.70
企业（不含银行）	50.85	49.74	47.90
财政	7.47	9.60	12.00
其他	5.10	2.63	4.04

资料来源：中国证券投资基金业协会。

四、资产配置情况

从产品投向来看,证券公司私募子公司私募基金主要投向未上市股权资产,占比保持增长趋势,2021年债类资产占比下降2.89个百分点(见表4-14)。截至2021年末,证券公司私募子公司私募基金投向股类资产3 454.86亿元,占投资总规模的63.11%;投向各类产品942.68亿元,占比17.22%;投向存款及货币类资产549.11亿元,占比10.03%;投向债类资产372.89亿元,占比6.81%(见图4-88)。

表 4-14　　证券公司私募子公司私募基金各类资产占比趋势　　(单位:%)

资产类别	2019年末	2020年末	2021年末
股类	60.78	60.44	63.11
债类	9.39	9.70	6.81
存款及货币类	13.79	10.17	10.03
各类产品	12.77	16.42	17.22
其他	3.26	3.27	2.83

资料来源:中国证券投资基金业协会。

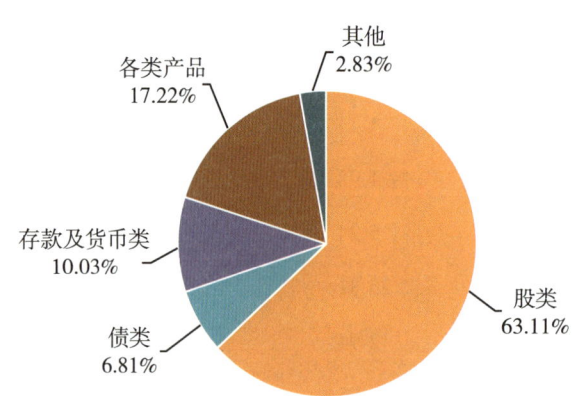

图 4-88　2021年末证券公司私募子公司私募基金资产分布

资料来源:中国证券投资基金业协会。

五、集中度情况

从年内各月末平均管理规模来看，行业第一管理规模占行业总规模的25.48%，行业前10的机构管理66.40%的规模，行业前20的机构管理84.07%的规模（见表4-15）。

表4-15　2021年证券公司私募子公司私募基金平均管理规模前20

序号	机构名称	2021年平均管理规模（亿元）	行业占比（%）	累计占比（%）
1	中金资本运营有限公司	1 418.07	25.48	25.48
2	华泰紫金投资有限责任公司	413.22	7.42	32.90
3	金石投资有限公司	403.90	7.26	40.16
4	国泰君安创新投资有限公司	340.97	6.13	46.29
5	东吴创业投资有限公司	216.37	3.89	50.17
6	信风投资管理有限公司	212.53	3.82	53.99
7	光大发展投资有限公司	201.28	3.62	57.61
8	海通开元投资有限公司	177.37	3.19	60.80
9	招商致远资本投资有限公司	172.83	3.11	63.90
10	中信建投资本管理有限公司	138.85	2.49	66.40
11	广发信德投资管理有限公司	136.86	2.46	68.85
12	上海东方证券资本投资有限公司	134.19	2.41	71.27
13	金城资本管理有限公司	122.75	2.21	73.47
14	华富嘉业投资管理有限公司	107.25	1.93	75.40
15	恒泰资本投资有限责任公司	95.00	1.71	77.11
16	中银国际投资有限责任公司	91.47	1.64	78.75
17	中金私募股权投资管理有限公司	87.56	1.57	80.32
18	国海创新资本投资管理有限公司	87.42	1.57	81.89
19	金汇财富资本管理有限公司	67.29	1.21	83.10
20	国金鼎兴投资有限公司	54.10	0.97	84.07

资料来源：中国证券投资基金业协会。

第六节　期货公司私募资产管理业务

一、产品发行情况

2021年，期货公司及其资管子公司备案私募资管产品1 034只，备案规模369.22亿元，同比分别增长61.56%与26.25%。其中，集合资管计划备案数量667只，同比增长53.33%，备案规模279.19亿元，同比增加18.09%，平均单只备案规模0.42亿元/只，同比下降22.99%；单一资管计划备案数量367只，同比增加79.02%，备案规模90.03亿元，同比大幅增长60.72%，平均单只备案规模大幅下降10.23%至0.25亿元/只（见图4-89）。

从期货公司及其资管子公司设立私募资管产品的投资类型来看，混合类产品、固定收益类产品、商品及金融衍生品类产品备案数量占比不相上下，混合类产品备案规模占比近半。2021年备案混合类产品341只，备案规模186.48亿元，同比分别增长61.61%与42.82%；固定收益类产品年内备案333只，备案规模77.11亿元，备案数量同比增长而备案规模大幅下降；商品及金融衍生品类产品备案310只，备案规模83.72亿元，同比均大幅增长51.96%与84.42%；权益类产品备案50只，备案规模21.92亿元，同比分别增长4.17%与34.78%（见图4-90）。其他资料见图4-91至图4-93。

图4-89　期货公司及其资管子公司私募资管产品备案趋势（按产品类型）

资料来源：中国证券投资基金业协会。

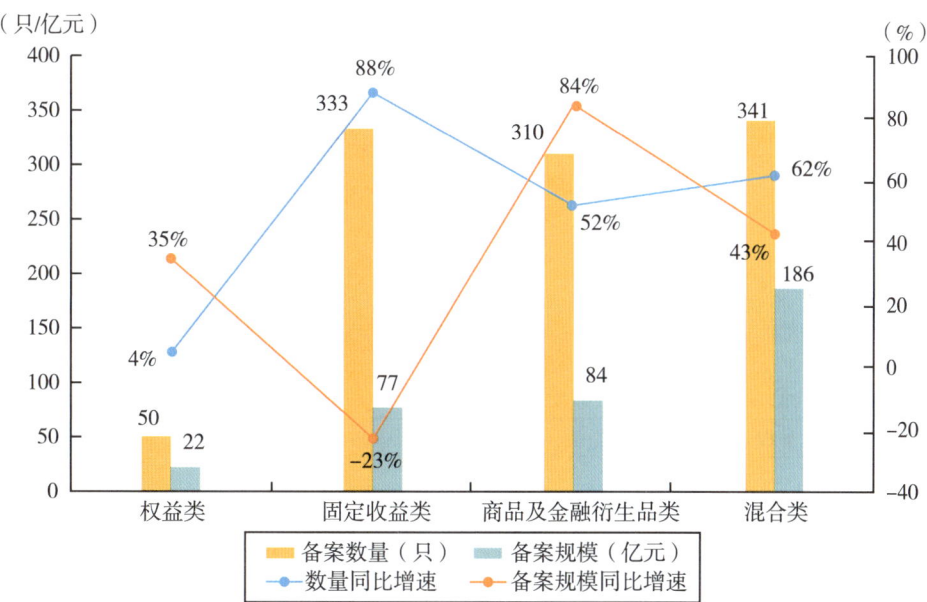

图 4-90 2021 年期货公司及其资管子公司各投资类型产品备案情况

资料来源：中国证券投资基金业协会。

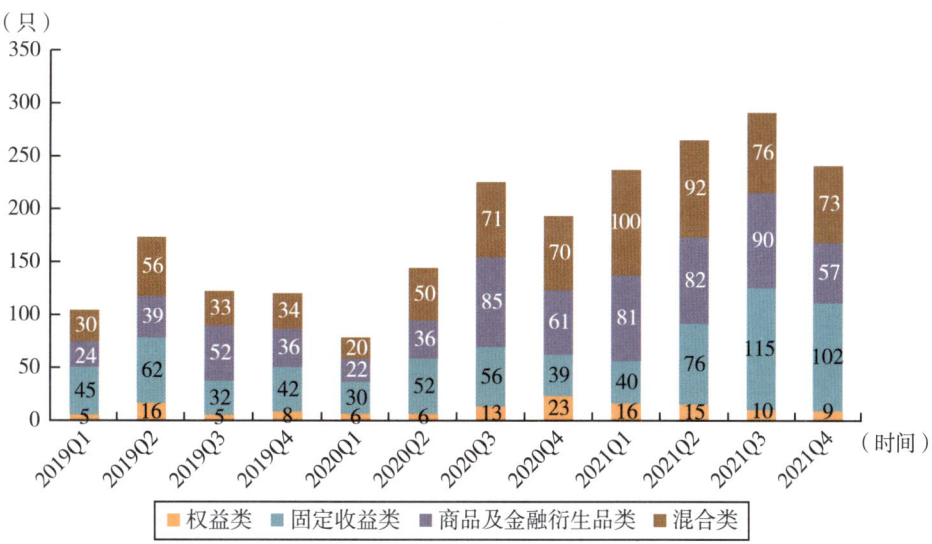

图 4-91 期货公司及其资管子公司各投资类型产品备案数量

资料来源：中国证券投资基金业协会。

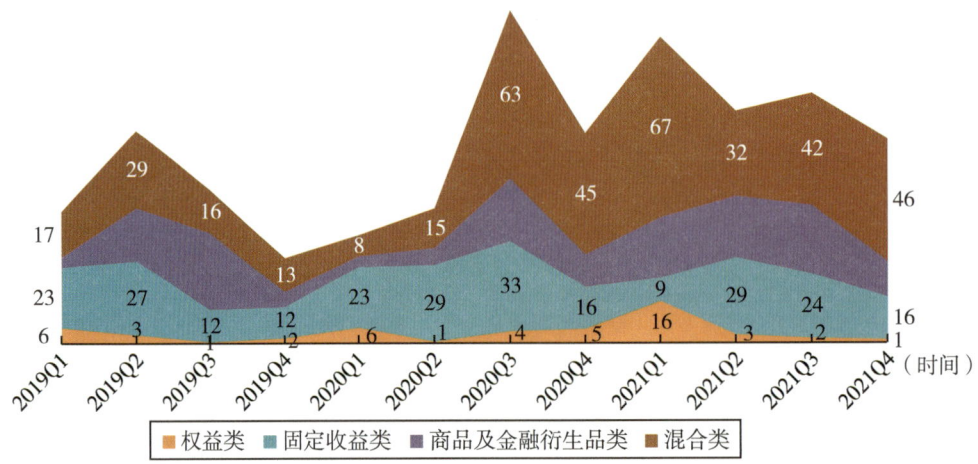

图4-92 期货公司及其资管子公司各投资类型产品备案规模(亿元)

资料来源：中国证券投资基金业协会。

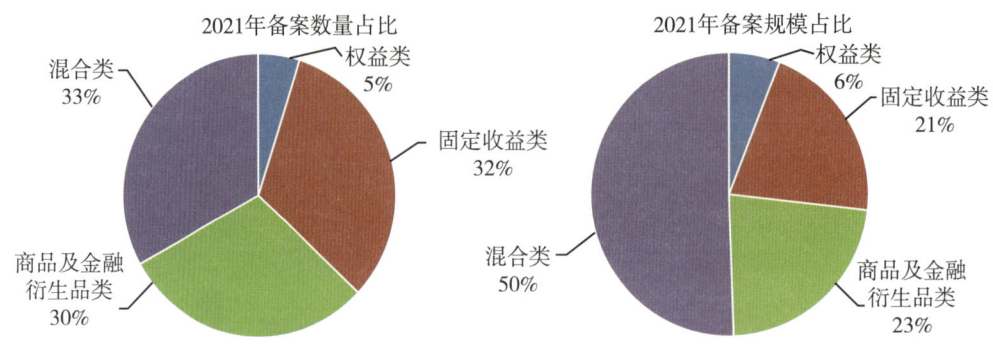

图4-93 2021年期货公司及其资管子公司各投资类型产品备案数量与备案规模占比

资料来源：中国证券投资基金业协会。

二、产品存续情况

截至2021年末，112家期货公司及其资管子公司开展私募资产管理业务，较2020年末减少12家，存续产品1 724只，管理资产规模3 549.09亿元，同比增加1 352.41亿元，增幅61.57%。近年，期货公司及其资管子公司集合资产管理业务规模加速增长，存续1 192只，管理资产2 723.64亿元，占比76.74%，较2020年末增加1 282.82亿元，增长89.03%，比上年提升7.36个百分点；单一资产管理业务保持增长，增速下降，存续532只，管理资产规模825.45亿元，占比23.26%，较2020年末增加69.59亿元，增长9.21%，比上年下降9.73个百分点（见图4-94）。

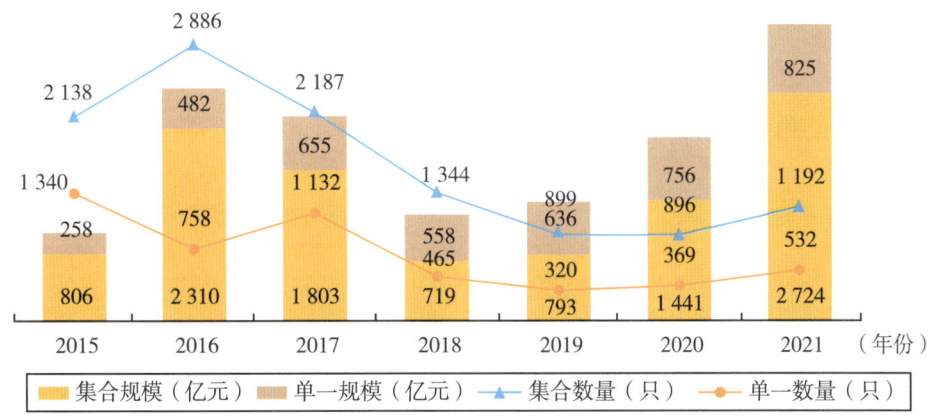

图 4-94　期货公司及其资管子公司私募资产管理产品存续数量与规模

资料来源：中国证券投资基金业协会。

期货公司及其资管子公司私募资管存续产品投资类型分布较为均衡，商品及金融衍生品类产品增速显著高于其他类别。截至 2021 年末，权益类产品存续 93 只，规模 122.13 亿元，同比分别增长 5.68% 与下降 0.75%；固定收益类产品存续 472 只，规模 1 821.19 亿元，同比分别增长 26.88% 与 71.35%；商品及金融衍生品类产品存续 544 只，规模 481.25 亿元，同比大幅增长 57.23% 与 184.94%；混合类产品存续 615 只，规模 1 124.53 亿元，同比分别增长 33.99% 与 33.58%（见图 4-95）。

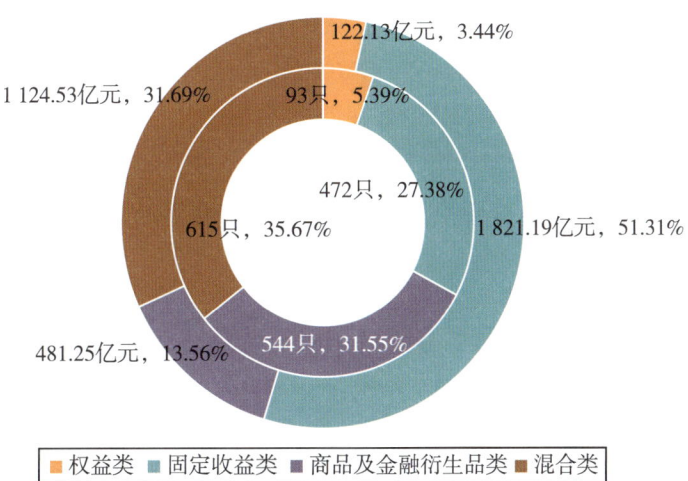

图 4-95　2021 年末期货公司及其资管子公司私募资管产品数量与规模的投资类型分布

资料来源：中国证券投资基金业协会。

从存续产品季度变化趋势来看，商品及金融衍生品类产品数量与规模于2021年二季度出现大幅增长，固定收益类产品与混合类产品规模自2020年下半年开始保持稳定增长趋势（见图4-96）。

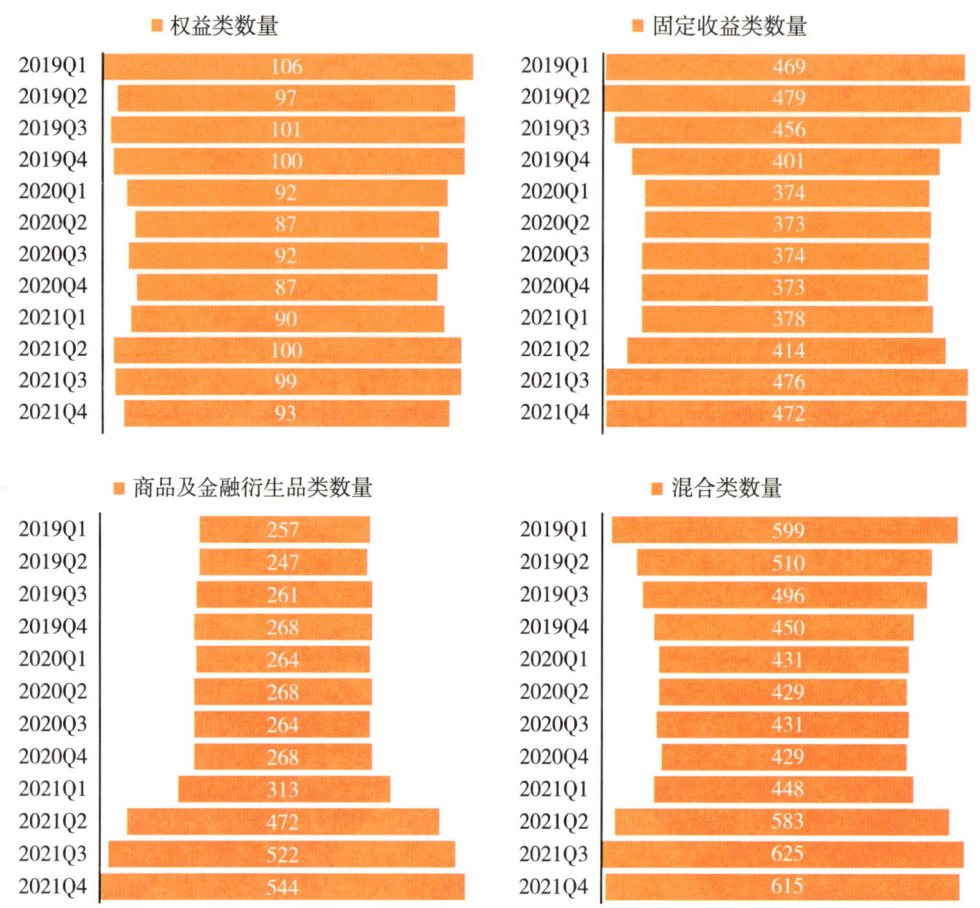

图4-96 期货公司及其资管子公司各类型私募资管产品数量情况（只）

资料来源：中国证券投资基金业协会。

期货公司及其资管子公司私募资管产品新设产品规模在存续规模中占比近2年季度平均约3.98%，资金净流动在存续规模中占比近2年季度平均约11.25%（包含新设产品资金流入与清盘产品资金流出部分），明显高于证券公司、基金管理公司私募资管产品，或因规模基数较小，易受大额资金流动影响（见图4-97）。

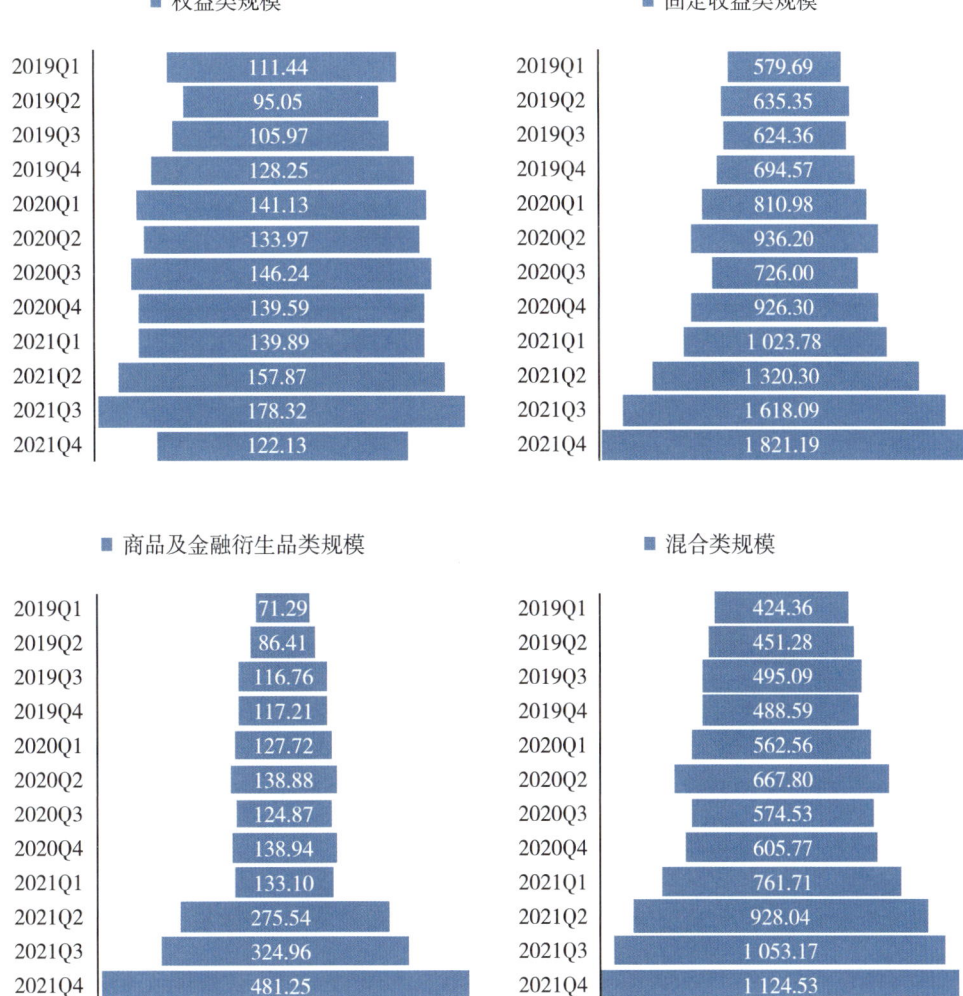

图 4-97 期货公司及其资管子公司各类型私募资管产品规模情况（亿元）

资料来源：中国证券投资基金业协会。

三、资金净流动（认申赎）情况

期货公司及其资管子公司私募资管产品近年保持资金净流入状态，2021年，各类产品净流入合计1 375亿元，比2020年净流入金额增加637亿元。其中，权益类产品净流入30亿元，固定收益类产品净流入741亿元，商品及金融衍生品类产品净流入324亿元，混合类产品净流入280亿元（见图4-98）。

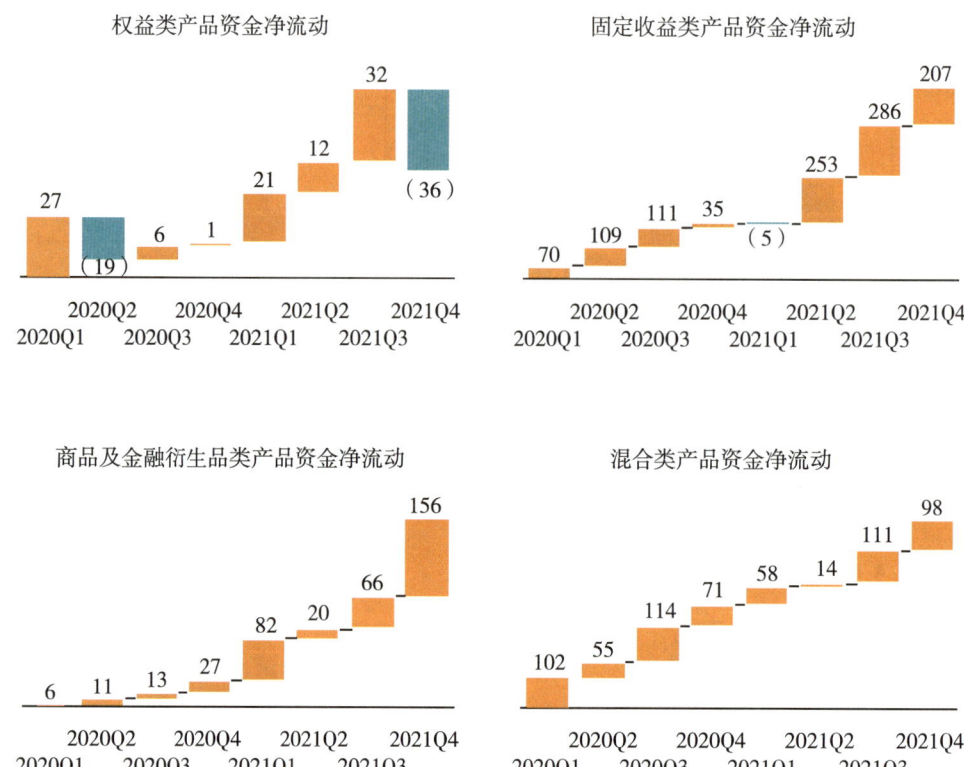

图 4-98 期货公司及其资管子公司各类型私募资管产品资金流动情况（亿元）

资料来源：中国证券投资基金业协会。

从投资者端换手率情况来看，各类型产品之间差异较证券基金经营机构私募资管产品小。总体来看，依然是固定收益类产品换手率高于其他类别产品，而权益类产品换手率为各类产品中最低，商品及金融衍生品类产品2021年各季度换手率大增，主要是资金对冲风险需求增强，流入商品及衍生品类市场增加（见表4-16）。

表 4-16　期货公司及其资管子公司私募资管产品季度换手率　（单位：%）

时间	权益类	固定收益类	商品及金融衍生品类	混合类	合计
2020Q1	34.95	27.91	11.21	31.45	28.40
2020Q2	27.40	24.68	22.50	23.70	24.38
2020Q3	19.94	28.75	51.10	31.57	30.76
2020Q4	24.64	32.44	28.58	42.19	34.88

续表

时间	权益类	固定收益类	商品及金融衍生品类	混合类	合计
2021Q1	14.71	27.24	123.31	30.52	34.25
2021Q2	25.11	71.44	76.30	46.94	60.22
2021Q3	55.32	72.48	39.86	31.16	54.17
2021Q4	38.30	71.34	63.43	54.61	63.50

资料来源：中国证券投资基金业协会。

四、资金来源（投资者出资）情况

从期货公司及其资管子公司私募资管产品直接出资者类型来看，居民出资占比下降至14.44%；企业直接出资占比大幅下降10.27个百分点至15.58%，其中银行自有资金出资占比小幅降至3.93%；各类产品出资占比提高10.68个百分点至69.86%，其中银行理财资金占比上升14.73个百分点至53.79%（见图4-99）。

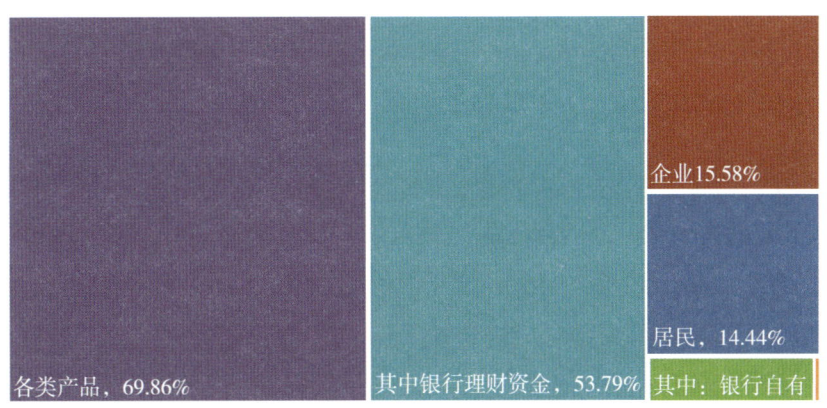

图4-99　2021年末期货公司及其资管子公司私募资管产品直接出资者大类分布

资料来源：中国证券投资基金业协会。

从直接出资者属性来看，期货公司及其资管子公司私募资管产品来源于金融机构及其理财产品的资金比例合计76.16%，其中银行资金占比57.72%，私募基金资金占比9.00%，信托资金6.82%，证券基金期货机构及其产品资金占比2.62%；非金融类资金占比为23.84%，其中居民资金占比14.44%，企业资金占比为9.28%，其余为社会基金及境外资金等其他资金（见图4-100）。

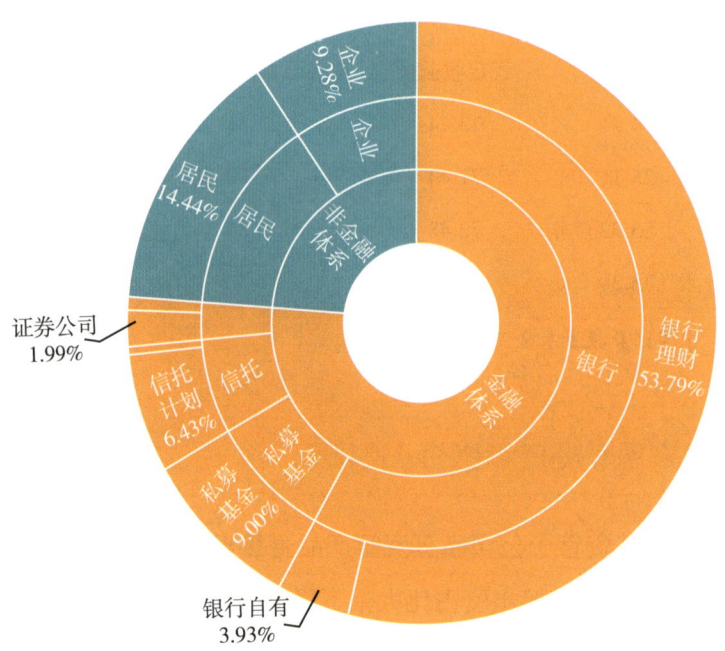

图 4-100　2021 年末期货公司及其资管子公司私募资管产品直接出资者属性分布

资料来源：中国证券投资基金业协会。

从各类资金变化趋势来看，银行理财资金出资占比保持增长趋势，而其他类别资金占比均有不同程度缩减（见表 4-17）。

表 4-17　期货公司及其资管子公司私募资管产品直接出资者分类占比趋势　　　　　　　　（单位：%）

类型	2019年末	2020年末	2021年末
银行自有	5.33	3.96	3.93
银行理财	29.16	39.07	53.79
信托公司	0.06	0.05	0.38
信托计划	4.45	7.57	6.43
证券公司	2.12	3.49	1.99
私募资管	4.87	2.16	0.63
私募基金	16.67	10.38	9.00
居民	23.57	14.85	14.44
企业（不含银行）	13.61	18.34	9.28
其他	0.17	0.13	0.12

资料来源：中国证券投资基金业协会。

五、资产配置情况

从产品投向来看,期货公司及其资管子公司私募资管计划主要投向债券、公募基金及股票资产。截至2021年末,期货公司及其资管子公司私募资管计划投向债券的规模为2 017.04亿元,占投资总规模的50.73%;投向公募基金605.90亿元,占比15.24%;投向股票规模为418.87亿元,占比10.53%;投向存款及货币类资产规模合计为388.05亿元,占比为8.50%(见图4-101)。

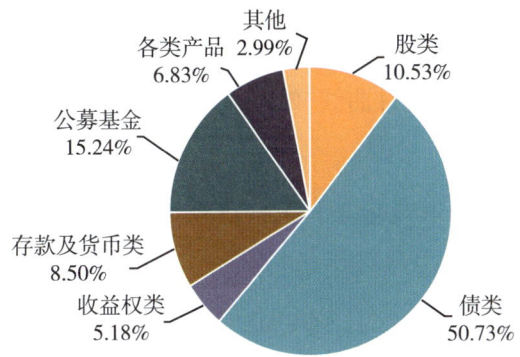

图4-101　2021年末期货公司及其资管子公司私募资管产品资产分布

资料来源:中国证券投资基金业协会。

从各类资产分布趋势来看,债类资产占比同比增长,而股类资产占比小幅下降,投向存款及货币类资产占比同比增加(见表4-18)。

表4-18　期货公司及其资管子公司私募资管各类资产占比趋势　　(单位:%)

资产类别	2019年末	2020年末	2021年末
股类	12.90	11.79	10.53
债类	46.56	45.12	50.73
收益权类	4.76	5.59	5.18
存款及货币类	7.63	7.60	8.50
公募基金	9.48	16.47	15.24
各类产品	14.60	9.96	6.83
其他	4.07	3.47	2.99

资料来源:中国证券投资基金业协会。

六、集中度情况

2021年期货公司及其资管子公司私募资管业务发展呈现出两极分化趋势，行业不平衡性有增强趋势，行业龙头机构"一骑绝尘"，管理规模同比增长86.12%，远离行业中位值，其与排第二位的机构规模差距进一步拉大；排位前10%的其他头部机构呈现分散化趋势，第二大管理规模与前10%规模下限距离扩大。近2年，行业规模较低的80%的机构管理规模合计占比下降6.05个百分点至11.61%，尾部效应进一步增强。按管理规模从小到大机构家数行业占比与对应累计管理规模行业占比描画曲线，曲线越弯曲向横轴，行业规模分布越不平衡，头尾差距越大。对比2021年12月曲线较2020年1月更向下弯曲，可见不均衡趋势有增强趋势（见图4-102）。

从行业分布动态趋势来看，龙头机构规模同比增长86.12%，远离行业总体规模的速度增加，主体机构规模呈增长趋势，2021年行业规模1/4分位数增长30.28%，中位数增长74.27%（见图4-103）。

从年内各月末平均管理规模来看，行业前10的机构管理51.9%的规模，行业前20的机构管理69.51%的规模（见表4-19）。

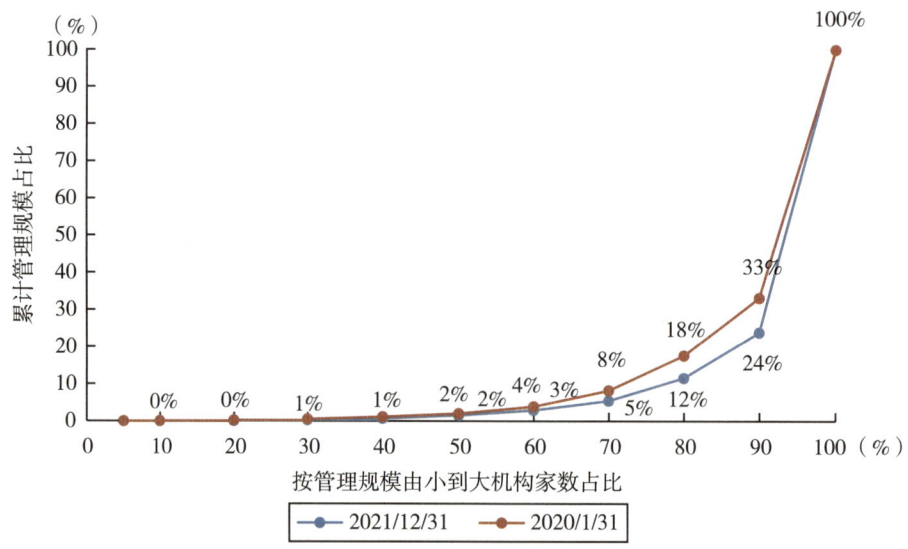

图4-102 期货公司及其资管子公司私募资管行业"洛伦兹曲线"

资料来源：中国证券投资基金业协会。

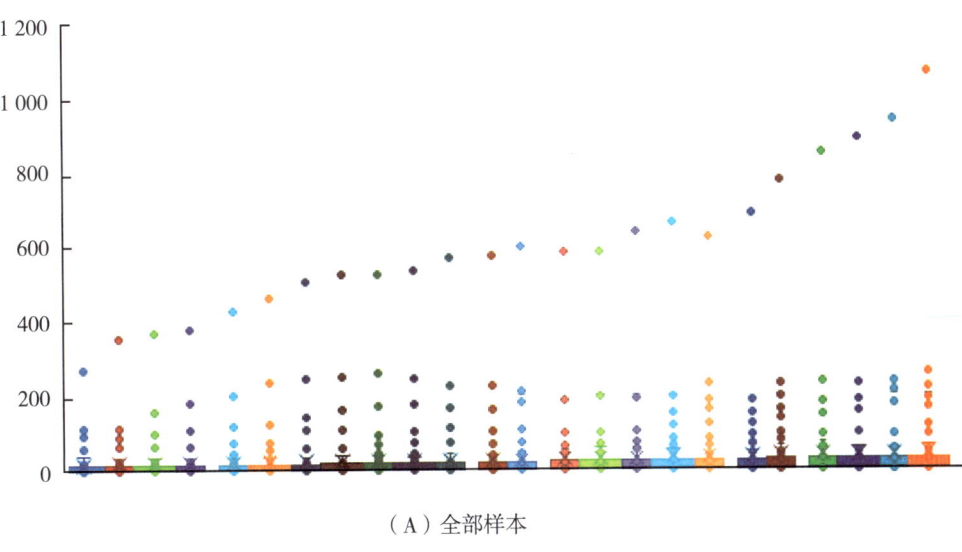

（A）全部样本

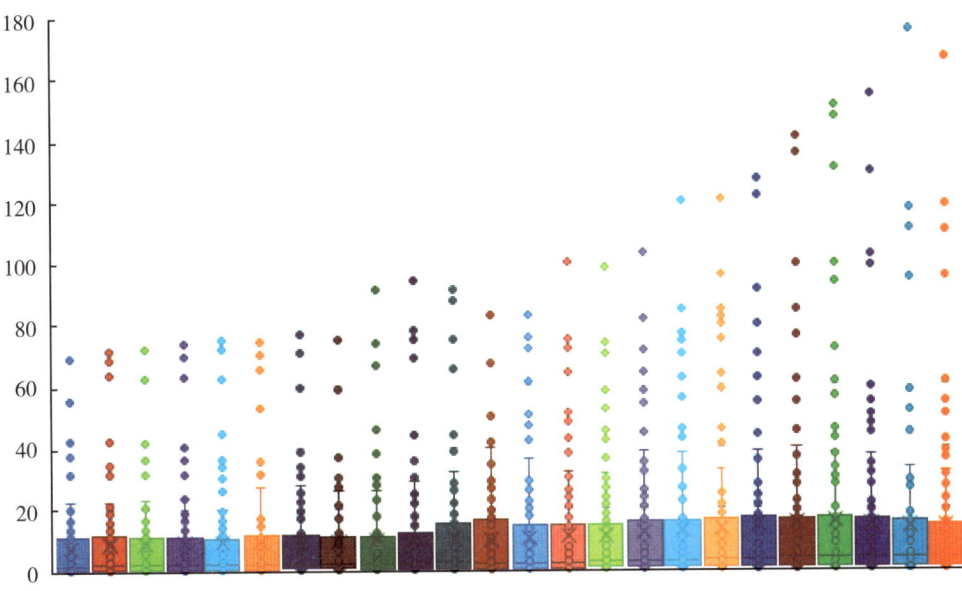

（B）缩尾5%样本

图 4-103　期货公司及其资管子公司私募资管产品规模分布箱形图
（2020年1月—2021年12月）

注：箱形图最高点为最大值，箱体上方小横线表示排名前10%机构管理规模下限，"×"表示平均值，箱体上端线表示3/4分位数，箱体下端线表示1/4分位数，箱体中横线表示中位数，箱体下方最低点为最小值。

资料来源：中国证券投资基金业协会。

表 4-19　　　　2021 年期货公司及其资管子公司私募资管
平均管理规模前 20

序号	机构名称	2021年平均管理规模（亿元）	行业占比（%）	累计占比（%）
1	中信期货有限公司	740.41	26.17	26.17
2	弘业期货股份有限公司	215.89	7.63	33.80
3	海通期货股份有限公司	189.38	6.69	40.49
4	国泰君安期货有限公司	152.92	5.40	45.89
5	上海东证期货有限公司	146.99	5.19	51.09
6	兴业期货有限公司	128.43	4.54	55.63
7	中信建投期货有限公司	107.42	3.80	59.42
8	光大期货有限公司	105.40	3.72	63.15
9	方正中期期货有限公司	85.03	3.01	66.15
10	建信期货有限责任公司	81.98	2.90	69.05
11	五矿期货有限公司	64.32	2.27	71.32
12	华融融达期货股份有限公司	59.66	2.11	73.43
13	中融汇信期货有限公司	52.96	1.87	75.30
14	中金期货有限公司	41.22	1.46	76.76
15	瑞达期货股份有限公司	41.00	1.45	78.21
16	广发期货有限公司	39.08	1.38	79.59
17	永安期货股份有限公司	31.56	1.12	80.70
18	中原期货股份有限公司	27.64	0.98	81.68
19	银河期货有限公司	26.75	0.95	82.63
20	中银国际期货有限责任公司	26.04	0.92	83.55

资料来源：中国证券投资基金业协会。

第七节　资产证券化业务

一、资产支持专项计划备案总体情况

自 2014 年 12 月备案制开始实行至 2021 年末，累计共有 151 家机构备案确认

5 662只企业资产证券化产品，累计备案规模达67 394.76亿元。截至2021年末，存续产品共2 230只，存续规模22 511.92亿元（见图4-104）。

二、企业资产证券化产品管理人情况

截至2021年末，累计151家机构开展了企业资产证券化业务，其中证券公司94家、基金子公司55家、信托公司2家，证券公司为发行机构主力（见表4-20）。

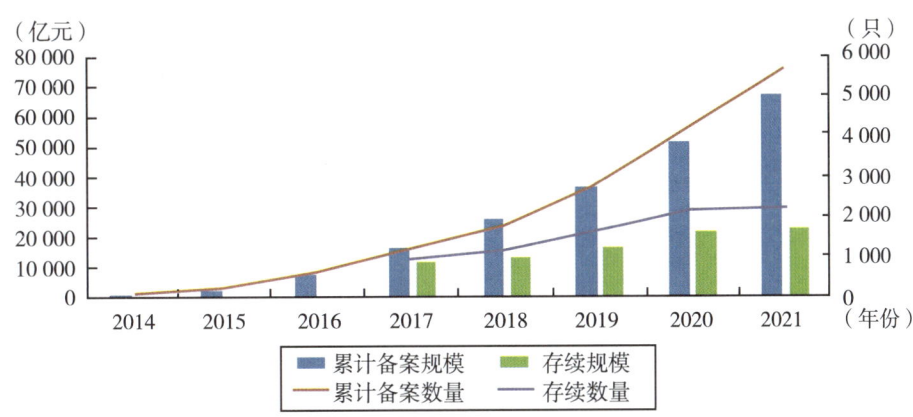

图 4-104　备案累计规模、数量及存续规模、数量趋势图

资料来源：中国证券投资基金业协会。

表 4-20　　按管理人类型备案及存续数量、规模数据表

管理人类型	开展业务（家）	累计备案产品数量（只）	存续产品数量（只）	累计备案产品规模（亿元）	存续规模（亿元）
证券公司	94	4 877	1 914	58 393.41	19 971.63
基金子公司	55	760	303	8 824.78	2 500.03
信托公司	2	25	13	176.57	40.26
合计	151	5 662	2 230	67 394.76	22 511.92

资料来源：中国证券投资基金业协会。

从累计备案规模来看，中信、平安、华泰资管、德邦、中金5家机构排名前五；从存续规模来看，中信、平安、华泰资管、中金、中信建投5家机构排名前五（见表4-21）。

表 4-21　管理人备案及存续数量、规模数据（按存续规模前 10）

序号	管理人	累计备案数量（只）	累计备案规模（亿元）	存续数量（只）	存续规模（亿元）
1	中信证券股份有限公司	570	6 424.47	226	2 395.57
2	平安证券股份有限公司	557	5 177.37	237	2 017.87
3	华泰证券（上海）资产管理有限公司	392	4 770.17	166	1 727.87
4	中国国际金融股份有限公司	296	4 600.53	113	1 637.86
5	中信建投证券股份有限公司	213	2 738.00	101	1 334.25
6	上海国泰君安证券资产管理有限公司	179	2 668.81	117	1 266.17
7	信达证券股份有限公司	47	3 323.34	22	1 162.11
8	招商证券资产管理有限公司	163	1 681.69	58	629.81
9	天风（上海）证券资产管理有限公司	163	1 673.73	74	555.81
10	深圳平安汇通投资管理有限公司	130	1 167.65	91	466.55

资料来源：中国证券投资基金业协会。

三、基础资产类型

按照基础资产一级分类，债权类产品共备案 5 035 只，占比 88.93%，备案累计规模 60 616.02 亿元，占比 89.94%；截至 2021 年末，债权类产品存续 1 870 只，存续数量占比 83.86%，存续规模 18 930.81 亿元，存续规模占比 84.09%。未来经营性收入类产品共备案 500 只，占比 8.83%，备案累计规模 4 546.67 亿元，占比 6.75%；存续 265 只，存续数量占比 11.88%，存续规模 1 896.43 亿元，存续规模占比 8.42%。REITs 类产品共备案 112 只，占比 1.98%，备案累计规模 2 198.93 亿元，占比 3.26%；存续 82 只，存续数量占比 3.68%，存续规模 1 660.49 亿元，存续规模占比 7.38%；其他类产品共备案 15 只，占比 0.26%，备案累计规模 33.13 亿元，占比 0.05%；存续 13 只，存续数量占比 0.58%，存续规模 24.19 亿元，存续规模占比 0.11%（见图 4-105）。

从基础资产二级分类来看，应收账款类产品存续规模 6 727.76 亿元，占总存续规模 29.89%；商业不动产抵押贷款（CMBS）存续规模 3 775.14 亿元，占比

16.77%；小额贷款类产品存续规模3 664.56亿元，占比16.28%；融资租赁类产品存续规模2 151.62亿元，占总存续规模9.56%；类REITs产品存续规模合计1 296.38亿元，占比5.76%；基础设施类收费产品存续规模1 030.5亿元，占比4.58%；其余类别合计3 565.96亿元，占比17.17%。

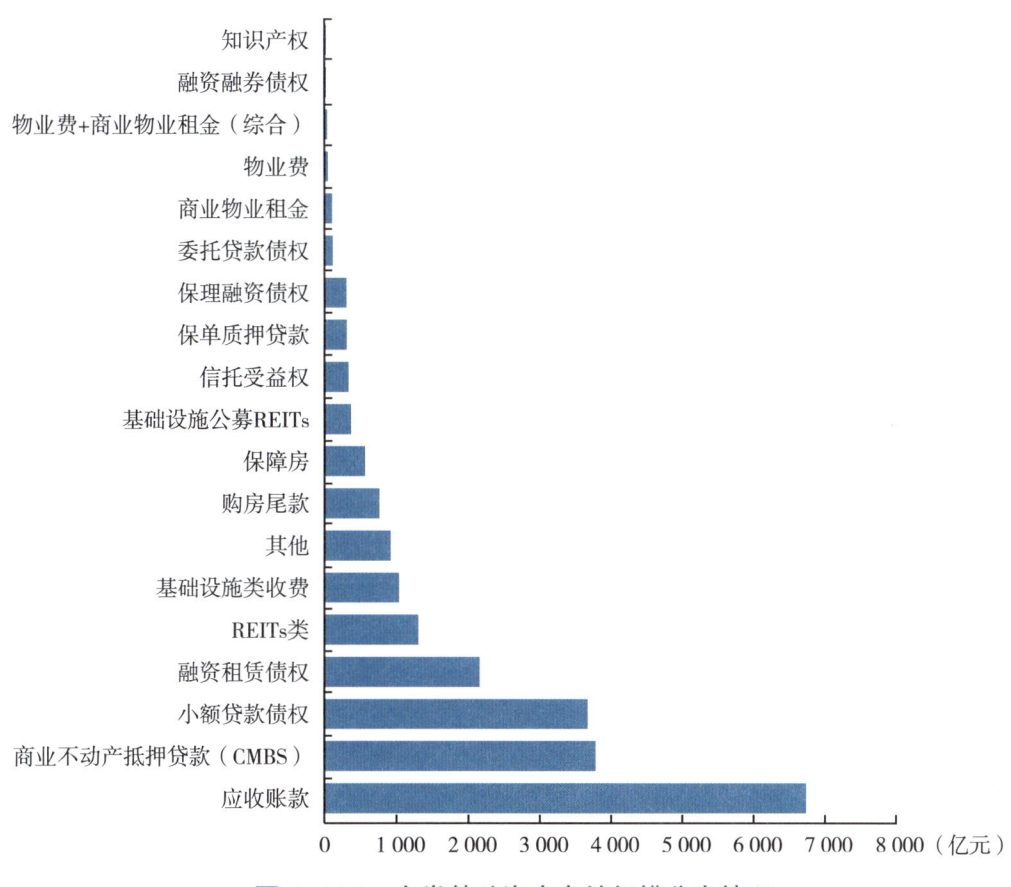

图4-105 大类基础资产存续规模分布情况

资料来源：中国证券投资基金业协会。

四、2021年备案情况

截至2021年底，企业资产证券化产品共备案确认1 413只，新增备案规模达15 491.97亿元（见图4-106）。以供应链金融为代表的企业应收账款类产品备案规模和备案数量均占首位，备案规模6 327.53亿元。小额贷款类产品备案规模2 865.53亿元。融资租赁类产品备案规模2 068.77亿元。商业不动产抵押贷款（CMBS）产品备案规模1 097.92亿元。购房尾款类产品备案规模486.97亿元。REITs类产品备案规模526.95亿元。其他类别产品备案规模较小（见图4-107）。

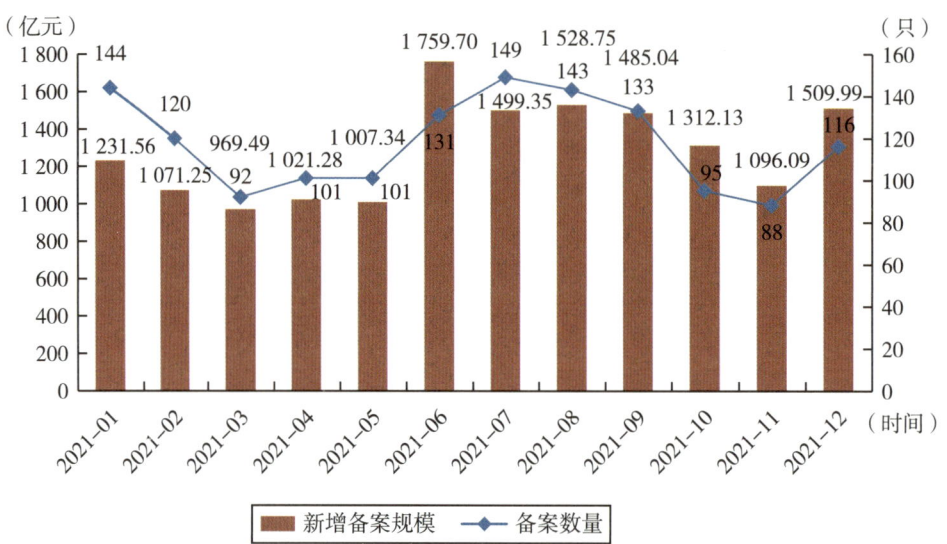

图4-106　2021年1—12月备案产品数量及规模情况

资料来源：中国证券投资基金业协会。

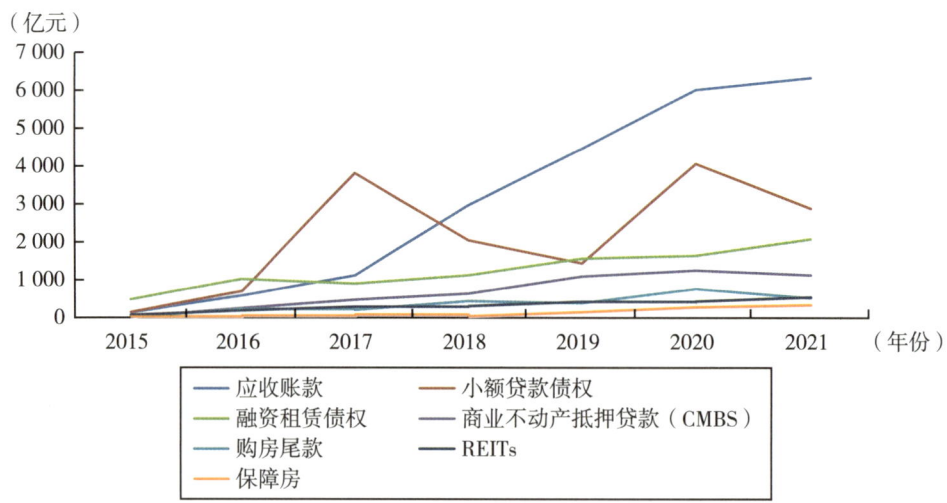

图4-107　新增规模占比较高前六大类基础资产年度新增备案规模变化趋势情况

资料来源：中国证券投资基金业协会。

第五章 私募投资基金

2021年，新备案私募基金40 642只，同比增长52.98%；新备案基金规模1.47万亿元，同比增长37.62%。截至2021年末，已备案私募基金124 098只，较2020年末在管私募基金增加27 280只，同比增长28.18%；管理基金规模20.27万亿元[①]，较2020年末增加3.31万亿元，同比增长19.53%。

第一节 私募证券投资基金

一、私募证券投资基金基本情况

（一）自主发行类私募证券投资基金基本情况分析

1.私募证券投资基金数量及规模趋势变化

截至2021年末，自主发行且正在运作的私募证券投资基金73 064只，较2020年末增加21 701只，同比增长42.25%（见图5-1）；规模合计为5.61万亿元，较2020年末增加19 031.76亿元，同比增长51.41%（见图5-2）；平均单只基金的规模为7 671.72万元，较2020年末增加464.02万元，同比增长6.44%，较2020年增速有所回落。

2021年当年，协会备案自主发行的私募证券投资基金30 038只，新备案基金初始规模5 254.36亿元，分别占当年新备案基金总数的73.91%和35.73%，数量

---

① 本报告提到年底相关规模数据均已根据当年第4季度季报进行更新，非相应年末时点规模。

占比较2020年持平、规模占比较2020年提升。

自主发行产品中有167只基金涉及跨境投资，规模为260.89亿元，分别占所有自主发行类私募证券投资基金数量和规模的0.23%和0.47%。

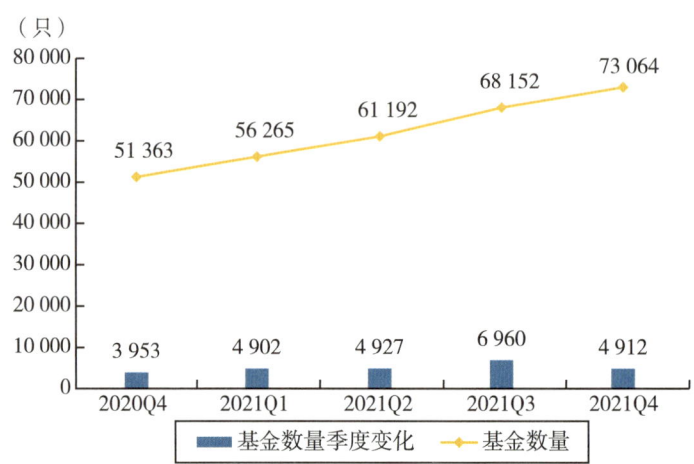

图5-1　2021年末私募证券投资基金数量变化

资料来源：中国证券投资基金业协会。

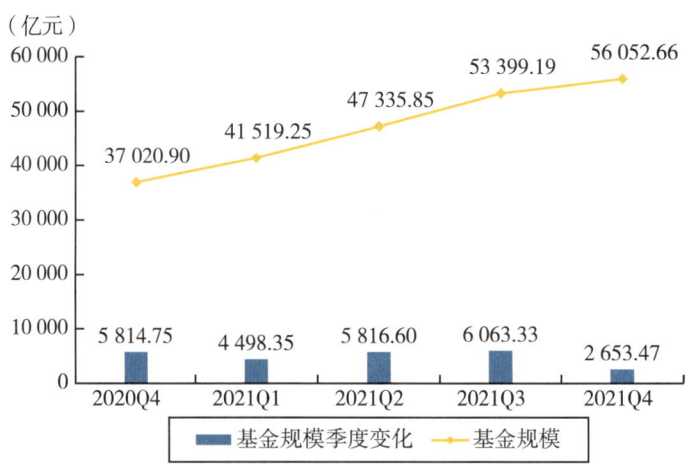

图5-2　2021年末私募证券投资基金规模变化

资料来源：中国证券投资基金业协会。

2.私募证券投资基金按规模分布情况

截至2021年末，私募证券投资基金"基金数量多，平均规模小；小型基金数量占比高，大型基金数量占比低"的现象依然突出，其中，5亿元规模以下的基金数量占比较2020年增高，5亿元规模以上的基金数量占比与2020年持平；1亿~5亿元基金规模占比较2020年增长4.10%，0.5亿~1亿元基金规模占比较2020年增长0.04%，其余基金规模占比有所下调（见图5-3及图5-4）。

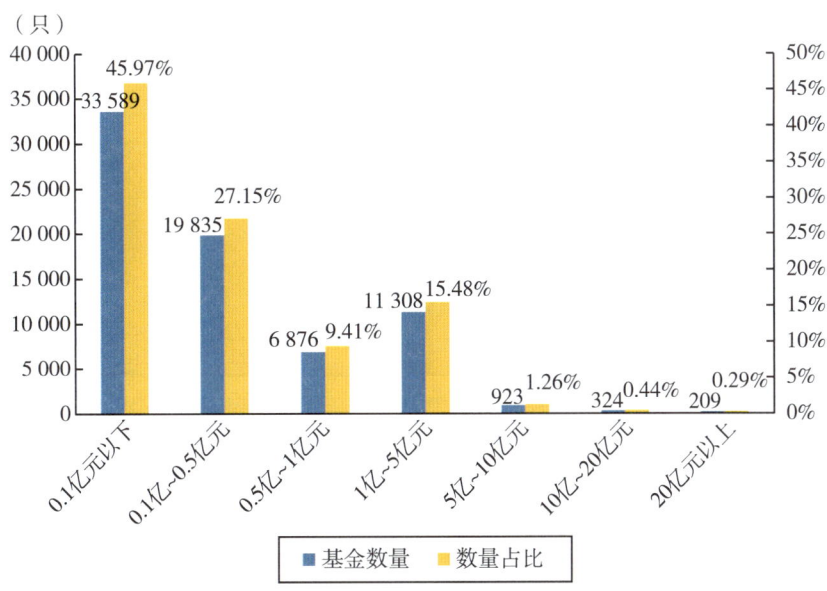

图5-3　2021年末私募证券投资基金数量分布情况

资料来源：中国证券投资基金业协会。

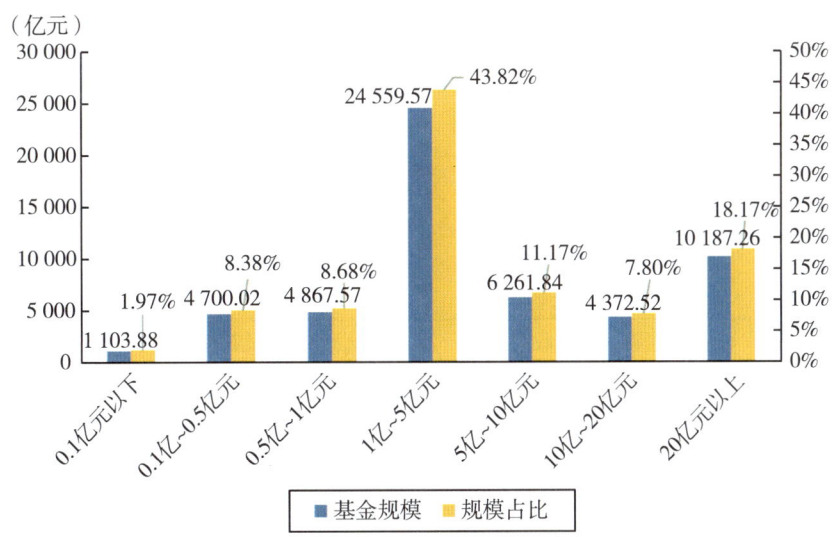

图5-4　2021年末私募证券投资基金规模分布情况

资料来源：中国证券投资基金业协会。

3. 私募证券投资产品类型分布情况[①]

截至2021年末，从产品类型来看，股票类基金和混合类基金是私募证券投资基金（不含FOF类）中最主要的组成部分（见图5-5及图5-6）。

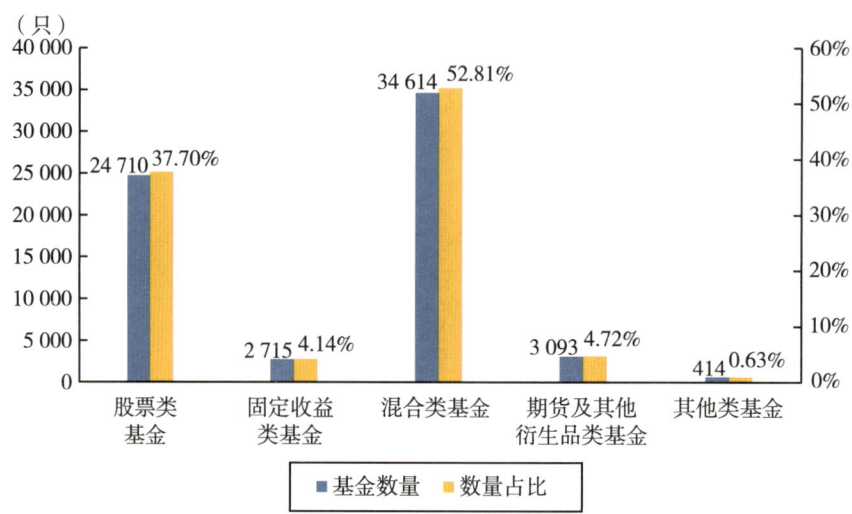

图 5-5　私募证券投资基金数量分布情况（按产品类型）

资料来源：中国证券投资基金业协会。

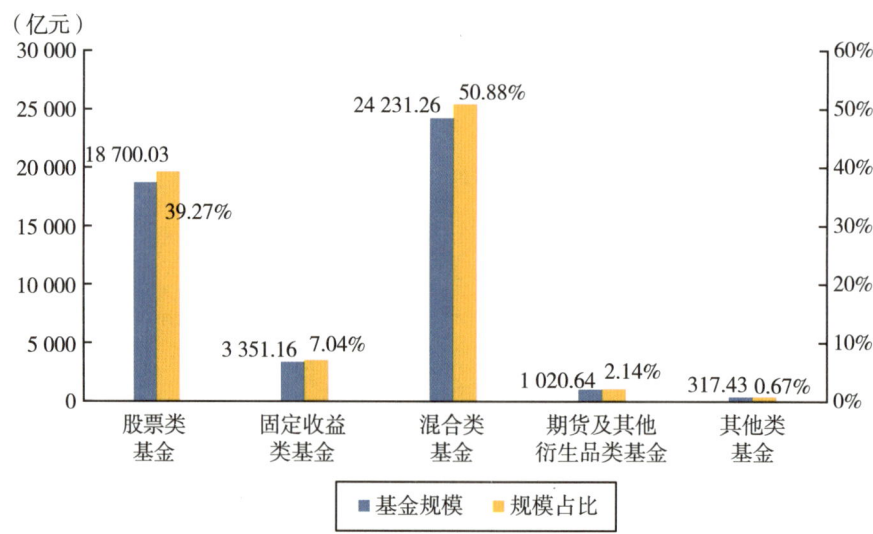

图 5-6　2021年末私募证券投资基金规模分布情况（按产品类型）

资料来源：中国证券投资基金业协会。

[①] 此节所统计的各类型基金中不包含FOF类基金，有关私募证券类FOF的情况详见后文。

从不同产品类型的私募证券投资基金（不含FOF类）平均规模来看，单只固定收益类基金平均规模高达1.23亿元，远大于其他类型基金；而单只平均规模最小的期货及其他衍生品类基金，平均规模仅有约0.33亿元。2021年不同类型基金的平均规模区间较2020年小幅收窄（见图5-7）。

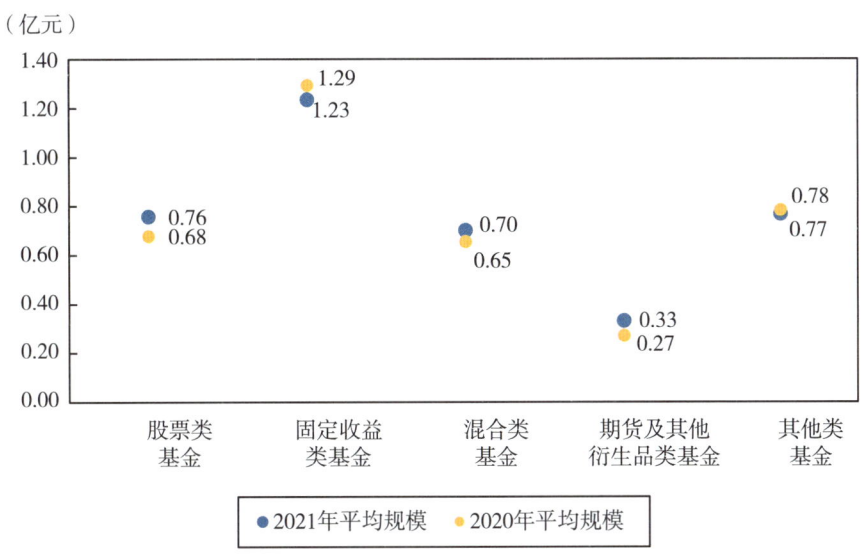

图5-7　不同产品类型私募证券投资基金的平均规模情况

资料来源：中国证券投资基金业协会。

4.私募证券投资基金组织形式分布情况

截至2021年末，从基金组织形式分布情况来看，契约型私募证券投资基金数量和规模上皆占绝对多数，其中，契约型私募证券投资基金规模较2020年增长52.87%，合伙型私募证券投资基金规模较2020年下降19.31%（见图5-8）。

5.私募证券投资基金托管情况

大部分私募证券投资基金选择托管服务且较2020年有所增长。截至2021年末，托管的基金只数共71 424只，规模5.52万亿元，较2020年分别增长45.35%和53.88%（见图5-9）。

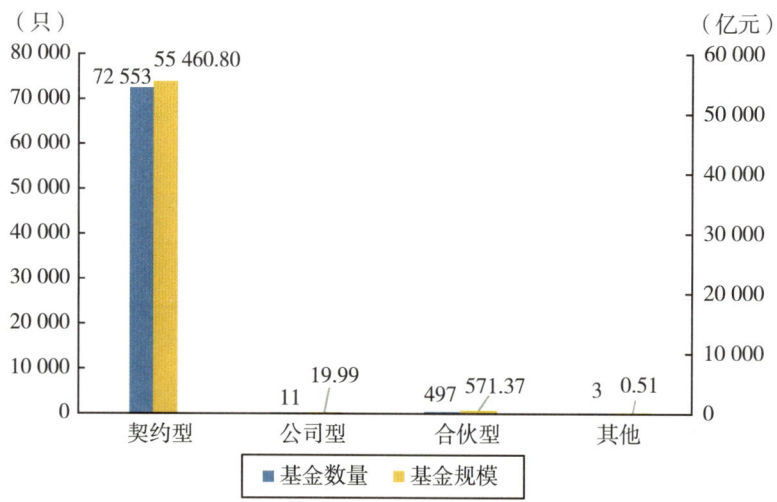

图 5-8　2021 年末私募证券投资基金组织形式分布情况

资料来源：中国证券投资基金业协会。

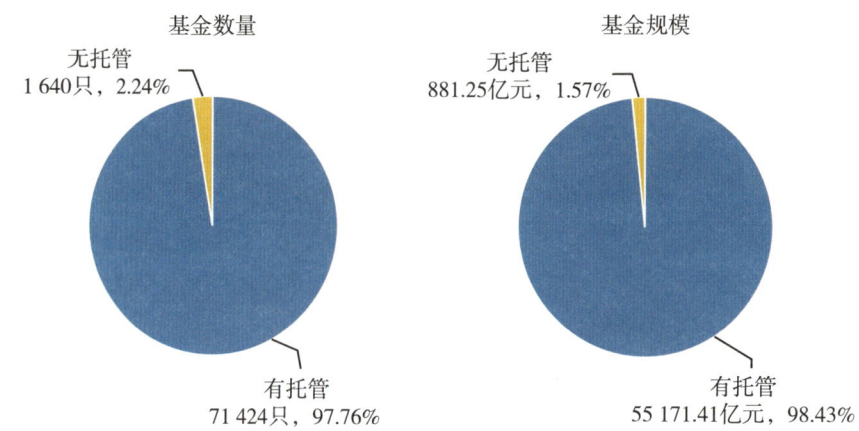

图 5-9　2021 年末私募证券投资基金数量及规模托管情况

资料来源：中国证券投资基金业协会。

6.私募证券投资基金外包[①]情况

私募证券投资基金管理人日益注重使用外包服务，有利于在切实实现本机构风险管理和内部控制制度目标的前提下，将优势资源集中于最能反映管理人专业优势的领域。截至2021年末，共有71 599只私募证券投资基金采用外包服务，占

---

① 根据"资产管理业务综合报送平台"关于基金外包情况的填报说明，私募基金外包服务的类型主要包括份额登记、估值核算、信息技术服务等，同一基金可以选择多种类型外包服务。

私募证券投资基金总数的97.99%,相关基金规模5.37亿元,占比为95.82%(见图5-10)。

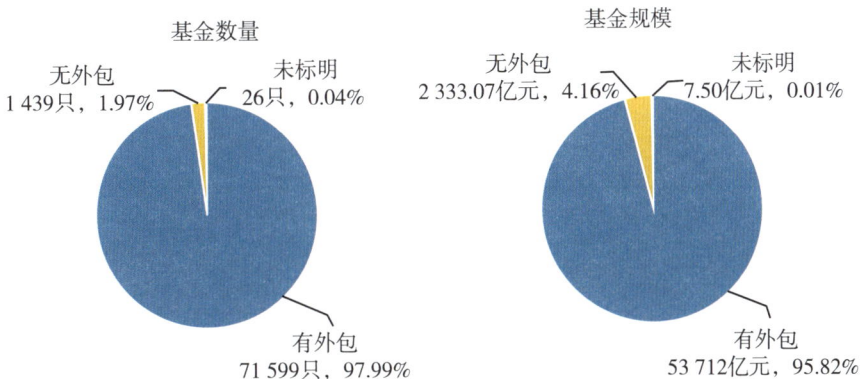

图5-10　2021年末私募证券投资基金服务外包情况

资料来源:中国证券投资基金业协会。

从采用的外包服务类型来看,在使用外包服务的私募证券投资基金中,数量达99.64%的基金采用了份额登记服务,99.67%的基金采用了估值核算服务,使用信息技术服务的基金数量占比较2020年增长10.87%(见图5-11)。

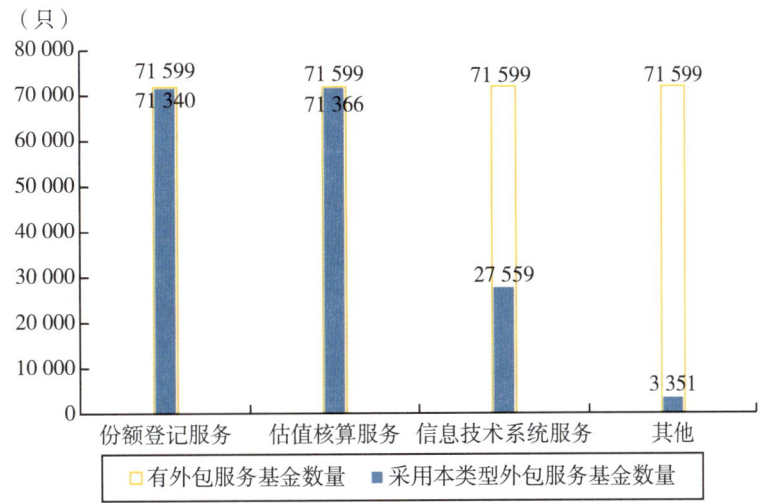

图5-11　2021年末私募证券投资基金外包服务类型分布

资料来源:中国证券投资基金业协会。

7. 证券投资基金投资策略[①]**情况**

截至 2021 年末，正在运作的私募证券投资基金中，采用股票策略的基金数量最多（见图 5-12）。

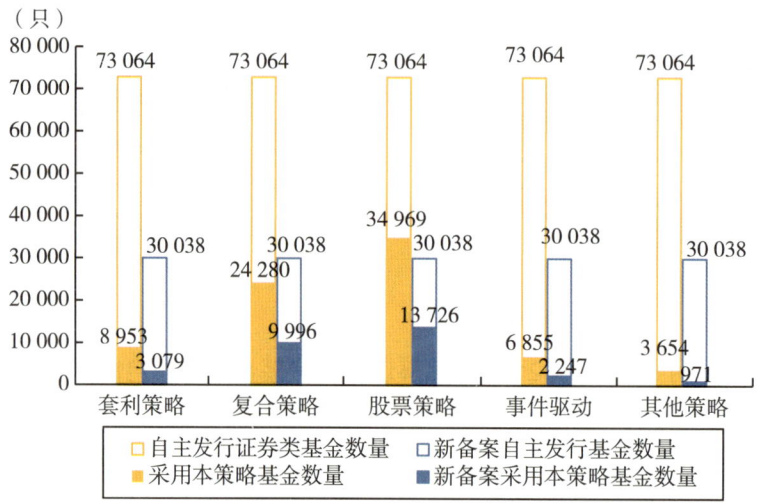

图 5-12　2021 年末私募证券投资基金投资策略情况

资料来源：中国证券投资基金业协会。

截至 2021 年末，正在运作的私募证券投资基金中，共有 18 981 只基金有使用量化/对冲策略，相关基金规模合计 1.26 万亿元，分别占自主发行类私募证券投资基金总只数和总规模的 25.98% 和 22.40%。

2021 年末量化/对冲策略基金规模较 2020 年增长 79.39%，其中，仅量化策略的基金规模增长 152.29%（见图 5-13）。

8. 私募证券类 FOF 情况

截至 2021 年末，正在运作的私募证券类 FOF 共有 7 517 只，规模 8 431.22 亿元，分别占自主发行类私募证券投资基金总数和总规模的 10.29% 与 15.04%。其中，投向单一资管计划的基金占 FOF 类基金总数量的 52.67%，规模占 FOF 类基金总规模的 58.42%（见图 5-14）。2021 年末正在运作的私募证券类 FOF 基金占自主发行类私募证券投资基金总规模比重较 2020 年减少 1.09 个百分点。

---

① 根据"资产管理业务综合报送平台"填报规则，私募基金投资策略可以同时选择多种投资策略，也可以不报送投资策略信息。

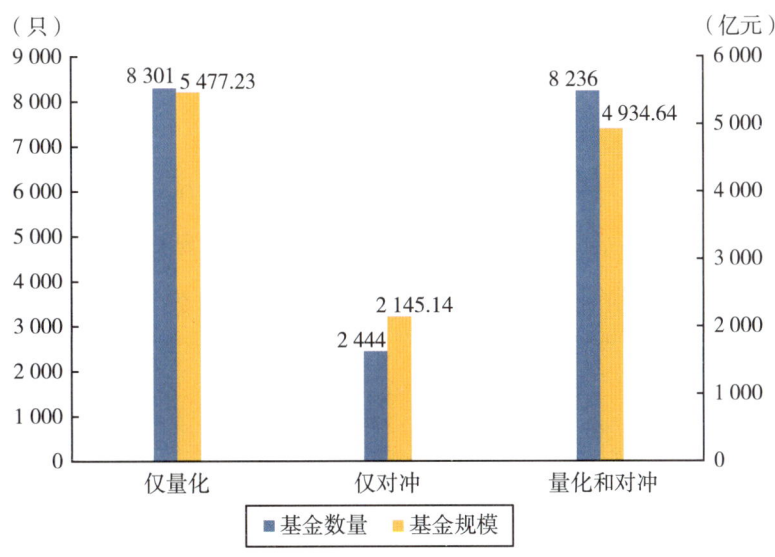

图 5-13 2021 年末私募证券投资基金量化对冲情况

资料来源：中国证券投资基金业协会。

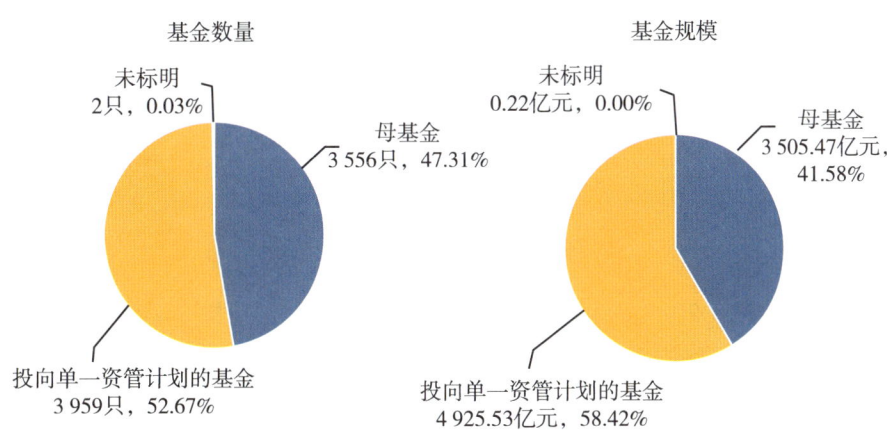

图 5-14 2021 年末私募证券 FOF 构成情况

注：截至统计时点，仍有部分私募基金未完成信息补录，FOF 产品类型缺失。
资料来源：中国证券投资基金业协会。

（二）自主发行类私募证券投资基金募集出资及投资情况

截至 2021 年末，私募证券投资基金各类投资者合计出资 5.61 万亿元，较 2020 年末增长 51.27%，增速较 2020 年有所放缓；所涉投资者 94.31 万人次，较 2020 年增长 72.13%。

2021年新备案私募证券投资基金的初始各类投资者合计出资5 254.36亿元，所涉投资者27.95万人次。

1.基金募集账户监督机构类型分布①

截至2021年末，有募集账户监督机构②的基金共有70 587只，规模5.40万亿元。其中，67 183只私募证券投资基金选择证券公司作为募集账户监督机构，相关基金规模合计4.90万亿元，证券公司是最主要的募集账户监督机构类型（见图5-15）。

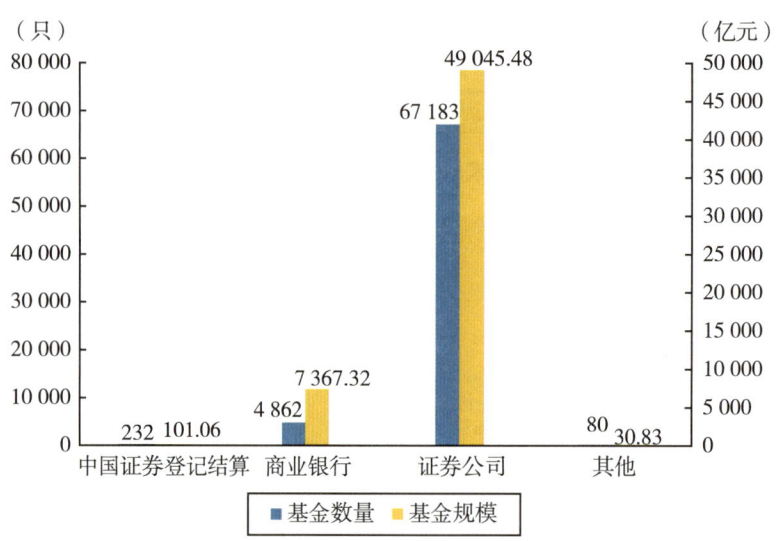

图5-15　2021年末私募证券投资基金募集监督机构分布情况

资料来源：中国证券投资基金业协会。

2.基金投资者数量分布情况

截至2021年末，单只私募证券投资基金的投资者数量主要集中在2至5（含）人次，相关基金数量达27 498只，占比37.64%；基金规模1.38万亿元，占比24.63%（见图5-16、图5-17）。

---

① 《私募投资基金募集行为管理办法》所称监督机构是指中国证券登记结算有限责任公司、取得基金销售业务资格的商业银行、证券公司以及中国基金业协会规定的其他机构。其中，其他机构主要包括招商基金管理有限公司、长安基金管理有限公司等8家已在协会登记为私募基金服务机构的公募基金公司。

② 由于销售机构不同等原因，单只基金可能存在多个募集账户监督机构。

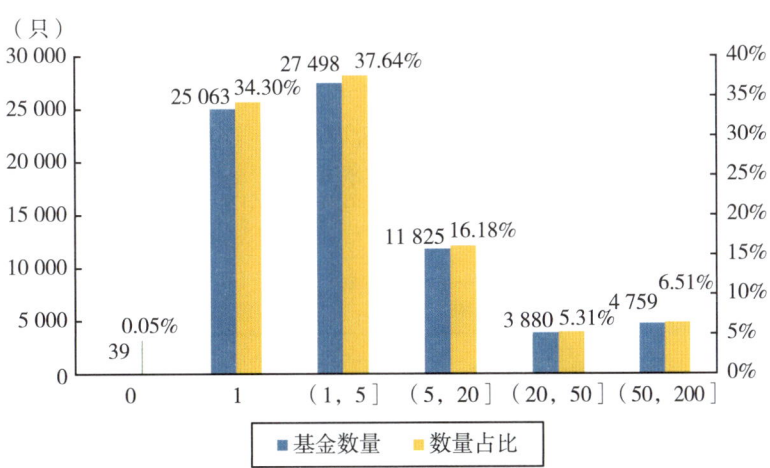

图 5-16　2021 年末私募证券投资基金数量分布情况（按投资者人数）

资料来源：中国证券投资基金业协会。

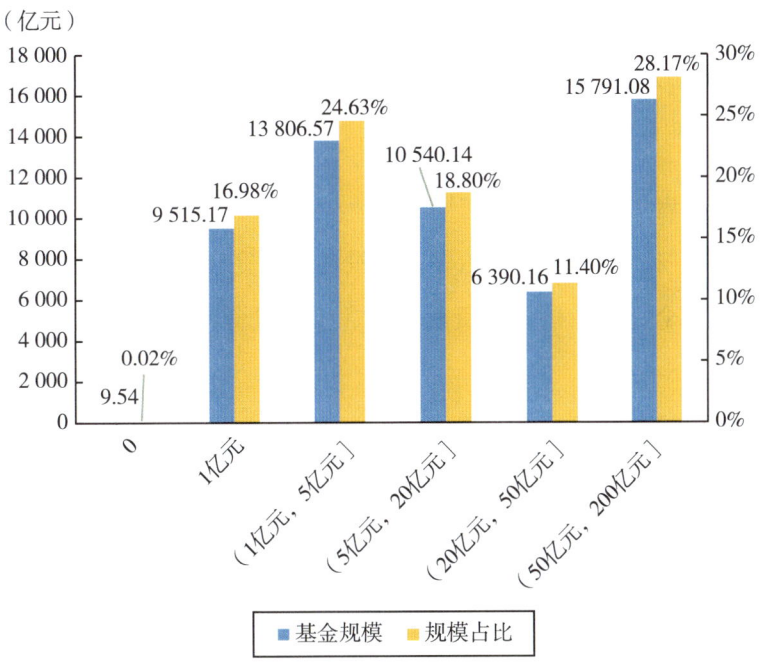

图 5-17　2021 年末私募证券投资基金规模分布情况（按投资者人数）

注：部分在原私募基金登记备案系统完成备案的私募证券投资基金，暂未根据协会要求在"资产管理业务综合报送平台"补录投资者结构化数据信息或未及时进行清算，投资者数量暂时显示为0。

资料来源：中国证券投资基金业协会。

3. 基金各类投资者①出资情况

截至2021年末，私募证券投资基金的各类型投资者中，居民②数量占比达85.98%，相关资金占比为43.57%；各类资管计划③数量占比为10.96%，相关资金占比达42.73%；企业④数量占比3.02%，相关资金占比达13.41%（见图5-18）。

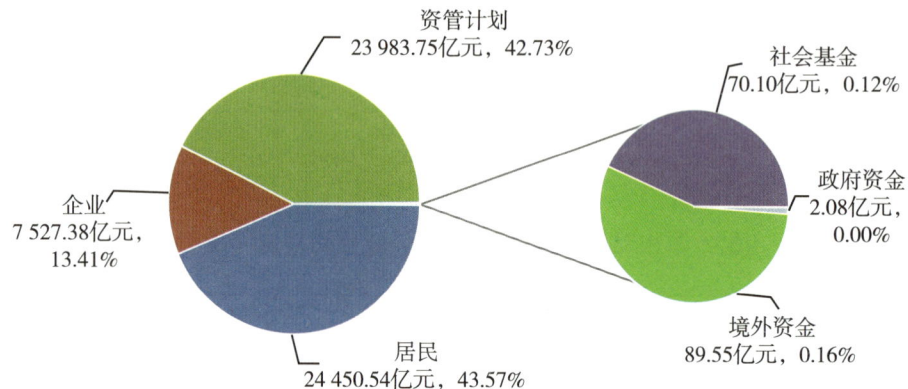

图5-18　2021年末私募证券投资基金各类投资者投资规模比例分布

资料来源：中国证券投资基金业协会。

4. 机构投资者⑤出资比例分布情况

截至2021年末，约50.73%私募证券投资基金完全由居民出资，约24.63%的私募证券投资基金完全由机构投资者出资，机构投资者出资占比较2020年小幅上涨2.70%（见图5-19）。

5. 基金实际投向情况

截至2021年末，从私募证券投资基金的具体投资方向来看，投向境内证券的规模最大，投资规模共计4.40万亿元，占所持有各类资产规模的70.71%，规模占比较2020年增长2.37%（见图5-20）。

---

① 本报告所统计投资者人数及出资额，基于基金直接投资者（一级投资者）统计。合伙型、公司型基金的投资者出资额取其实缴出资额，契约型基金的投资者出资额取其持有的基金份额乘以同期末基金单位净值。

② 本报告中居民包含自然人（非员工跟投）和自然人（员工跟投）。

③ 本报告中资管计划投资者包含私募基金、信托计划、证券公司及其子公司资管计划、基金公司及其子公司资管计划、期货公司及其子公司资管计划、保险资产管理计划、商业银行理财产品。

④ 本报告中企业投资者包含境内法人机构（公司等）、境内非法人机构（一般合伙企业等）、管理人跟投。

⑤ 本报告中机构投资者包含企业投资者和各类资管计划。

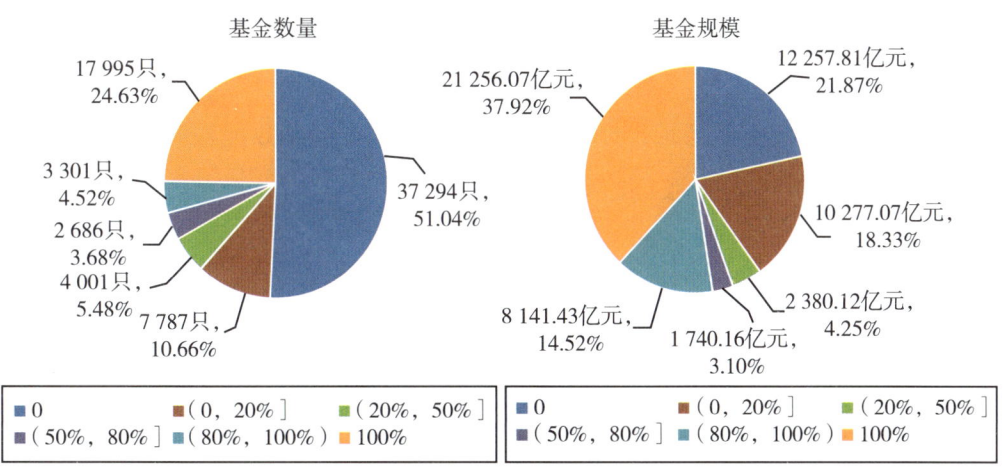

图 5-19　2021 年末私募证券投资基金按机构投资者出资比例分布情况

资料来源：中国证券投资基金业协会。

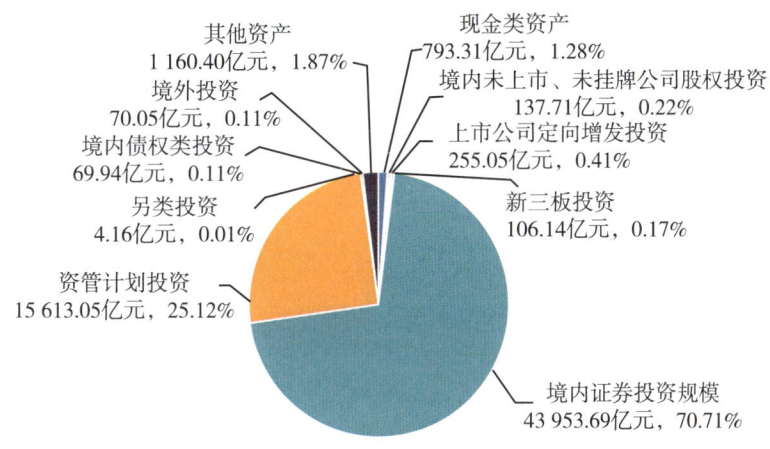

图 5-20　2021 年末私募证券投资基金投向情况

资料来源：中国证券投资基金业协会。

境内证券投资主要投向股票和债券投资，投资规模分别为 25 854.57 亿元和 3 566.81 亿元，分别占境内证券投资规模的 58.82% 和 8.11%。股票投资占境内证券投资规模比重较 2020 年减少 4.00%；期货、期权及其他衍生品投资和存出保证金占比分别较 2020 年提高 2.58% 和 2.39%（见图 5-21）。

（三）顾问管理类产品情况

截至 2021 年末，正在运作的顾问管理类产品共有 3 754 只，规模合计 7 037.72

亿元,顾问管理类产品基金只数和规模均呈上升趋势。2021年新备案顾问管理类产品1 563只,规模2 595.53亿元。截至2021年末,273只顾问管理类产品涉及跨境投资,规模538.88亿元,分别占所有顾问管理类产品数量和规模的7.27%和7.66%,较2020年小幅上涨(见图5-22和图5-23)。

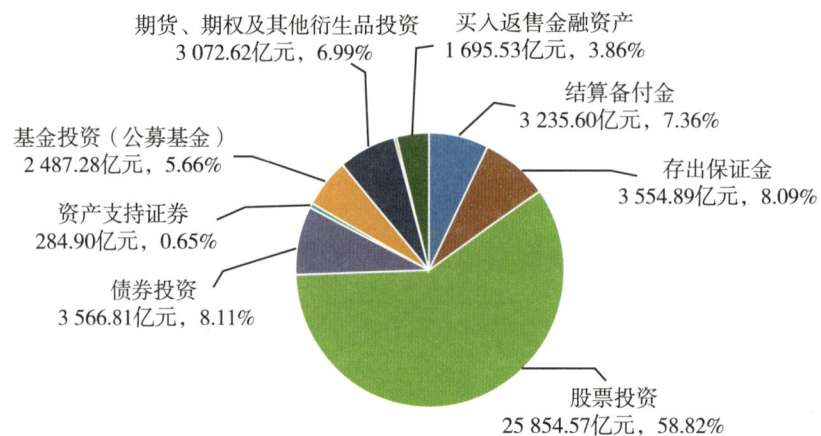

图 5-21 2021年末私募证券投资基金境内证券投资分布情况

资料来源:中国证券投资基金业协会。

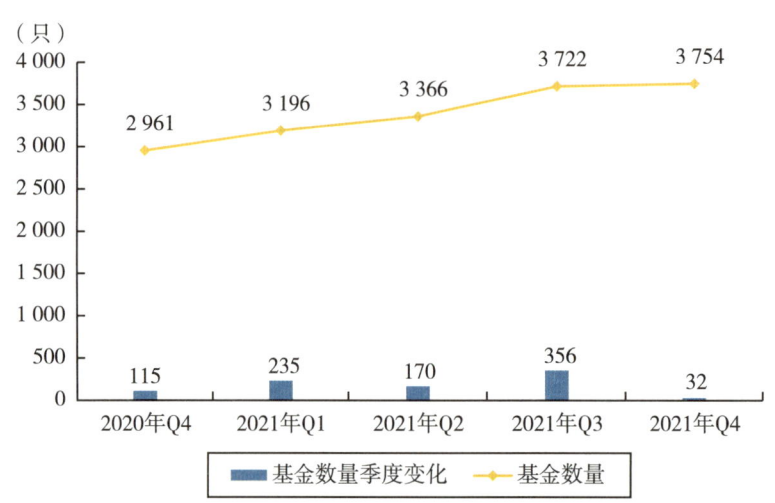

图 5-22 2021年末顾问管理类产品数量变化

资料来源:中国证券投资基金业协会。

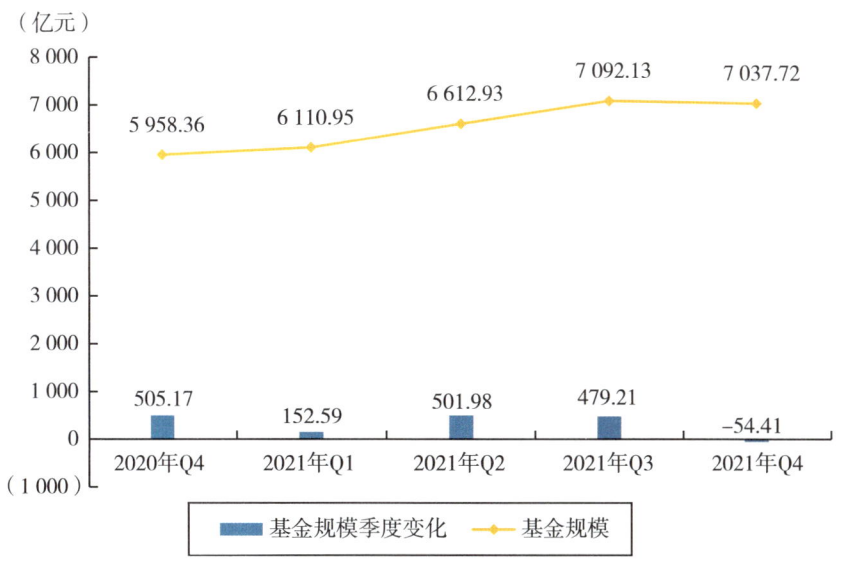

图 5-23　2021 年末顾问管理类产品规模变化

资料来源：中国证券投资基金业协会。

1. 产品规模分布情况

截至 2021 年末，顾问管理类产品中，1 亿~5 亿元和 0.1 亿~0.5 亿元基金数量位列前两位，分别为 1 450 只和 1 026 只，占比 38.64% 和 27.34%。1 亿~5 亿元的基金规模最大，占比 43.41%。2021 年末，存量 1 亿~5 亿元顾问管理类基金数量占比较 2020 年增长 8.24%；存量 0.1 亿~0.5 亿元顾问管理类基金数量占比较 2020 年下降 3.06%；1 亿~5 亿元基金规模的集中度进一步提升，占比较 2020 年增长 10.21%（见图 5-24 和图 5-25）。

2021 年备案的 1 563 只顾问管理类产品，平均单只规模约为 1.66 亿元，较 2020 年平均规模增长 2 940 万元。

2. 产品类型分布情况

截至 2021 年末，产品类型实际为信托计划的顾问管理类产品只数为 2 715 只，规模为 5 299.26 亿元，在顾问管理类产品中的占比最高。2021 年新备案的顾问管理类产品中，产品类型为信托计划的顾问管理类产品数量最多，共计 1 214 只，占比 77.67%，其规模最高，占比 89.38%，数量及规模均较 2020 年有所提升（见图 5-26 和图 5-27）。

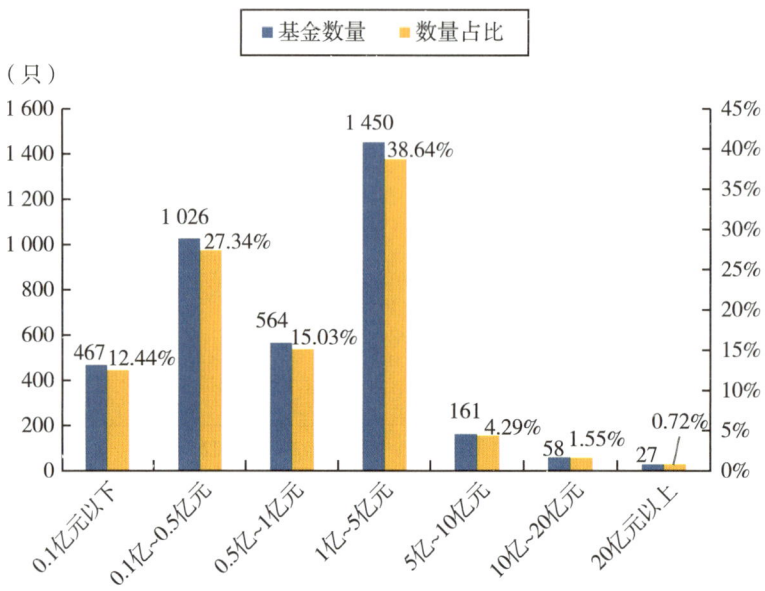

图 5-24　2021 年末顾问管理类产品数量分布情况

资料来源：中国证券投资基金业协会。

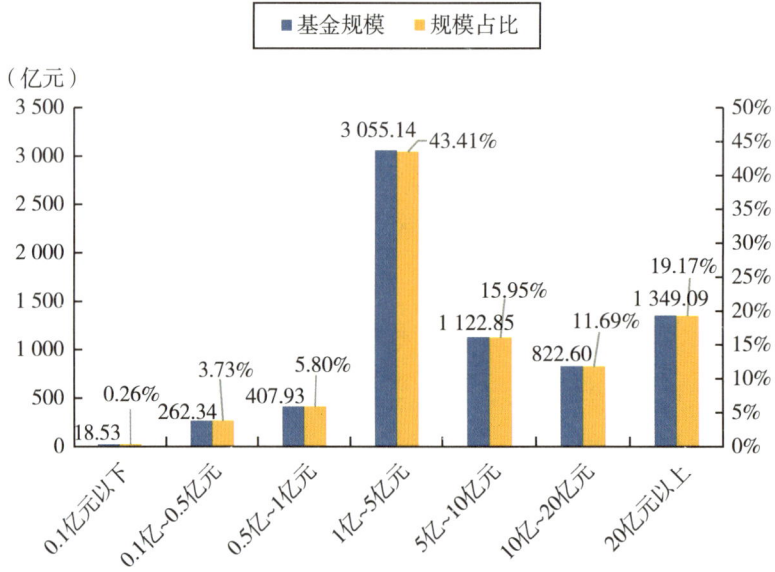

图 5-25　2021 年末顾问管理类产品规模分布情况

资料来源：中国证券投资基金业协会。

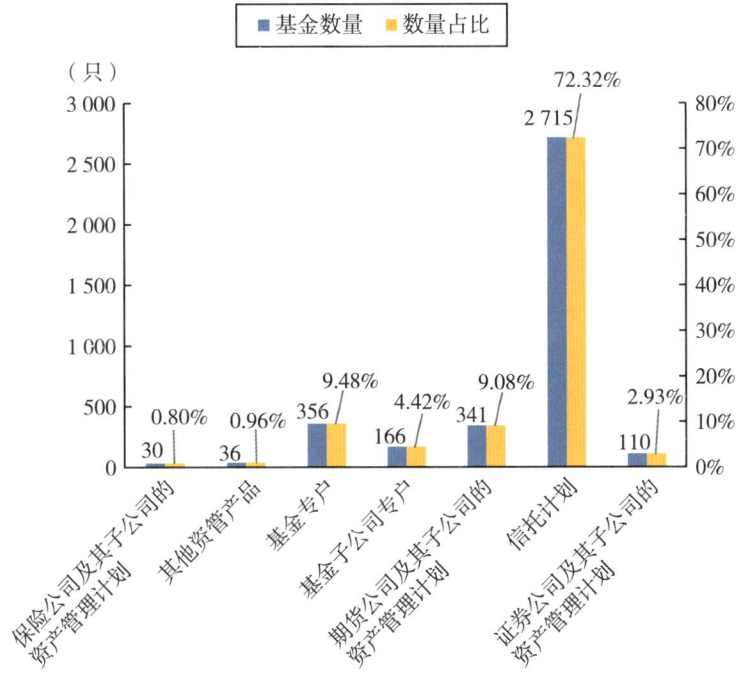

图 5-26　2021 年末顾问管理类产品数量分布情况（按产品类型）

资料来源：中国证券投资基金业协会。

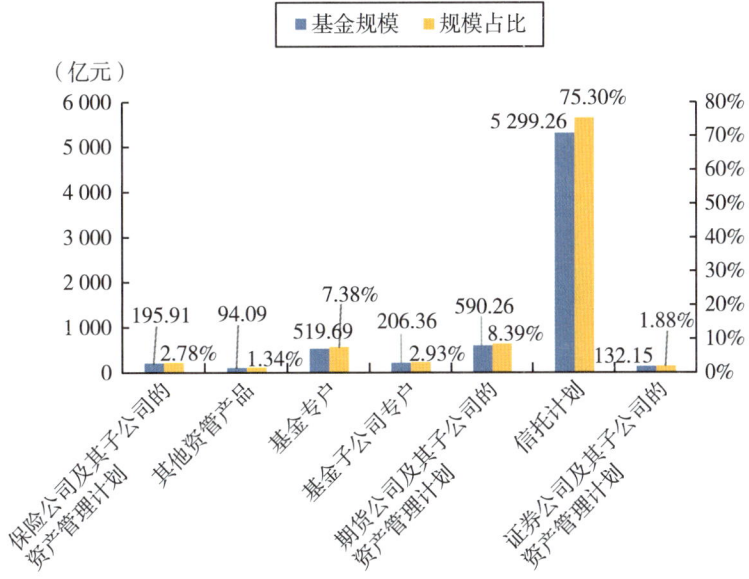

图 5-27　2021 年末顾问管理类产品规模分布情况（按产品类型）

资料来源：中国证券投资基金业协会。

3.产品投资类型分布情况

截至2021年末,顾问管理类产品中,主要的投资类型为股票类基金、混合类基金和固定收益类基金,三者合计占所有顾问管理类产品数量的94.43%,占所有顾问管理类产品规模的94.73%。2021年新备案顾问管理类产品中,以上三类基金合计1 454只,规模2 466.08亿元,分别占新备案顾问管理类产品的93.03%和95.01%(见图5-28和图5-29)。

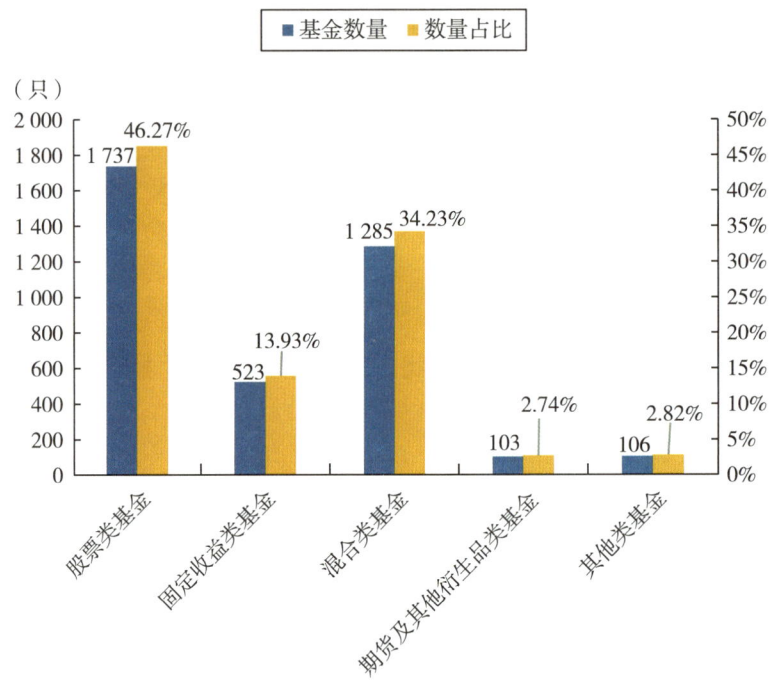

图5-28 2021年末顾问管理类产品数量分布情况(按投资类型)

资料来源:中国证券投资基金业协会。

4.产品实际投向情况

截至2021年末,顾问管理类产品主要投向境内证券,所持相关证券的规模合计4 044.47亿元,占所投各类资产规模的55.84%,占比较2020年下降5.87%;投向各类资管计划规模2 658.06亿元,占所投各类资产规模的36.70%,占比较2020年提升8.70%(见图5-30)。资管计划投资占比提升主要由私募基金产品和信托计划驱动。

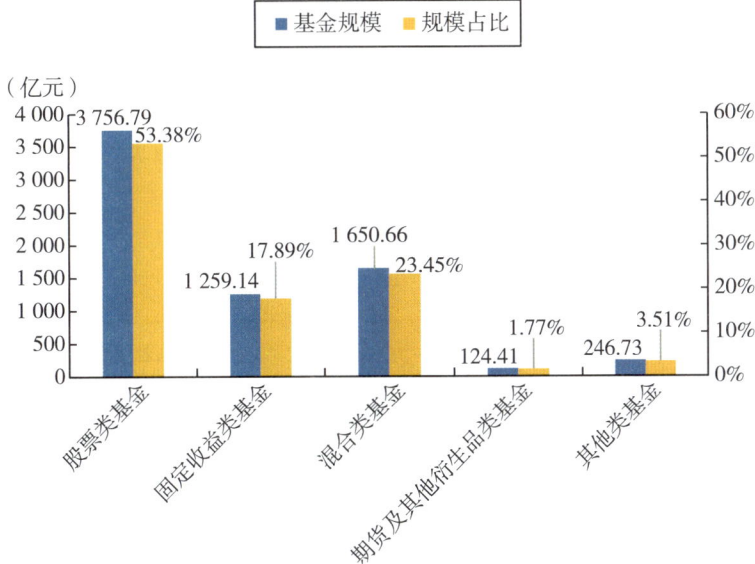

图 5-29　2021 年末顾问管理类产品规模分布情况（按投资类型）

资料来源：中国证券投资基金业协会。

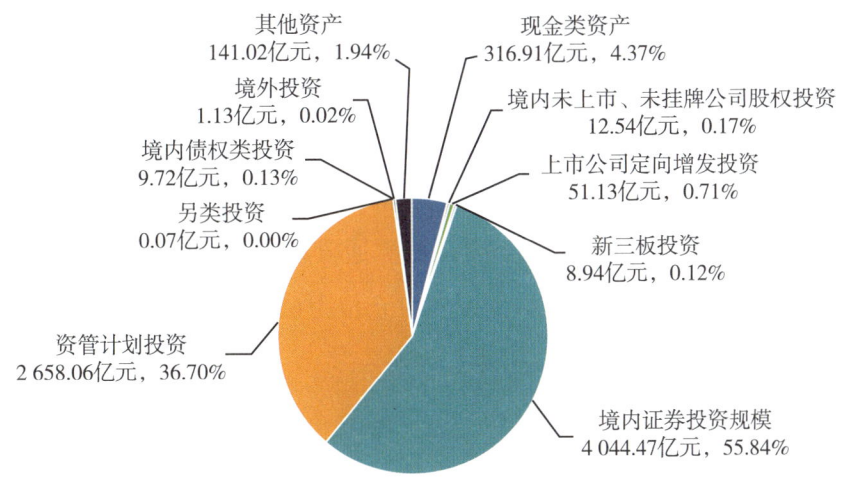

图 5-30　顾问管理类产品投向情况

资料来源：中国证券投资基金业协会。

在顾问管理类产品境内证券投资中，股票投资和债券投资是主要部分，占比分别为56.15%和27.29%（见图5-31）。股票规模占境内证券比重较2020年上升4.19%，债券规模占境内证券比重较2020年下降4.91%。

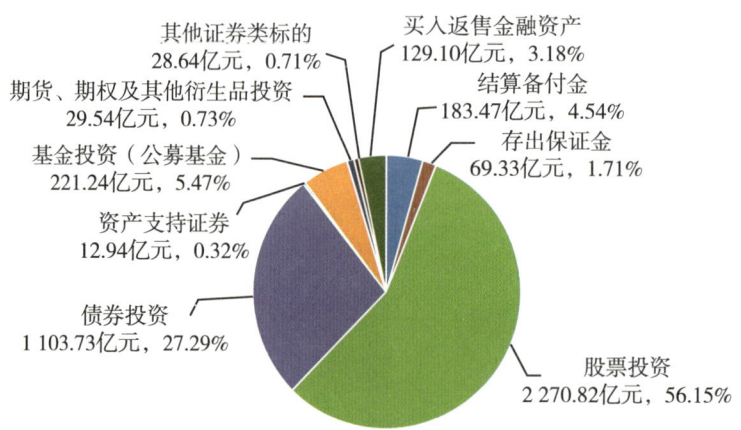

图 5-31 顾问管理类产品境内证券投资分布情况

资料来源：中国证券投资基金业协会。

二、私募证券投资基金运行情况

（一）私募证券投资基金仓位波动情况

截至2021年末，正在运作的私募证券投资基金共计76 818只，规模6.31万亿元，持有流通股票市值2.84万亿元，同比增长44.17%；持有上市公司定增股票306.18亿元；总股票持仓占比40.79%，较2020年末降低3.22个百分点（见表5-1和表5-2）。

截至2021年末，股票型私募基金持有流通股票仓位为63.13%，较2020年末降低2.59个百分点；持有总股票（含定增）仓位为63.54%，较2020年末降低2.84个百分点。

表 5-1　　　　　私募证券投资基金持有股票仓位情况

季度	私募证券投资基金规模（亿元）	私募证券投资基金持有股票市值（亿元）	持有流通股票仓位（算术平均,%）	持有股票（含上市定增股票）平均仓位（算术平均,%）
2018年4季度末	21 385.06	5 755.58	32.20	33.76
2019年1季度末	23 466.17	8 495.12	37.57	38.16
2019年2季度末	24 061.87	8 150.88	37.43	38.17
2019年3季度末	24 562.64	8 975.34	36.76	38.05

续表

季度	私募证券投资基金规模（亿元）	私募证券投资基金持有股票市值（亿元）	持有流通股票仓位（算术平均,%）	持有股票(含上市定增股票)平均仓位(算术平均,%)
2019年4季度末	25 610.85	10 338.54	40.79	41.99
2020年1季度末	26 244.98	9 210.15	35.49	36.57
2020年2季度末	30 592.38	12 359.33	40.88	41.25
2020年3季度末	36 659.35	15 430.39	40.98	41.33
2020年4季度末	42 979.27	19 720.94	43.70	44.01
2021年1季度末	47 630.20	20 198.97	40.01	40.27
2021年2季度末	53 948.78	24 302.95	41.31	41.53
2021年3季度末	60 491.28	26 301.93	39.26	39.43
2021年4季度末	63 091.60	28 432.18	40.59	40.79

表 5-2　　股票型私募基金持有股票仓位情况

季度	股票型私募基金规模（亿元）	股票型私募基金持有股票市值（亿元）	持有流通股票仓位（算术平均,%）	持有股票(含定增股票)平均仓位(算术平均,%)
2018年4季度末	6 740.74	3 426.24	51.79	55.28
2019年1季度末	7 500.99	4 885.00	61.05	62.37
2019年2季度末	7 285.80	4 441.50	60.63	63.58
2019年3季度末	7 394.20	4 670.87	56.64	59.71
2019年4季度末	7 624.89	5 250.04	62.22	65.15
2020年1季度末	7 848.00	4 725.68	55.37	58.08
2020年2季度末	9 528.00	6 283.07	62.89	63.70
2020年3季度末	12 049.50	7 795.88	61.40	62.17
2020年4季度末	14 920.31	10 202.87	65.72	66.38
2021年1季度末	16 576.74	10 542.07	60.90	63.60
2021年2季度末	18 912.80	12 755.97	64.14	64.64
2021年3季度末	21 575.04	13 661.66	59.82	60.21
2021年4季度末	22 459.17	14 951.58	63.13	63.54

（二）私募证券投资基金单位净值情况

截至2021年末，已填报单位基金净值的私募证券投资基金76 399只[①]，规模6.25万亿元。其中，单位净值低于1的私募证券投资基金共26 205只，占比34.30%，规模1.28万亿元，占比20.53%，持有流通股票规模5 385.95亿元。单位净值低于1的基金净值主要集中于0.9到1之间，共计14 136只，规模9 115.13亿元；单位净值低于0.9的私募证券投资基金12 069只，规模3 716.89亿元（见表5-3）。

表5-3　　　　　　私募证券投资基金单位净值分布情况

单位净值	基金数量（只）	占比（%）	基金规模（亿元）	占比（%）	持有流通股规模（亿元）	持有上市公司定增股票规模（亿元）	持有股票总规模（亿元）
[0, 0.5)	3 027	3.96	502.97	0.80	189.47	2.34	191.81
[0.5, 0.8)	4 579	5.99	1 235.36	1.98	598.41	12.69	611.10
[0.8, 0.9)	4 463	5.84	1 978.56	3.17	858.90	3.03	861.93
[0.9, 1)	14 136	18.50	9 115.13	14.59	3 739.17	38.34	3 777.51
[1, 1.5)	38 760	50.73	31 306.95	50.10	12 105.02	68.01	12 173.03
[1.5, 2)	6 089	7.97	6 463.27	10.34	3 291.97	19.89	3 311.86
2以上	5 345	7.00	11 887.65	19.02	7 163.67	44.74	7 208.41
合计	76 399	100.00	62 489.89	100.00	27 946.61	189.04	28 135.65

已填报基金单位净值的自主发行类私募证券投资基金中，已触及预警线的基金数量2 537只，规模283.52亿元；已触及止损线的基金数量1 692只，规模153.52亿元；触及预警线和止损线的基金规模占比均不到2%。其中已触及止损线的基金共持有上市公司股票市值64.18亿元，此类基金因触及止损线而被动清仓风险较高。

---

① 已排除单位基金净值为负、季报未报送、已报送季报但单位基金净值为空的三类基金。

第二节　私募股权投资基金

一、私募股权投资基金基本情况

（一）基金数量和规模变化情况

截至2021年末，已备案私募股权投资基金30 800只，较2020年末增加1 398只，同比增长4.75%（见图5-32）；基金规模10.77万亿元，较2020年末增加9 003.45亿元，同比增长9.12%（见图5-33）。

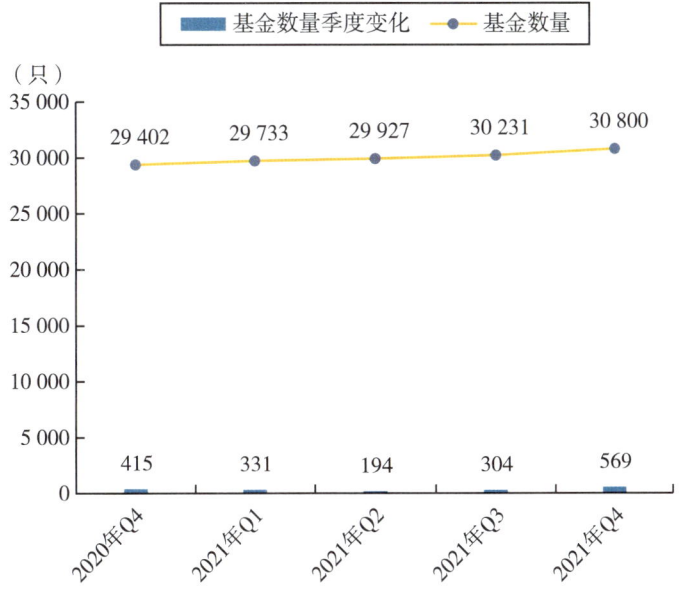

图5-32　私募股权投资基金数量变化

资料来源：中国证券投资基金业协会。

2021年当年，新备案私募股权投资基金4 485只，备案基金规模4 591.82亿元，占当年新备案各类型私募基金的比例达31.22%。

（二）基金规模分布情况

截至2021年末，私募股权投资基金平均规模约为3.50亿元，较2020年末增加0.14亿元。从私募股权投资基金规模分布来看，单只基金规模主要集中于2 000

万至5 000万元（不含），占比19.90%（见图5-34）。

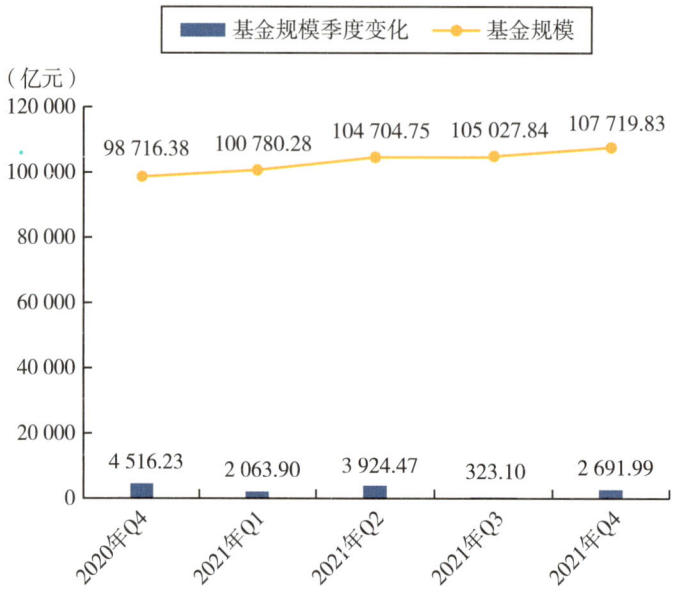

图5-33 私募股权投资基金规模变化

资料来源：中国证券投资基金业协会。

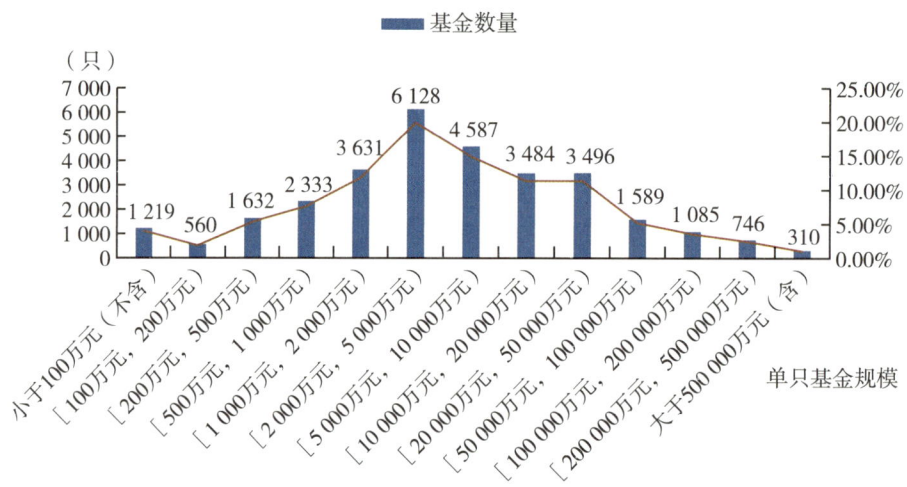

图5-34 单只私募股权投资基金规模分布情况

资料来源：中国证券投资基金业协会。

2021年当年备案私募股权投资基金的平均备案规模约为1.02亿元，单只基金规模分布同样主要集中于2 000万至5 000万元（不含），占比23.68%。此外，单只基金规模在5 000万至1亿元（不含）的基金数量占比13.04%，在1亿至5亿元（不含）的基金数量占比14.27%。

（三）基金产品类型分布情况

截至2021年末，协会已备案私募股权投资基金（不含FOF类）26 053只，基金规模9.23万亿元。从私募股权投资基金（不含FOF类）产品类型来看，多数私募基金只进行一般性股权投资，产品类型为"其他基金"的数量与规模占比均为最高，分别为69.93%和60.65%；房地产基金的数量、规模较2020年末分别下降13.56%和1.87%；从各产品类型基金的平均规模来看，基础设施基金平均规模较大，达8.57亿元（见图5-35和图5-36）。

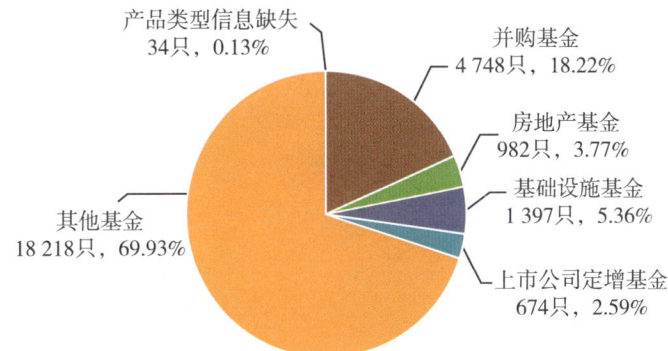

图5-35 私募股权投资基金产品类型按基金数量分布情况

资料来源：中国证券投资基金业协会。

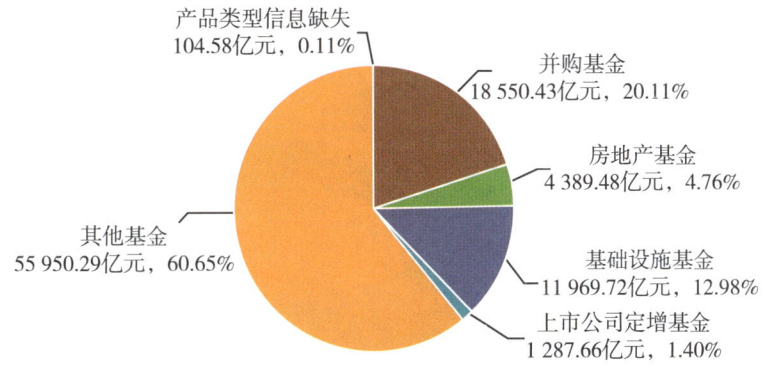

图5-36 私募股权投资基金产品类型按基金规模分布情况

资料来源：中国证券投资基金业协会。

2021年当年备案的私募股权投资基金（不含FOF类）中，产品类型为并购基金的数量和规模占比分别为13.89%和17.72%，产品类型为基础设施基金的数量和规模占比分别为4.25%和8.06%，产品类型为上市公司定增基金的数量和规模占比分别为2.20%和1.71%，产品类型为房地产基金的数量和规模占比分别为4.20%和6.06%，分别较2020年当年下降4.85%和5.44%。

（四）基金组织形式分布情况

截至2021年末，从私募股权投资基金的组织形式来看，合伙型的数量和规模占比最高，分别为81.24%和81.15%。从不同组织形式基金的平均规模来看，公司型的基金平均规模最大，达22.10亿元（见图5-37和图5-38）。

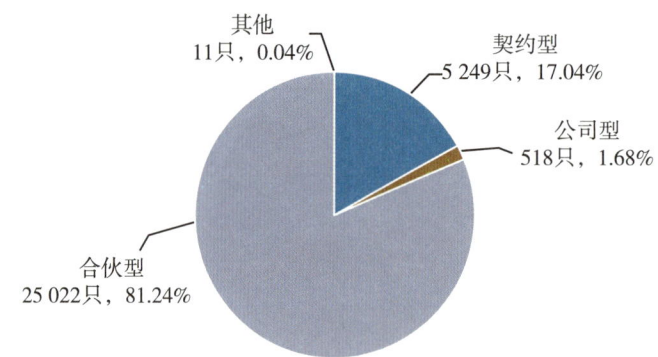

图5-37　私募股权投资基金组织形式按基金数量分布情况

资料来源：中国证券投资基金业协会。

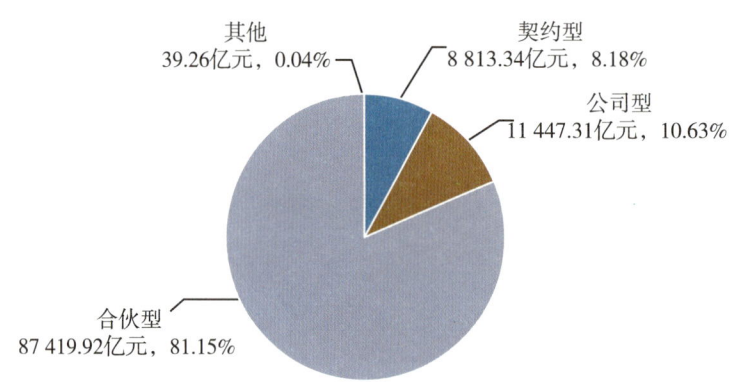

图5-38　私募股权投资基金组织形式按基金规模分布情况

资料来源：中国证券投资基金业协会。

与2020年末相比，合伙型基金数量占比上升4.07个百分点，契约型基金、公司型基金的数量占比分别下降4.02和0.04个百分点；从基金规模上来看，公司型基金规模占比上升0.55个百分点，契约型基金和规模占比分别下降1.96个百分点和上升1.47个百分点。

2021年当年备案的私募股权投资基金中，合伙型的基金数量和规模最大，占比分别为90.64%和75.61%；从不同组织形式基金的平均规模来看，公司型的基金平均规模达到14.64亿元。

（五）基金托管情况

截至2021年末，协会已备案私募股权投资基金中，已托管的基金数量为20 346只，托管率达66.06%；已托管的基金规模为8.75万亿元，占私募股权投资基金总规模的比例为81.27%（见图5-39）。从单只基金平均规模来看，已托管基金平均规模4.30亿元，未托管基金平均规模1.93亿元。

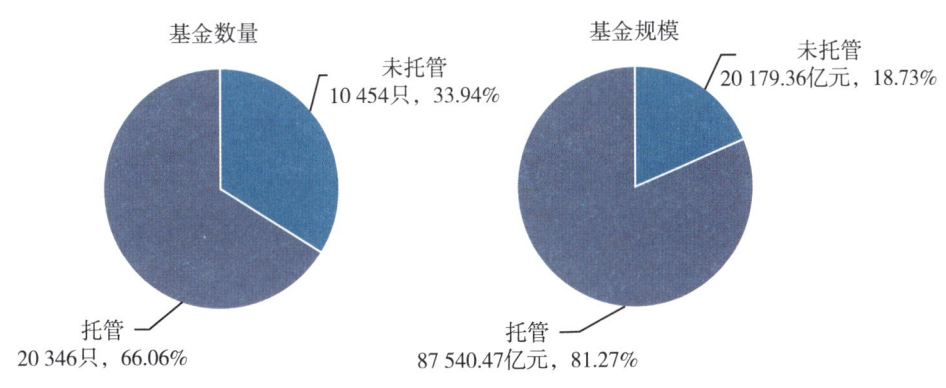

图5-39　私募股权投资基金托管情况

资料来源：中国证券投资基金业协会。

2021年当年备案私募股权投资基金的托管率达73.89%；托管基金规模占2021年备案私募股权投资基金总规模的89.14%。可见，随着私募基金市场的规范发展，越来越高比例的私募股权投资基金，尤其是小规模私募股权投资基金选择将基金财产进行托管。

（六）基金外包情况[①]

截至2021年末，采用外包服务的私募股权投资基金数量6 085只，占比19.76%；基金规模8 603.28亿元，占比为7.99%，规模、数量逐步攀升，占比有所下降，大部分私募股权投资基金仍未采用外包服务（见图5-40）。从单只基金的平均规模来看，采用外包服务的私募股权投资基金平均规模1.41亿元，未采用外包服务的平均规模4.01亿元。

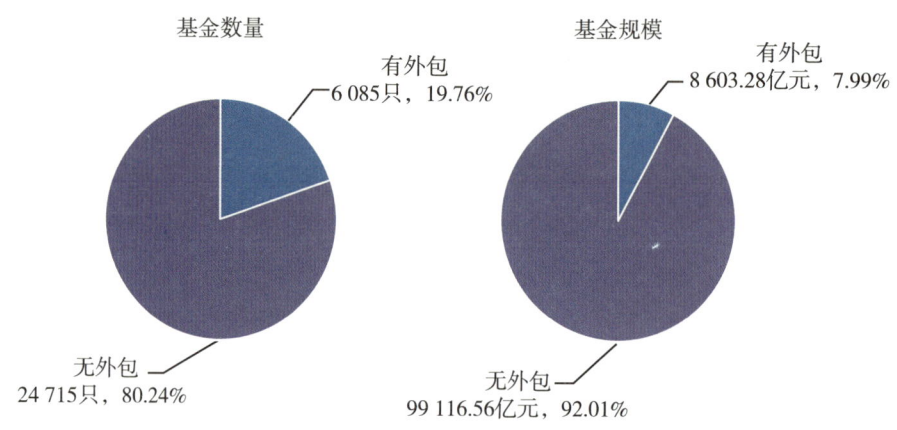

图5-40 私募股权投资基金外包情况

资料来源：中国证券投资基金业协会。

私募股权投资基金采用的主要外包服务是份额登记服务和估值核算服务，其中，采用份额登记服务的私募股权投资基金5 536只，占有采用外包服务私募股权投资基金数量的90.98%；采用估值核算服务的5 661只，占有采用外包服务私募股权投资基金数量的93.03%（见图5-41）。

2021年当年备案的私募股权投资基金中，采用外包服务的基金数量和规模占比分别为22.36%和18.48%。其中，采用份额登记服务的私募股权投资基金占有采用外包服务私募股权投资基金数量的90.63%；采用估值核算服务的私募股权投资基金占有采用外包服务私募股权投资基金数量的95.31%。

[①] 根据"资产管理业务综合报送平台"关于基金外包情况的填报说明，私募基金外包服务的类型主要包括份额登记、估值核算、信息技术服务等，同一基金可以选择多种类型外包服务。

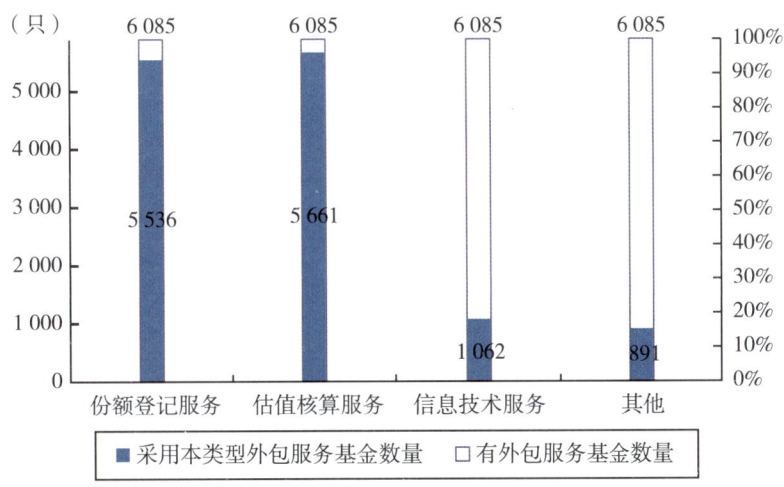

图 5-41　私募股权投资基金外包服务类型分布

资料来源：中国证券投资基金业协会。

（七）私募股权投资类FOF情况

截至2021年末，私募股权投资类FOF共4 747只，占私募股权投资基金总数量的15.41%；基金规模1.55万亿元，占私募股权投资基金规模的14.36%（见图5-42）。基金数量和规模较2020年末分别增长2.42%和12.32%。

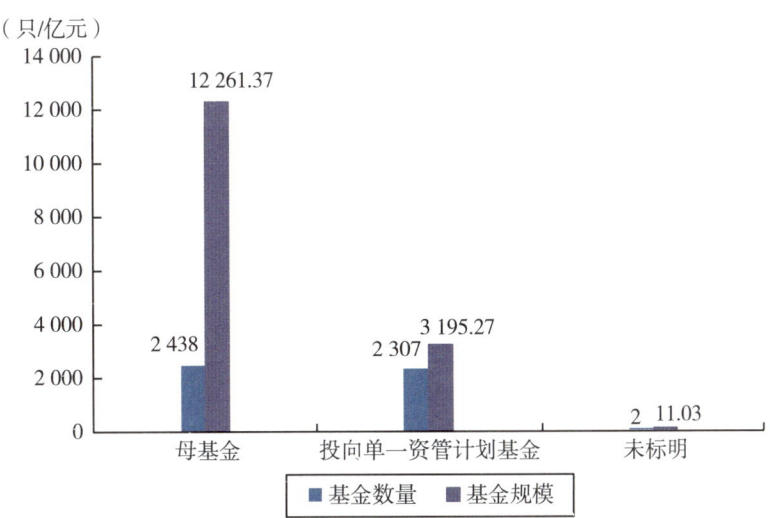

图 5-42　私募股权投资类 FOF 基金产品种类分布情况

注：截至统计时点，仍有部分私募基金未完成信息补录，FOF 产品类型缺失。
资料来源：中国证券投资基金业协会。

从基金种类来看，母基金数量和规模分别为2 438只和1.23万亿元，占私募股权投资类FOF基金的比例分别为51.36%和79.27%，分别较去年末下降0.42%和增长3.51%；投向单一资管计划基金的数量和规模分别为2 307只和3 195.27亿元，占私募股权投资类FOF基金的比例分别为48.60%和20.66%，分别较去年末增长0.44%和下降3.49%。

从私募股权投资类FOF基金平均规模来看，母基金平均规模5.03亿元，而投向单一资管计划基金平均规模1.39亿元，远小于母基金。

2021年当年备案的私募股权投资类FOF488只，基金规模651.31亿元，占当年备案私募股权投资基金的比例分别为10.88%和14.18%。其中，母基金211只，基金规模410.54亿元；投向单一资管计划基金277只，基金规模240.78亿元。

（八）政府引导基金情况

截至2021年末，勾选了"政府引导基金"标签的私募股权投资基金1 127只，占全部私募股权投资基金数量的3.66%，较上年末增长0.09%；基金规模8 344.57亿元，占全部私募股权投资基金规模的7.75%，较上年末下降0.06%。从单只基金平均规模来看，勾选了"政府引导基金"标签的私募股权投资基金平均规模为7.40亿元，远高于私募股权投资基金平均规模。

2021年当年备案勾选了"政府引导基金"标签的私募股权投资基金120只，占新备案私募股权投资基金数量的2.68%，同比下降1.34%；基金规模169.14亿元，占新备案私募股权投资基金规模的3.68%，同比下降4.55%，单只基金的平均规模为1.41亿元，同比下降43.58%。

二、私募股权投资基金募集出资情况

截至2021年末，私募股权投资基金各类投资者合计出资10.13万亿元，较2020年末增加7 075.11亿元，同比增长7.51%；所涉投资者35.62万个，较2020年末减少11 902个，同比下降3.23%。

(一)基金募集账户监督机构情况[①]

截至2021年末,私募股权投资基金募集账户监督机构主要为取得基金销售业务资格的商业银行和证券公司,基金数量占比分别为81.08%和18.71%,基金规模占比分别为92.99%和6.65%(见图5-43);从单只基金平均规模来看,募集账户监督机构为商业银行的私募股权投资基金平均规模为3.96亿元,而募集账户监督机构为证券公司的平均规模为1.23亿元,远小于前者。

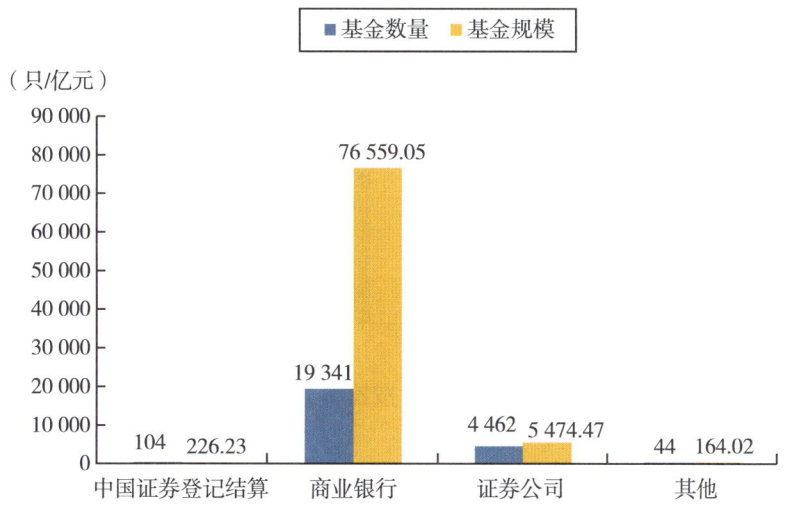

图5-43 私募股权投资基金募集账户监督机构情况

注:根据"资产管理业务综合报送平台"相关填报规则,单只基金可同时选择多家募集账户监督机构。其中2016年7月15日之前成立的私募基金如监督机构可选择"不适用",无需填写募集账户监督机构信息。

资料来源:中国证券投资基金业协会。

2021年当年备案的私募股权投资基金中,以取得基金销售业务资格的商业银行作为募集账户监督机构的基金最多,占比达79.29%。商业银行在私募股权投资基金募集账户监督环节占据主导地位,是私募股权投资基金尤其是新备案、大规模基金的主要选择。

[①] 《私募投资基金募集行为管理办法》所称监督机构是指中国证券登记结算有限责任公司、取得基金销售业务资格的商业银行、证券公司以及中国基金业协会规定的其他机构。其中,其他机构主要包括招商基金管理有限公司、长安基金管理有限公司等8家已在协会登记为私募基金服务机构的公募基金公司。

（二）基金投资者①数量分布情况

截至2021年末，在协会备案的私募股权投资基金中，投资者数量主要集中在1至5（含）个，基金数量达16 154只，占比52.45%；基金规模5.76万亿元，占比53.48%。此外，还有部分未进行信息补录或未及时清算的私募股权投资基金投资者数量显示为"0"（见图5-44和图5-45）。

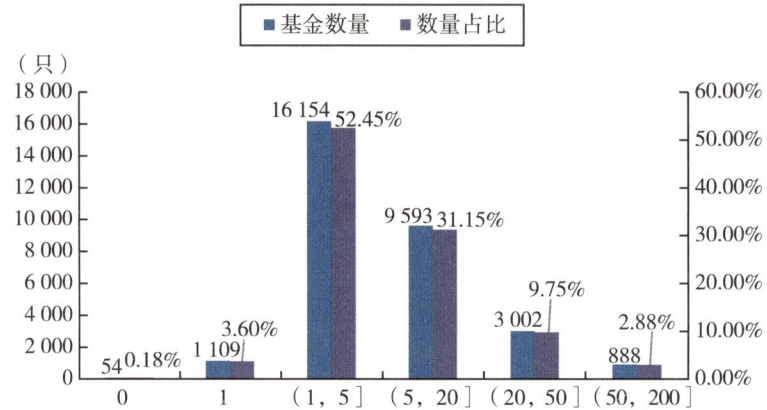

图5-44　私募股权投资基金按投资者数量分类的数量分布

资料来源：中国证券投资基金业协会。

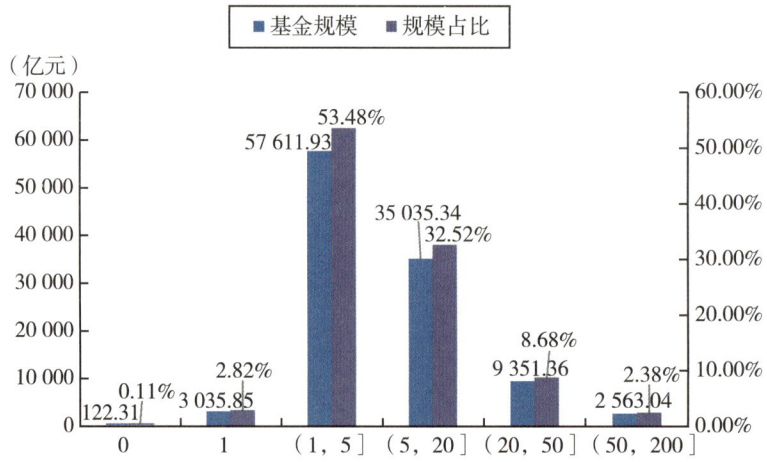

图5-45　私募股权投资基金按投资者数量分类的规模分布

资料来源：中国证券投资基金业协会。

---

① 本报告所统计投资者人数及出资额，基于基金直接投资者（一级投资者）统计。合伙型、公司型基金的投资者出资额取其实缴出资额，契约型基金的投资者出资额取其持有的基金份额乘以同期末基金单位净值。

2021年当年备案的私募股权投资基金,无论从基金数量还是从基金规模来看,投资者数量均主要集中在1至5(含)个,基金数量2 586只,占比57.66%;基金规模1 919.09亿元,占比达41.79%。

(三)基金投资者出资情况

截至2021年末,私募股权投资基金的各类投资者中,居民投资者数量占比达76.28%,相关资金占比仅为8.75%;企业投资者数量占比19.01%,但相关资金占比达59.09%;各类资管计划投资者数量占比仅为4.53%,相关资金占比达29.18%(见图5-46)。

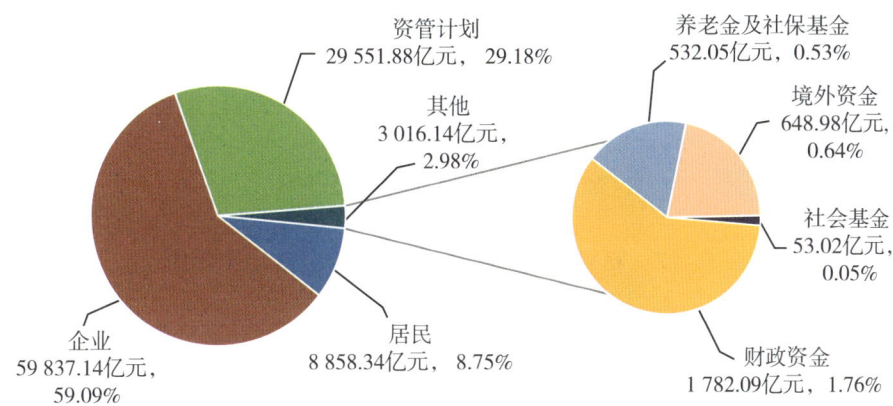

图5-46 私募股权投资基金投资者出资比例分布

资料来源:中国证券投资基金业协会。

截至2021年末,私募股权投资基金的主要出资方为企业投资者及各类投资计划,出资金额8.87万亿元,出资占比达87.55%,居民投资者出资8 858.34亿元,占比8.75%。具体来看,在所有类型投资者中,境内公司等法人机构出资最高,占出资总额的54.83%。私募基金产品出资占比16.84%,自然人(非员工跟投)出资占比8.35%。其余类型投资者均不足5%(见图5-47)。

2021年当年新备案私募股权投资基金中,居民投资者数量占比达65.46%,相关资金占比仅为15.15%;企业投资者数量占比29.57%,但相关资金占比达59.26%;各类资管计划投资者数量占比为4.63%,相关资金占比达21.11%。

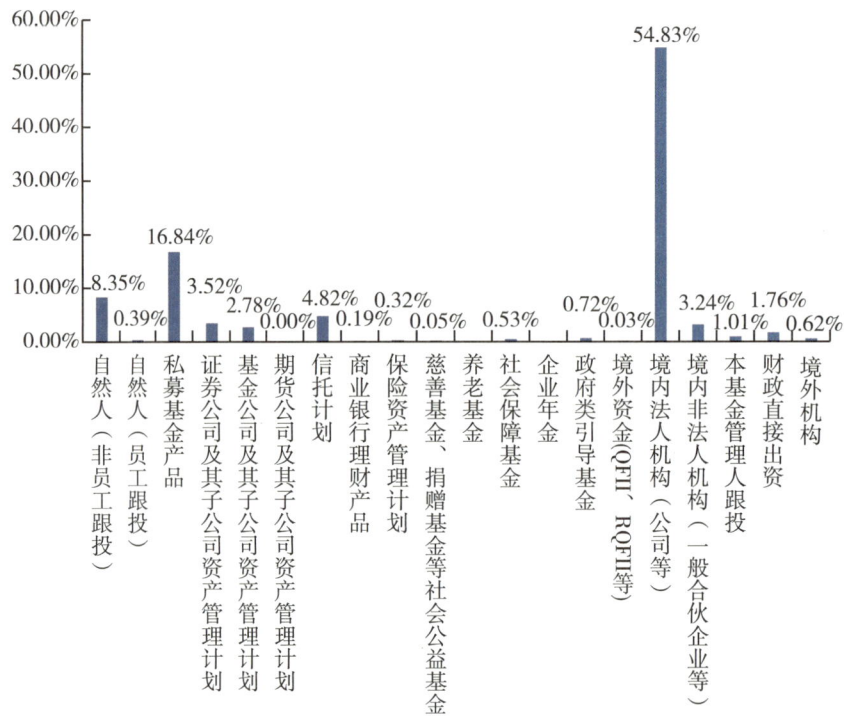

图 5-47 私募股权投资基金投资者出资比例明细

资料来源：中国证券投资基金业协会。

（四）机构投资者[①]出资比例分布情况

截至2021年末，从数量上看，42.01%的私募股权投资基金均由机构投资者出资，此类基金规模占比83.11%；13.31%的基金全部由自然人投资者出资，基金规模占比仅为1.70%（见图5-48和图5-49）。

从单只基金的规模看，由机构投资者100%出资的基金平均规模6.92亿元；自然人投资者100%出资的基金平均规模0.45亿元。

2021年当年备案的私募股权投资基金中，从数量上看，48.38%的私募股权投资基金均由机构投资者出资，此类基金规模占比达83.11%；13.31%的基金全部由自然人投资者出资，相关基金规模占比仅为1.70%。总体来看，机构投资者依然是私募股权投资基金的主要出资者。

---

① 本部分机构投资者指企业投资者和各类资管计划。

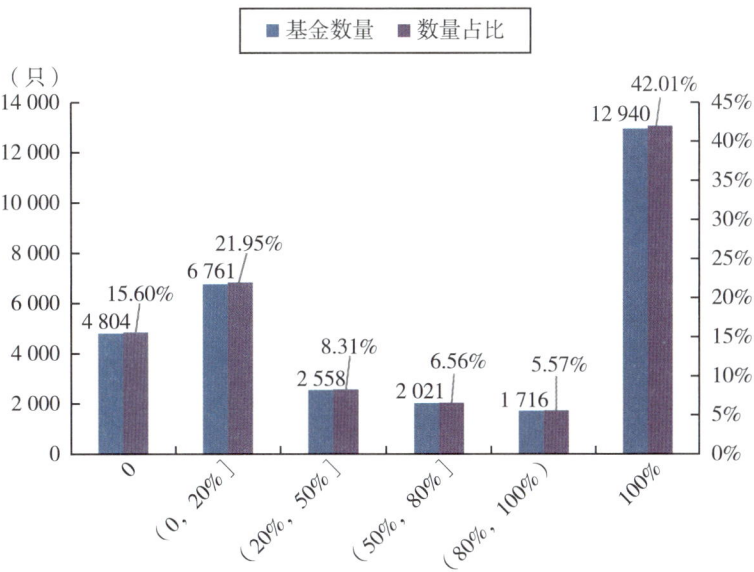

图 5-48 私募股权投资基金按机构投资者出资数量及占比分布

资料来源：中国证券投资基金业协会。

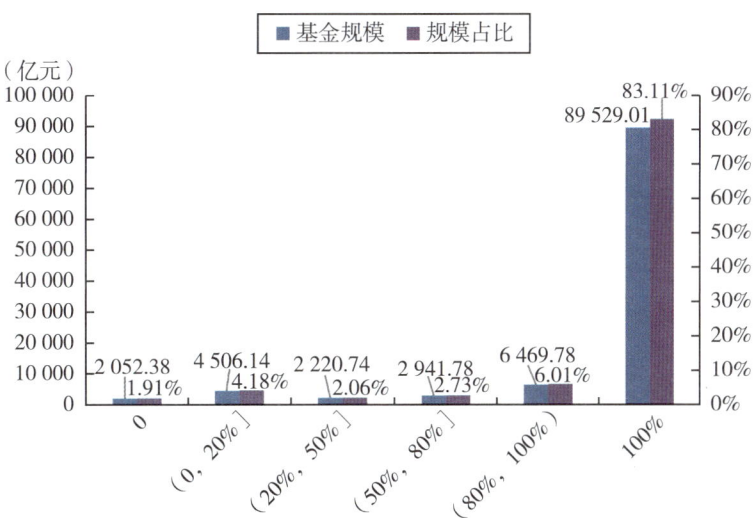

图 5-49 私募股权投资基金按机构投资者出资规模及占比分布

资料来源：中国证券投资基金业协会。

三、私募股权投资基金投资运作情况

截至2021年末，已进行季度更新、完成运行监测表填报的存续私募股权投资基金期末总资产为11.24万亿元,期末净资产10.74万亿元。从私募股权投资基金的配置效率来看,存续私募股权投资基金已实现资金退出及收益分配达2.70万亿元。

(一)基金实际投资方向分布情况

截至2021年末,从私募股权投资基金的具体投资方向情况来看,投资境内未上市、未挂牌公司股权的规模最大,总计5.44万亿元,同比增长12.66%,占所持有各类资产规模的48.46%;投资资管计划的规模2.40万亿元,同比增长11.69%,占比21.38%;投资现金类资产的规模7 957.20亿元,同比增长10.43%,占比7.08%(见图5-50)。

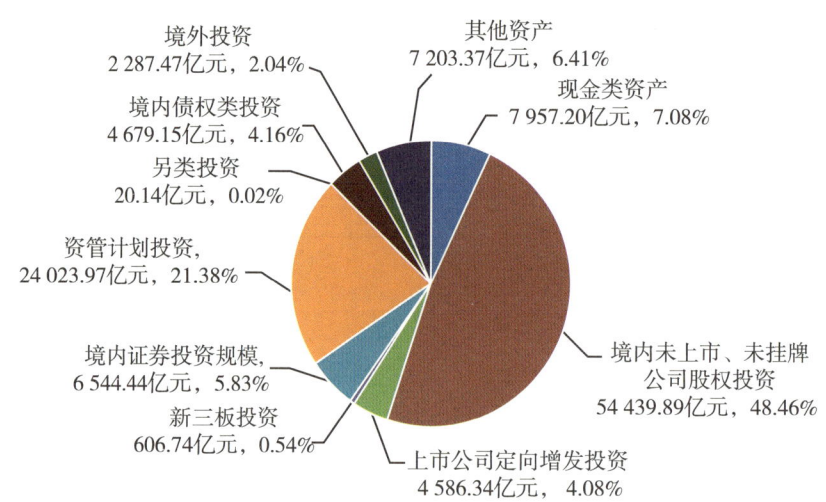

图 5-50 私募股权投资基金实际投资方向分布

资料来源:中国证券投资基金业协会。

2021年当年备案的私募股权投资基金主要投资于境内未上市、未挂牌公司股权和资管计划,总计6 086.70亿元,占该类基金产品已投资规模的68.76%。其中,投资于境内未上市、未挂牌公司股权的规模达4 749.83亿元,占已投资规模的53.66%。

(二)基金投资案例情况

截至2021年末,已进行季度更新、完成运行监测表填报的存续私募股权投资基金，已投资且暂未完全退出的境内未上市、未挂牌公司股权投资、上市公司定向增发投资、股票协议转让、股票大宗交易、新三板投资、境内债权类投资以及境外股权、债权投资的投资案例62 153个，账面价值7.44万亿元，在投金额6.70万亿元，较2020年末分别增长12.22%、9.80%和6.94%。2021年当年，私募股权投资基金新增投资案例14 231个，投资金额1.18万亿元。

1. 基金投资案例特征情况

私募股权投资基金是支持实体经济，助力创新型企业发展的中坚力量。从本质上说，私募股权投资基金是从承担企业发展的各种风险中获取未来成长的价值收益，风险承受能力远高于债权资本，这就决定了私募股权投资基金对于高科技企业和创新型中小企业等具有浓厚的投资偏好。

截至2021年末，私募股权投资基金投资属于中小企业的案例34 996个，同比增长8.97%，占所有投资案例的56.31%；在投金额1.68万亿元，同比增长9.78%，占比25.05%（见图5-51）。

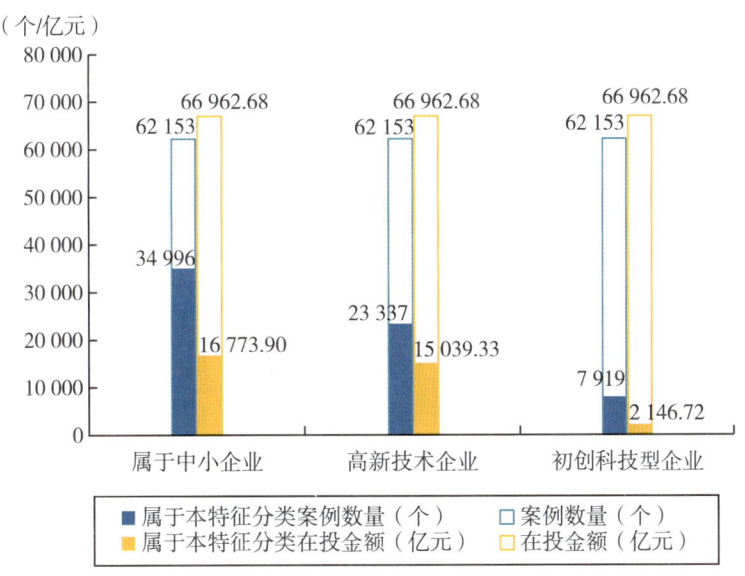

图5-51 私募股权投资基金投资案例特征数量及规模分布

资料来源：中国证券投资基金业协会。

私募股权投资基金的投资案例中属于高新技术企业的案例23 337个，在投金额1.50万亿元，分别同比增长21.67%和22.66%，占比分别为37.55%和22.46%。

私募股权投资基金的投资案例中属于初创科技型企业的案例7 919个，在投金额2 146.72亿元，分别同比增长52.91%和72.74%，占比分别为12.74%和3.21%。

2021年当年，私募股权投资基金新增投资案例中属于中小企业的案例7 907个，同比增长36.80%，占当年新增投资案例数量的55.56%；投资金额3 383.04亿元，同比增长19.60%，占比30.56%。此外，属于高新技术企业投资的案例6 142个，投资金额3 487.27亿元，分别同比增长43.61%和22.74%；属于初创科技型企业的案例2 510个，投资金额815.18亿元，分别同比增长70.40%和111.20%。

2.基金投资案例地域分布情况

截至2021年末，从投资案例地域分布来看，投资案例数量排名前五的地区为北京、广东、上海、江苏和浙江，合计40 686个，占案例总数量的65.46%，超过境内其他区域数量占比合计的两倍；投资案例在投金额排名前五的地区为广东、北京、上海、江苏和浙江，合计3.43万亿元，占投资案例在投金额总数的51.28%（见图5-52和图5-53）。

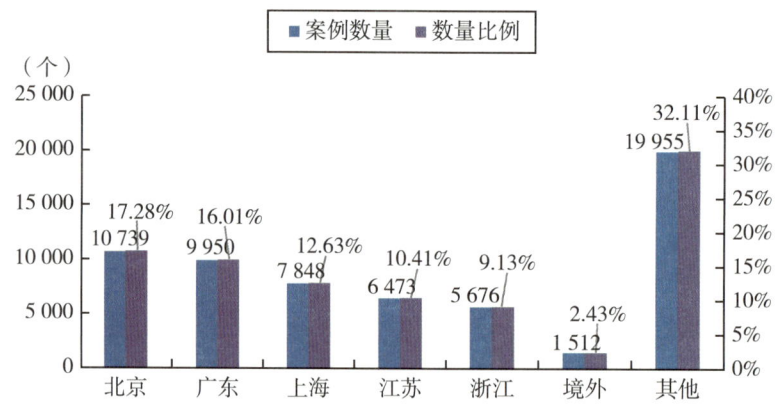

图 5-52　私募股权投资基金投资案例数量排名前五地域分布

资料来源：中国证券投资基金业协会。

2021年当年，私募股权投资基金投资案例数量排名前五的地区是广东、江苏、北京、上海和浙江，数量合计9 317个，占2021年新增投资案例数量的65.47%；投资金额排名前五的是北京、广东、上海、江苏和浙江，投资金额合计6 347.14亿元，占2021年新增投资案例金额的53.95%。

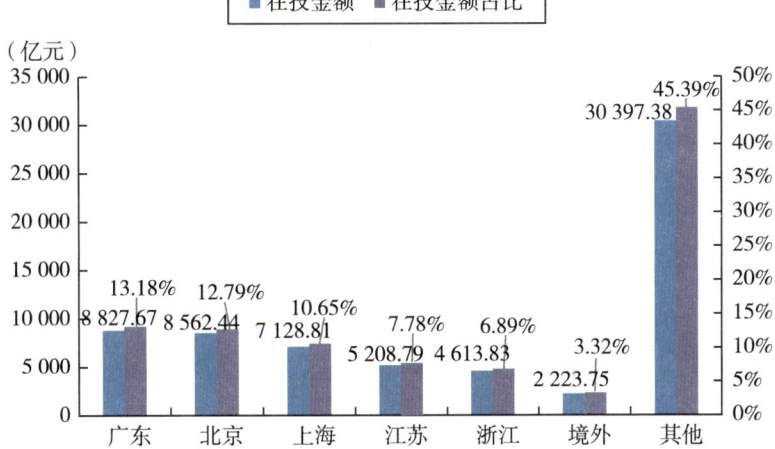

图 5-53 私募股权投资基金投资案例在投金额排名前五地域分布

资料来源：中国证券投资基金业协会。

3. 基金投资案例行业分布情况

从投资案例数量的行业分布来看，前五大行业为"计算机运用""资本品""医药生物""医疗器械与服务"和"半导体"，各行业投资案例数量分别为14 195个、7 326个、5 082个、4 279个和3 619个，占比分别为22.84%、11.79%、8.18%、6.88%和5.82%（见图5-54）。

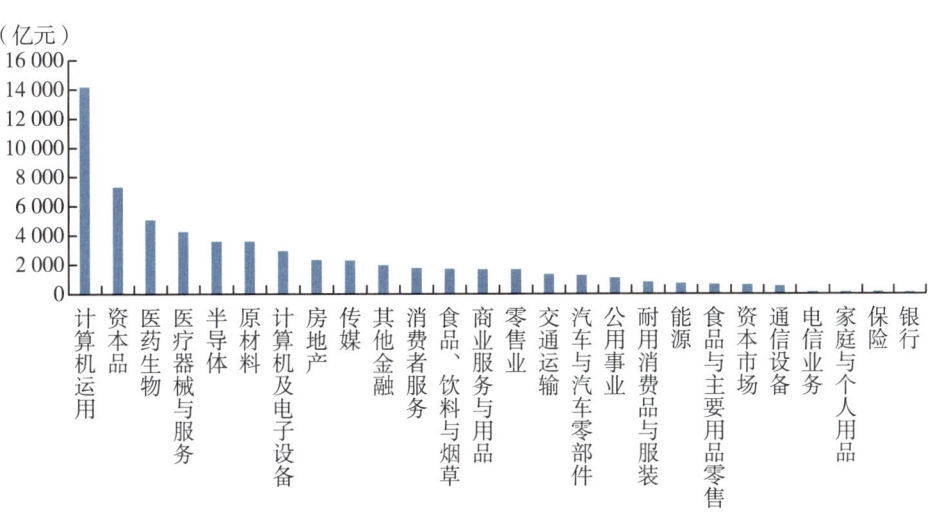

图 5-54 私募股权投资基金投资案例数量行业分布情况

资料来源：中国证券投资基金业协会。

从投资案例在投金额的行业分布来看，前五大行业分别为"资本品""房地产""计算机运用""交通运输"和"半导体"，各行业在投金额分别为8 809.04亿元、8 139.87亿元、6 291.44亿元、6 071.49亿元和4 817.50亿元，占比分别为13.16%、12.16%、9.40%、9.07%和7.19%（见图5-55）。

单个投资案例从在投金额的行业分布来看，前五大行业分别为"银行""交通运输""保险""公用事业"和"房地产"，在投金额分别为7.92亿元、4.46亿元、4.31亿元、3.97亿元和3.46亿元。

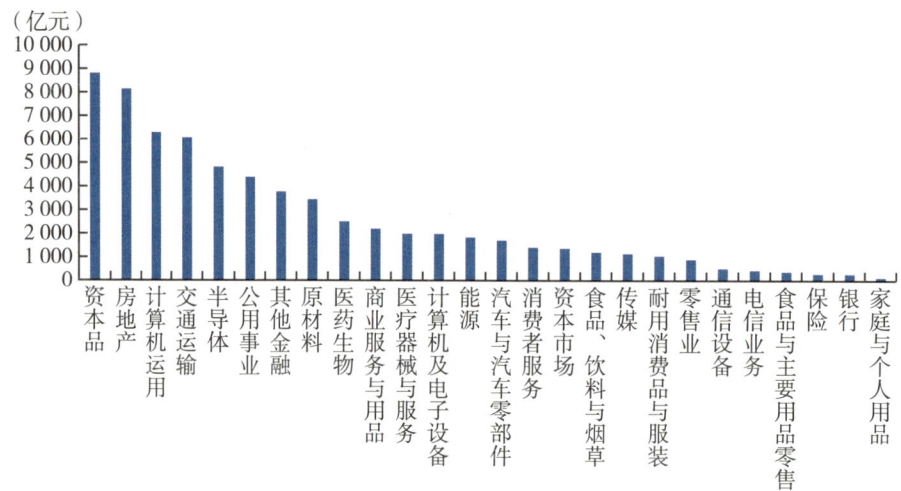

图 5-55　私募股权投资基金投资案例在投金额行业分布情况

资料来源：中国证券投资基金业协会。

2021年当年新增投资案例数量从行业分布来看，前五大行业为"计算机运用""资本品""半导体""医药生物"和"医疗器械与服务"，数量占比分别为16.93%、12.05%、11.88%、11.13%和7.44%；投资案例金额从行业分布来看，前五大行业为"房地产""资本品""半导体""计算机运用"和"公用事业"，投资金额占比分别为13.58%、11.03%、10.29%、8.61%和7.64%；单个案例投资金额从行业分布来看，排名前五的行业分别为"银行""电信业务""资本市场""公用事业"和"交通运输"，平均投资金额分别为76.56亿元、3.49亿元、3.18亿元、2.85亿元和2.29亿元，行业分布变动明显。

四、私募股权投资基金投资案例退出情况

截至2021年末，已完成运行监测表或清算表填报的私募股权投资基金（含已清算基金）退出案例27 431个，发生退出行为54 403次，退出本金2.77万亿元，实际退出金额3.86万亿元；退出案例的平均投资期限38.91个月。2021年当年股权投资基金（含已清算基金）退出案例16 015个，发生退出行为14 084次，退出本金5 943.45亿元，实际退出金额8 280.12亿元；退出案例的平均投资期限38.57个月。

（一）基金投资案例退出总体情况

截至2021年末，已进行季度更新、完成运行监测表填报且正在运作的私募股权投资基金投资案例共退出21 097个，发生退出行为41 953次，退出本金1.74万亿元，实际退出金额2.60万亿元；退出案例的平均投资期限39.21个月。其中，私募股权投资基金完全退出的投资案例13 562个，发生退出行为23 174次，退出本金1.20万亿元，实际退出金额1.75万亿元；退出案例的平均投资期限35.56个月。

2021年当年新增退出案例8 009个，发生退出行为12 071次，退出本金5 890.92亿元，实际退出金额8 216.59亿元；退出案例的平均投资期限42.65个月。其中，完全退出的案例3 984个，发生退出行为5 461次，退出本金3 899.02亿元，实际退出金额5 119.30亿元；退出案例的平均投资期限44.34个月。

（二）基金投资案例退出方式分布情况

截至2021年末，私募股权投资基金退出方式主要为"协议转让""企业回购""被投企业分红""融资人还款""新三板挂牌"，上述方式合计占所有退出次数的87.53%。

私募股权投资基金的资产配置，在做好流动资金管理的基础上，理应将更多的资产投到企业股权中去，通过主动管理获取企业股权的增值回报。但事实上，现有私募股权投资基金将相当多的资产通过股东借款的方式纳入投资组合，谋求债权类固定回报，削弱了私募股权投资基金的真正价值。从退出本金来看，"融资人还款"占比高达21.79%，"协议转让"占比达37.57%；从实际退出金额来

看,"融资人还款"占比15.26%。

从单次退出的实际退出金额来看,"境外上市""境内IPO""境内上市(除IPO)"[1]和"整体收购"领先于其他退出方式,平均实际退出金额分别为3.65亿元、2.84亿元、2.76亿元和1.06亿元(见图5-56)。

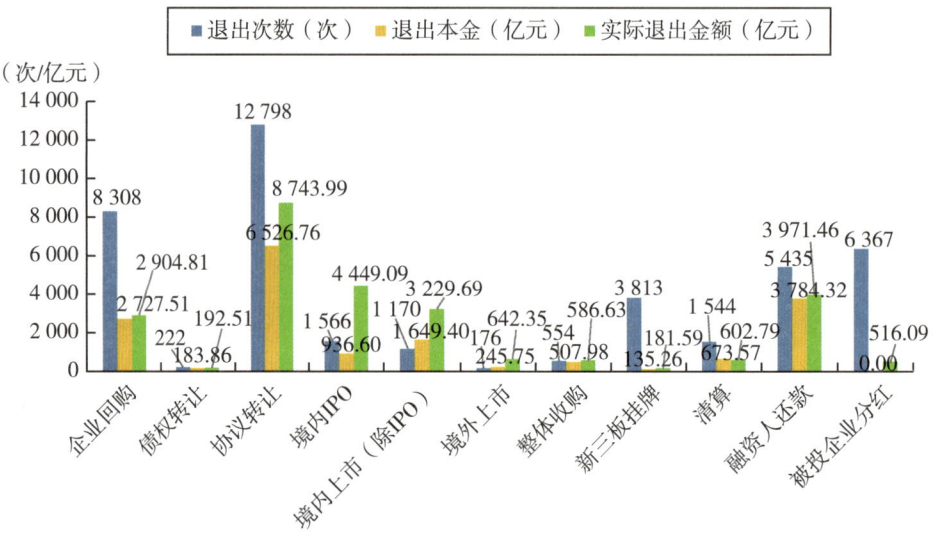

图5-56 私募股权投资基金投资案例退出方式情况

资料来源:中国证券投资基金业协会。

2021年当年新增退出案例通过"协议转让"和"企业回购"方式发生的退出行为较多,占所有退出数量的60.34%,退出本金占比达62.48%,实际退出金额占比50.15%。其中通过"协议转让"发生的退出行为4 829次,退出本金2 601.20亿元,实际退出金额2 950.79亿元;通过"企业回购"发生的退出行为2 455次,退出本金1 079.19亿元,实际退出金额1 170.24亿元。

(三)基金投资案例退出地域分布情况

截至2021年末,从私募股权投资基金投资案例退出的地域分布来看,退出案例数量排名前五的地区为北京、广东、上海、浙江和江苏,退出案例数量合计13 442个,数量占比63.72%(见图5-57);案例退出本金排名前五的地

---

[1] "境内上市(除IPO)"包括"上市公司定向增发""股票协议转让"和"股票大宗交易"。

区为上海、北京、广东、江苏和浙江,退出本金合计9 594.72亿元,退出本金占比55.23%(见图5-58);案例实际退出金额排名前五的地区为上海、北京、广东、江苏和浙江,实际退出金额1.53万亿元,实际退出金额占比58.86%(见图5-59)。

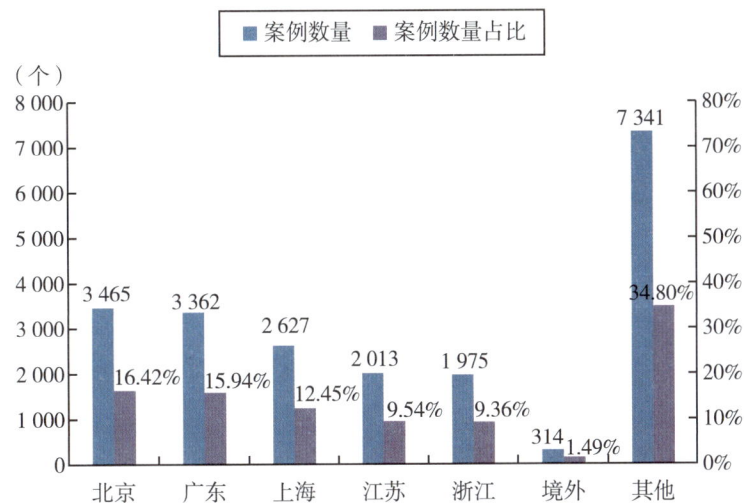

图5-57 私募股权投资基金退出案例数量排名前五地域分布

资料来源:中国证券投资基金业协会。

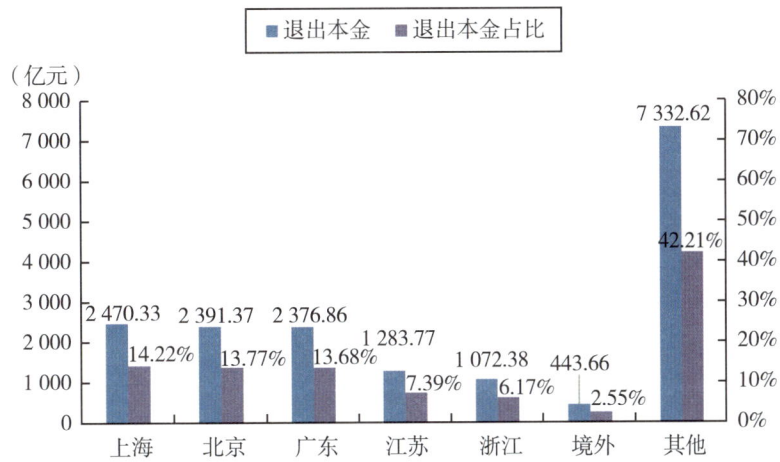

图5-58 私募股权投资基金投资案例退出本金排名前五地域分布

资料来源:中国证券投资基金业协会。

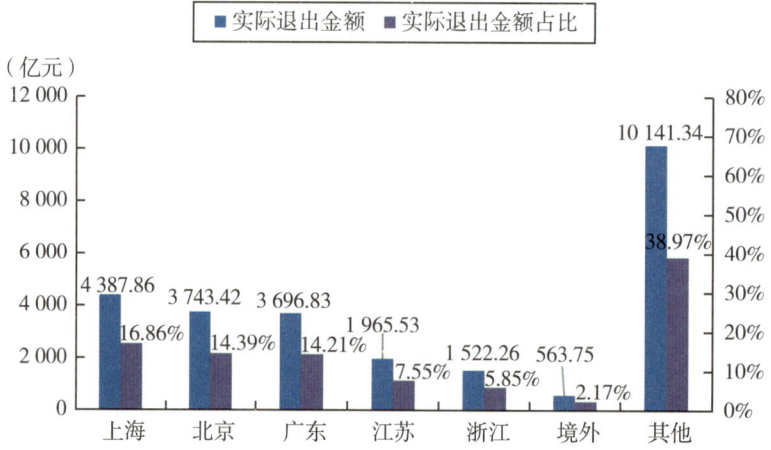

图 5-59 私募股权投资基金投资案例实际退出金额排名前五地域分布

资料来源：中国证券投资基金业协会。

从私募股权投资基金2021年当年新增退出案例的地域分布来看，退出案例数量排名前五的地区为广东、北京、上海、江苏和浙江，退出案例数量合计4865个，数量占比60.74%；案例退出本金排名前五的地区为北京、广东、上海、江苏和浙江，退出本金合计3077.00亿元，退出本金占比52.23%；案例实际退出金额排名前五的地区为北京、上海、广东、江苏和浙江，实际退出金额合计4481.95亿元，实际退出金额占比54.55%。

（四）基金投资案例退出行业分布情况

从私募股权投资基金退出案例的行业分布来看，截至2021年末，前五大行业为"计算机运用""资本品""原材料""医药生物"和"房地产"，各行业退出案例数量分别为4423个、2600个、1491个、1454个和1287个，合计11255个；数量占比分别为20.97%、12.32%、7.07%、6.89%和6.10%，合计占比53.35%（见图5-60）。

从私募股权投资基金退出案例退出本金的行业分布来看，前五大行业分别为"房地产""资本品""计算机运用""其他金融"和"交通运输"，各行业退出本金分别为3526.67亿元、2181.23亿元、1589.30亿元、1364.19亿元和1063.28亿元，退出本金合计9724.66亿元；占比分别为20.30%、12.56%、9.15%、7.85%和6.12%，合计占比55.98%（见图5-61）。

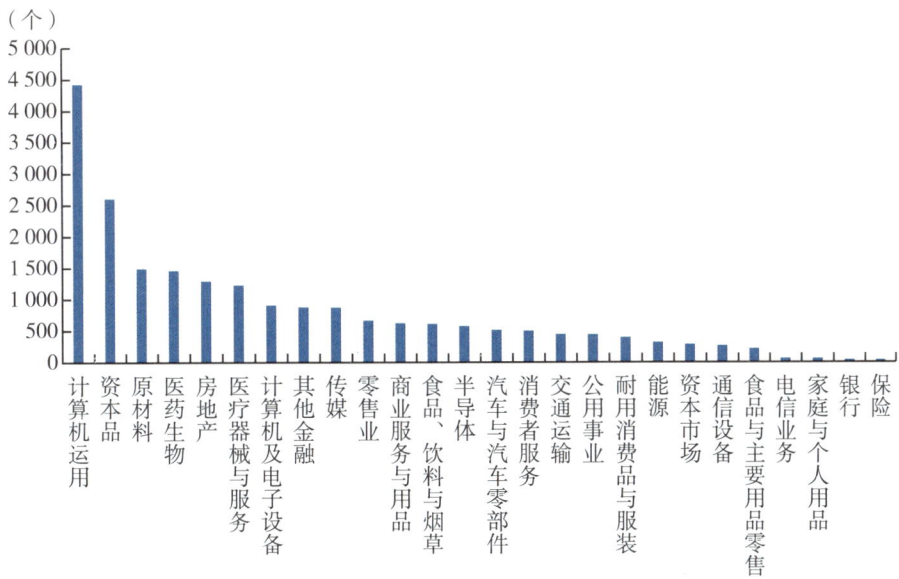

图 5-60　私募股权投资基金退出案例数量行业分布

资料来源：中国证券投资基金业协会。

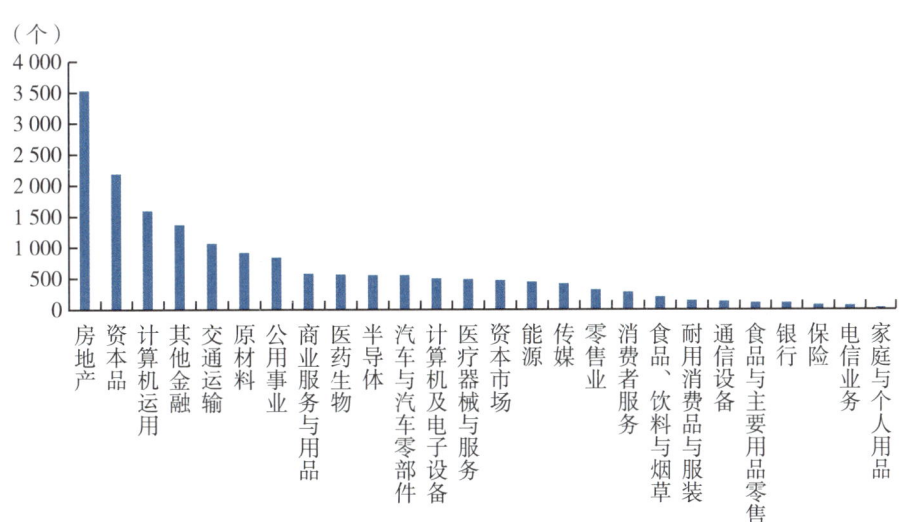

图 5-61　私募股权投资基金退出案例退出本金行业分布

资料来源：中国证券投资基金业协会。

从私募股权投资基金退出案例实际退出金额的行业分布来看，前五大行业分别为"房地产""资本品""计算机运用""半导体"和"其他金融"，各行业退出本金分别为 4 642.38 亿元、2 955.81 亿元、2 240.32 亿元、2 095.92 亿元和

1 599.21亿元，实际退出金额合计1.35万亿元；占比分别为17.84%、11.36%、8.61%、8.05%和6.15%，合计占比52.01%（见图5-62）。

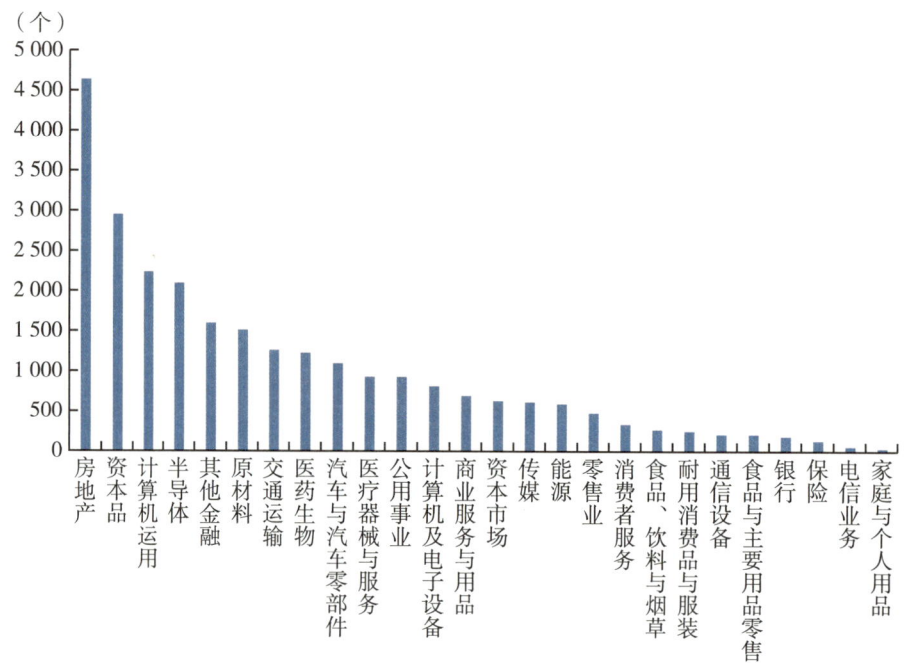

图5-62　私募股权投资基金退出案例实际退出金额行业分布

资料来源：中国证券投资基金业协会。

2021年当年私募股权投资基金新增退出案例中，退出案例数量排名前五的行业为"计算机运用""资本品""房地产""医药生物"和"原材料"，各行业退出案例数量分别为1 412个、934个、727个、607个和604个，合计占比53.49%；退出本金前五大行业为"房地产""资本品""计算机运用""交通运输"和"公用事业"，各行业退出本金分别为1 456.72亿元、839.04亿元、393.21亿元、386.23亿元和384.83亿元，合计占比58.73%；实际退出金额前五大行业为"房地产""资本品""半导体""原材料"和"计算机运用"，各行业实际退出金额分别为1 583.26亿元、1 062.68亿元、764.08亿元、596.98亿元和577.08亿元，合计占比55.79%。

（五）基金投资案例退出所涉存续期限情况

截至2021年末，私募股权投资基金投资案例在退出时，持有时间为2年（含）至4年的案例数量、退出本金和实际退出金额均最多，占比分别为33.47%、

37.37%和36.53%。持有时间为7年（含）以上的退出案例数量、退出本金及实际退出金额均为最少（见图5-63）。

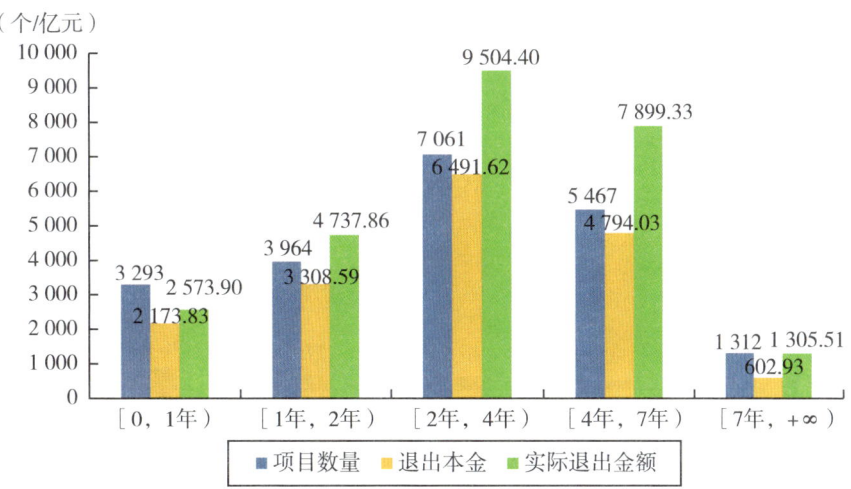

图 5-63 私募股权投资基金投资案例期限情况

资料来源：中国证券投资基金业协会。

其中，私募股权投资基金完全退出的投资案例中，持有时间为2年（含）至4年的案例数量、退出本金和实际退出金额均最多，占比分别为33.78%、37.64%和36.00%。持有时间为7年（含）以上的退出案例数量、退出本金及实际退出金额均为最少。

2021年当年新增的退出案例，持有时间为4年（含）至7年的案例数量、退出本金和实际退出金额均最多，占比分别为33.09%、38.18%和33.94%。其中完全退出的案例中，持有时间为4年（含）至7年的案例数量、退出本金和实际退出金额同样最多，占比分别为34.94%、36.13%和32.29%。

第三节　创业投资基金

一、创业投资基金基本情况

（一）基金数量和规模变化情况

截至2021年末，已备案创业投资基金14 511只，较2020年末增加4 113只，同比增长39.56%（见图5-64）；已备案创业投资基金规模为2.37万亿元，较2020年末增加6 802.66亿元，同比增长40.24%（见图5-65）；平均每只基金的规模约为1.63亿元。

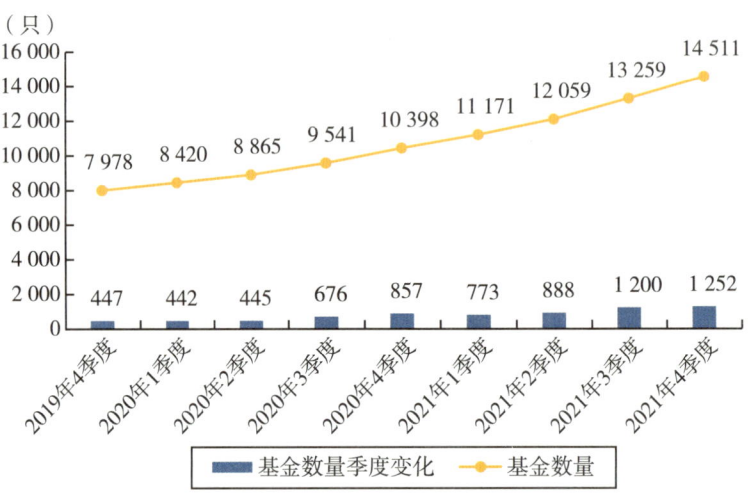

图5-64　创业投资基金数量变化

资料来源：中国证券投资基金业协会。

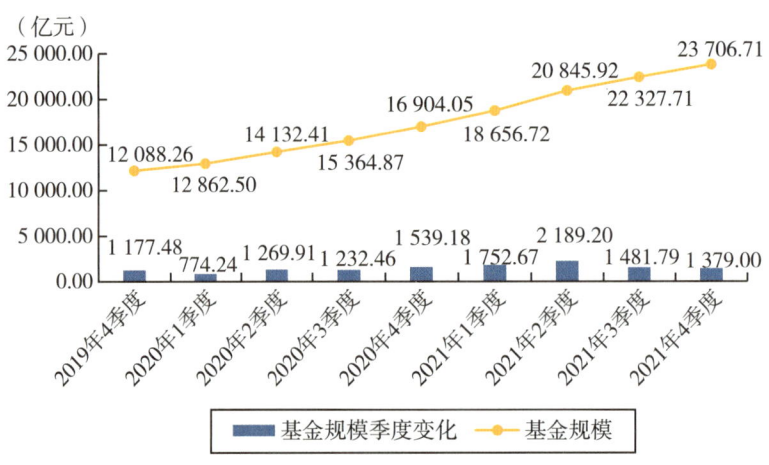

图5-65　创业投资基金规模变化

资料来源：中国证券投资基金业协会。

2021年当年，创业投资基金继续保持稳定增长，新备案创业投资基金4 540只，备案规模2 242.90亿元，占当年新备案各类型私募基金的比例为11.17%和

15.26%。

(二)基金规模分布情况

截至2021年末,创业投资基金单只基金规模主要集中于2 000万至5 000万元(不含),基金数量为3 617只,占创业投资基金总数的比例为24.93%(见图5-66)。

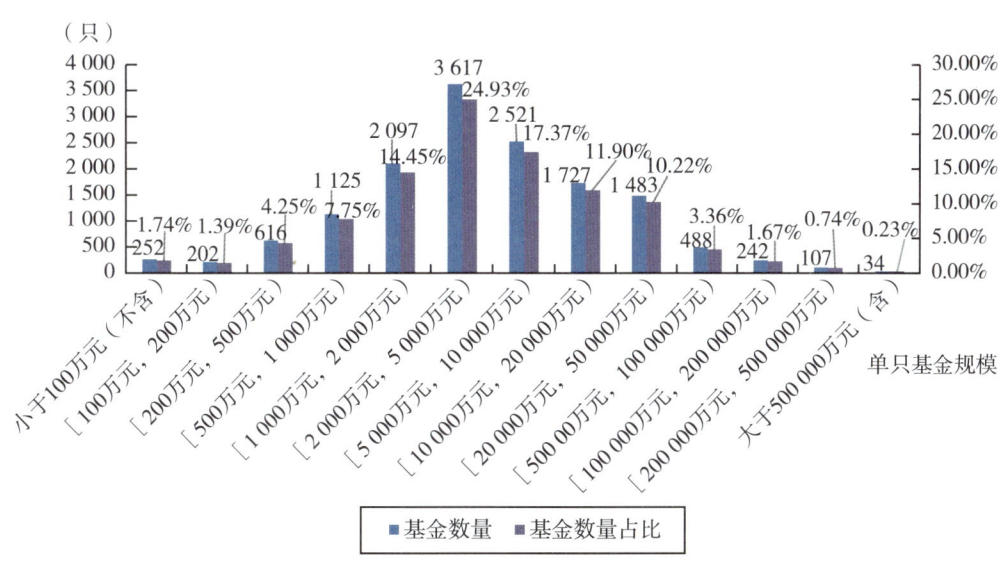

图5-66 单只创业投资基金规模分布

资料来源:中国证券投资基金业协会。

2021年当年备案的创业投资基金规模普遍较小,单只基金规模主要集中于1 000万至2 000万元(不含)和2 000万至5 000万元(不含),数量占比分别为21.34%和29.34%;单只基金规模在5 000万元以下的基金数量占比合计达72.56%。

(三)基金组织形式分布情况

截至2021年末,从创业投资基金的组织形式来看,合伙型的基金数量和规模均最多,分别为13 499只和2.14万亿元,占比分别为93.03%和90.38%;组织形式为公司型的创业投资基金单只基金规模最大,为3.22亿元(见图5-67和图5-68)。

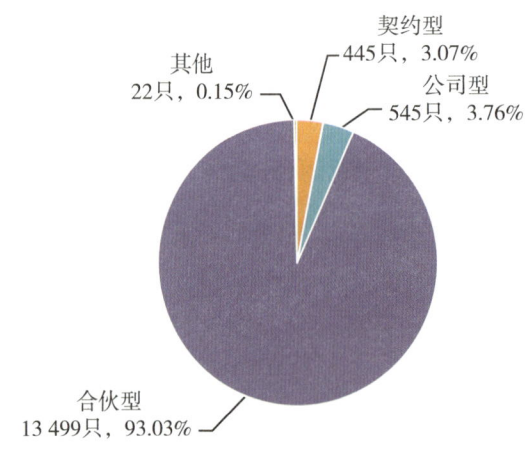

图 5-67　创业投资基金组织形式按基金数量分布

资料来源：中国证券投资基金业协会。

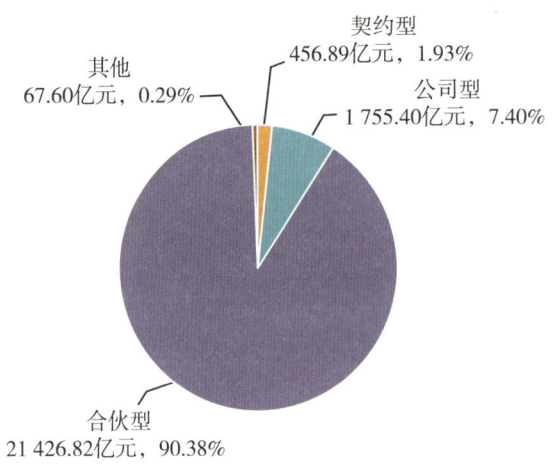

图 5-68　创业投资基金组织形式按基金规模分布

资料来源：中国证券投资基金业协会。

2021年当年备案创业投资基金的组织形式依然以合伙型为主，基金数量4 485只，基金规模2 222.49亿元。此外，契约型基金47只，基金规模16.42亿元；公司型基金8只，基金规模3.99亿元。

（四）基金托管情况

截至2021年末，在协会备案的14 511只创业投资基金中，已托管的基金数量为8 943只，托管率达61.63%，较2020年末下降0.03个百分点；已托管的基金规模为19 221.69亿元，占创业投资基金总规模的81.08%，较2020年末增长3.48个百分点（见图5-69）。从单只基金平均规模来看，已托管基金平均规模2.15亿元，未托管基金平均规模0.81亿元。

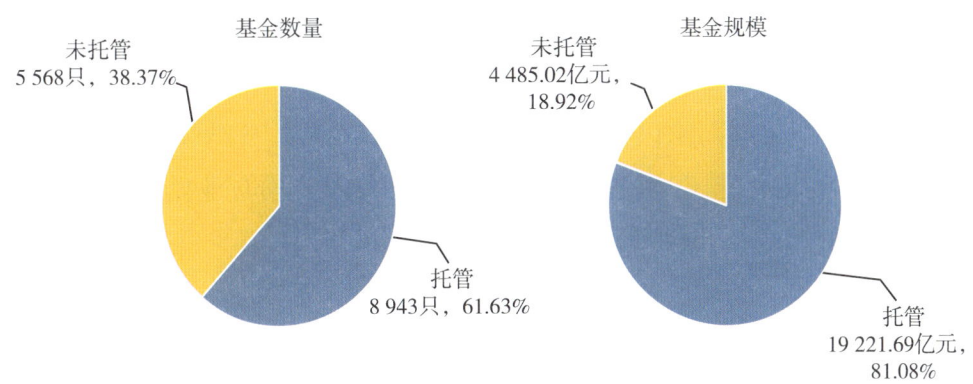

图5-69　创业投资基金托管情况

资料来源：中国证券投资基金业协会。

从不同组织形式基金的托管情况来看，契约型和其他形式基金的托管率较高，公司型、合伙型基金具有独立的法律地位，在一定程度上受工商行政管理等其他部门监管，运作相对合规，基金托管率低于契约型和其他组织形式基金（见图5-70）。

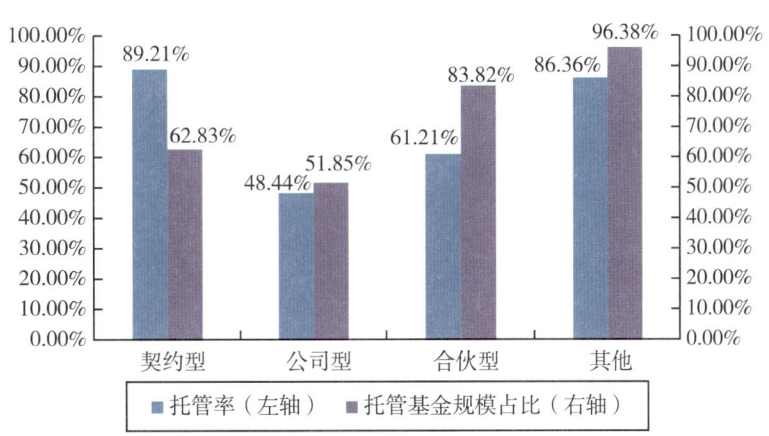

图5-70　不同组织形式创业投资基金托管情况

资料来源：中国证券投资基金业协会。

2021年当年备案创业投资基金的托管率达60.70%，托管基金规模占比79.21%；从新备案创业投资基金的组织形式来看，契约型基金托管率和托管基金规模占比达100%，公司型基金托管率和托管基金规模占比分别为62.50%和89.47%，合伙型基金托管率和托管基金规模占比分别为60.29%和79.04%。

（五）基金外包情况

截至2021年末，采用外包服务的创业投资基金数量2 035只，占比14.02%；基金规模1 391.10亿元，占比5.87%（见图5-71）。大部分创业投资基金未采用外包服务。

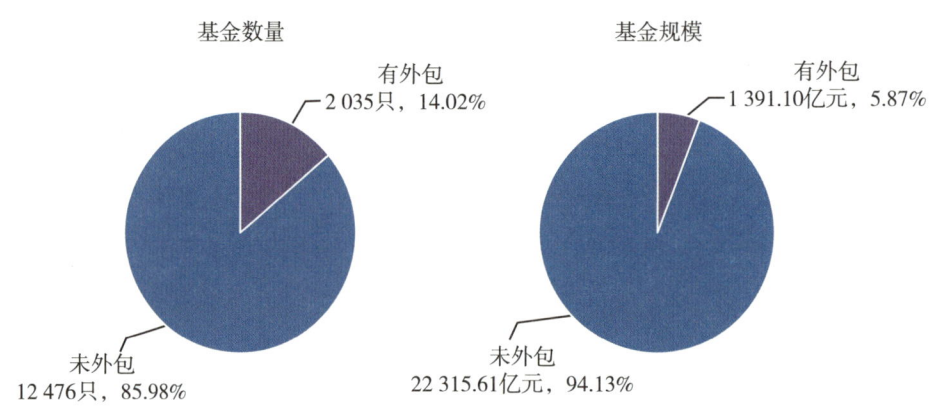

图5-71 创业投资基金外包情况

资料来源：中国证券投资基金业协会。

创业投资基金采用的主要外包服务是份额登记服务和估值核算服务，其中，采用份额登记服务的创业投资基金1 852只，占有采用外包服务创业投资基金数量的91.01%；采用估值核算服务的创业投资基金1 905只，占有采用外包服务创业投资基金数量的93.61%（见图5-72）。

2021年当年备案的创业投资基金中，采用外包服务的创业投资基金数量800只，占比17.62%；基金规模373.99亿元，占比16.67%。其中，创业投资基金主要采用份额登记服务和估值核算服务，占有采用外包服务创业投资基金数量的比例分别为92.50%和94.50%。

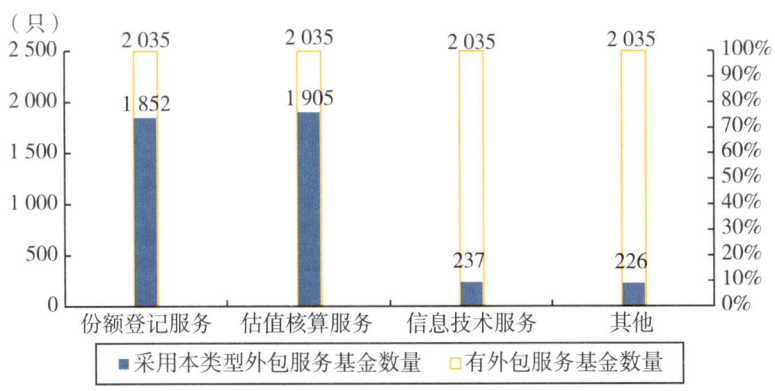

图 5-72　创业投资基金外包服务类型分布

资料来源：中国证券投资基金业协会。

（六）创业投资类 FOF 情况

截至 2021 年末，创业投资类 FOF 共 1 296 只，基金规模 3 051.94 亿元，基金数量和规模占比分别为 8.93% 和 12.87%。从单只创业投资类 FOF 的规模来看，主要集中在 2 000 万至 5 000 万元（不含），数量占比 27.01%。

从基金种类来看，母基金数量和规模占创业投资类 FOF 的比例分别为 54.17% 和 82.68%，投向单一资管计划基金的数量和规模占创业投资类 FOF 的比例分别为 45.83% 和 17.32%；母基金的平均规模 3.59 亿元，而投向单一资管计划基金的平均规模为 0.89 亿元，远小于母基金（见图 5-73）。

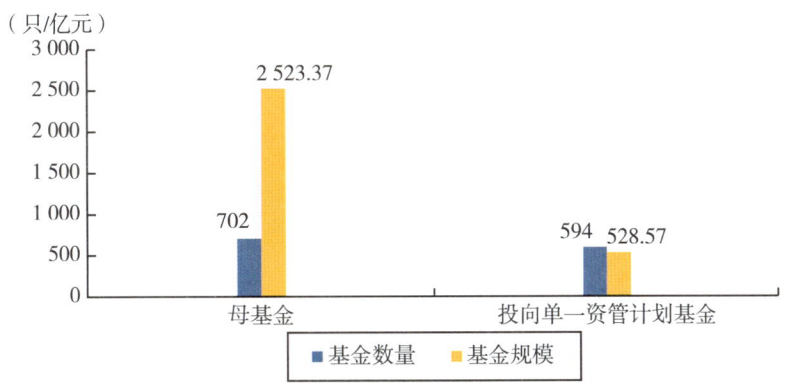

图 5-73　创业投资类 FOF 基金产品种类分布

注：其中一只创投 FOF 分类未明确。

资料来源：中国证券投资基金业协会。

2021年当年备案的创业投资类FOF 493只，基金规模253.66亿元，占新备案创业投资基金的比例分别为10.86%和11.31%；单只基金规模同样主要集中在2 000万至5 000万元（不含），基金数量144只，占当年新备案创业投资类FOF的29.21%。其中，母基金220只，基金规模126.16亿元，平均规模0.57亿元。

（七）政府引导基金情况

截至2021年末，勾选了"政府引导基金"标签的创业投资基金601只，占创业投资基金总数量的4.14%；基金规模2 122.68亿元，占全部创业投资基金规模的8.95%。基金数量和规模较2020年末分别增长5.07%和下降0.33%。从单只基金平均规模来看，勾选了"政府引导基金"标签的创业投资基金平均规模为3.53亿元。

2021年当年备案创业投资基金中勾选了"政府引导基金"标签的基金43只，占比0.95%；基金规模31.06亿元，占比1.38%。

二、创业投资基金募集出资情况

截至2021年末，创业投资基金各类投资者合计出资1.96万亿元，较2020末增加4 637.21亿元，同比增长30.92%；所涉投资者13.26万个，较2020年末增加41 247个，同比增长45.17%。2021年当年新备案创业投资基金的各类投资者合计出资2 242.90亿元，所涉投资者38 905个。截至2021年末新备案创业投资基金投资者合计出资2 242.90亿元，所涉投资者38 905个。

（一）基金募集账户监督机构情况

截至2021年末，创业投资基金中有募集账户监督机构的基金12 412只，占比85.54%；基金规模18 030.11亿元，占比76.05%。在有募集账户监督机构的创业投资基金中，募集账户监督机构为取得基金销售业务资格商业银行和证券公司的基金数量占比分别为85.20%和14.74%，基金规模占比分别为93.51%和6.41%（见图5-74）；从单只基金平均规模来看，募集账户监督机构为商业银行的创业投资基金平均规模为1.59亿元，而募集账户监督机构为证券公司的平均规模仅为6 317.40万元。

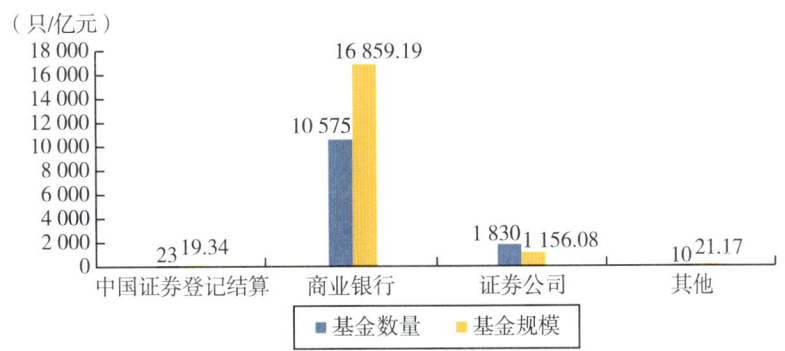

图 5-74　创业投资基金募集账户监督机构情况

资料来源：中国证券投资基金业协会。

2021年当年备案的创业投资基金中，有募集账户监督机构的基金4 537只，基金规模2 241.41亿元，占比均为99.93%。新备案有募集账户监督机构的创业投资基金中，以取得基金销售业务资格的商业银行作为募集账户监督机构的基金数量3 746只，基金规模1 896.26亿元；以取得基金销售业务资格的证券公司作为募集账户监督机构的基金791只，基金规模342.18亿元。

（二）基金投资者数量分布情况

截至2021年末，创业投资基金的投资者数量主要集中在1至20（含）个，基金数量达13 034只，占比89.82%（见图5-75）；基金规模18 265.72亿元，占比77.05%（见图5-76）。此外，还有极少部分未进行信息补录或未及时清算的创业投资基金投资者数量显示为"0"。

2021年当年备案的创业投资基金中，投资者数量主要集中在1至5（含）个，基金数量达2 152只，占比47.40%；基金规模764.49亿元，占比34.08%。投资者数量为5至20（含）个，基金数量2 029只，占比44.69%；基金规模1 124.66亿元，占比50.14%。

（三）基金投资者出资情况

截至2021年末，创业投资基金的各类投资者中，居民投资者数量占比达65.52%，相关资金占比仅为19.55%；企业投资者数量占比27.26%，但相关资金占比达49.11%；各类资管计划投资者数量占比仅为6.97%，相关资金占比达

27.91%（见图5-77）。

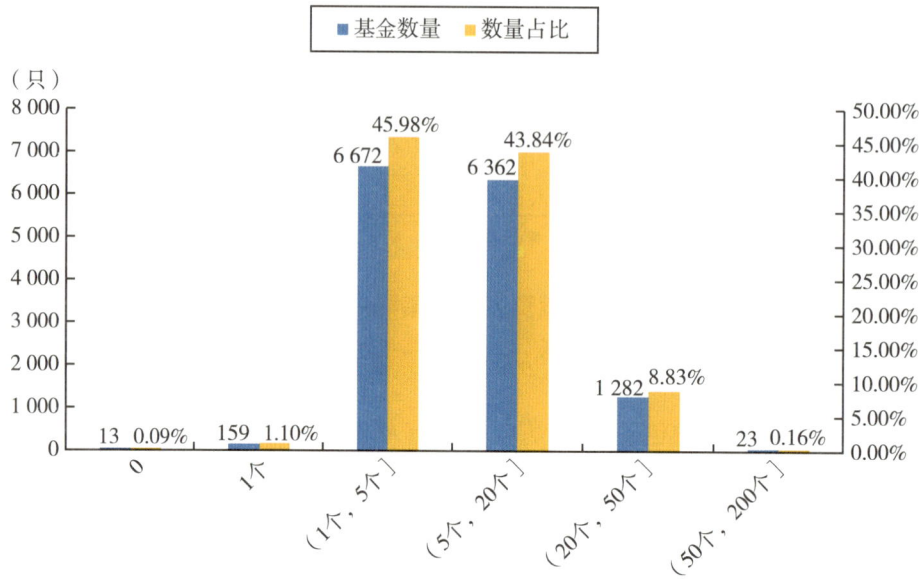

图 5-75　创业投资基金按投资者数量分类的数量分布

资料来源：中国证券投资基金业协会。

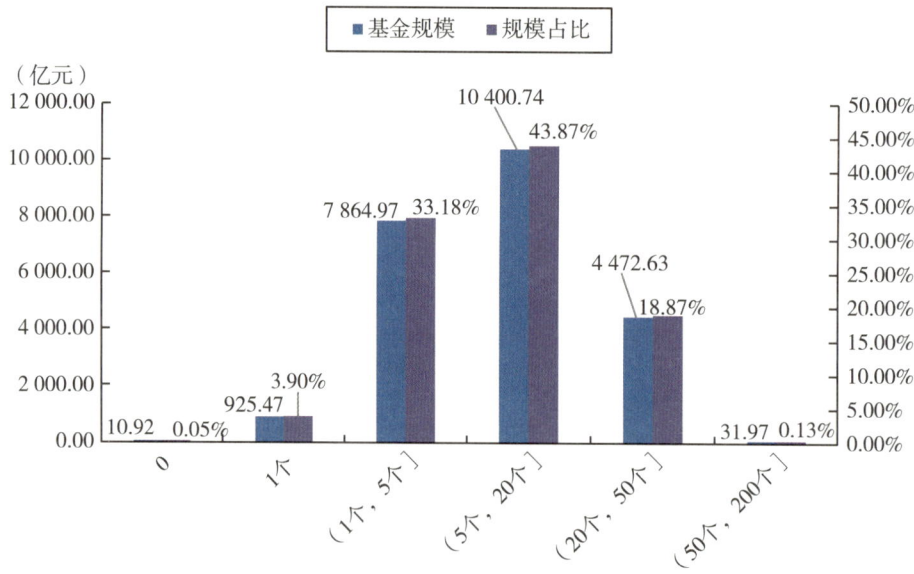

图 5-76　创业投资基金按投资者数量分类的规模分布

资料来源：中国证券投资基金业协会。

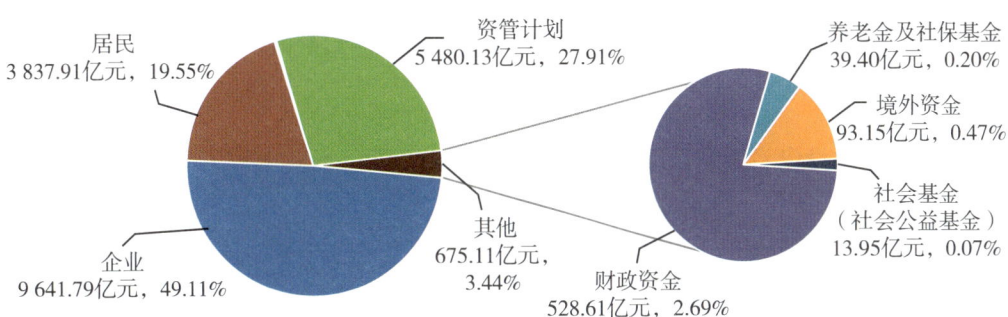

图 5-77　创业投资基金不同类型投资者出资比例分布

资料来源：中国证券投资基金业协会。

具体来看，截至 2021 年末，境内公司等法人机构出资占比达到 40.09%，自然人（非员工跟投）出资占比 18.27%，私募基金产品出资占比 22.25%，其余类型投资者均不足 8%（见图 5-78）。

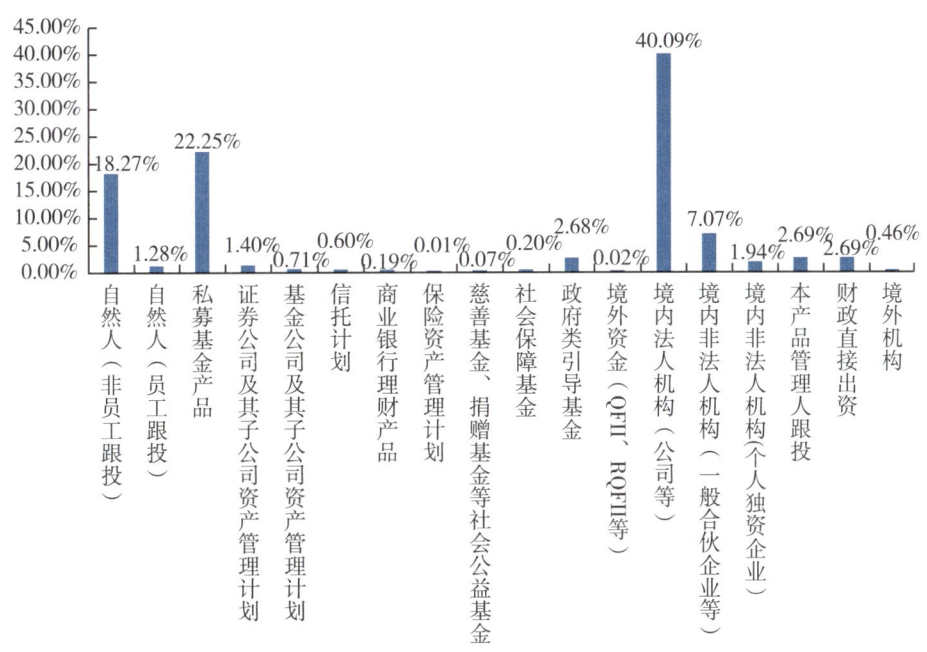

图 5-78　创业投资基金投资者出资比例明细

资料来源：中国证券投资基金业协会。

2021 年当年备案创业投资基金的投资者中，主要出资方为企业类投资者，占全部出资的 40.07%，其中境内公司等法人机构出资最高，占当年出资总额的

30.88%，较2019年末减少7.60个百分点，创业投资基金出资者继续呈现机构化、专业化发展趋势。

（四）机构投资者出资比例分布情况

截至2021年末，从数量上看，31.30%的创业投资基金由机构投资者100%出资，此类基金规模占比达54.78%（见图5-79和图5-80）；从单只基金的规模看，由机构投资者100%出资的基金平均规模达2.86亿元。

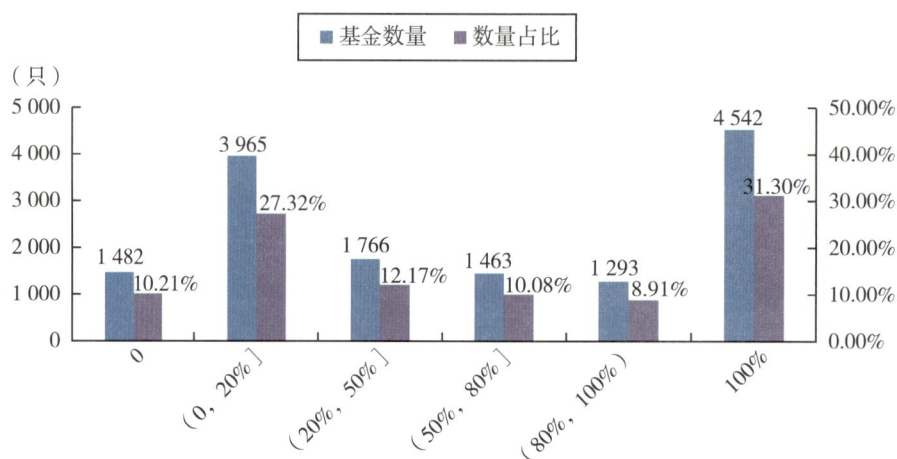

图5-79 创业投资基金按机构投资者出资数量及占比分布

资料来源：中国证券投资基金业协会。

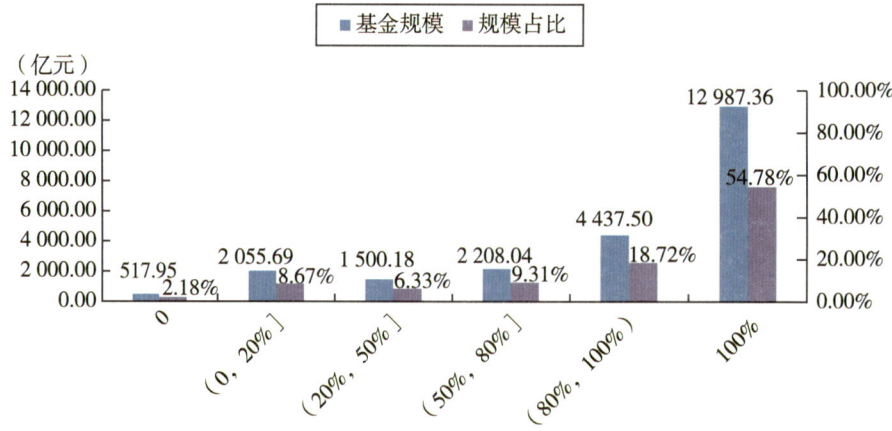

图5-80 创业投资基金按机构投资者出资规模及占比分布

资料来源：中国证券投资基金业协会。

2021年当年备案的创业投资基金中,从数量上看,26.89%的创业投资基金由机构投资者100%出资,此类基金规模占比达40.80%;从单只基金的规模看,由机构投资者100%出资的基金平均规模达7 494.11万元。

三、创业投资基金投资运作情况

截至2021年末,已进行季度更新、完成运行监测表填报的存续创业投资基金期末总资产规模为2.49万亿元;期末净资产2.37万亿元。从创业投资基金的配置效率来看,存续创业投资基金已实现资金退出及收益分配达4 598.01亿元。

(一)基金实际投资方向分布情况

截至2021年末,从创业投资基金的具体投资方向情况来看,投资境内未上市、未挂牌公司股权、上市公司定向增发及新三板的资产规模合计13 803.36亿元,占所投各类资产规模的55.58%。其中,投资境内未上市、未挂牌公司股权的资产规模最大,达13 078.05亿元,占所投各类资产规模的52.66%,较2020年末增长4.19个百分点(见图5-81)。

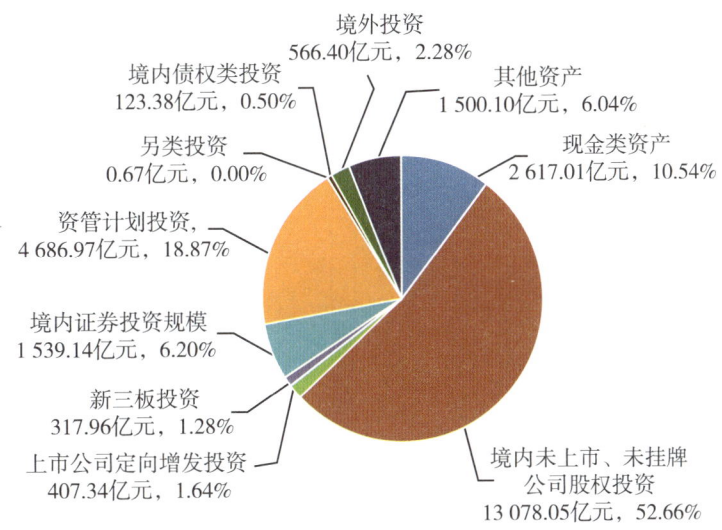

图5-81　创业投资基金实际投资方向分布

资料来源:中国证券投资基金业协会。

2021年当年备案的创业投资基金投资境内未上市、未挂牌公司股权的资产规模最大，总计1 931.63亿元，占当年所投各类资产规模的54.90%。此外，投资资管计划的资产规模612.74亿元，占比17.41%；投资新三板的资产规模17.50亿元，占比0.50%。

（二）基金投资案例情况

截至2021年末，已进行季度更新、完成运行监测表填报的存续创业投资基金中，已投资且暂未完全退出的境内未上市、未挂牌公司股权投资、上市公司再融资项目、新三板投资、境内债权类投资以及境外股权、债权投资的投资案例54 459个，账面价值16 422.96亿元，在投金额12 660.48亿元；单个案例平均账面价值3 015.66万元，平均在投金额2 324.77万元。2021年当年，创业投资基金新增投资案例15 716个，投资金额4 020.57亿元，单个案例平均投资金额2 558.27万元。

1.基金投资案例特征情况

截至2021年末，创业投资基金所投案例中属于中小企业的案例数量和在投金额占比最大，分别达72.45%和49.67%；属于高新技术企业的案例数量和在投金额占比分别为44.81%和48.07%；属于初创科技型企业的案例数量和在投金额占比分别为25.80%和15.98%，较2020年末分别增加3.59个百分点和2.71个百分点（见图5-82）。

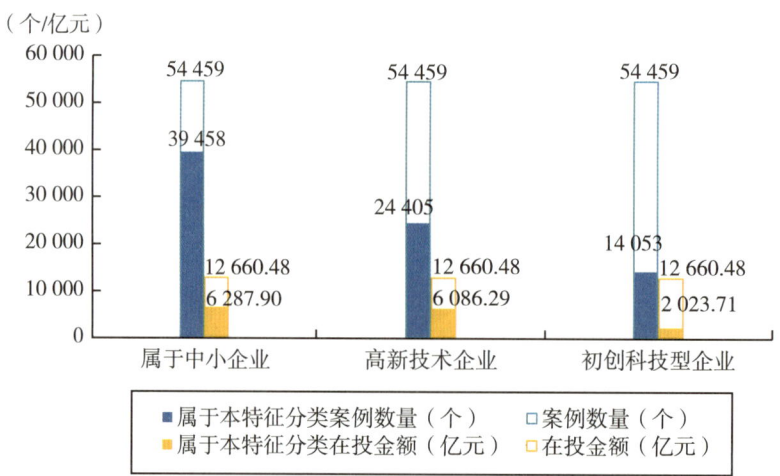

图5-82 创业投资基金投资案例特征数量及规模分布

资料来源：中国证券投资基金业协会。

2021年当年创业投资基金新增投资案例中，属于中小企业的案例数量和投资金额分别为10 914个和2 080.08亿元；属于高新技术企业的案例数量和投资金额分别为7 746个和2 170.60亿元；属于初创科技型企业的案例数量和投资金额分别为4 942个和834.10亿元。

2.基金投资案例地域分布情况

截至2021年末，从创业投资基金投资案例地域分布来看，投资案例数量排名前五的地区为北京、广东、上海、江苏和浙江，合计41 462个，占案例总数量的76.13%（见图5-83）；投资案例在投金额排名前五的地区为北京、广东、上海、江苏和浙江，合计9 135.87亿元，占案例在投金额总数的72.16%（见图5-84）。

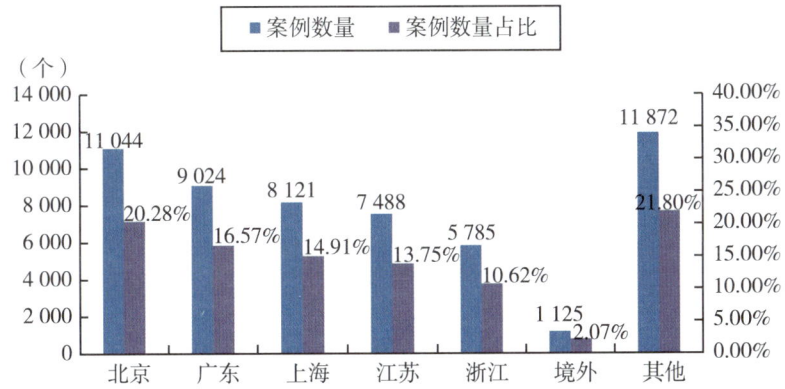

图5-83 创业投资基金投资案例数量排名前五地域分布

资料来源：中国证券投资基金业协会。

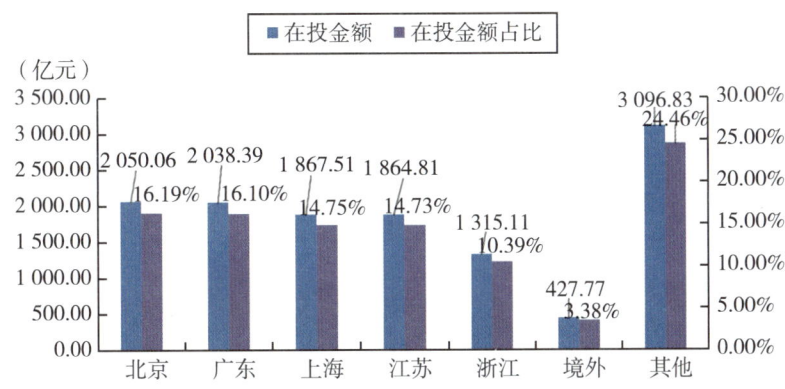

图5-84 创业投资基金投资案例在投金额排名前五地域分布

资料来源：中国证券投资基金业协会。

2021年当年创业投资基金新增投资案例中，投资案例数量排名前五的地区主要集中于广东、江苏、北京、上海和浙江，合计12 147个，占比77.29%；投资金额排名前五的地区为江苏、广东、上海、北京和浙江，合计3 012.59亿元，占比74.00%。

3.基金投资案例行业分布情况

从投资案例数量的行业分布来看，截至2021年末，前五大行业为"计算机运用""资本品""医药生物""医疗器械与服务"和"半导体"，各行业投资案例数量分别为17 462个、5 954个、5 302个、4 254个和3 843个，数量合计36 815个，占比67.60%（见图5-85）。

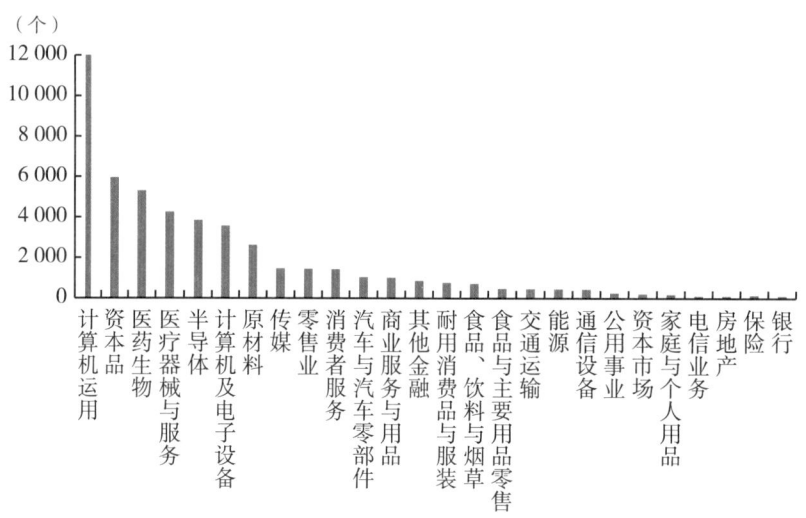

图5-85 创业投资基金投资案例数量行业分布

资料来源：中国证券投资基金业协会。

从投资案例在投金额的行业分布来看，前五大行业分别为"计算机运用""资本品""医药生物""半导体"和"医疗器械与服务"，各行业在投金额分别为2 811.13亿元、1 428.38亿元、1 323.08亿元、1 295.52亿元和957.57亿元，在投金额合计7 815.68亿元，占比61.73%（见图5-86）。

综合来看，投资案例平均在投金额排名前五位的行业为"公用事业""房地产""其他金融""交通运输"和"资本市场"，平均在投金额分别为8 095.48万元、6 749.23万元、5 951.60万元、5 647.86万元和5 320.82万元。

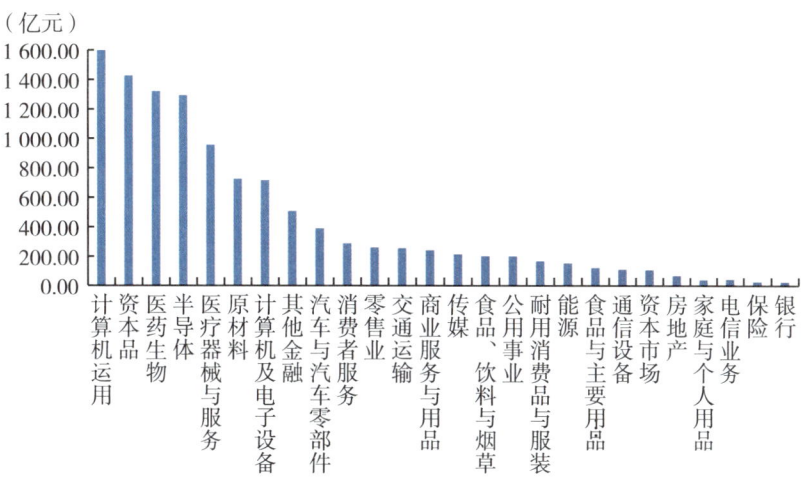

图 5-86 创业投资基金投资案例在投金额行业分布

资料来源：中国证券投资基金业协会。

2021年当年创业投资基金新增投资案例中，投资案例数量排名前五的行业为"计算机运用""医药生物""半导体""资本品"和"医疗器械与服务"，各行业投资案例数量分别为3 793个、2 263个、2 048个、1 673个和1 396个，数量合计11 173个，占比71.09%；投资金额前五大行业为"计算机运用""半导体""医药生物""资本品"和"医疗器械与服务"，各行业投资金额分别为783.17亿元、680.63亿元、527.41亿元、410.69亿元和305.68亿元，投资金额合计2 707.58亿元，占比66.51%；新增投资案例平均投资金额排名前五的行业为"其他金融""资本市场""交通运输""汽车与汽车零部件"和"公用事业"，平均投资金额分别为13 874.91万元、5 825.42万元、528 000万元、5 032.62万元和4 311.28万元。

四、创业投资基金投资案例退出情况

截至2021年末，已完成运行监测表或清算表填报的创业投资基金（含已清算基金）退出案例15 610个，发生退出行为25 563次，退出本金2 405.34亿元，实际退出金额5 626.49亿元；退出案例的平均投资期限40.58个月。2021年当年创业投资基金（含已清算基金）退出案例5 990个，发生退出行为6 807次，退出本金603.41亿元，实际退出金额1 373.94亿元；退出案例的平均投资期限42.28个月。

（一）存续基金投资案例退出情况

截至2021年末，已进行季度更新、完成运行监测表填报且正在运作的创业投资基金投资案例退出共14 549个，发生退出行为23 498次，退出本金2 040.64亿元，实际退出金额5 069.06亿元；退出案例的平均投资期限41.28个月。其中，完全退出案例10 262个，发生退出行为14 977次，退出本金1 577.27亿元，实际退出金额3 597.37亿元；退出案例的平均投资期限41.52个月。

1.存续基金投资案例退出方式分布情况

截至2021年末，创业投资基金投资案例退出方式，从退出次数来看主要为"协议转让""企业回购""新三板挂牌"和"被投企业分红"，上述方式合计占所有退出次数的75.91%；从退出本金来看，"协议转让""企业回购""境内IPO"退出本金占比较高，共70.16%；从实际退出金额来看，"境内IPO""境内上市（除IPO）""协议转让"实际退出金额占比较高，达84.34%（见图5-87）。

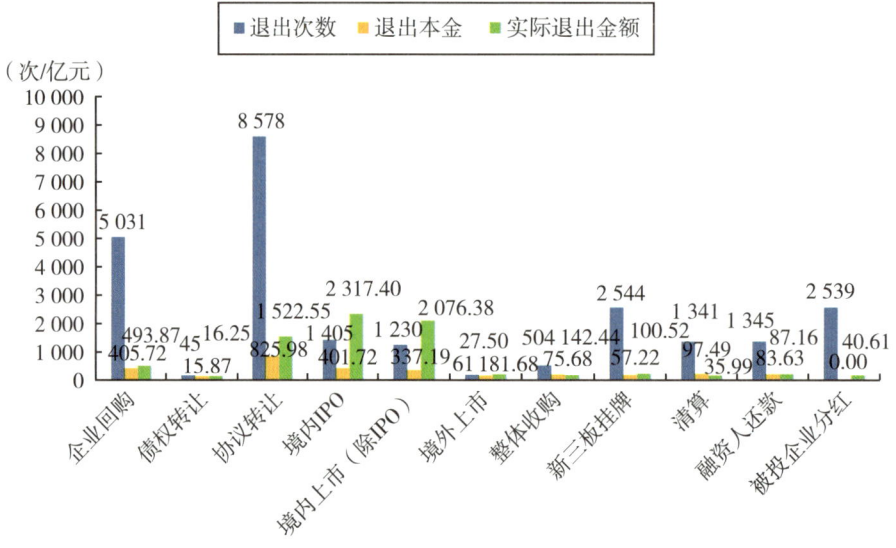

图5-87 存续创业投资基金投资案例退出方式分布

注："境内上市（除IPO）"包括"上市公司定向增发""股票协议转让"和"股票大宗交易"。
资料来源：中国证券投资基金业协会。

2.存续基金投资案例退出地域分布情况

截至2021年末，从创业投资基金投资案例退出的地域分布来看，退出案例数量排名前五的地区为北京、上海、广东、江苏和浙江，退出案例数量合计10 593个，数量占比72.81%（见图5-88）；案例退出本金排名前五的地区为北京、江苏、广东、上海和浙江，退出本金合计1 378.29亿元，退出本金占比67.54%（见图5-89）；案例实际退出金额排名前五的地区为北京、广东、上海、江苏和浙江，实际退出金额合计3 420.36亿元，实际退出金额占比67.48%（见图5-90）。

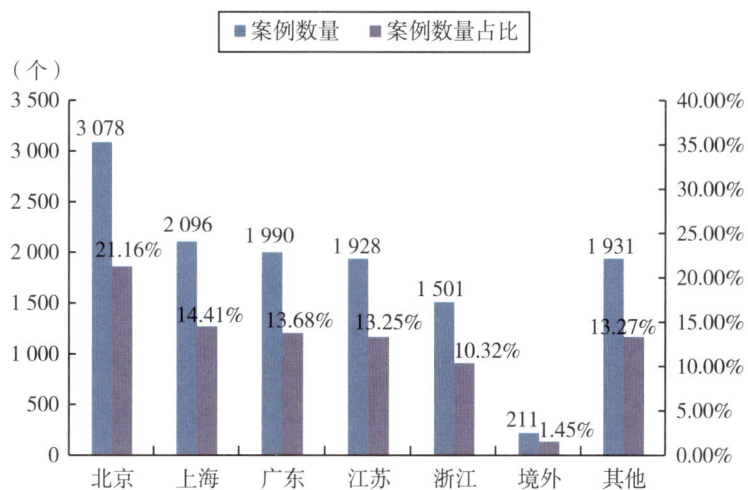

图5-88 存续创业投资基金退出案例数量排名前五地域分布

资料来源：中国证券投资基金业协会。

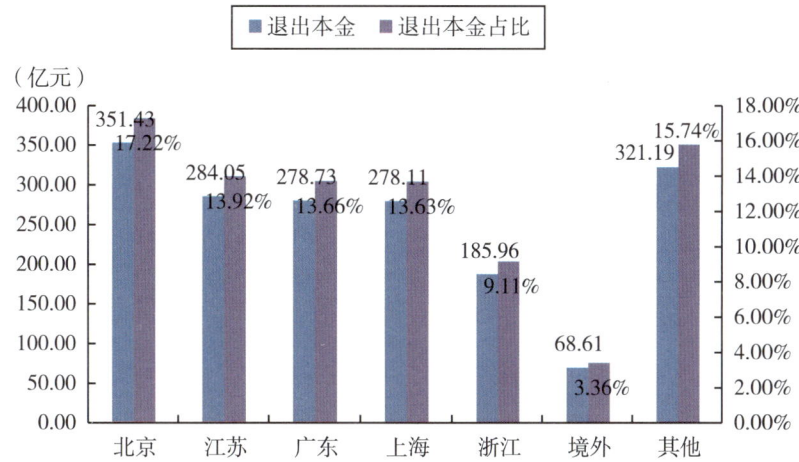

图5-89 存续创业投资基金投资案例退出本金排名前五地域分布

资料来源：中国证券投资基金业协会。

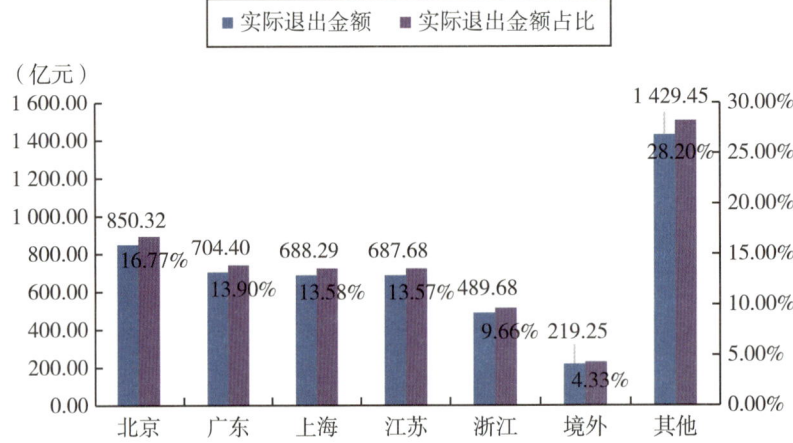

图 5-90　存续创业投资基金投资案例实际退出金额排名前五地域分布

资料来源：中国证券投资基金业协会。

3.存续基金投资案例退出行业分布情况

从创业投资基金退出案例数量的行业分布来看，截至2021年末，前五大行业为"计算机运用""资本品""医药生物""原材料"和"医疗器械与服务"，各行业退出案例数量分别为4 799个、1 924个、1 091个、1 008个和878个，数量合计9 700个，占比66.22%（见图5-91）。

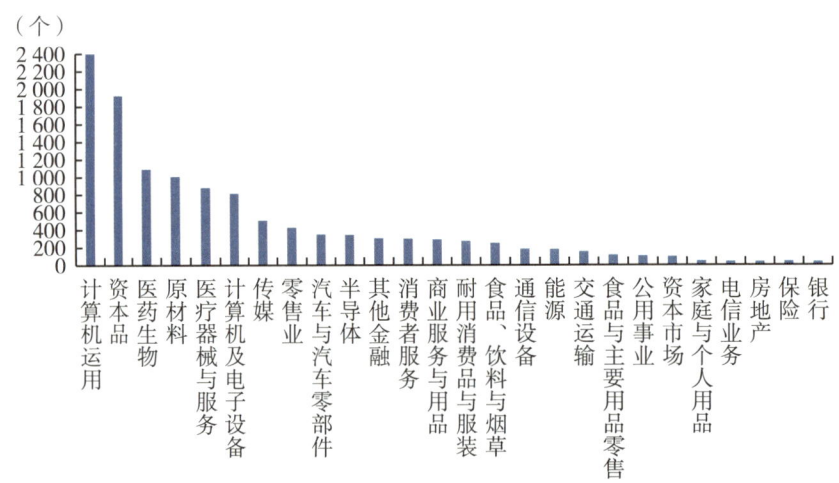

图 5-91　存续创业投资基金退出案例数量行业分布

资料来源：中国证券投资基金业协会。

从创业投资基金退出案例退出本金的行业分布来看，前五大行业分别为"计算机运用""资本品""医药生物""原材料"和"医疗器械与服务"，各行业退出本金分别为440.55亿元、289.97亿元、185.94亿元、150.09亿元和134.48亿元，退出本金合计1 201.03亿元，占比58.86%（见图5-92）。

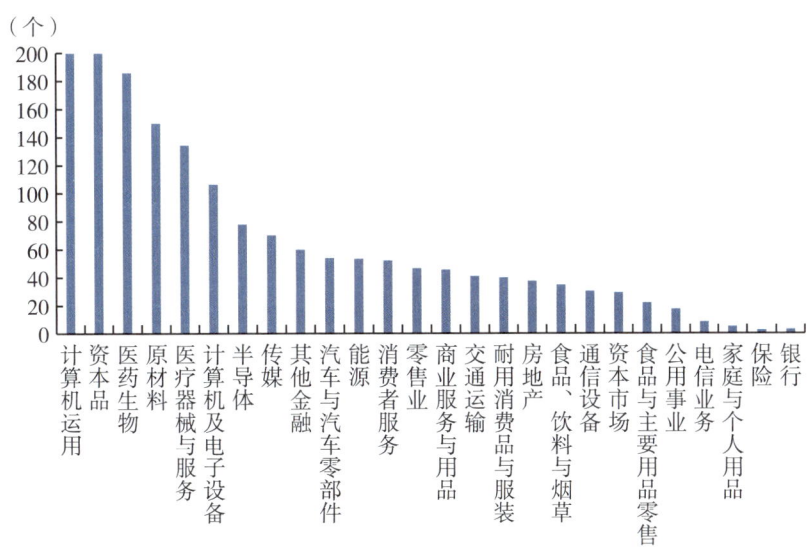

图5-92　存续创业投资基金退出案例退出本金行业分布

资料来源：中国证券投资基金业协会。

从创业投资基金退出案例实际退出金额的行业分布来看，前五大行业分别为"计算机运用""资本品""医药生物""原材料"和"医疗器械与服务"，各行业实际退出金额分别为1 042.92亿元、680.39亿元、618.43亿元、399.85亿元和362.33亿元，实际退出金额合计3 103.93亿元，占比61.23%（见图5-93）。

4.存续基金投资案例退出所涉持有期限情况

截至2021年末，创业投资基金投资案例在退出时，持有时间为2年（含）至4年的案例数量和退出本金最多，占所有退出案例的比例分别为32.51%和32.75%；持有时间为4年（含）至7年的实际退出金额最多，占比36.39%（见图5-94）。

其中，创业投资基金完全退出的投资案例中，持有时间为2年（含）至4年的案例退出本金最多，占所有退出案例的比例为39.19%；持有时间为4年（含）至7

年的案例退出数量和实际退出金额最多,占比分别为33.09%和41.27%。

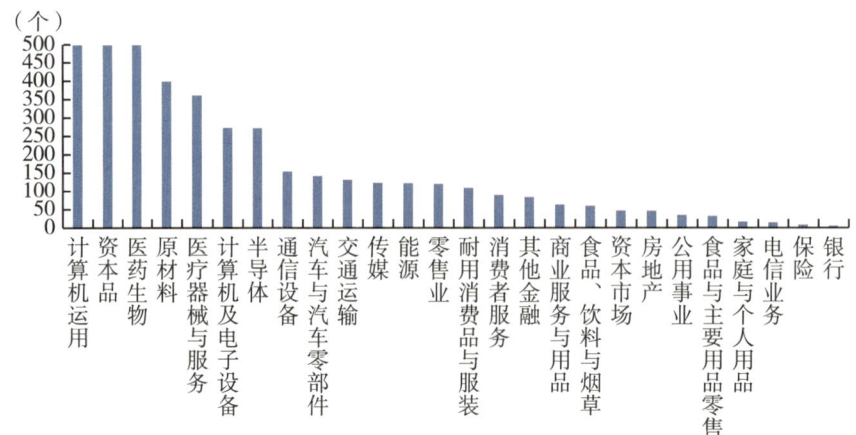

图5-93　存续创业投资基金退出案例实际退出金额行业分布

资料来源:中国证券投资基金业协会。

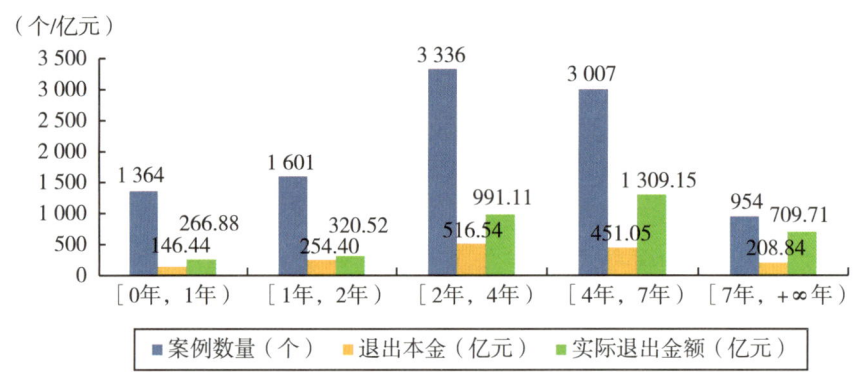

图5-94　存续创业投资基金投资案例期限分布

资料来源:中国证券投资基金业协会。

(二)已清算基金投资案例退出情况

截至2021年末,在资产管理业务综合报送平台完成清算情况表填报的已清算创业投资基金退出案例1 061个,发生退出行为2 065次,退出本金364.71亿元,实际退出金额557.43亿元;平均投资期限36.25个月。

(三)当年新增退出案例情况

2021年当年创业投资基金新增退出案例4 614个,发生退出行为6 393次,退出本金550.88亿元，实际退出金额1 310.41亿元；退出案例的平均投资期限47.81个月。其中，完全退出案例2 699个，发生退出行为3 512次，退出本金369.74亿元，实际退出金额713.59亿元；退出案例的平均投资期限47.87个月。

从相关退出案例的退出方式来看，主要为"协议转让""企业回购"和"新三板挂牌"，上述方式占所有退出次数的67.02%；从退出本金来看，"协议转让""境内上市"和"境内IPO"退出本金占比较高，合计占比58.71%；从实际退出金额来看，"境内上市""境内IPO"和"境内上市（除IPO）"实际退出金额占比较高，合计占比达68.03%。

从相关退出案例的地域分布来看，退出案例数量排名前五的地区为北京、广东、江苏、上海和浙江，退出案例数量合计3 285个，数量占比71.20%；案例退出本金排名前五的地区为北京、江苏、广东、上海和浙江，退出本金合计368.87亿元，退出本金占比66.96%；案例实际退出金额排名前五的地区为北京、江苏、广东、上海和浙江，实际退出金额合计894.96亿元，实际退出金额占比68.30%。

从相关退出案例的行业分布来看，退出案例数量排名前五的行业为"计算机运用""资本品""医药生物""医疗器械与服务"和"原材料"，各行业退出案例数量分别为1 399个、602个、394个、346个和308个，数量合计3 049个，占比66.08%；退出本金前五大行业为"计算机运用""资本品""医药生物""半导体"和"医疗器械与服务"，各行业退出本金分别为135.21亿元、73.89亿元、52.98亿元、42.70亿元和36.17亿元，退出本金合计340.94亿元，占比61.89%；实际退出金额前五大行业为"计算机运用""医药生物""资本品""半导体"和"医疗器械与服务"，各行业实际退出金额分别为324.90亿元、196.87亿元、167.24亿元、108.96亿元和91.78亿元，实际退出金额合计889.76亿元，占比67.90%。

从相关案例退出所涉持有期限来看，持有时间为2年（含）至4年的退出本金最多，占新增退出案例的比例为40.20%，持有时间为4年（含）至7年的案例数量和实际退出金额最多，占新增退出案例的比例分别为32.86%和36.59%。其中，完全退出的案例中，持有时间为2年（含）至4年的退出本金最多，占新增退出案例的比例为39.19%，持有时间为4年（含）至7年的案例数量和实际退出金额最多，占新增退出案例的比例分别为33.09%和41.27%。

第六章
公募基金管理机构[1]

截至2021年末，我国境内已获批的公募基金管理机构有157家，已成立157家[2]。其中，中外合资公司44家，外商独资公司3家[3]，取得公募基金管理资格的证券公司或证券公司资管子公司13家[4]，保险资管公司2家。与2020年相比，增加4家公募基金管理机构（均已获批并成立）。

第一节 公募基金管理机构股东情况

一、国有、中外合资、民企、其他

按股东背景[5]，基金管理机构可分为：国有企业、中外合资企业、民营企业、

---

[1] 本章主体内容由上海证券协助撰写。
[2] 中国证监会批复157家，已成立157家。本章以基金管理人获批日区分年限。
[3] 公司性质基础数据来源于Wind。
[4] 华融证券股份有限公司已于2018年12月25日不再从事公开募集证券投资基金管理业务，另行成立了华融基金。
[5] 具体分类标准如下：国有企业，指大股东或实际控制人属于国务院/地方各级国资委、中央国家机关及地方各政府/部门、中央国有及地方国有企/事业单位；中外合资企业，指由外国公司或其他经济组织或个人与中国公司或其他经济组织按法律规定共同投资设立、共同经营，按各自的出资比例共担风险、共负盈亏，各方出资折算成一定的出资比例，外国合营者的出资比例一般不低于25%；民营企业，指非公有制企业，例如个体企业、私营企业等，特点是没有国有资本，非国家控股；外商独资企业，指外国的公司、企业、其他经济组织或者个人，依照中国法律在中国境内设立的全部资本由外国投资者投资的企业；其他企业，指除以上四种类型外的企业单位。

外商独资企业、其他企业。

属于国有企业的公募基金管理机构共37家，其中多为地方政府或财政部出资，个别基金管理公司由财政部或国资委直接出资。从机构类型来看，有28家为基金公司，9家持牌机构；从控股模式看，有26家公募基金管理机构为国有企业绝对控股，其中有14家公募基金管理机构由国有企业独资。目前，国有企业仍然是基金管理机构股东群体中的重要力量。

属于中外合资企业的公募基金管理机构共44家，机构类型上均为基金公司，无持牌机构；从控股模式来看，绝对控股[1]的公募基金管理机构有31家，其中大部分均由单家内资企业控股超过50%（即绝对控股），少部分为外资控股。13家机构为相对控股[2]，无分散持股[3]的机构。从外资股东所处区域来看，外资股东多是来自美国、欧洲等的大型国家投资机构，也包括中国香港、澳门和台湾地区，以及日本、新加坡等国的亚洲市场金融机构。

属于民营企业的公募基金管理机构的共33家。从机构类型看，有31家基金公司，2家持牌机构；从控股模式上看，16家基金管理机构股权为绝对控股，其余17家为相对控股，股东中多数为民营企业与自然人。从第一大股东来看，20家基金管理机构第一大股东为自然人。

属于外商独资企业的公募基金管理机构共3家。所有外商独资企业均采用绝对控股的模式。

总体来看，我国公募基金管理机构股权结构呈现出多元化的特点，各种各样的机构参与到公募基金管理领域，为基金管理机构在丰富社会投资、提升服务能力、激励人才方面奠定了基础。相关资料见图6-1和图6-2。

二、不同类型股东背景

从主要控股股东所处行业来划分，大致可分为四个类型[4]：银行系、券商系、信托系和其他系。一直以来，无论从公募基金管理机构数量还是从管理资产规模

---

[1] 绝对控股，是指第一大股东持有公司全部股份的50%以上，处于绝对控股地位。
[2] 相对控股，是指第一大股东持股比例在20%~50%之间，这种股权结构也称为股权相对集中模式。
[3] 分散持股，是指第一大股东持股比例在20%以下，相当数量的股东持股比例较接近。
[4] 机构派系基础数据来源于Wind。

来看，券商系公募基金管理机构都在行业中占据领先地位。尽管银行系中有建信基金、工银瑞信基金等规模较大的基金公司，但是券商系公募基金管理机构具有数量优势，因此整体规模占优。

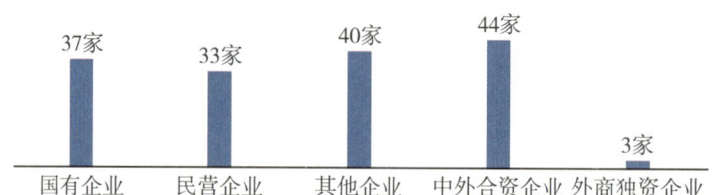

图 6-1 2021 年国有、中外合资、民营、外商独资、其他公募基金管理机构数量分布

资料来源：Wind，上海证券基金评价研究中心。

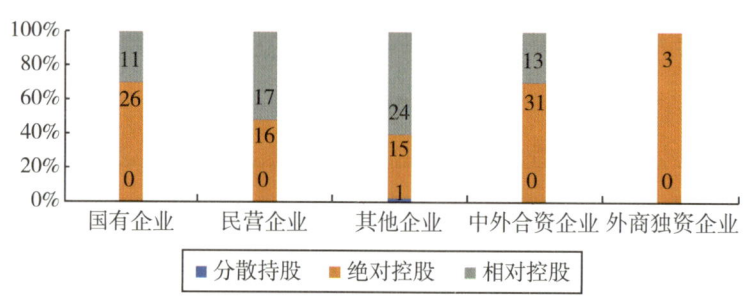

图 6-2 2021 年各类公募基金管理机构股权模式占比

资料来源：Wind，上海证券基金评价研究中心。

截至 2021 年末，券商系基金管理机构共计 69 家，数量占比 43.95%，规模占比 56.13%。此外，共有 5 家证券公司及 8 家证券公司资管子公司获得公募基金管理人资格。银行系基金管理机构共计 15 家，数量占比 9.55%，规模占比 11.39%，较上年略有下降。信托系基金管理机构共计 22 家，数量占比 14.01%，规模占比 11.39%。上述三类基金管理机构的数量较上年均未有变化。

其他系基金管理机构共计 51 家，主要包括多类金融机构共同控股或资产管理公司为控股股东的基金管理机构，数量较去年增加 4 家。随着混业经营的态势持续深化，其他系基金管理机构包括保险、期货、私募等金融机构，也包括地产、互联网等机构。在此也可以清晰地看出，其他系基金管理机构占比近年来逐步上升。以往以券商系为主导的市场，可能随着其他系基金管理机构的加入变得更加活跃。相关资料见图 6-3 至图 6-6。

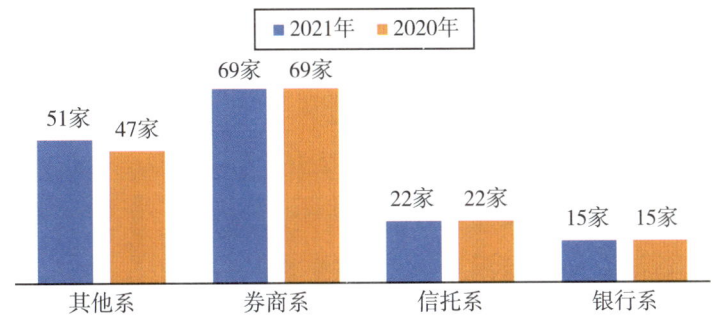

图 6-3　2020 年和 2021 年各类公募基金管理机构数量

资料来源：Wind，上海证券基金评价研究中心。

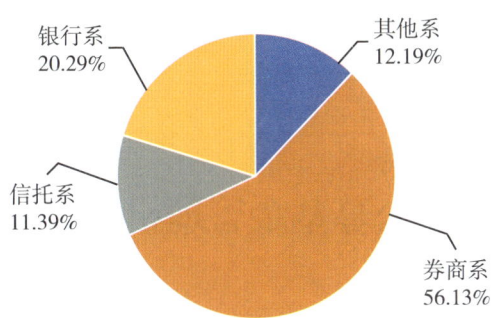

图 6-4　2021 年各类公募基金管理机构资产规模占比

资料来源：Wind，上海证券基金评价研究中心。

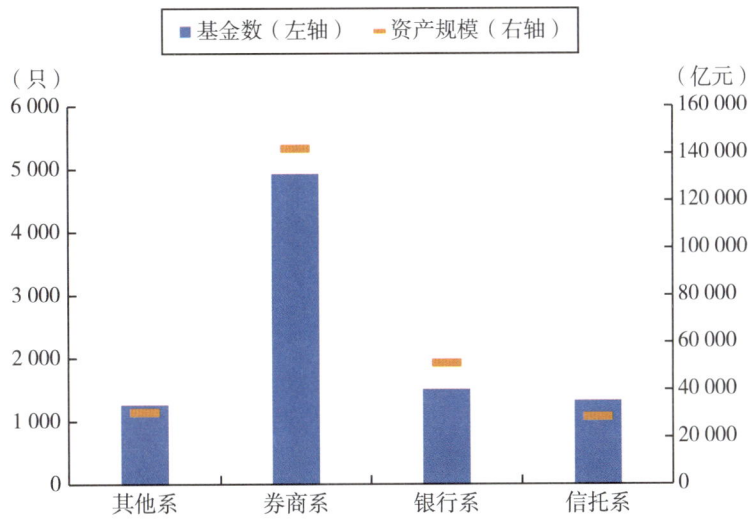

图 6-5　2021 年末各类公募基金管理机构管理资产情况

资料来源：Wind，上海证券基金评价研究中心。

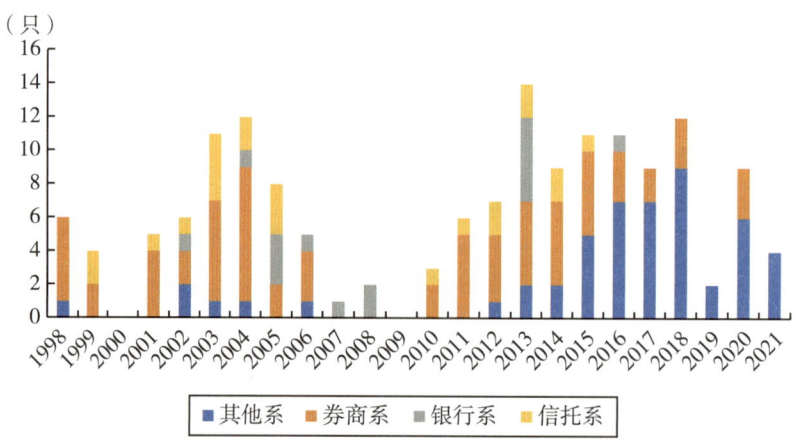

图 6-6　1998 年以来每年新成立公募基金管理机构类别及数量（以获批日期为准）

资料来源：Wind，上海证券基金评价研究中心。

第二节　公募基金管理机构股权结构

一、控股模式

2021年，91家基金管理机构采用绝对控股模式，占比为57.96%，其中包含24家独资控股公司。另有65家基金管理机构采用相对控股模式；1家基金管理机构采用分散持股模式（见图6-7）。

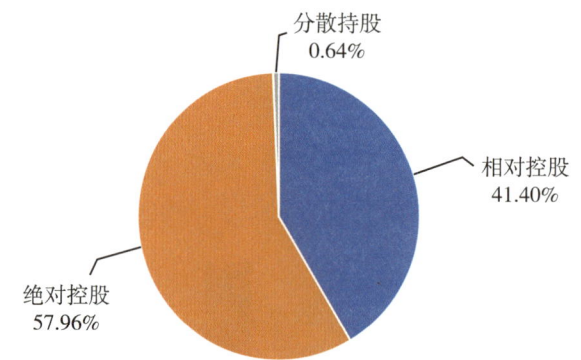

图 6-7　2021 年公募基金管理机构股权结构数量分布（参、控股）

资料来源：Wind，上海证券基金评价研究中心。

从公司性质上看，分散持股与相对控股在民营企业与其他企业中占比较大，合计超过50%（见图6-8）；而在国有企业、外商独资企业与中外合资企业中绝对控股占大多数，占比均在60%以上。

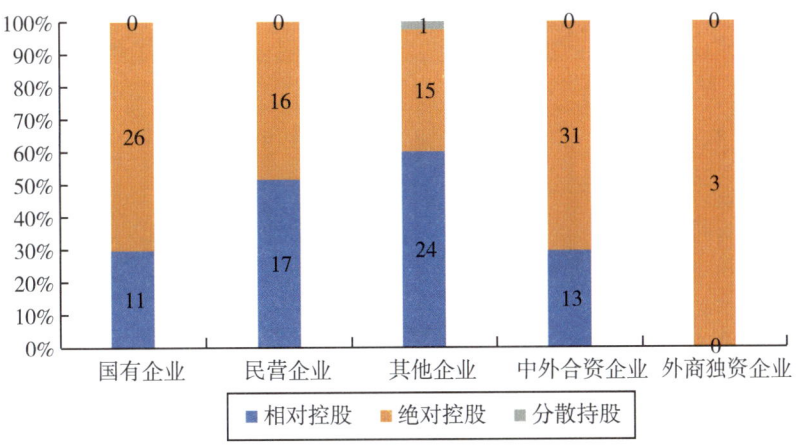

图6-8　2021年各类公募基金管理机构股权结构（参、控股）

资料来源：Wind，上海证券基金评价研究中心。

从公募基金管理机构分布的地域上看（见图6-9），基金管理机构主要分布在上海、深圳、北京三地。其中，上海与北京地区公募基金管理机构多采用绝对控股模式；而深圳地区的公募基金管理机构采用相对控股模式的较多。

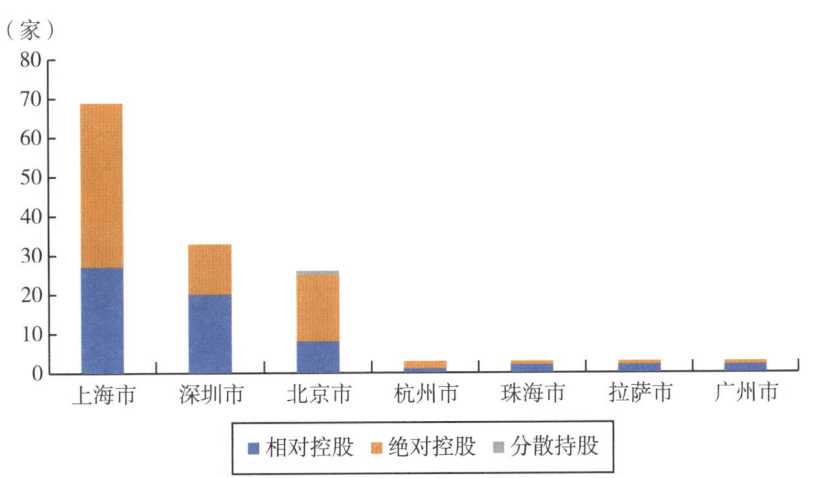

图6-9　公募基金管理机构注册数量较多的六个区域

资料来源：Wind，上海证券基金评价研究中心。

从新增公募基金管理机构股权模式来看（见图6-10），在大多数年份，公募基金管理机构多数选择绝对控股，但总体上，相对控股与绝对控股的控股模式趋于平衡。

由于两种模式优势与劣势各不相同，公募基金管理机构在选择时，都会选择更为适合自己公司的模式，这使得这两者并没有明显的占比优势（见图6-11）。

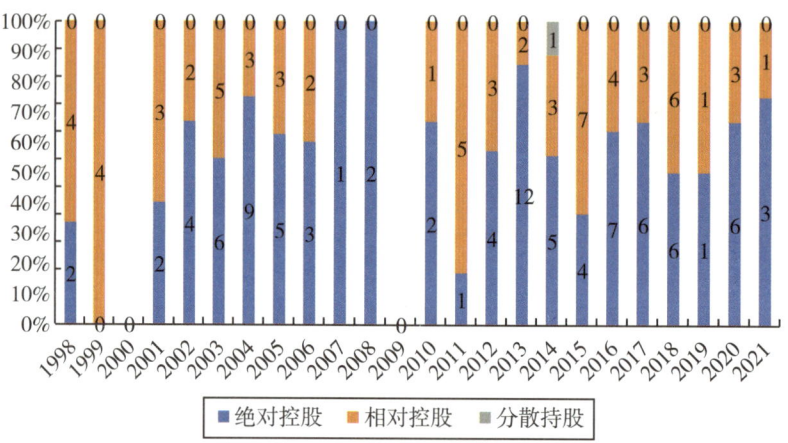

图6-10 每年新增公募基金管理机构的控股模式选择（以获批日期为准，家）

资料来源：Wind，上海证券基金评价研究中心。

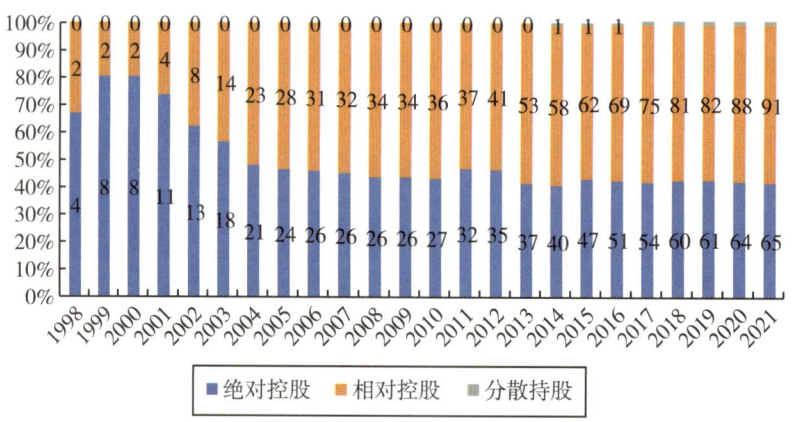

图6-11 公募基金管理机构整体控股模式占比趋势（以获批日期为准，家）

注：基金公司与持牌机构的股权数据采用2021年获取的截面数据，我们假设绝大部分基金公司的股权结构自获批以来，并未发生大幅度的变动，以大致展现基金管理机构控股模式的变迁。

资料来源：Wind，上海证券基金评价研究中心。

二、股权集中度

在纳入统计的157家公募基金管理机构中,第一大股东、前两大股东、前三大股东的平均持股集中度分别为58.56%、83.59%和92.24%(见图6-12),较2020年均略有提升。第一大股东的持股比例达到50%以上的有91家公募基金管理机构,在公司运作中掌握绝对话语权。63家公募基金管理机构由两家及以下股东控制全部的股份,另有32家公募基金管理机构由三家股东共同控制100%的股份(见图6-13)。个别公募基金管理机构股东较为分散,多数股东为个人或民营企业。

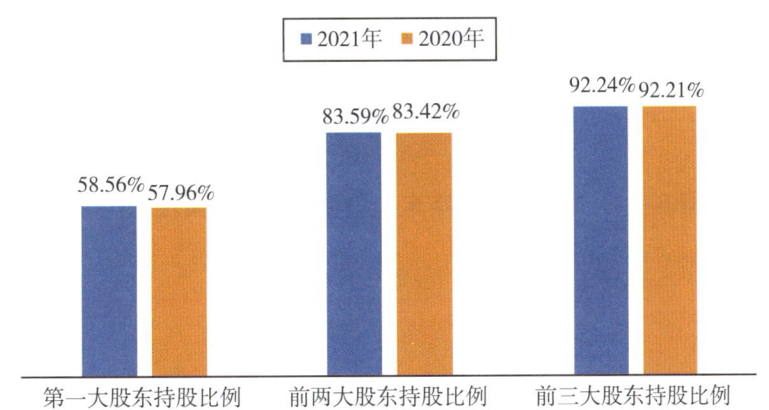

图6-12　2021年与2020年公募基金管理机构股东持股比例情况

资料来源:Wind,上海证券基金评价研究中心。

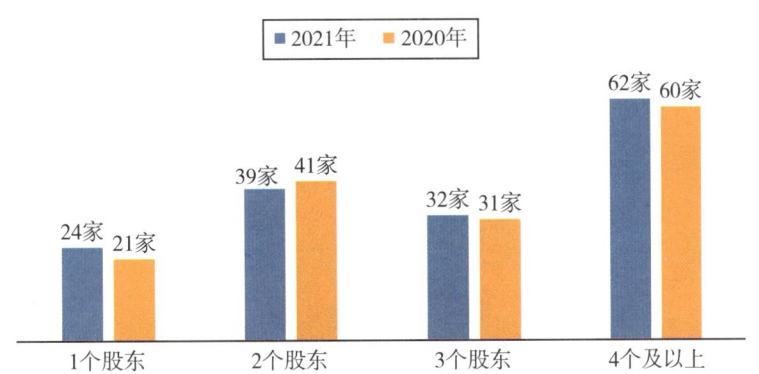

图6-13　2021年与2020年公募基金管理机构股东数量情况

资料来源:Wind,上海证券基金评价研究中心。

第三节 公募基金管理机构人力资本情况

一、从业人员整体情况

截至2021年末，152家公募基金管理机构共有从业人员28 502人，较2020年末增加2 277人，增加幅度为8.68%。其中，男性从业人员15 699人，占比55.08%；女性从业人员12 803人，占比44.92%（见图6-14）。

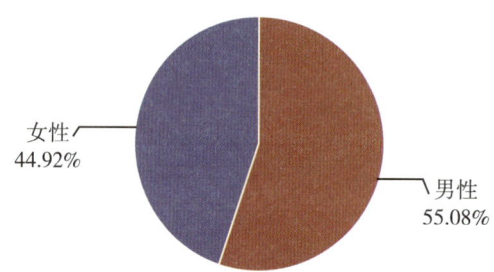

图6-14 截至2021年末公募基金从业人员性别构成

资料来源：中国证券投资基金业协会。

1.学历构成

从学历构成看，公募基金管理机构从业人员中，具有本科及以上学历的人数占比达98.45%，其中，博士研究生学历的964人，占比3.38%；硕士研究生学历的18 119人，占比63.57%；大学本科学历的8 978人，占比31.5%；大专及以下学历的441人，占比1.55%（见图6-15）。

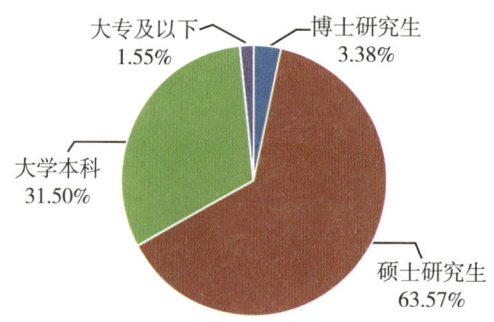

图6-15 截至2021年末公募基金从业人员学历构成

资料来源：中国证券投资基金业协会。

2. 年龄构成

从年龄构成看，公募基金管理机构从业人员的年龄主要集中在30~39岁，其次为20~29岁，这两个年龄段的从业人员在总人数中的占比分别为56.44%、25.56%（见图6-16）。

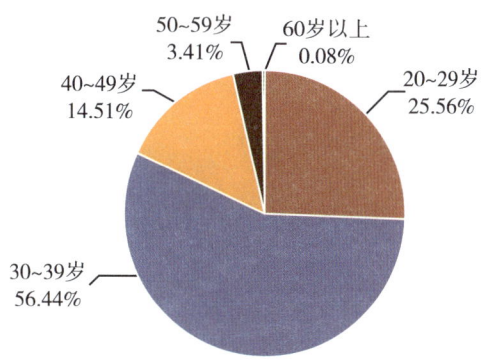

图6-16 截至2021年末公募基金从业人员年龄构成

资料来源：中国证券投资基金业协会。

3. 工作地域分布

从地域分布来看，目前基金从业人员依然主要集中于北京、上海、广东（含深圳）等地区，该三个省市从业人员数量占总人数的比值达到95.97%（见图6-17）。

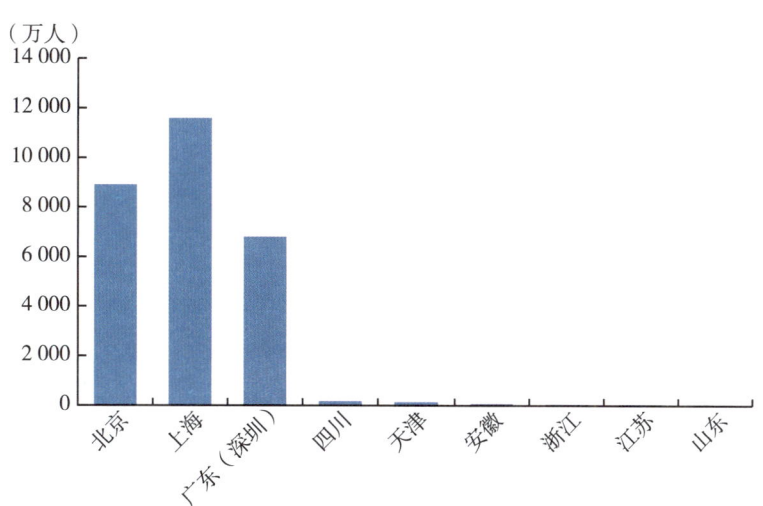

图6-17 2021年末公募基金从业人员工作地域分布

资料来源：中国证券投资基金业协会。

二、高管情况

（一）基金管理公司高管人员基本情况

截至2021年末，基金管理公司高管人员共计798人，董事长兼法定代表人100人，总经理129人（其中兼任法定代表人的总经理有35位），督察长133人、副总经理403人，总经理助理33人①。基金管理公司高管人员人数平均为6人，中位数为6人。

1. 学历构成

从学历结构上看，高管人员学历以硕士研究生为主。其中，博士研究生学历高管120人，占比15%；硕士研究生学历高管508人，占比63.6%；大学本科学历高管166人，占比20.8%；大专学历高管4人，占比0.5%（见图6-18）。

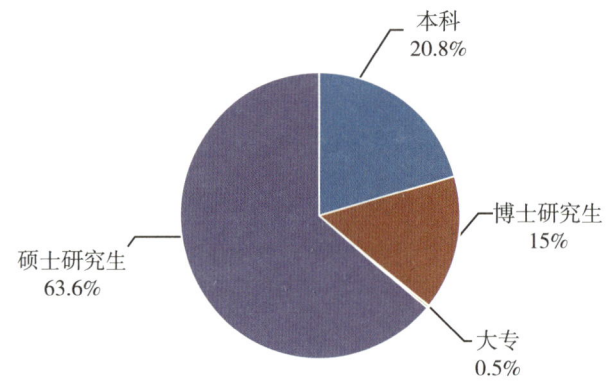

图6-18 基金管理公司高管人员学历结构

资料来源：中国证券投资基金业协会。

2. 年龄构成

从年龄看，高管人员平均年龄48岁，年龄主要集中在40到50岁之间。具体情况如下：董事长兼法定代表人平均年龄53岁，总经理平均年龄49岁，督察长平均年龄48岁，副总经理平均年龄48岁，总经理助理平均年龄46岁（见表6-1）。

---

① 根据相关法规规定，协会对高管人员的统计口径为法定代表人、总经理、督察长、副总经理及实际履行高管职责的其他人员，没有担任法定代表人的董事长未纳入统计口径。

表 6-1　　基金管理公司高管人员年龄结构

年龄区间	数量（人）	占比（%）
35岁以下	5	0.63
36~40岁	77	9.65
41~45岁	168	21.05
46~50岁	252	31.58
51~55岁	206	25.81
56岁以上	90	11.28
合计	798	100.00

资料来源：中国证券投资基金业协会。

3.性别构成

从性别上看，男性高管638人，占比79.9%，女性高管160人，占比20.1%（见表6-2）。

表 6-2　　基金管理公司高管人员性别结构

高管职位	女性	男性
董事长兼法定代表人	13	87
总经理（含兼任法定代表人）	19	110
督察长	46	87
副总经理	78	325
总经理助理	4	29
合计	160	638

资料来源：中国证券投资基金业协会。

4.地域构成

从所属地域上看，有16人来自国外，9人来自我国香港和台湾地区，其余773人来自中国内地。

5.聘任和离任情况

除公司内部转任的情况，有81家基金管理公司新聘任了157名高管人员，有

62家基金管理公司对87名高管人员进行了解聘。

（二）其他公募基金管理机构高管人员基本情况

截至2021年末，其他公募基金管理机构高管人员共计62人，平均任职年限3.3年。其中[①]，董事长兼法定代表人7人，总经理（含兼任法定代表人的情况）14人，合规负责人13人，副总经理14人，总经理助理3人，公募业务部门总经理8人，公募业务部门副总经理5人，其中有2人存在担任2个及以上职务的情况。[②]

1. 学历构成

从学历结构上看，高管人员学历以硕士研究生为主。其中，博士研究生学历高管人员7人，占比11.3%；硕士研究生学历高管人员43人，占比69.4%；大学本科学历高管人员12人，占比19.3%。

2. 性别构成

从性别上看，男性高管人员49人，占比79%；女性高管人员13人，占比21%（见表6-3）。

表6-3　　其他公募基金管理机构高管人员性别结构

高管职位	女性	男性
董事长兼法定代表人	3	4
总经理	2	10
合规负责人	0	13
副总经理	4	10
总经理助理	1	2
公募业务部门总经理	2	6
公募业务部门副总经理	1	4
合计	13	49

注：因高管存在兼任情况，以所担任的最高职务为统计标准。
资料来源：中国证券投资基金业协会。

---

① 各职务人数统计包含兼任情况，有重复计算。
② 根据相关法规规定，协会对其他公募基金管理机构高管人员的统计口径为法定代表人、总经理、合规负责人、负责公募业务的副总经理、公募基金业务部门总经理及副总经理，没有担任法定代表人的董事长未纳入统计口径。

3.聘任和离任情况

从人员流动情况上看，2021年有7家其他公募基金管理人聘任了12名高管。有6家其他公募基金管理人共计11名高管离任。

三、基金经理情况

截至2021年末，152家公募基金管理机构注册的在职基金经理共计2 865人，较2020年末的2 588人增加10.7%。其中，男性基金经理占74.62%，女性基金经理占25.38%。2 812人为中国内地的基金经理，53人为中国港澳台地区同胞或外籍，其中来自香港、澳门和台湾地区的基金经理30人。

1.学历构成

从学历构成看，基金经理中具有硕士学位的2 404人，在总人数中占比83.91%；具有博士学位的292人，占比10.19%；具备本科及以下学历多169人，占比5.90%（见图6-19）。与2020年末相比，基金经理学历构成未发生大幅变化。

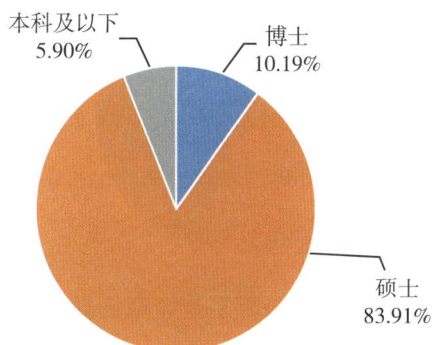

图6-19 2021年末公募基金经理学历构成

资料来源：中国证券投资基金业协会。

2.年龄构成

从年龄构成看，基金经理平均年龄为37.78岁，有36.37%的基金经理年龄在35岁以下。基金经理的年龄主要集中在36~45岁，其次为31~35岁，这两个年龄段的基金经理人数占比分别为54.55%、31.97%（见图6-20）。

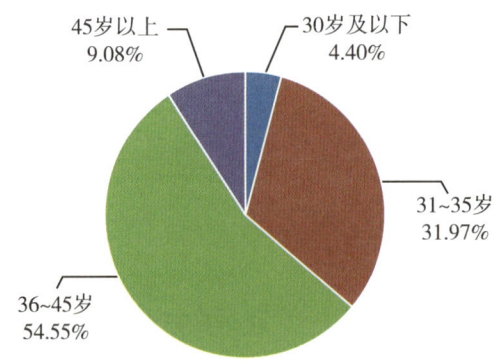

图 6-20　2021 年末公募基金经理年龄构成

资料来源：中国证券投资基金业协会。

3. 证券从业年限

从证券从业年限看，基金经理的证券从业平均年限为 10.45 年。其中，证券从业不超过 5 年者占比最高，达 47%；其次是 5~10 年者，占比 35%；10 年以上者，占比 18%（见图 6-21）。

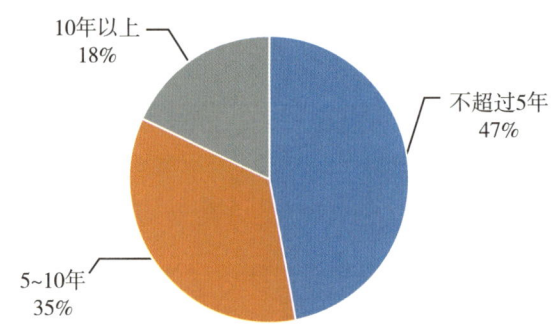

图 6-21　2021 年末公募基金经理证券从业年限情况

资料来源：中国证券投资基金业协会。

4. 任职年限

从担任基金经理职务的年限看，基金经理平均任职年限为 3.3 年。其中，任职年限在 1 年以下的 728 人，占比 25.41%；1~2 年的 487 人，占比 17%；2~3 年的 355 人，占比 12.39%；3~4 年的 294 人，占比 10.26%；4~5 年的 258 人，占比 9.01%；5 年及以上的 743 人，占比 25.93%（见图 6-22）。

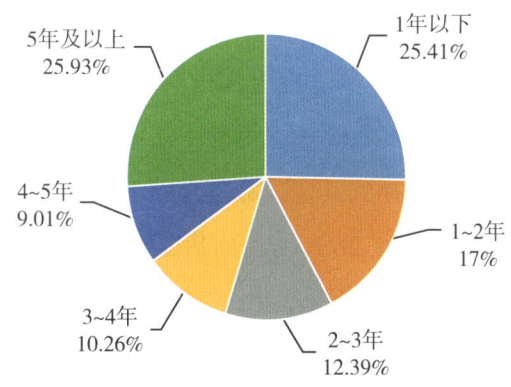

图6-22 2021年末公募基金经理任职年限情况

资料来源：中国证券投资基金业协会。

5.基金经理新增注册情况

2021年，公募基金经理新增注册604人，较上年增加37.9%，平均每月注册约50人。新注册基金经理中有96.27%为硕士研究生及以上学历；有58.29%的基金经理年龄在35岁及以下。基金经理兼任私募资产管理计划投资经理的86人。

从过往任职经历看，新注册基金经理中，从所在机构内部其他岗位调任基金经理的294人，占48.68%；来自其他公募基金管理机构的204人，占33.77%；来自证券公司或其资管子公司的51人，占8.44%；来自私募基金管理机构的49人，占8.11%；来自保险公司或其资管子公司的6人，占0.99%（见图6-23）。

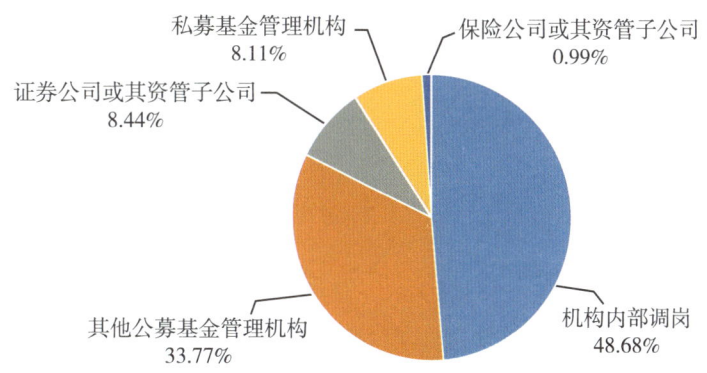

图6-23 2021年末公募基金经理任职经历情况

资料来源：中国证券投资基金业协会。

6.基金经理注销情况

2021年,共有来自116家公募基金管理机构的327名基金经理办理注销,其中,因公司内部岗位调整注销的28人,因离职注销的299人。经统计离职去向,离职的基金经理中有104人选择到其他公募基金管理机构任职,50人到证券公司、保险公司或其资管子公司任职,26人到私募基金管理机构任职,6人选择商业银行或其理财子公司任职;22人暂未再就业;91人选择到其他机构任职或未说明离职去向(见图6-24)。

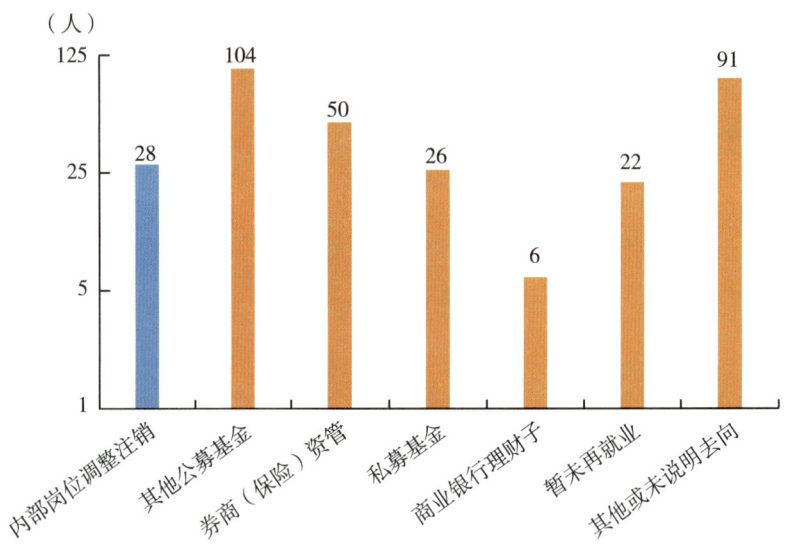

图6-24 截至2021年末公募基金经理注销情况

资料来源:中国证券投资基金业协会。

第七章 私募基金管理人

截至2021年末，在中国证券投资基金业协会（以下简称"协会"）已登记私募基金管理人24 610家，较2020年末存量机构增加49家，同比增长0.20%。2021年当年登记私募基金管理人1 283家，同比增长11.76%。

第一节 私募证券投资基金管理人

一、私募证券投资基金管理人情况分析

（一）管理人登记数量变化情况

截至2021年末，在协会已登记的私募证券投资基金管理人共9 069家，较2020年末增加161家，同比增长1.81%（见图7-1）。2021年新登记私募证券投资基金管理人522家，占当年登记私募基金管理人总数的40.69%；与2020年相比，新登记私募证券投资基金管理人数量增加91家，同比增长21.11%。

（二）管理人管理基金数量及规模情况

1.管理人管理基金概况

截至2021年末，9 069家私募证券投资基金管理人所管理的正在运作的私募基金共76 496只，较2020年末增加22 735只，同比增长42.29%（见图7-2）；

管理基金规模[①]合计为6.36万亿元，较2020年末增加2.04万亿元，同比增长47.28%（见图7-3）。

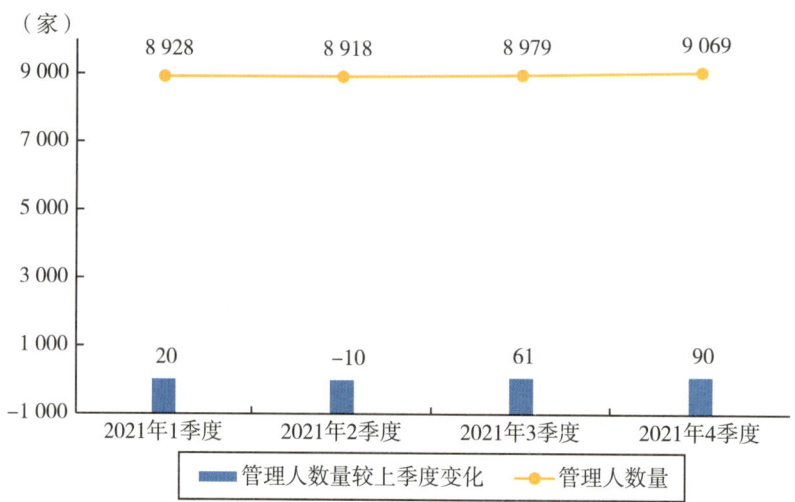

图7-1 私募证券投资基金管理人登记数量变化

资料来源：中国证券投资基金业协会。

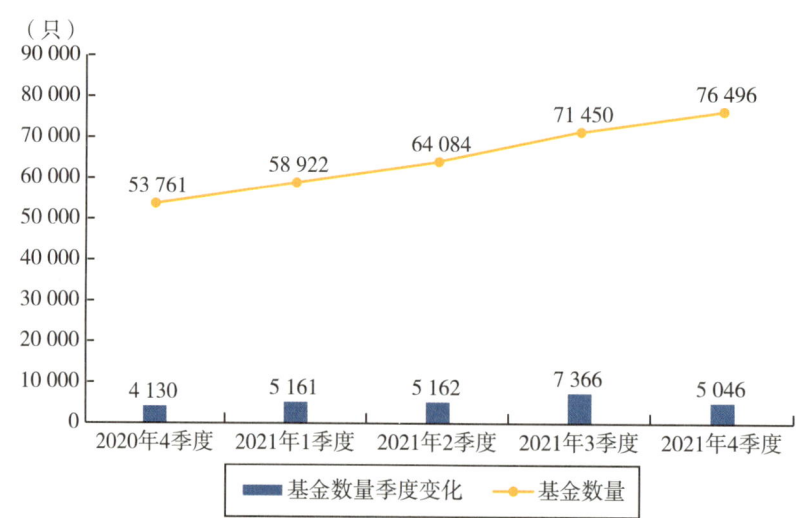

图7-2 私募证券投资基金管理人管理基金数量变化

资料来源：中国证券投资基金业协会。

---

① 本报告所统计基金数量和基金规模，均指截至统计时点正在运作的基金数量及规模，不含已清盘基金数据。管理人管理规模和基金规模以相关管理人填报的基金运行表中期末净资产为准；若相关基金新设立且暂未更新运行表，以基金募集资金规模为准。

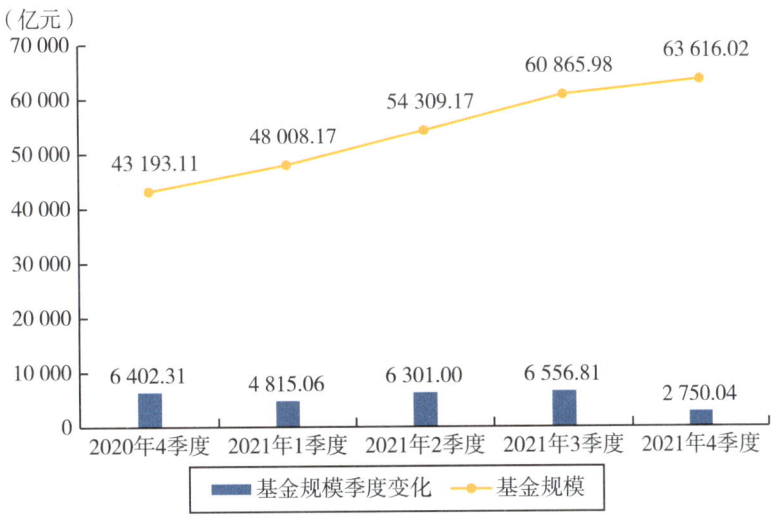

图 7-3　私募证券投资基金管理人管理基金规模变化

资料来源：中国证券投资基金业协会。

2021年当年新登记私募证券投资基金管理人522家，已备案私募基金1 623只，管理基金规模1 511.86亿元。

2.管理人管理基金数量及规模分布情况

截至2021年末，已登记的9 069家私募证券投资基金管理人中，无在管基金的管理人有833家；有管理正在运作基金的私募证券投资基金管理人8 236家，占管理人总数的90.81%，平均每家管理人在管基金数量约为9.3只（见图7-4）。

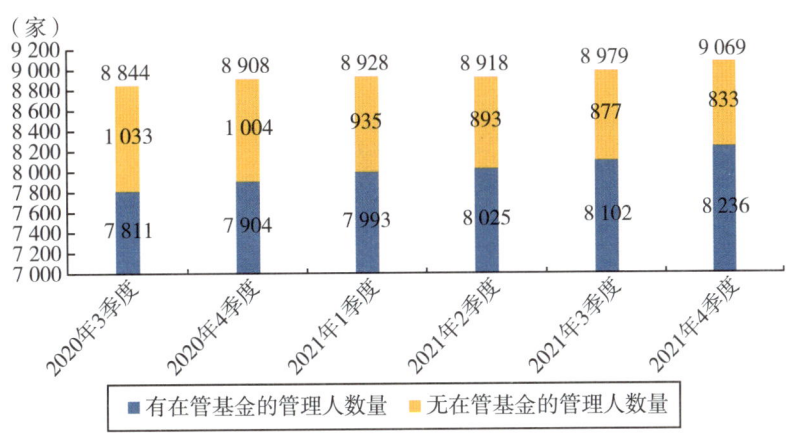

图 7-4　私募证券投资基金管理人展业数量对比变化

资料来源：中国证券投资基金业协会。

从在管基金数量分布看，私募证券投资基金管理人在管基金数量集中在1~4只（见图7-5）。

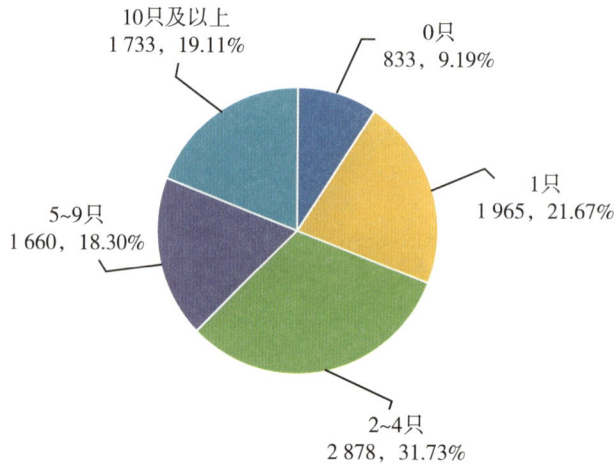

图7-5 私募证券投资基金管理人管理基金数量分布

资料来源：中国证券投资基金业协会。

截至2021年末，有实际管理规模的私募证券投资基金管理人为8 215家[①]，其中管理规模在5 000万元以下的管理人数量占比55.48%（见图7-6）。

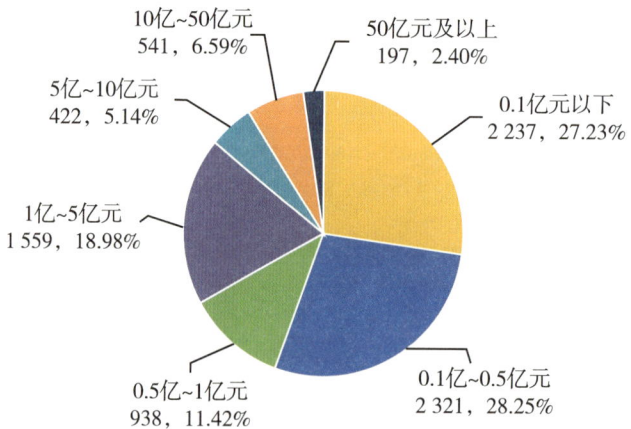

图7-6 私募证券投资基金管理人管理规模分布

资料来源：中国证券投资基金业协会。

---

① 此处管理规模为0的私募证券投资基金管理人未统计在内。

(三)管理人管理规模集中度情况

截至2021年末,在所有私募证券投资基金管理人中位列管理规模前20名的管理人,管理规模占比32.37%,较2020年末上升1.16个百分点;管理规模位列行业前20%的管理人,管理规模占比95.21%,较2020年末上升0.08个百分点(见图7-7)。

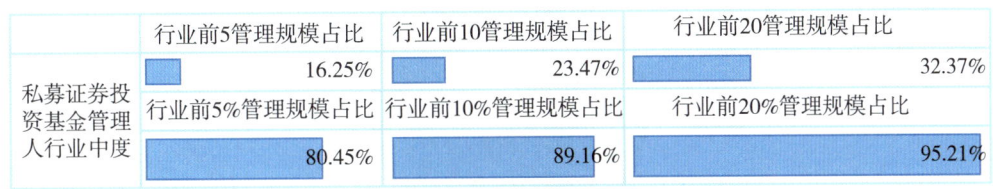

图7-7 私募证券投资基金管理人管理规模集中度

资料来源:中国证券投资基金业协会。

(四)管理人成立时间及注册/实收资本情况

从成立时间来看,截至2021年末,超过一半私募证券投资基金管理人成立时间在6~10年;2021年当年登记的私募证券投资基金管理人成立时间大部分未满1年,占比58.81%(见图7-8)。

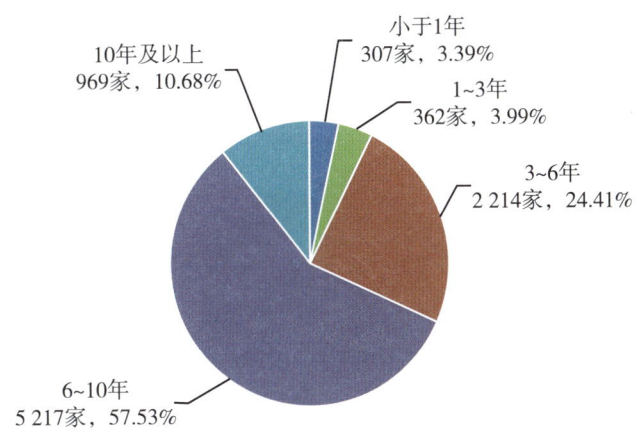

图7-8 私募证券投资基金管理人成立时间分布

资料来源:中国证券投资基金业协会。

就管理人注册资本而言,私募证券投资基金管理人注册资本主要集中在1 000万~5 000万元(不含5 000万元)之间,共有7 577家,数量占比达到83.55%;

2021年当年登记的私募证券投资基金管理人注册资本同样集中在1 000万~5 000万元，占比81.42%（见图7-9）。

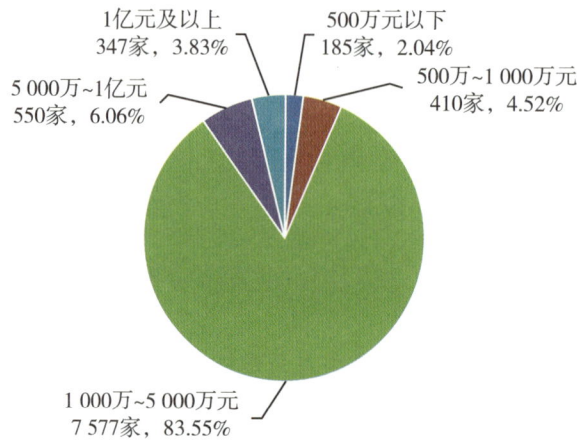

图7-9　私募证券投资基金管理人注册资本分布

资料来源：中国证券投资基金业协会。

从实收资本来看，近半数的私募证券投资基金管理人实收资本也已达到1 000万~5 000万元。2021年当年登记的私募证券投资基金管理人实收资本则主要集中在200万~500万元，相关管理人占比72.22%，较2020年当年1 000万~2 000万元集中区间有所回落（见图7-10）。

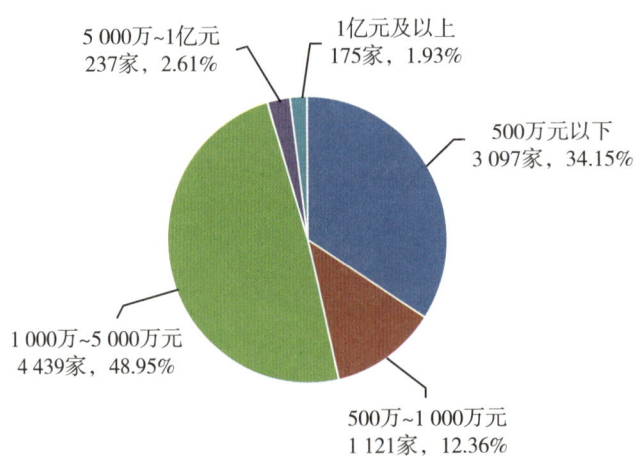

图7-10　私募证券投资基金管理人实收资本分布

资料来源：中国证券投资基金业协会。

根据协会发布的《私募基金管理人登记须知》，针对私募基金管理人的实收资本/实缴资本比例未达到注册资本/认缴资本的25%的情况，协会将在私募基金管理人公示信息中予以特别提示，并在私募基金管理人分类公示中予以公示。

截至2021年末，在私募证券投资基金管理人中，实收资本比例低于25%的管理人数量共有569家，占所有私募证券投资基金管理人数量的6.27%；2021年当年登记的私募证券投资基金管理人中，实缴资本比例低于25%的管理人3家，占比0.57%（见图7-11）。

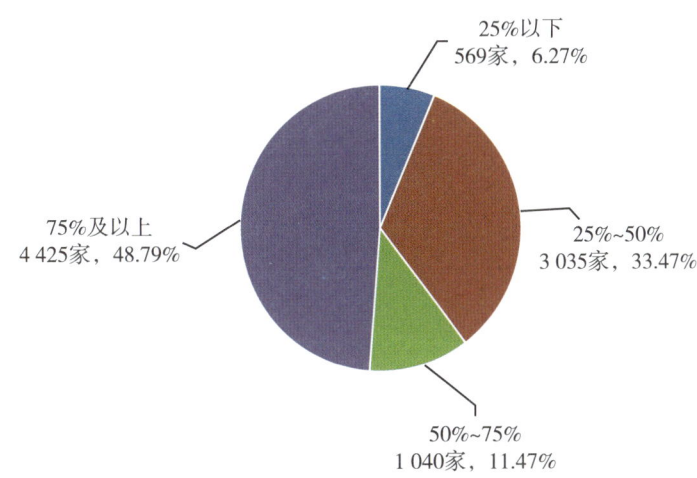

图7-11 私募证券投资基金管理人实收资本比例分布

资料来源：中国证券投资基金业协会。

（五）管理人组织形式、股权性质与控股类型分布情况

截至2021年末，公司制是私募证券投资基金管理人的最主要组织形式，占比高达93.24%；2021年当年登记私募证券投资基金管理人公司制占比89.85%（见图7-12）。

截至2021年末，从私募证券投资基金管理人股权的中外性质来看，股权性质中含有外资成分的管理人数量有57家，其中外商独资企业37家；2021年当年登记私募证券投资基金管理人中，含有外资成分的管理人数量6家，其中外商独资私募证券投资基金管理人4家，中外合资企业2家（见图7-13）。

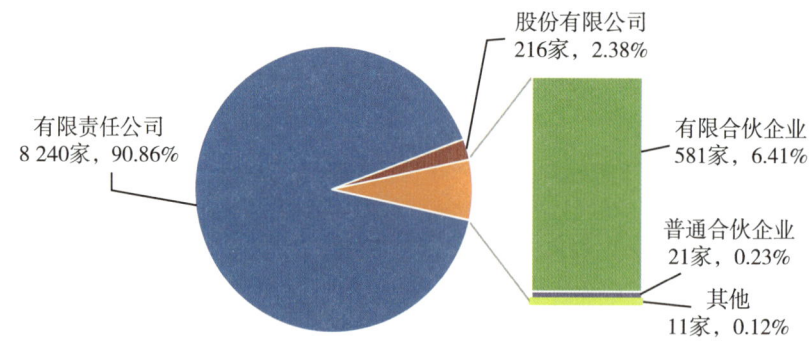

图 7-12 私募证券基金管理人组织形式分布

资料来源：中国证券投资基金业协会。

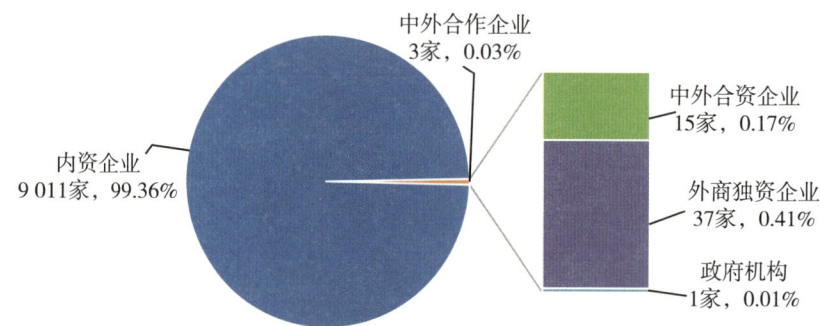

图 7-13 私募证券基金管理人中外性质分布

资料来源：中国证券投资基金业协会。

从私募证券投资基金管理人的控股类型[①]来看，自然人及其所控制民营企业控股的管理人数量最多，共计8 729家，占比97.06%；2021年当年登记私募证券投资基金管理人，自然人及其所控制民营企业控股的管理人数量占比有所下降，为95.98%（见图7-14）。

（六）管理人股东数量分布情况

截至2021年末，从私募证券投资基金管理人的股东数量来看，大部分管理人股东数量为1~5人，共计6 721家，占比74.11%；2021年当年登记私募证券投资基金管理人，股东数量为1~5人的管理人占比79.89%（见图7-15）。

---

① 截至统计时点，仍有76家私募证券投资基金管理人未补充填报"控股类型"信息，为更好分析私募证券投资基金管理人控股类型分布情况，将76个空字段进行剔除。

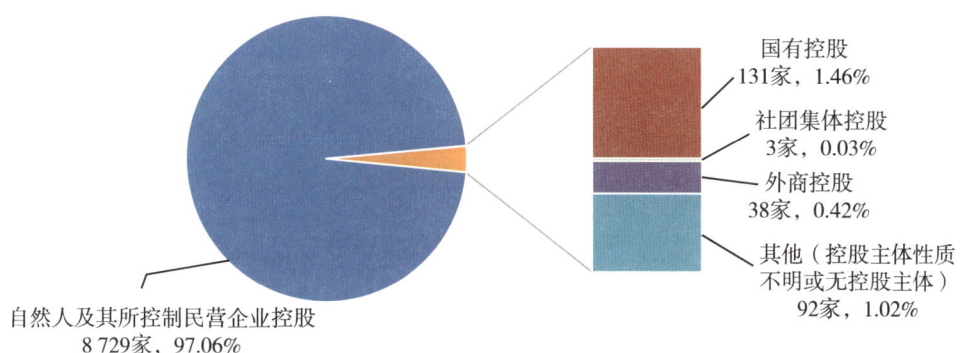

图 7-14 私募证券基金管理人控股类型分布

资料来源：中国证券投资基金业协会。

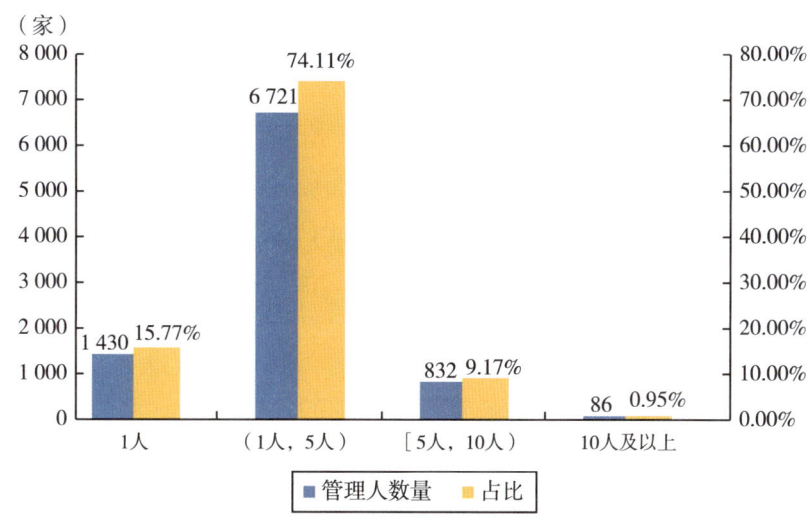

图 7-15 私募证券投资基金管理人股东数量分布

资料来源：中国证券投资基金业协会。

（七）管理人地域分布情况

1.管理人注册地分布

截至2021年末，从管理人数量来看，注册地在上海、深圳、北京、广东、浙江前五大证监会派出机构辖区的私募证券投资基金管理人数量合计7 000家，占全国所有私募证券投资基金管理人的77.19%，较2020年末降低1.77个百分点。

从注册在各辖区的私募证券投资基金管理人管理的基金只数和规模来看，只数排名前五的上海、深圳、北京、浙江、广东五大辖区管理的基金只数之和为

62 367只；规模排名前五的上海、北京、深圳、浙江、宁波管理规模5.45万亿元，分别占全国私募证券投资基金管理人管理的基金总只数和总规模的81.53%和85.64%，较2020年末分别降低1.50个百分点和增长1.94个百分点。

从2021年当年登记私募证券投资基金管理人注册地来看，管理人数量排名前五的辖区依次为海南、北京、青岛、上海、广东。新登记私募证券投资基金管理人注册地分布变化应与各地商事环境有关：一部分辖区大力发展基金小镇，为私募基金管理人的注册登记提供便利性，吸引了一定量的私募基金管理人在当地注册；另有一分部辖区限制了投资类公司注册登记，从而导致部分确有需求的管理人分流至其他辖区。

2.管理人办公地分布

截至2021年末，上海、深圳、北京、广东、浙江五大辖区内共有6 886家私募证券投资基金管理人办公，占全国所有私募证券投资基金管理人数量的75.93%，较2020年末下降0.02个百分点。

从在各辖区办公的私募证券投资基金管理人所管理的基金只数和规模来看，只数排名前五的上海、北京、深圳、广东、浙江五大辖区管理的基金只数之和为64 195只，规模排名前五的上海、北京、深圳、浙江、广东管理规模5.75万亿元，分别占全国私募证券投资基金管理人管理的基金总只数和总规模的83.92%与90.44%。

从2021年当年登记私募证券投资基金管理人办公地来看，数量排名前五的辖区依然为上海、北京、深圳、广东、浙江五个辖区，又体现出各地经济基础和市场容量对管理人实际展业地选择的影响。相较于所有存量管理人的办公地分布，新登记私募证券投资基金管理人办公地的分布更加均匀。

二、私募证券投资基金管理人从业人员及高管情况分析

截至2021年末，私募证券投资基金管理人在从业人员管理平台完成注册的全职员工总人数为81 859人，其中，具有从业资格的员工56 850人，占比69.45%。私募证券投资基金管理人高管总数23 070人，具有基金从业资格高管22 298人，占比达96.65%。

2021年当年登记私募证券投资基金管理人的员工人数3 331人，其中具有从业资格的有2 946人，占比88.44%；私募证券投资基金管理人高管1 426人，其中具有从业资格的有1 382人。

（一）从业人员情况分析

截至2021年末，9 069家私募证券投资基金管理人中，在从业人员管理平台完成注册的全职员工数量在9人以下的管理人数量占比76.43%，从员工数量角度，目前私募证券投资基金管理人以中小型为主（见图7-16）。

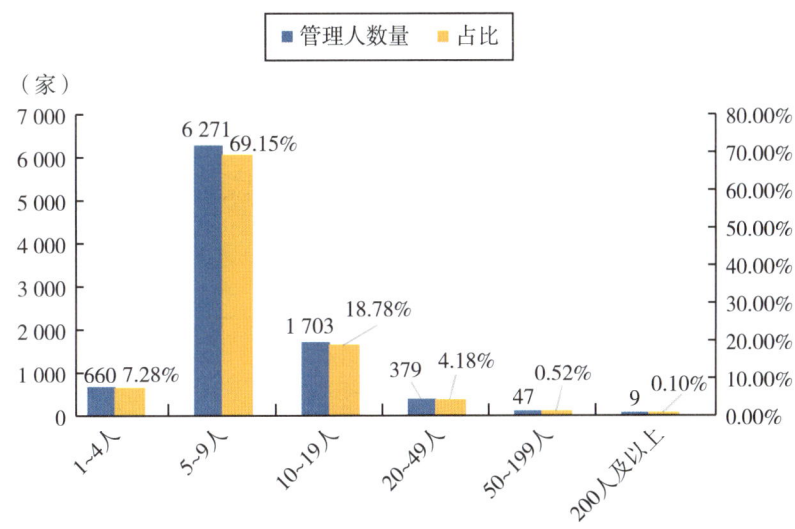

图7-16　私募证券投资基金管理人分布情况（按员工数量）

资料来源：中国证券投资基金业协会。

私募证券投资基金管理人员工数量与其管理基金规模有明显正相关性，管理基金规模较大的私募证券投资基金管理人配备的员工数量相对较多（见图7-17）。

（二）高管情况分析

1.管理人高管人数分布情况

截至2021年末，从单个私募证券投资基金管理人所配备的高管数量来看，近一半的管理人配备了2名高管（见图7-18）。

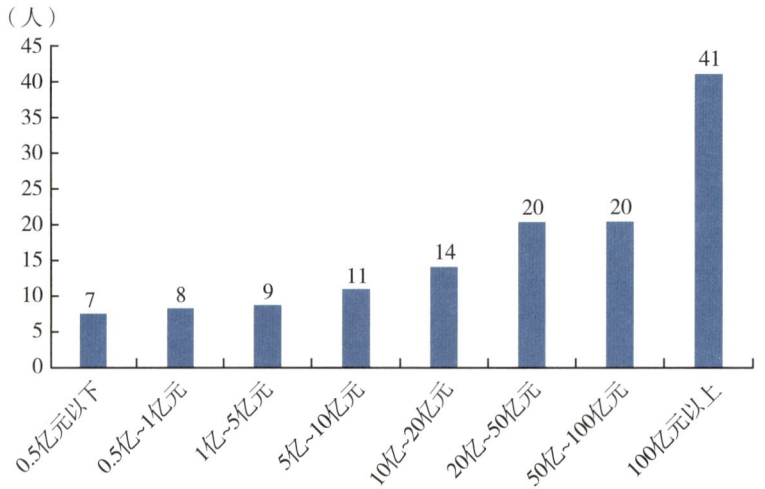

图 7-17　私募证券投资基金管理人平均员工数量分布（按管理规模）

资料来源：中国证券投资基金业协会。

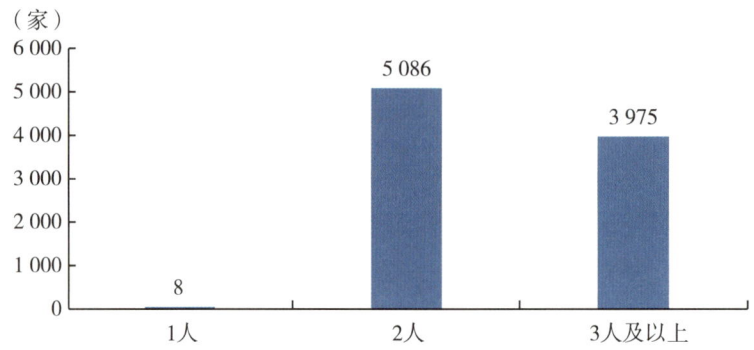

图 7-18　私募证券投资基金管理人高管人数分布

资料来源：中国证券投资基金业协会。

2.管理人高管取得从业资格情况

截至2021年末，在23 070名私募证券投资基金管理人高管中，有22 298名高管拥有基金从业资格。其中，有20 090名通过参加基金从业考试取得从业资格，2 208名通过资格认定程序取得从业资格（见图7-19）。

3.管理人高管最高学历分布和高管人数分布情况

截至2021年末私募证券投资基金管理人所有高管，以及2021年当年登记私募证券投资基金管理人高管，最高学历均主要为本科及以上（见图7-20）。

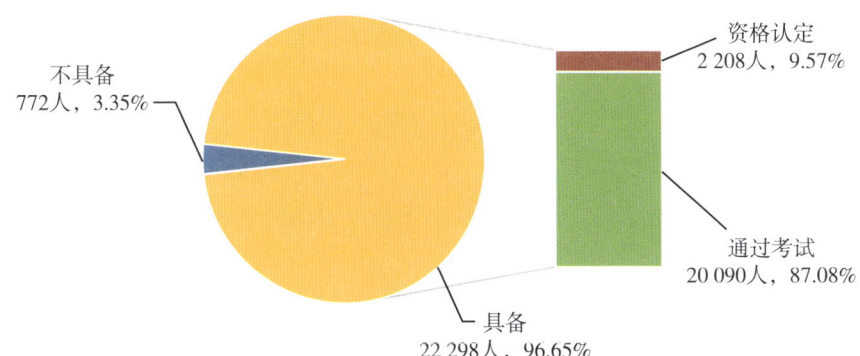

图7-19 私募证券投资基金管理人高管取得从业资格情况

资料来源：中国证券投资基金业协会。

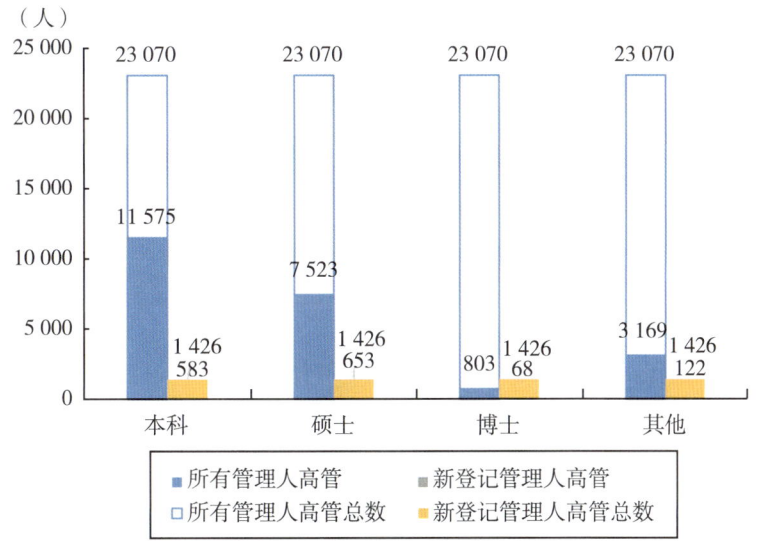

图7-20 私募证券投资基金管理人高管最高学历分布

资料来源：中国证券投资基金业协会。

4.管理人高管年龄分布情况

从高管年龄分布来看，无论是所有私募证券投资基金管理人的高管，还是2021年当年登记的私募证券投资基金管理人的高管，年龄都主要集中在30—39岁，"80后"一代是私募证券投资基金管理人高管的主力军（见图7-21）。

5.管理人高管从业年限分布情况

从高管从业年限分布来看，截至2021年末，私募证券投资基金管理人中

81.01%的高管从业年限在10年及以上，整体从业年限较长（见图7-22）。

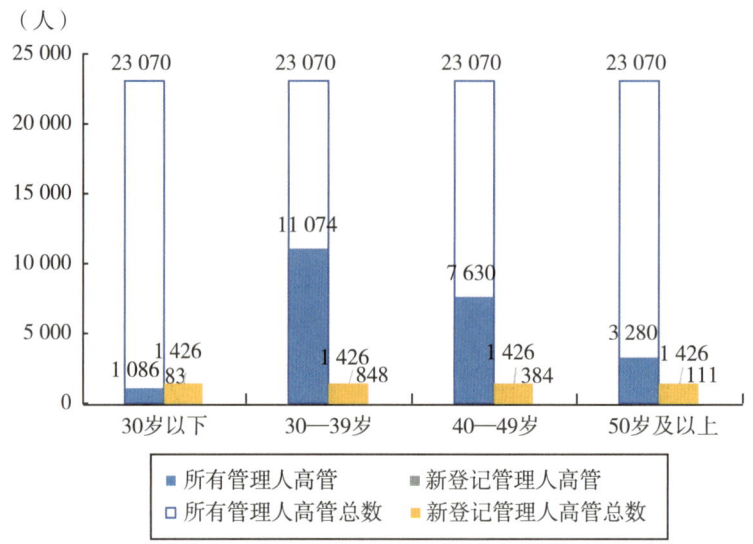

图7-21　私募证券投资基金管理人高管年龄分布情况

资料来源：中国证券投资基金业协会。

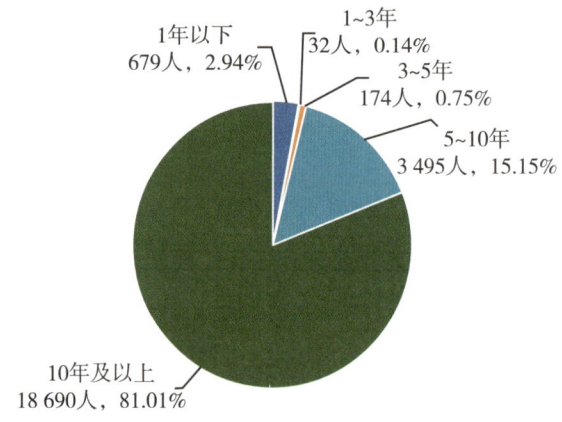

图7-22　私募证券投资基金管理人高管从业年限分布情况

资料来源：中国证券投资基金业协会。

6.管理人高管任职年限分布情况

从高管任职年限分布来看，截至2021年末，私募证券投资基金管理人的任职年限主要集中在5年以上，较2020年有所升高，这部分高管数量占比为46.64%（见图7-23）。

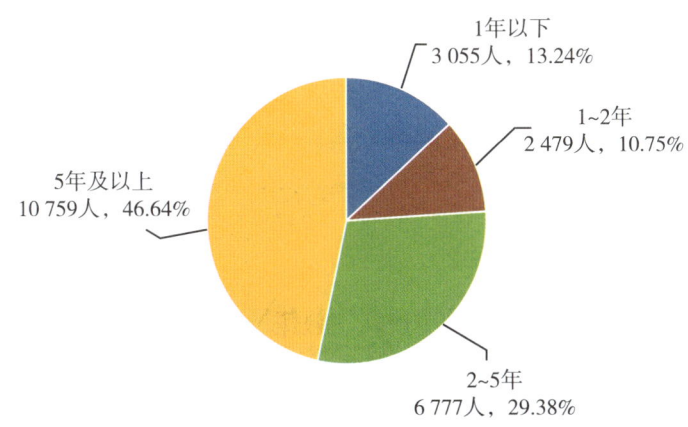

图 7-23　私募证券投资基金管理人高管任职年限分布情况

资料来源：中国证券投资基金业协会。

第二节　私募股权、创业投资基金管理人

一、私募股权、创业投资基金管理人总体情况

（一）私募股权、创业投资基金管理人基本情况

1. 管理人数量及规模

私募股权、创业投资基金管理人数量及规模持续增长，增速较2020年末有所增加。截至2021年末，协会已登记私募股权、创业投资基金管理人15 012家，较2020年末增加26家，同比增长0.17%；占私募基金管理人总数量的比例为61.00%，较2020年末下降0.02个百分点。其中，有在管基金的私募基金管理人12 857家，占比达85.64%。2021年当年新登记私募股权、创业投资基金管理人755家，占当年登记私募基金管理人总数的58.85%；与2020年相比，新登记私募股权、创业投资基金管理人数量增加46家，同比增长6.49%（见图7-24）。

2. 管理人管理基金数量及规模变化情况

截至2021年末，已登记私募股权、创业投资基金管理人管理各类型私募基金45 522只，较2020年末增加5 261只，同比增长13.07%（见图7-25）；管理基金规模

13.16万亿元，较2020年末增加1.52万亿元，同比增长13.04%[①]（见图7-26）。平均来看，有在管基金的私募股权、创业投资基金管理人平均管理基金规模10.24亿元。

图7-24 私募股权、创业投资基金管理人数量变化

资料来源：中国证券投资基金业协会。

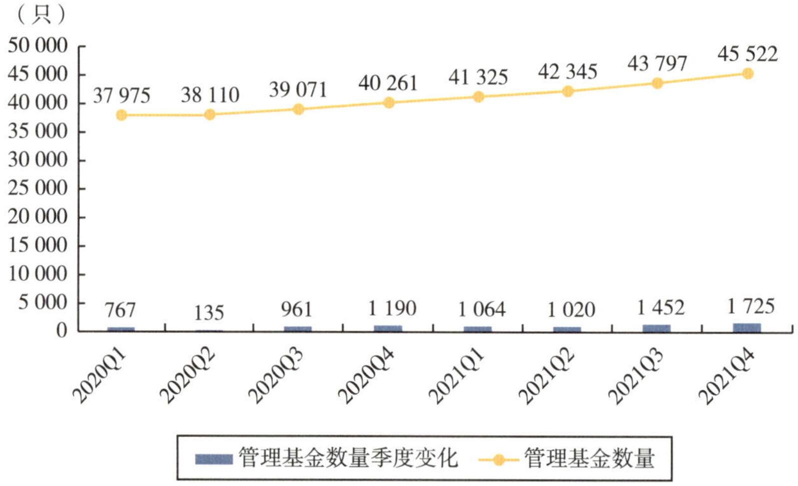

图7-25 私募股权、创业投资基金管理人管理基金数量变化

资料来源：中国证券投资基金业协会。

[①] 本报告所统计基金数量和基金规模，均指截至统计时点正在运作的基金数量及规模，不含已清盘基金数据。管理人管理规模和基金规模以相关管理人填报的基金运行表中期末净资产为准；若相关基金新设立且暂未更新运行表，以基金募集资金规模为准。

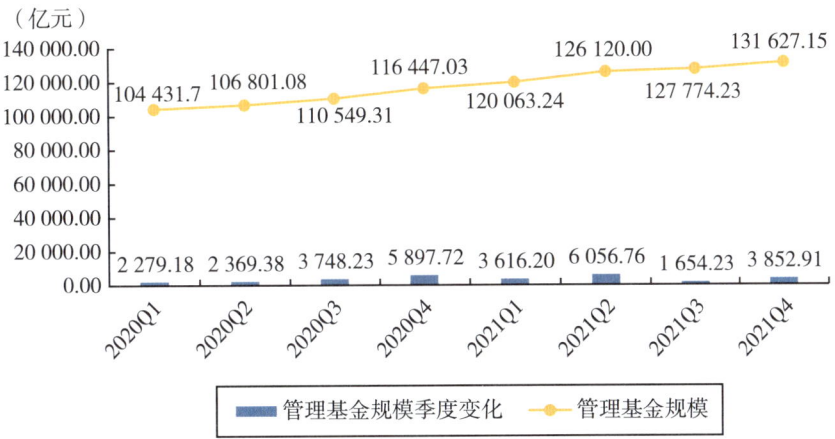

图 7-26 私募股权、创业投资基金管理人管理基金规模变化

资料来源：中国证券投资基金业协会。

（二）管理人管理基金数量及规模分布情况

1. 行业集中度继续提升

截至2021年末，有在管基金的私募股权、创业投资基金管理人中，小型私募股权、创业投资基金管理人仍占多数，56.17%的管理人管理基金规模在1亿元以下；管理基金规模在5亿元以下的私募股权、创业投资基金管理人11 914家，占比达79.36%（见图7-27）。

2. 管理人管理规模集中度

私募股权、创业投资基金管理人管理规模的行业集中度较高，其中行业排名前20的管理人管理规模占比12.67%，较2020年末下降0.07个百分点；行业排名前20%的管理人管理规模占比达89.86%，较2020年末下降0.45个百分点（见图7-28）。

（三）管理人成立时间及注册/实收资本情况

1. 管理人成立时间分布

从成立时间来看，大部分私募股权、创业投资基金管理人成立时间在10年以下，占比达87.02%，其中成立时间在1年以下的管理人数量占比最低为2.28%（见图7-29）。

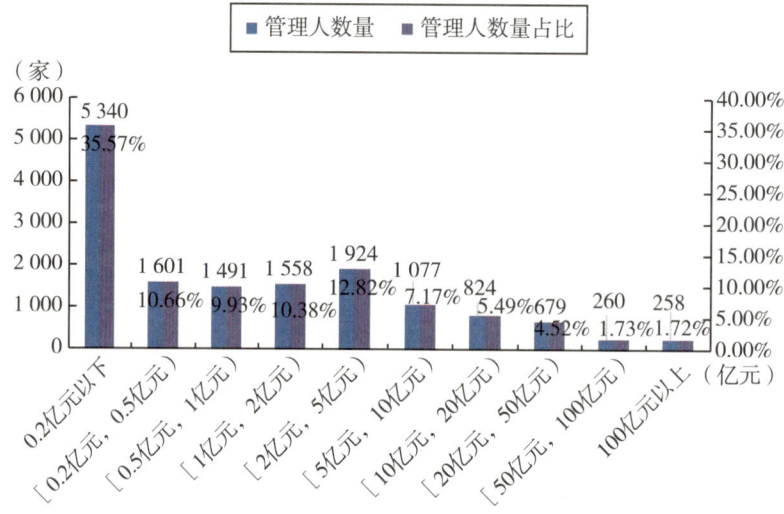

图 7-27　私募股权、创业投资基金管理人管理基金规模分布

资料来源：中国证券投资基金业协会。

行业前5管理规模占比	行业前10管理规模占比	行业前20管理规模占比
5.62%	8.48%	12.67%
行业前5%管理规模占比	行业前10%管理规模占比	行业前20%管理规模占比
65.83%	78.94%	89.86%

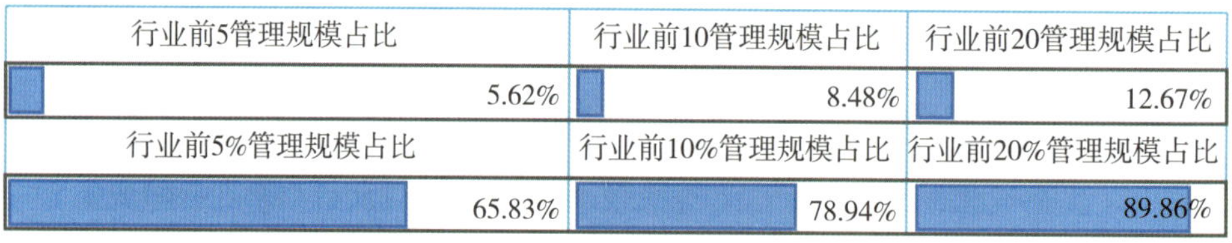

图 7-28　私募股权、创业投资基金管理人管理规模集中度

资料来源：中国证券投资基金业协会。

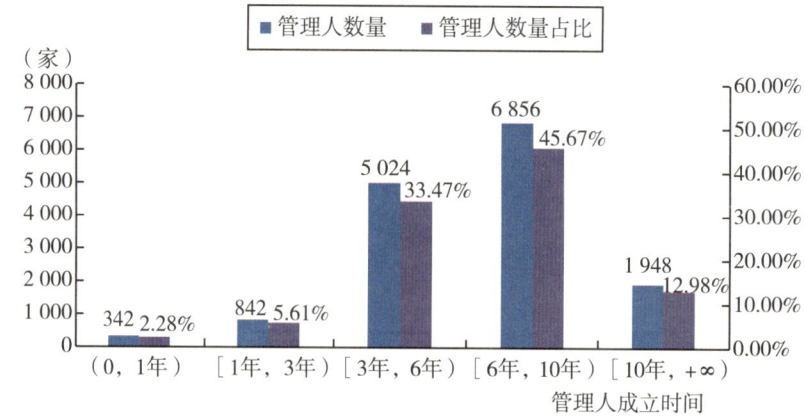

图 7-29　私募股权、创业投资基金管理人成立时间分布

资料来源：中国证券投资基金业协会。

2021年当年登记的私募股权、创业投资基金管理人中,多数管理人成立时间不足3年,数量占比达84.50%;成立时间在1至3年(不含)年的管理人数量占比39.21%。

2.管理人注册资本分布

从管理人注册资本来看,私募股权、创业投资基金管理人的注册资本集中在1 000万至2 000万元(不含),管理人数量占比47.38%;注册资本在2 000万元及以上管理人数量占比合计为36.78%(见图7-30)。

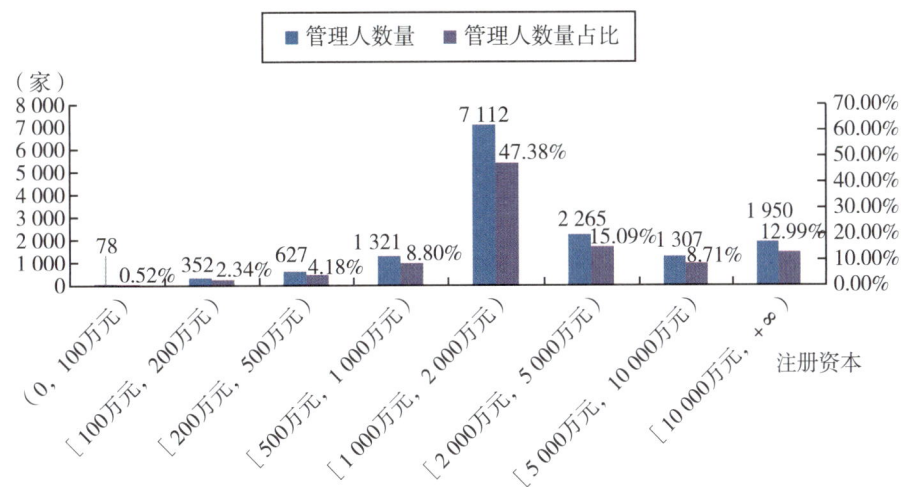

图7-30 私募股权、创业投资基金管理人注册资本分布

资料来源:中国证券投资基金业协会。

2021年当年登记的私募股权、创业投资基金管理人,注册资本也主要集中在1 000万至2 000万元(不含),管理人数量占比67.95%;注册资本在2 000万元及以上管理人数量占比合计为21.85%。

3.管理人实收资本分布

从管理人实收资本来看,94.59%的私募股权、创业投资基金管理人实收资本在200万元及以上。其中,实收资本在200万至500万元(不含)、1 000万至2 000万元(不含)的管理人数量较为集中(见图7-31)。

从管理人实收资本比例来看,近半数私募股权、创业投资基金管理人实收资本比例达到100%,实收资本比例在25%及以上的管理人数量占比达92.87%(见图7-32)。

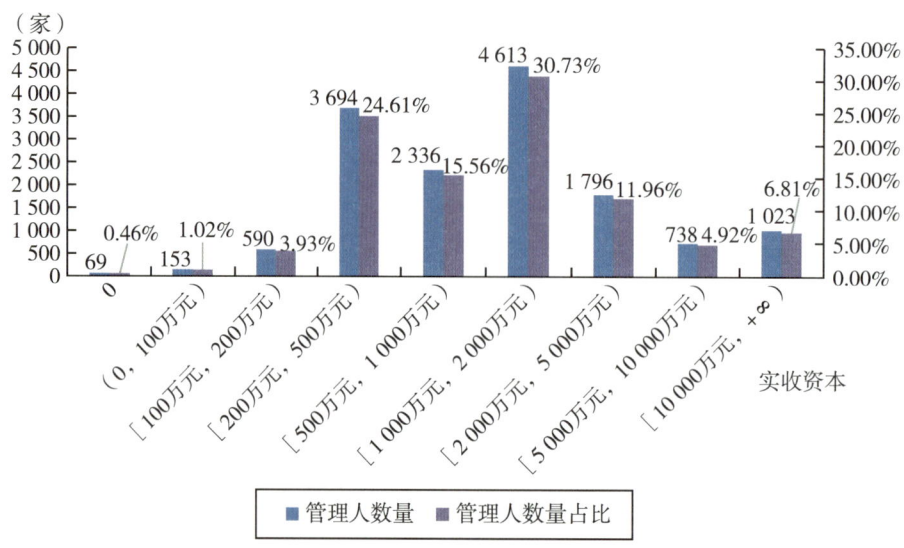

图 7-31　私募股权、创业投资基金管理人实收资本分布

资料来源：中国证券投资基金业协会。

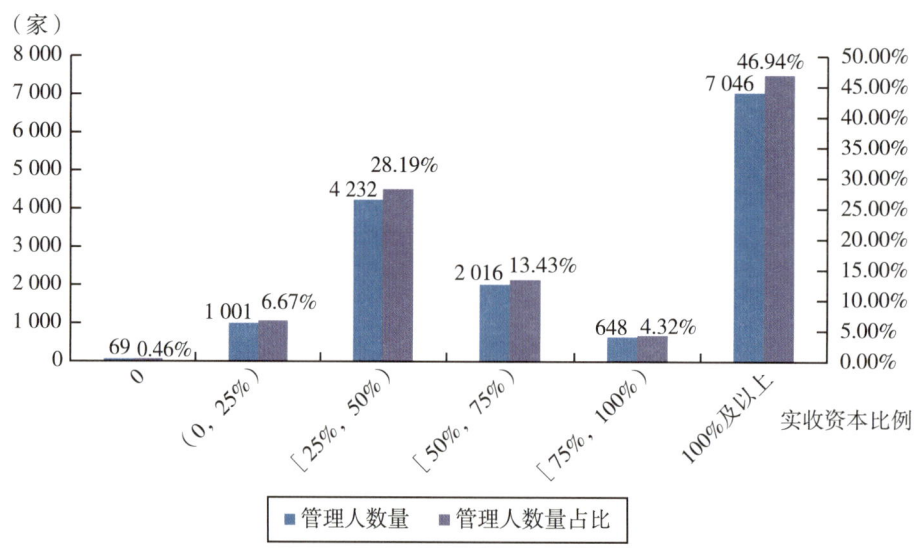

图 7-32　私募股权、创业投资基金管理人实收资本比例分布

资料来源：中国证券投资基金业协会。

2021年当年登记的私募股权、创业投资基金管理人，实收资本主要集中在200万至500万元（不含），占比50.46%；实收资本比例在25%及以上的管理人数量占比达到96.69%。

（四）管理人组织形式、股权性质及控股类型情况

1. 管理人组织形式分布

截至2021年末，从私募股权、创业投资基金管理人组织形式看，公司制管理人最多，达13 747家，占比91.57%；合伙制管理人仅1 241家，占比8.27%（见图7-33）。

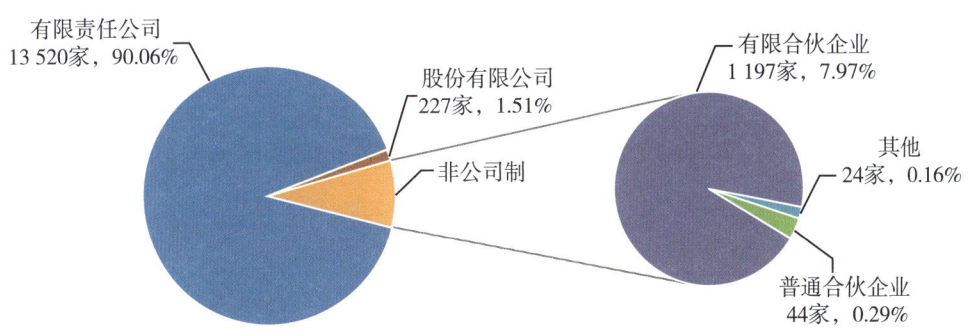

图7-33 私募股权、创业投资基金管理人组织形式分布

资料来源：中国证券投资基金业协会。

2021年当年登记的私募股权、创业投资基金管理人主要为公司制管理人，数量占比达95.23%。其中有限责任公司717家，为全部登记的公司制管理人。

2. 管理人股权性质分布

从管理人股权中外性质来看，私募股权、创业投资基金管理人的主要股权性质仍然是内资，管理人数量和管理基金规模分别为14 734家和12.76万亿元，占比分别达98.16%和96.92%；中外合资管理人平均管理规模最大，达15.20亿元（见图7-34和图7-35）。

2021年当年登记的私募股权、创业投资基金管理人，主要股权性质仍然是内资，达720家，占比95.36%。此外，外商独资管理人24家，中外合资企业11家。

3. 管理人控股类型分布

从控股类型[①]来看，私募股权、创业投资基金管理人中，自然人及其所控制民营企业控股的管理人数量最多，有11 665家，占比77.70%；国有控股管理人

---

① 截至统计时点，仍有193家私募股权、创业投资基金管理人未补充填报"控股类型"信息，为更好分析私募股权、创业投资基金管理人控股类型分布情况，将193个空字段进行剔除。

平均管理规模最大,平均管理规模21.41亿元(见图7-36和图7-37)。

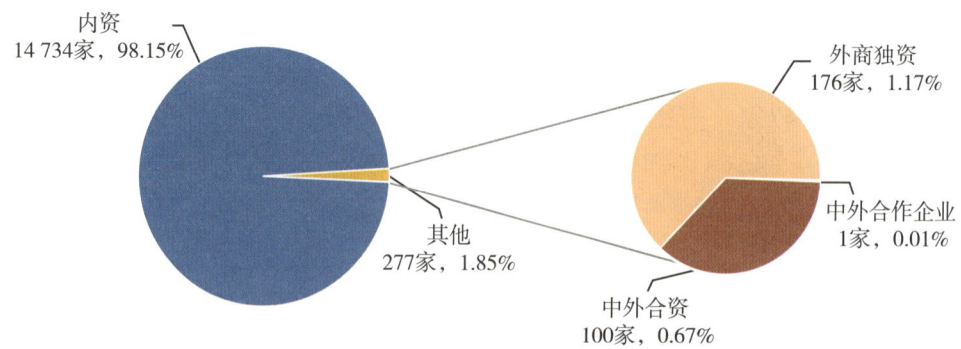

图7-34 私募股权、创业投资基金管理人股权中外性质分布

资料来源:中国证券投资基金业协会。

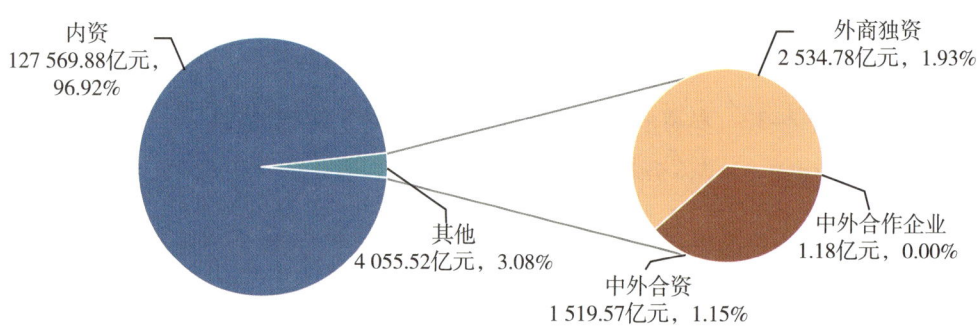

图7-35 私募股权、创业投资基金管理人股权中外性质分布

资料来源:中国证券投资基金业协会。

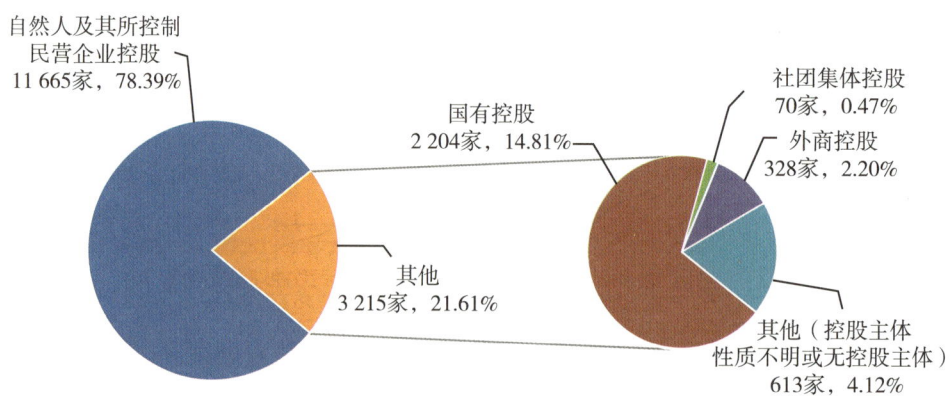

图7-36 私募股权、创业投资基金管理人控股类型分布

资料来源:中国证券投资基金业协会。

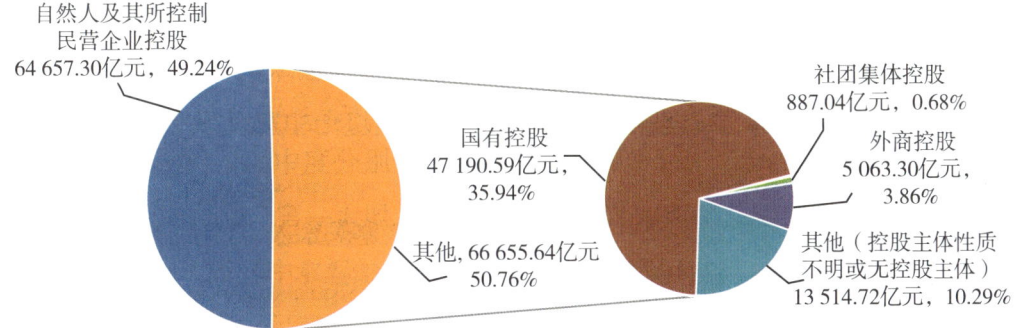

图7-37 私募股权、创业投资基金管理人控股类型分布

资料来源：中国证券投资基金业协会。

2021年当年登记的私募股权、创业投资基金管理人，控股类型主要为自然人及其所控制民营企业控股，达470家，占比62.25%。此外，控股类型为国有控股的管理人203家，外商控股管理人42家，社团集体控股私募基金管理人4家，其他（控股主体性质不明或无控股主体）管理人36家。

（五）管理人注册区域分布集中在东部省市，集中度较2020年有所下降

以中国证监会派出机构所在辖区划分，从私募基金管理人注册地和办公地两个角度出发分别分析全国私募股权、创业投资基金管理人地域分布情况。总体来看，排名前十的私募股权、创业投资基金管理人数量、管理基金数量及管理基金规模注册地集中度、办公地集中度较2020年末略有下降，仍主要集中在少数一线城市及东南沿海等经济较发达地区，随着中西部等欠发达地区的经济发展与政策倾斜，私募股权、创业投资基金作为支持当地实体经济发展的重要融资方式，其规模也在不断增长。

1.管理人数量、管理基金数量及规模按注册地分布[①]

截至2021年末，全国私募股权、创业投资基金管理人中，注册地在北京、深圳和上海三大辖区的管理人数量合计7 340家，占全国总数的48.89%，较2020年下降1.23%（见图7-38）；注册地在北京、深圳、上海、浙江、广东五大辖区的管理人数量合计9 581家，占比63.82%，较2020年下降1.08%；管理人数量排名前10的辖区合计有12 067家私募股权、创业投资基金管理人，占比80.38%，较2020年下降0.77%。

---

① 私募股权、创业投资基金管理人按注册地分布详细数据参见本书附录表1和表2。

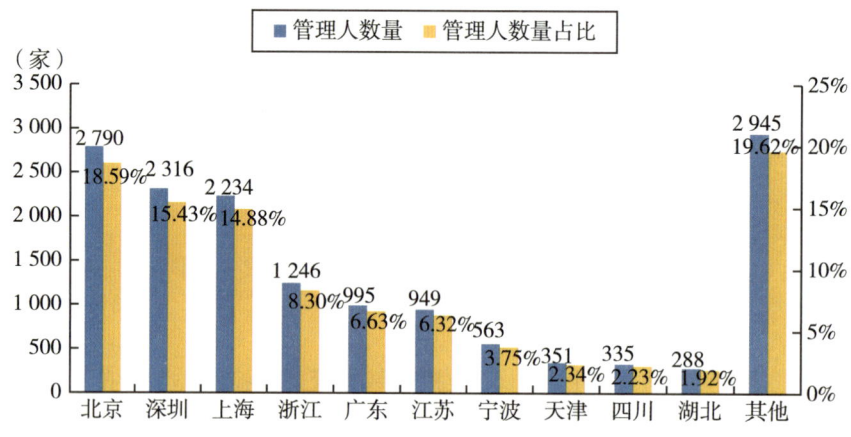

图 7-38　私募股权、创业投资基金管理人数量按注册地分布

资料来源：中国证券投资基金业协会。

从各辖区内管理人管理基金数量来看，注册地在北京、上海、深圳三大辖区内的私募股权、创业投资基金管理人管理的基金数量合计 23 593 只，占全国私募股权、创业投资基金管理人所管理基金总数的 51.83%，较 2020 年下降 1.49%（见图 7-39）；注册地在北京、上海、深圳、浙江、广东五大辖区内的管理人管理基金数量合计 30 807 只，占比 67.67%，较 2020 年下降 0.67%；排名前 10 的辖区内私募基金管理人管理的基金数量合计 38 129，占比 83.76%，较 2020 年下降 0.88%。

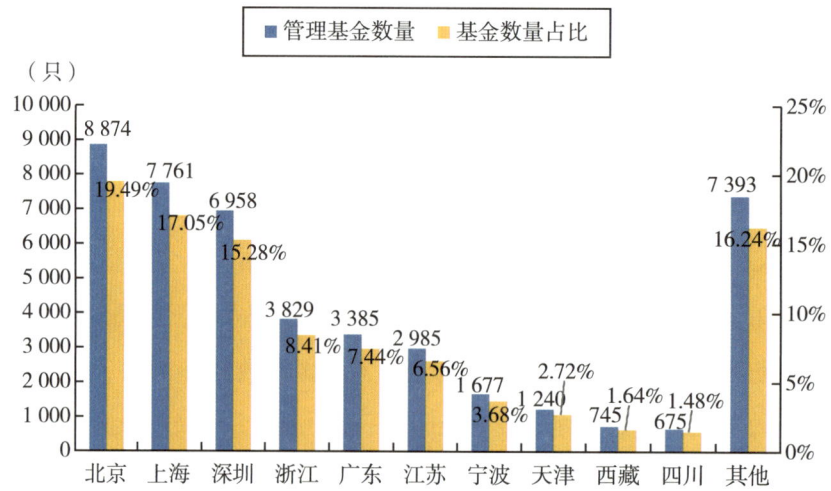

图 7-39　私募股权、创业投资基金管理人管理基金数量按注册地分布

资料来源：中国证券投资基金业协会。

从各辖区内管理人管理基金规模来看，注册地在北京、上海、深圳三大辖区内的私募股权、创业投资基金管理人管理基金规模合计6.92万亿元，占全国私募股权、创业投资基金管理人所管理基金总规模的52.54%，较2020年下降0.90%（见图7-40）；注册地在北京、上海、深圳、江苏、广东五大辖区内的管理人管理基金规模合计8.65万亿元，占比65.72%，较2020年下降0.88%；排名前10的辖区内机构管理规模合计10.81万亿元，占比82.12%，较2020年下降0.83%。

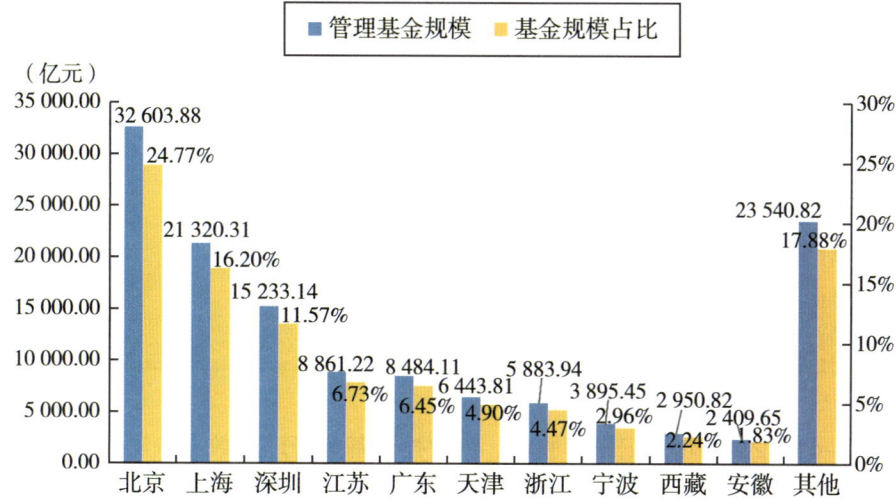

图7-40 私募股权、创业投资基金管理人管理基金规模按注册地分布

资料来源：中国证券投资基金业协会。

2021年当年登记的私募股权、创业投资基金管理人中，注册地在北京、江苏和海南三大辖区的管理人数量合计277家，占新登记管理人总数的36.69%，较2020年当年下降4.73%（见图7-41）；注册地在北京、江苏、海南、广东和上海五大辖区的管理人数量合计406家，占比53.77%，较2020年当年下降5.06%；管理人数量排名前10的辖区合计有603家私募股权、创业投资基金管理人，占比79.87%，较2020年当年增长0.20%。2021年当年新登记私募股权、创业投资基金管理人注册地仍主要集中于经济发达地区。

2.管理人数量、管理基金数量及规模按办公地分布[①]

截至2021年末，私募股权、创业投资基金管理人中，办公地在北京、上海

---
① 私募股权、创业投资基金管理人按办公地分布情况详见《附录》表3和表4。

和深圳三大辖区的管理人数量合计8 466家，占全国总数的56.39%，较2020年下降0.89%（见图7-42）；办公地在北京、上海、深圳、浙江、广东五大辖区的管理人数量合计10 365家，占比69.04%，较2020年下降0.66%；管理人数量排名前10的辖区合计有12 440家私募股权、创业投资基金管理人，占比82.87%，较2020年增长0.02%。

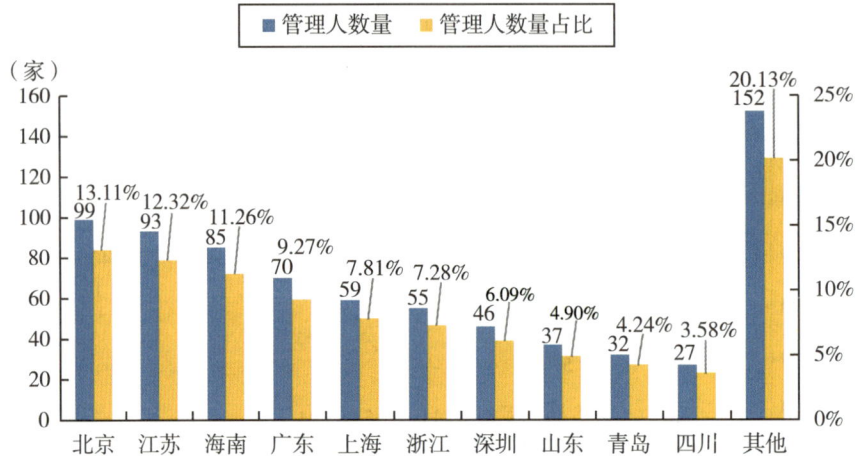

图 7-41　2021年登记私募股权、创业投资基金管理人数量按注册地分布

资料来源：中国证券投资基金业协会。

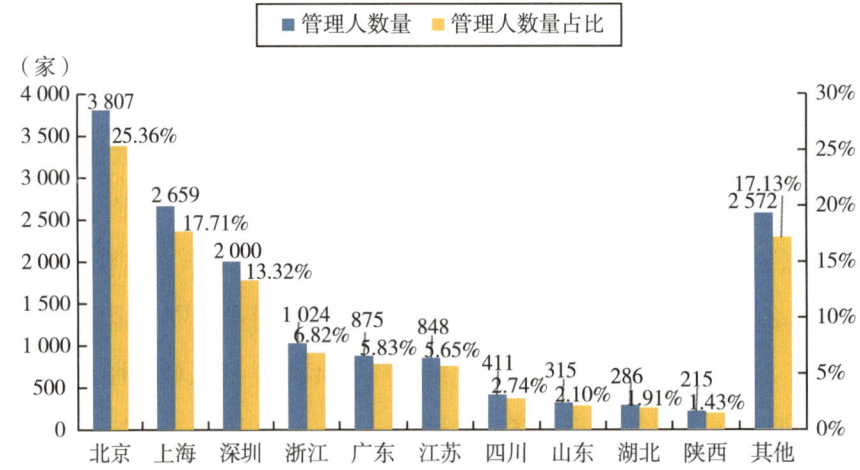

图 7-42　私募股权、创业投资基金管理人数量按办公地分布

资料来源：中国证券投资基金业协会。

从各辖区内管理人管理基金数量来看,办公地在北京、上海、深圳三大辖区内的私募股权、创业投资基金管理人管理的基金数量合计28 228只,占全国总数的62.01%,较2020年下降1.41%(见图7-43);办公地在北京、上海、深圳、浙江、广东五大辖区内管理人管理的基金数量合计34 682只,占比76.19%,较2020年下降0.75%;排名前十的辖区内管理人管理的基金数量合计39 752只,占比87.32%,较2020年下降0.01%。

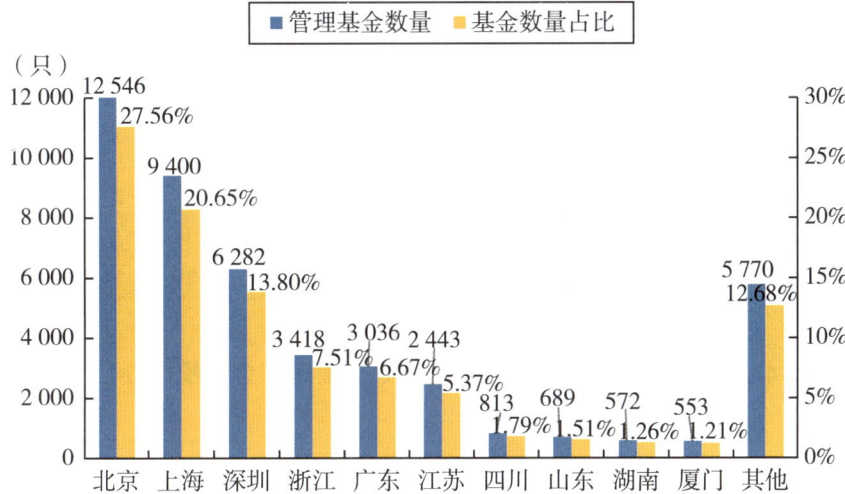

图7-43 私募股权、创业投资基金管理人管理基金数量按办公地分布

资料来源:中国证券投资基金业协会。

从各辖区内管理人管理的基金规模来看,办公地在北京、上海、深圳三大辖区的私募股权、创业投资基金管理人管理的基金规模合计8.78万亿元,占全国私募股权、创业投资基金管理人管理基金总规模的66.70%,较2020年下降0.44%,其中北京远超上海和深圳,为规模最大辖区(见图7-44);在北京、上海、深圳、广东、江苏五大辖区的管理人管理规模合计10.19万亿元,占比77.45%,较2020年下降0.45%;排名前十的辖区内管理人管理规模合计11.43万亿元,占比86.85%,较2020年下降0.43%。

2021年当年登记的私募股权、创业投资基金管理人,办公地在北京、上海和江苏三大辖区的管理人数量合计339家,占全国总数的44.90%,较2020年当年下降7.37%(见图7-45);办公地在北京、上海、江苏、深圳和广东五大辖区的管理人数量合计455家，占比60.26%，较2020年当年下降5.01%；管理人数量排名前10的辖区合计有620家私募股权、创业投资基金管理人，占比82.12%，较2020年当年增长2.83%。2021年当年新登记的私募股权、创业投资基金管理人办公地同样主要集中于经济发达地区。

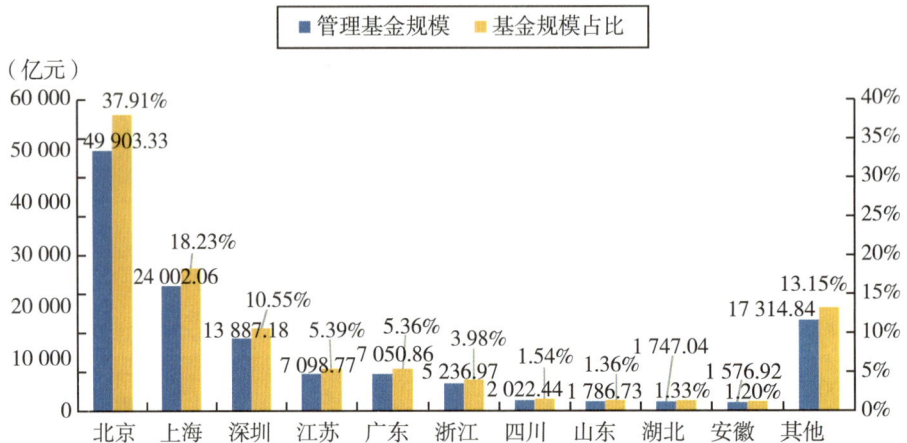

图7-44 私募股权、创业投资基金管理人管理基金规模按办公地分布

资料来源：中国证券投资基金业协会。

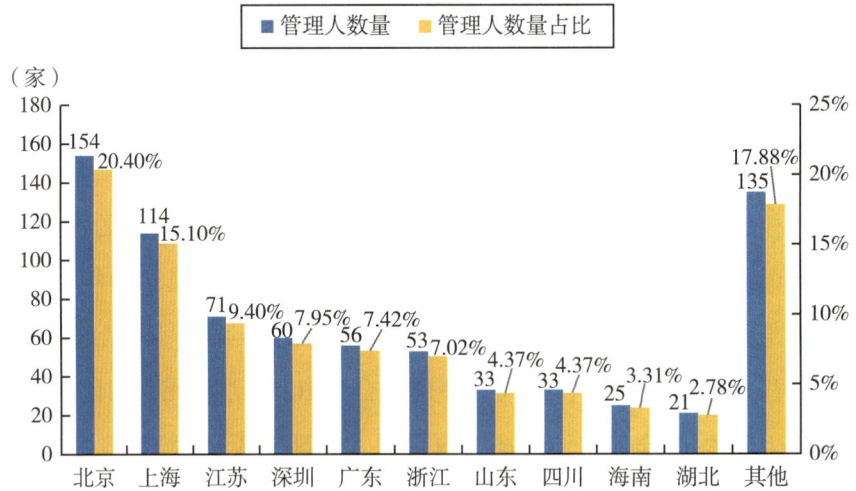

图7-45 2021年登记私募股权、创业投资基金管理人数量按办公地分布

资料来源：中国证券投资基金业协会。

二、私募股权、创业投资基金管理人从业人员及高管情况

截至2021年末,私募股权、创业投资基金基金管理人在从业人员管理平台完成注册的全职员工总人数10.83万人,其中,具有基金从业资格的员工9.48万人,数量占比87.53%(见图7-46)。私募股权、创业投资基金管理人高管总数3.87万人,具有基金从业资格高管3.61万人,数量占比达93.24%,较2020年末增长1.11个百分点。

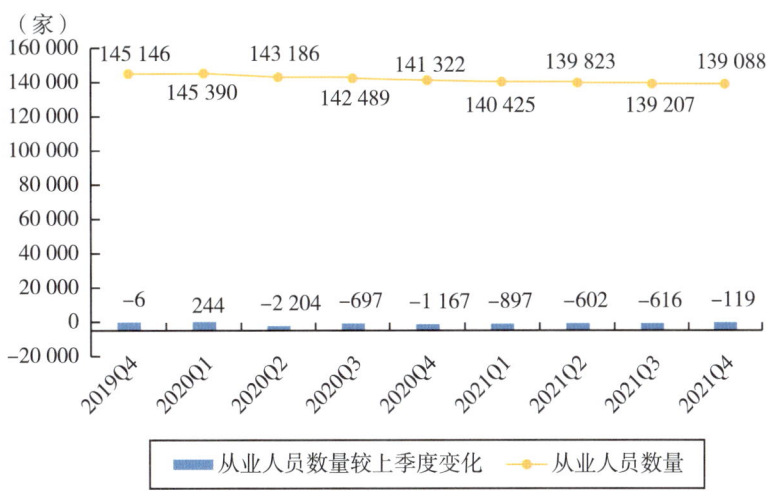

图7-46 私募股权、创业投资基金管理人从业人员数量变化

资料来源:中国证券投资基金业协会。

2021年当年登记并在从业人员管理平台完成注册的私募股权、创业投资基金管理人的员工人数4 724人,其中具有基金从业资格的员工3 918人,占比82.94%;私募股权、创业投资基金管理人高管2 102人,其中具有基金从业资格的高管1 962人,占比达93.33%。

(一)管理人从业人员情况

截至2021年末,大多数私募股权、创业投资基金管理人具有5名及以上员工,其中,半数以上管理人的员工数量在5(含)人至10人。整体来看,私募股权、创业投资基金管理人平均具有9名员工(见图7-47)。

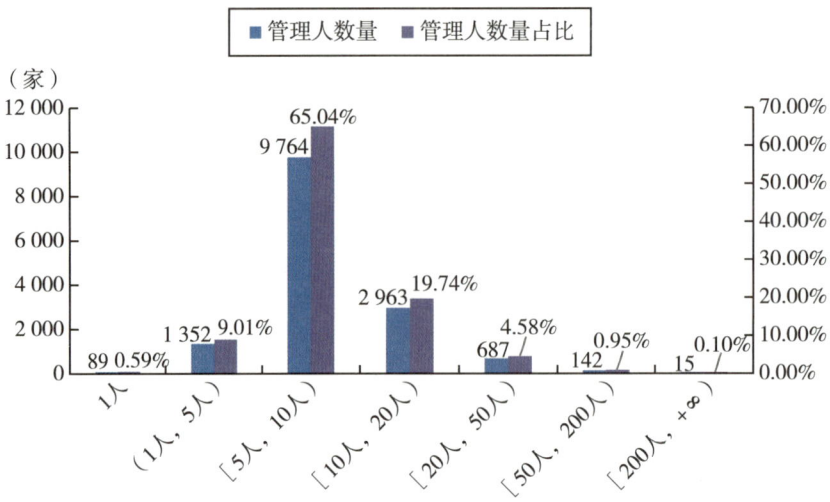

图 7-47　私募股权、创业投资基金管理人从业人员数量分布（按家数统计）

资料来源：中国证券投资基金业协会。

从单家私募股权、创业投资基金管理人从业人员数量来看，管理基金规模较大的管理人具有的从业人员普遍较多。截至2021年末，管理规模在5亿元以下的管理人平均具有8名员工，而管理规模在100亿元及以上的管理人平均具有32名员工（见图7-48）。

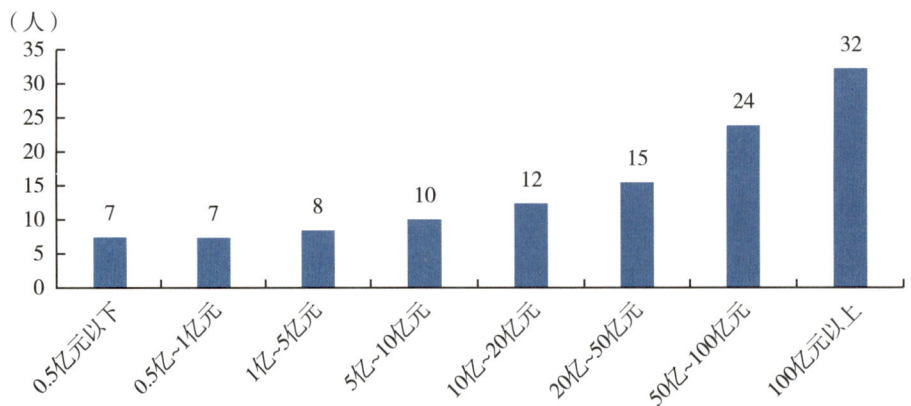

图 7-48　私募股权、创业投资基金管理人平均从业人员数量分布（按规模统计）

资料来源：中国证券投资基金业协会。

2021年当年登记的私募股权、创业投资基金管理人，从业人员数量主要集中于5至10人（不含），占比达94.44%；平均每家私募基金管理人具有6名员工。

（二）管理人高管情况

1. 管理人高管人数分布情况

截至2021年末，从单个私募股权、创业投资基金管理人的高管数量来看，99.72%的管理人具有2名或2名以上高管（见图7-49）。

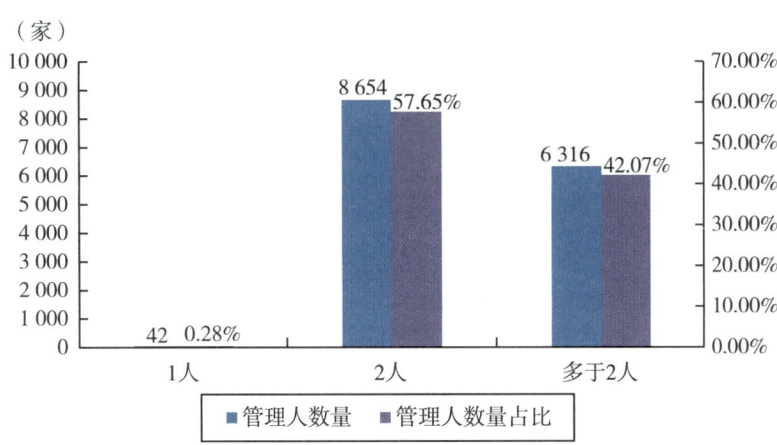

图 7-49　私募股权、创业投资基金管理人高管人数分布（按家数统计）

资料来源：中国证券投资基金业协会。

2021年当年登记的私募股权、创业投资基金管理人均具有2名或2名以上高管，其中有3名及以上高管的管理人数量占比58.41%。

2. 管理人高管取得从业资格情况

截至2021年末，私募股权、创业投资基金管理人高管中，具备基金从业资格的有3.61万人，占高管总数的93.24%（见图7-50）。其中，13 103家管理人的所有高管都具备基金从业资格，占比87.28%；法定代表人与合规风控负责人具备基金从业资格的管理人13 982家，占私募股权、创业投资基金管理人数量的93.14%（见图7-51）。

2021年当年登记的私募股权、创业投资基金管理人的高管中，具备基金从业资格的高管1 962人，占比达93.33%；所有高管都具备基金从业资格的管理人664家，占比达87.95%。

3. 管理人高管人员学历分布情况

从高管最高学历来看，截至2021年末，私募股权、创业投资基金管理人高管普遍学历背景良好，最高学历为本科及以上的为35 752人，占比93.24%，其中硕博占比为50.35%（见图7-52）。

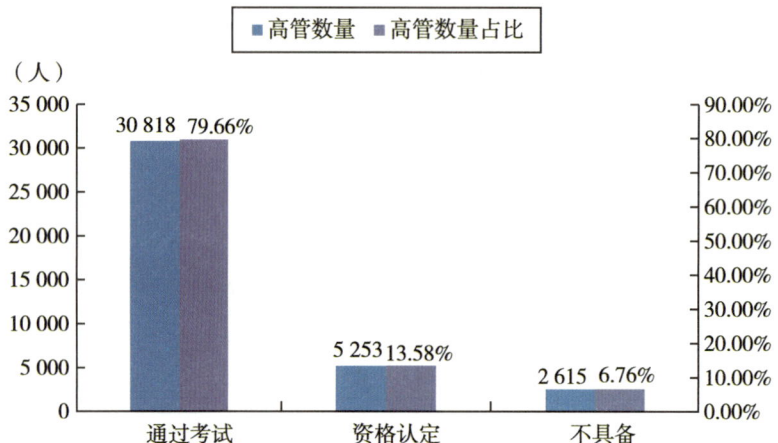

图7-50　私募股权、创业投资基金管理人基金从业资格取得情况（按人数统计）

资料来源：中国证券投资基金业协会。

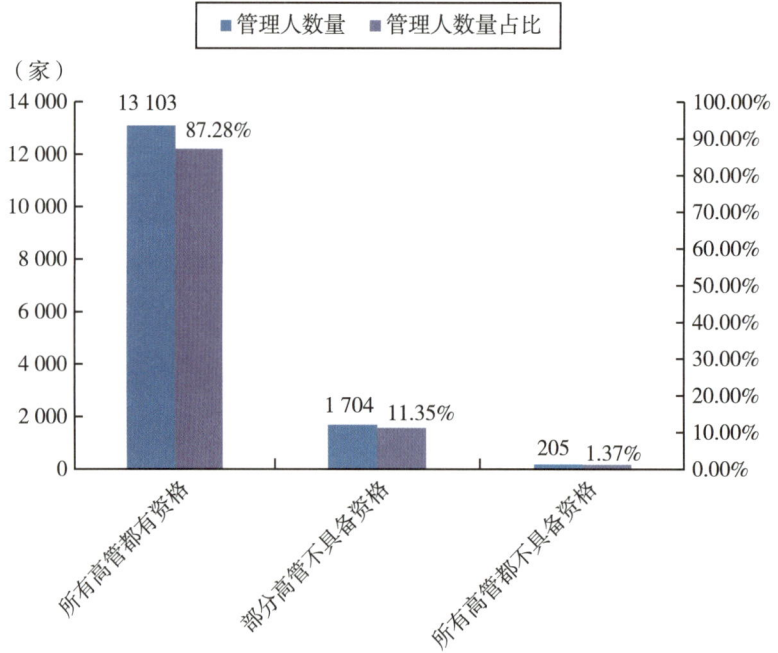

图7-51　私募股权、创业投资基金管理人基金从业资格取得情况（按家数统计）

资料来源：中国证券投资基金业协会。

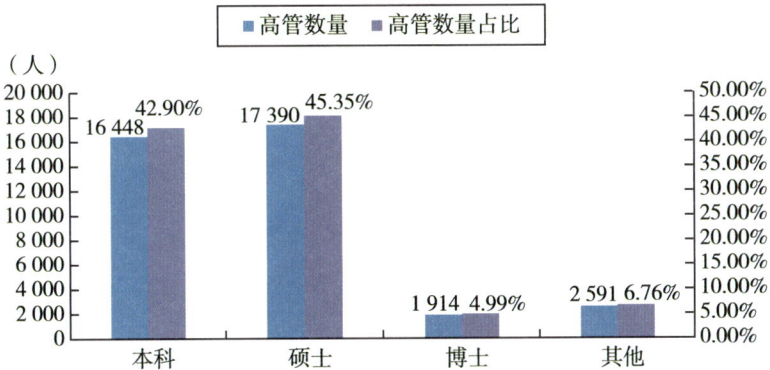

图 7-52　私募股权、创业投资基金管理人高管最高学历分布情况（按人数统计）

资料来源：中国证券投资基金业协会。

2021年当年登记的私募股权、创业投资基金管理人中，最高学历为本科及以上的高管数量占比达99.36%，其中硕博占比为66.21%。

4.管理人高管人员年龄分布情况

从高管年龄分布来看，截至2021年末，私募股权、创业投资基金管理人高管年龄主要集中在30至50（不含）岁，占比75.76%，其中年龄在30至40（不含）岁的青壮年人士，成为私募股权、创业投资从业的中坚力量，占全部高管数量的比例达40.21%（见图7-53）。

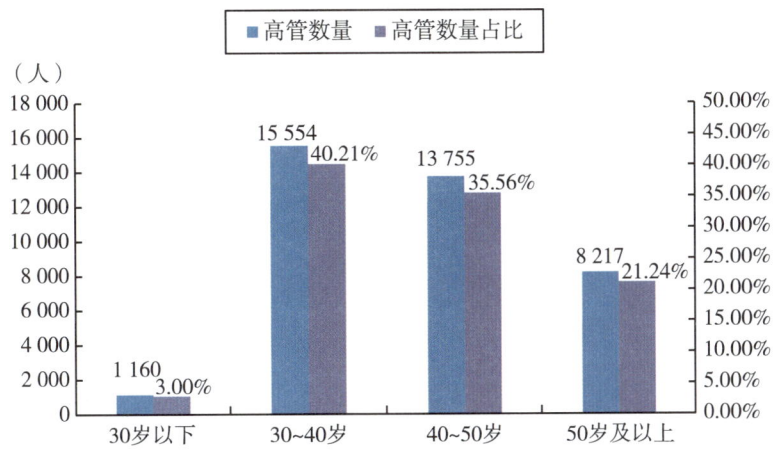

图 7-53　私募股权、创业投资基金管理人高管年龄分布（按人数统计）

资料来源：中国证券投资基金业协会。

2021年当年登记的私募股权、创业投资基金管理人高管年龄也集中在30至50（不含）岁，占比84.68%，其中年龄在30至40（不含）岁的青壮年人士，占全部高管数量的52.62%。

5. 管理人高管从业年限分布情况[①]

从高管从业年限分布来看，截至2021年末，私募股权、创业投资基金管理人中81.87%的高管从业年限在10年及以上，整体从业年限较长（见图7-54）。

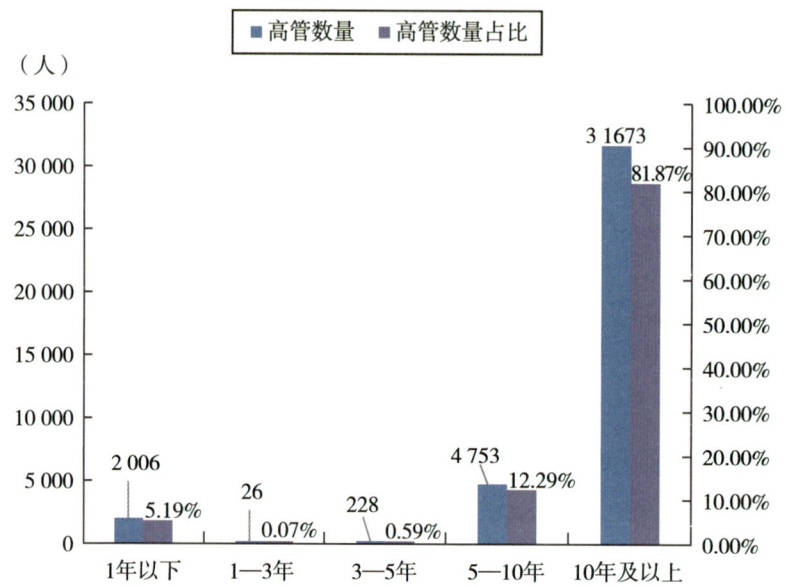

图7-54 私募股权、创业投资基金管理人高管从业年限分布（按人数统计）

资料来源：中国证券投资基金业协会。

2021年当年登记的私募股权、创业投资基金管理人高管从业年限主要集中在10年及以上，占比达78.40%；从业年限在1年以下的高管64人。

6. 管理人高管任职年限分布情况

从高管任职年限分布来看，截至2021年末，私募股权、创业投资基金管理人高管在现有管理人任职时间主要集中在5年及以上，占比达44.18%（见图7-55）。

[①] 本报告中高管从业年限自高管毕业以来从事第一份工作的起始时间算起。

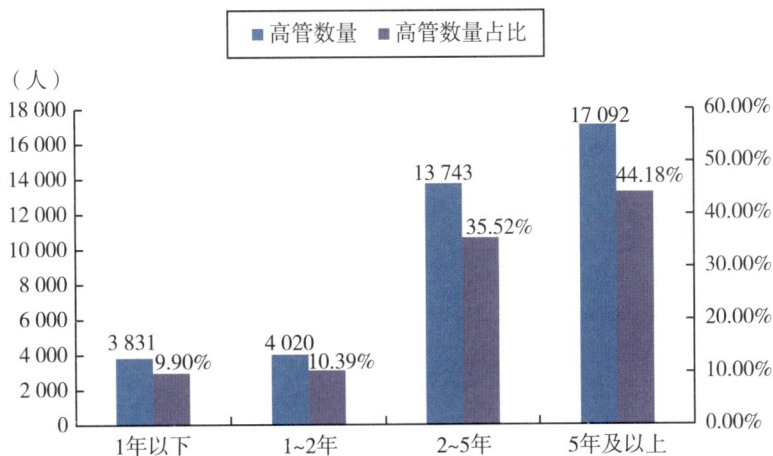

图 7-55 私募股权、创业投资基金管理人高管任职年限分布（按人数统计）

资料来源：中国证券投资基金业协会。

第八章 基金托管机构

第一节 托管机构登记情况

一、基金托管人登记情况

金融机构从事基金托管业务，应当经中国证监会核准，依法取得基金托管资格，申请基金托管资格的金融机构应当符合《证券投资基金托管业务管理办法》要求。

根据中国证监会发布的《证券投资基金托管人名录》，截至2021年12月31日，共57家托管人经证监会核准，依法取得证券投资基金托管业务展业资格。其中，包括28家银行、27家证券公司以及2家其他类型托管机构（见图8-1）。具体名录见附录行业数据篇。

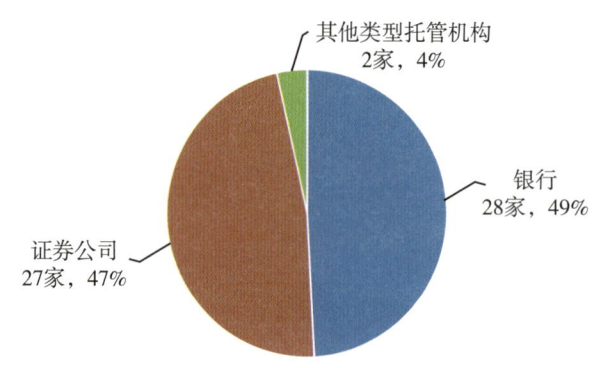

图 8-1 托管机构类型分布

资料来源：中国证监会官网。

二、合格境外机构投资者托管人登记情况

《合格境外机构投资者境内证券投资管理办法》第12条要求，取得托管人资格，必须经中国证监会和国家外汇局审批。中国证监会收到完整的申请文件后，于30个工作日内会签国家外汇局做出托管资格许可。截至2021年12月31日，共22家托管人取得合格境外机构投资者托管业务资格，全部为银行类托管机构。具体名录见附录行业数据篇。

第二节 托管业务发展情况

一、托管产品数量及资产规模

截至2021年末，托管人开展托管业务或资产保管业务的产品共计345 719只，资产规模达到196.56万亿元[①]。从产品类型来看，按照产品数量统计（见图8-2），私募基金的数量最多，总计104 373只，占比30.19%；公募基金9 042只，占比2.62%；证券期货经营机构发行的资管产品40 722只，占比11.78%；跨境或者管理人为外资的基金2 986只，占比0.86%；银行理财40 768只，占比11.79%；信托（保管）71 788只，占比20.76%；保险产品9 221只，占比2.67%；养老金10 614只，占比3.07%；其他产品（托管或保管）56 205只，占比16.26%（见图8-2）。

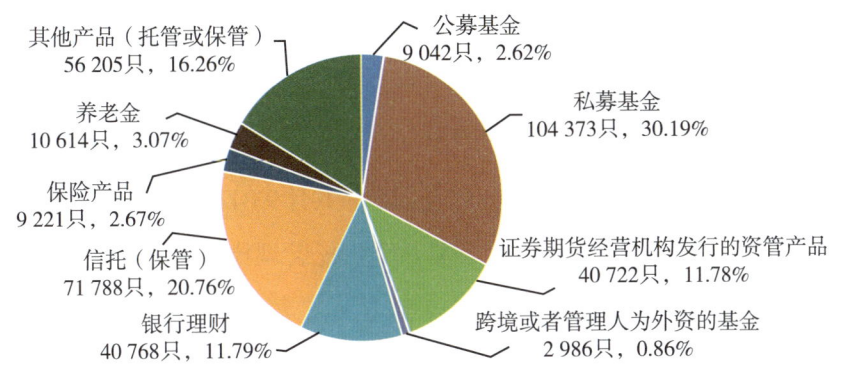

图8-2 托管产品数量占比（按产品类型）

资料来源：中国证券投资基金业协会。

---

① 本次统计范围从托管机构业务角度出发，不仅包括资管产品托管业务，也包括资产保管等其他业务。

按照资产规模统计（见图8-3），银行理财的规模最大，总计314 137.81亿元，占比15.98%；公募基金252 859.93亿元，占比12.86%；私募基金166 875.26亿元，占比8.49%；证券期货经营机构发行的资管产品184 163.35亿元，占比9.37%；跨境或者管理人为外资的基金18 991.87亿元，占比0.97%；信托（保管）208 052.15亿元，占比10.58%；保险产品276 505.78亿元，占比14.07%；养老金107 276.25亿元，占比5.46%；其他产品（托管或保管）436 712.66亿元，占比22.22%（见图8-3）。

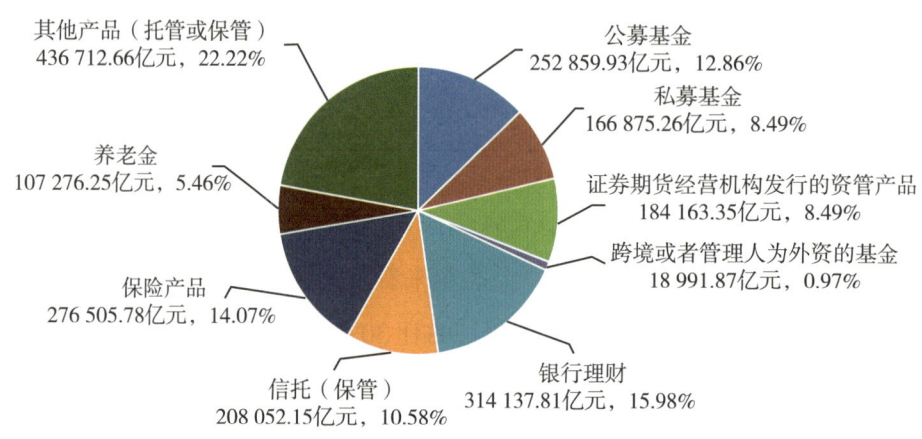

图8-3 托管资产规模占比（按产品类型）

资料来源：中国证券投资基金业协会。

二、不同类型托管人的基金托管业务开展情况

（一）公募基金的托管业务开展情况

截至2021年末，托管人托管的公募基金产品共计9 042只，资产规模252 859.93亿元。其中，商业银行托管8 658只公募基金，托管规模248 312.57亿元；证券公司托管384只公募基金，托管规模4 547.36亿元；其他类型托管人未托管公募基金（见图8-4）。

（二）私募基金的托管业务开展情况

截至2021年末，托管人托管的私募基金产品共计104 373只，资产规模

166 875.26亿元（见图8-5和图8-6）。其中，私募证券投资基金75 385只，资产规模58 245.85亿元；商业银行托管4 349只，托管规模49 527.86亿元；证券公司托管71 036只，托管规模49 527.86亿元。私募股权投资基金28 988只，资产规模108 629.41亿元；商业银行托管22 816只，托管规模101 957.86亿元；证券公司托管6 172只，托管规模6 671.55亿元。其他类型托管人未托管私募基金。

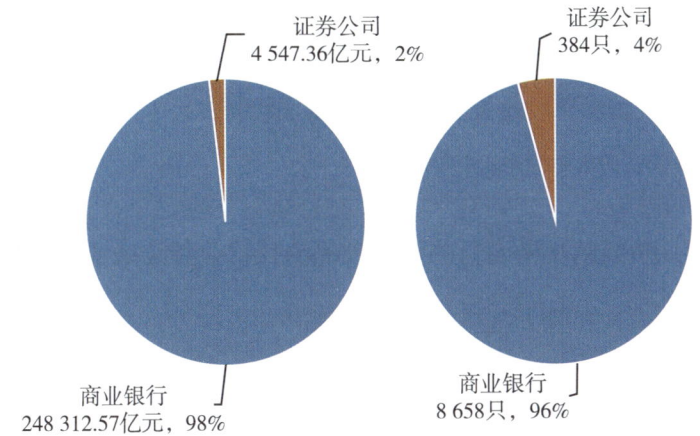

图8-4　托管公募基金的数量及规模占比（按托管人类型）

资料来源：中国证券投资基金业协会。

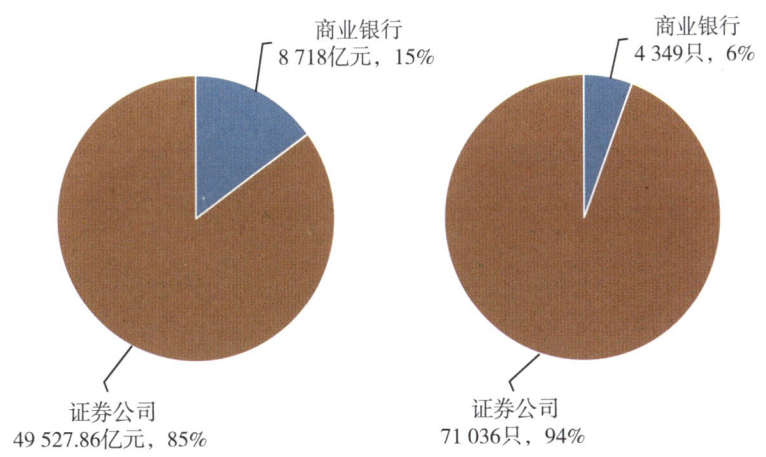

图8-5　托管私募证券投资基金的数量及规模占比（按托管人类型）

资料来源：中国证券投资基金业协会。

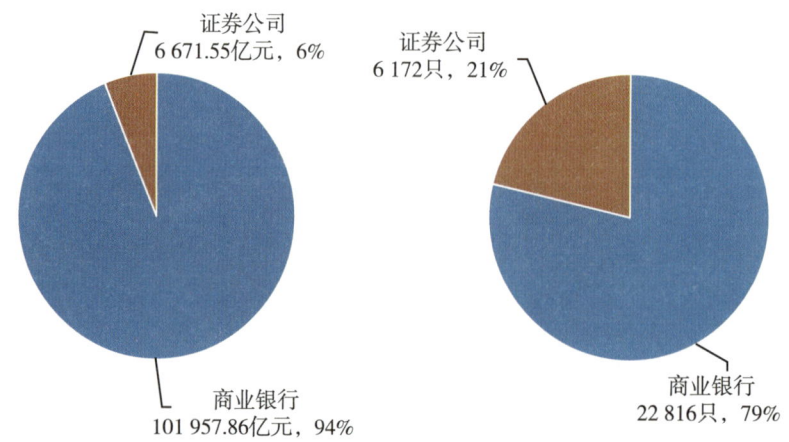

图 8-6　托管私募股权投资基金的数量及规模占比（按托管人类型）

资料来源：中国证券投资基金业协会。

（三）证券期货经营机构发行的资管产品的托管业务开展情况

截至 2021 年末，托管人托管的证券期货经营机构发行的资管产品（以下简称资管计划）共计 40 722 只，资产规模 184 163.35 亿元（见图 8-7）。其中，商业银行托管 35 574 只资管计划，托管规模 177 272.59 亿元；证券公司托管 5 105 只资管计划，托管规模 4 289.59 亿元；其他类型托管人托管 43 只资产管理计划，托管规模 2 601.18 亿元。

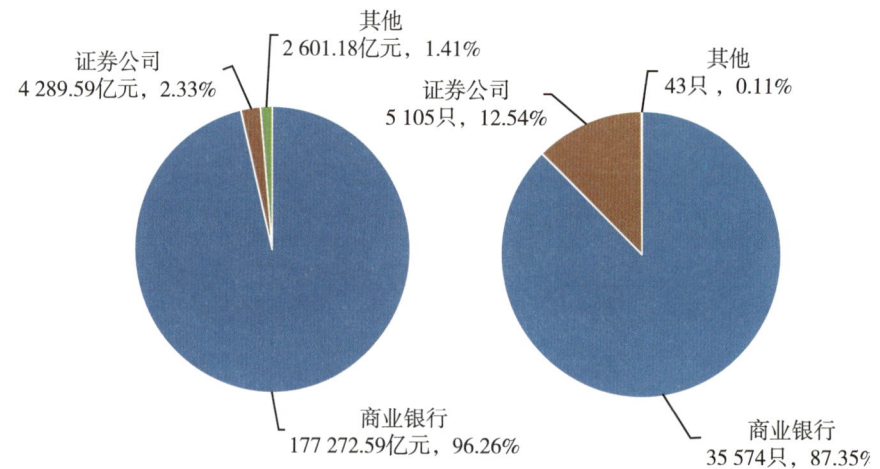

图 8-7　托管资管计划的数量及规模占比（按托管人类型）

资料来源：中国证券投资基金业协会。

第九章 基金服务机构

第一节 基金服务业务发展历程

我国私募基金服务业务大概可以分为四个阶段。

第一阶段：初创探索阶段（2013—2014年）

2013年6月1日起开始实施的《证券投资基金法》，设置"基金服务机构"单独章节，为基金服务业务和基金行业专业化分工奠定了法律基础。首次明确基金管理人可以委托基金服务机构代为办理基金的销售、销售支付、份额登记、核算、估值、信息技术系统等事项。

第二阶段：蓬勃发展阶段（2015—2016年）

2015年协会开始对第一批基金服务机构进行备案，专业的基金服务机构不仅帮助私募基金管理人提高了效率，降低了成本，还给予更多的业务支持，包括产品设计、信息披露等服务，基金服务业务有效促进了私募基金行业的发展。

第三阶段：高速创新阶段（2017—2018年）

2017开始，国内服务机构发展进入高速发展阶段，协会围绕"7+2"自律框架，重新梳理对私募基金服务业务的规范要求，发布《私募基金服务业务管理办法（试行）》（以下简称《服务办法》），按照《服务办法》要求改造并重新上线了私募基金服务机构登记系统，通过培育专业的私募基金服务机构梯队，搭建私募基金行业生态体系，促进管理人、托管人和服务机构三类市场主体之间的合作和博弈，提升私募基金行业的专业化水平。

第四阶段：扶优限劣、生态培育阶段（2019年至今）

2019年7月，协会正式公布第四批完成登记的私募基金服务机构名单。根据《证券投资基金法》及其他私募基金法规要求，秉持会员管理标准，依照《证券投资基金法》信义义务要求，按照合规风控、人力资本、运营能力、金融科技、生态培育等五大维度，筛选符合条件的私募基金服务机构登记入会。为完善私募基金生态体系建设，协会着手修订《服务办法》。《服务办法》修订工作主要围绕三大目标：一是落实"放管服"和大数据监管的要求，探索市场化博弈和制衡，加强事中事后自律管理，培育私募基金行业生态；二是探索化解私募基金风险，多方式保障基金财产安全；三是落实对外开放承诺，推动引入外资服务机构，提升境内基金服务能力。

2020年10月，协会就《私募投资基金电子合同业务管理办法（试行）（征求意见稿）》正式公开征求意见。电子合同业务是金融科技在私募基金领域的重要应用，通过电子合同缔约能够衔接投资者、基金管理人、基金托管人和基金服务机构等主体，为托管人履行投资监督、募集机构销售适当性、份额登记机构份额确权等法定职责提供落地场景，同时大大提高了缔约效率。电子合同的推广也有利于科技监管和自律管理，通过电子合同服务机构能够一定程度上丰富数据源，降低私募基金行业风险，保护投资者利益。

2021年，市场对于电子合同签署服务需求越来越大，疫情期间线上办公及无纸化合同签署方式在私募基金领域应用越来越广泛，巨量需求催生部分市场机构加快布局电子合同业务速度。协会亦在推动发布《私募投资基金电子合同业务管理办法（试行）》，通过推广电子合同业务，降低私募投资基金行业风险，推动行业健康发展。

第二节 基金服务机构登记情况

截至2021年末，在协会完成登记的基金服务机构共计48家（具体名录见行业数据篇），按照机构类型划分，服务机构包括证券公司、商业银行、基金公司、IT公司及第三方独立服务机构等5类，其中证券公司的数量最多（见图9-1）。

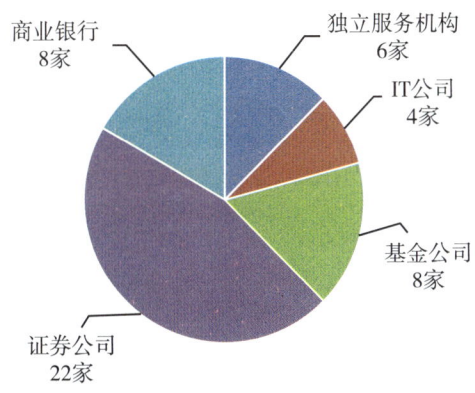

图 9-1　机构类型分布

资料来源：中国证券投资基金业协会。

第三节　基金服务业务开展情况

一、基金服务产品数量和规模

作为《证券投资基金法》下的三类主体之一，基金服务机构的发展初衷是提高基金行业专业能力，搭建基金行业良性发展生态圈。服务机构在协会登记以来，服务对象已经从私募投资基金，不断扩大至公募基金、券商资管、期货资管、基金公司专户等大资管行业各类产品。服务内容除了份额登记和估值核算两项涉及系统重要性数据的核心业务之外，在围绕信息科技建设、助力基金小镇建设等发展目标下，不断扩展至整个基金运作链条，提供了全方位、多功能的各项专业服务，对基金行业发展起到了重要推动作用。

截至2021年末，服务机构对外（不含完全控股下属公司）提供份额登记及估值核算服务的基金产品共计108 170只，服务的资产规模达到98 976.14亿元，分别比2020年底增长了47.3%和58.58%。从服务对象的类型来看，按照服务业务数量统计，私募基金的数量最多，总计88 518只，占比78.15%；银行、保险和信托发行的资管产品18 658只，占比16.46%；证券期货经营机构发行的私募资管产品5 625只，占比4.96%；跨境或者管理人为外资的基金157只，占比0.14%；公募基金（含证券公司大集合产品）10只，占比0.01%；其他资管产品

375只，占比0.33%（见图9-2）。

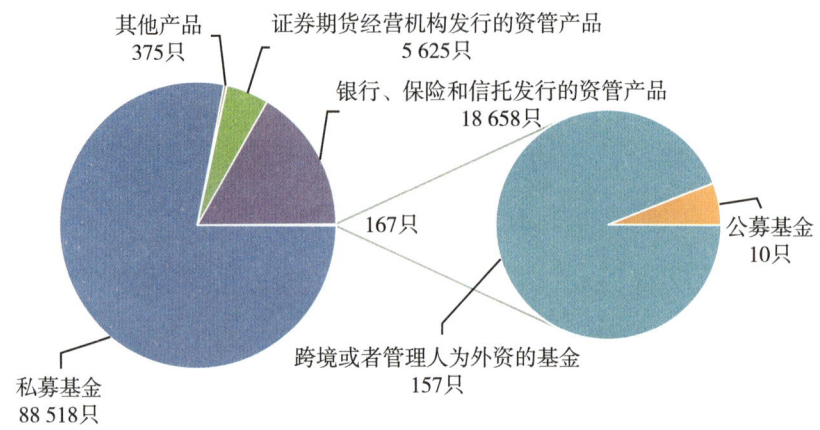

图9-2　服务业务数量占比（按服务基金类型）

资料来源：中国证券投资基金业协会。

按照服务业务规模统计，私募基金是服务机构服务规模最大的产品类型，总计65 971.24亿元，占比50.18%；银行、保险和信托发行的资管产品47 665.87亿元，占比36.26%；证券期货经营机构发行的私募资管产品规模15 019.42亿元，占比11.42%；跨境或者管理人为外资的基金389.88亿元，占比0.30%；公募基金规模207.40亿元，占比0.16%；其他资管产品2 217.38亿元，占比1.69%（见图9-3和图9-4）。

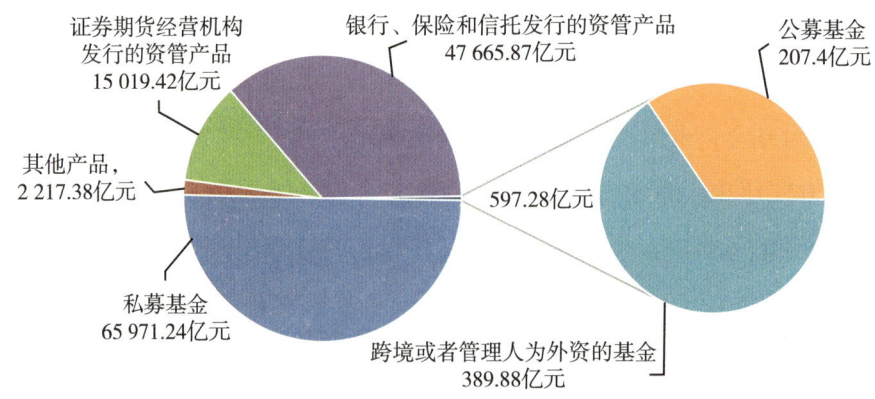

图9-3　服务业务规模占比（按服务基金类型）

资料来源：中国证券投资基金业协会。

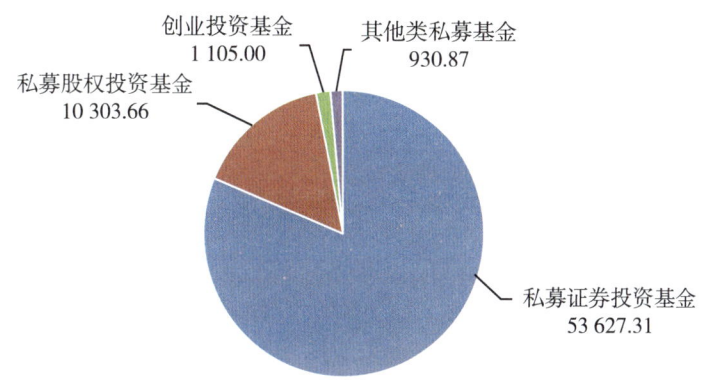

图 9-4 私募投资基金服务业务规模占比（按基金类型）

资料来源：中国证券投资基金业协会。

二、行业集中度情况

截至 2021 年末，服务机构对外服务业务规模（见表 9-1）排名前三的服务机构服务资产规模占总规模的 43.67%，排名前 10 的服务机构服务资产规模共计占总规模的 73.75%，行业集中度较高。相较 2020 年底，基金服务行业的整体格局基本稳定，第一梯队优势愈发明显，服务规模突破千亿元的第二梯队继续扩大，具体表现为"3+15+n"的特点（见图 9-5）。其中第一梯队 3 家，规模均超过 8 000 亿元，合计占总规模的 43.67%；第二梯队 15 家，规模均在 1 000 亿~5 000 亿元之间，合计占总规模的 48%；其余的服务机构为第三梯队，规模均不超过 1 000 亿元，合计占总规模的 8.33%。

表 9-1 各服务机构服务的基金规模和数量

序号	机构名称	服务规模（亿元）	数量（只）
1	招商证券	15 254.70	19 236
2	国泰君安	14 897.02	16 521
3	中信中证	13 076.10	12 288
4	华泰证券	5 525.92	9 162
5	创金合信	4 521.78	3 157
6	宁波银行	4 330.71	4 323

续表

序号	机构名称	服务规模（亿元）	数量（只）
7	中国银行	4 190.85	816
8	华夏基金	3 839.16	2 016
9	中信建投	3 741.82	5 331
10	工商银行	3 614.10	1 471

资料来源：中国证券投资基金业协会。

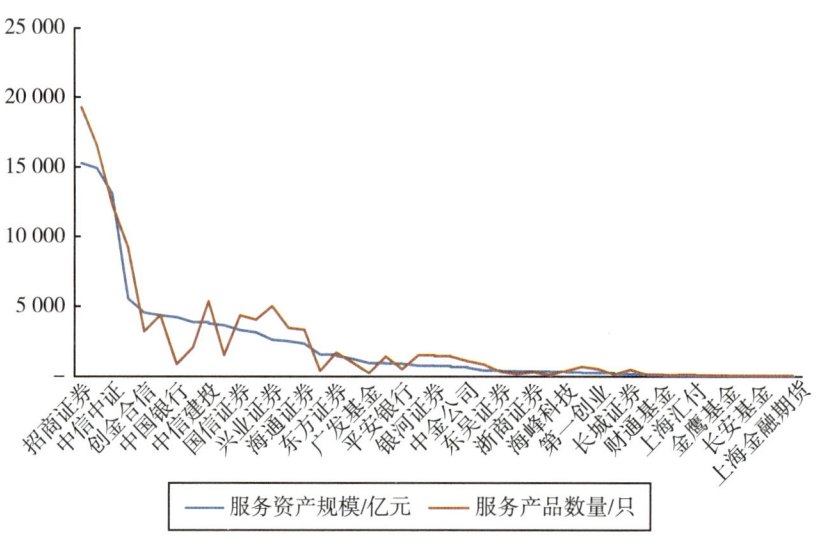

图 9-5　排除服务机构服务的集团内部资管产品的行业集中度

注：图中 X 轴未完整显示出所有服务机构。

资料来源：中国证券投资基金业协会。

三、收入情况

2021年度服务机构对外开展服务业务的总收入（见表9-2）为11.44亿元，较2019年度增长33.06%。其中，私募证券投资基金对基金服务行业的收入贡献度最高，为79.57%；私募股权投资基金其次，收入贡献度为8.75%。

表 9-2　　2019 年基金服务业务（份额登记和估值核算）收入情况（按基金类型分）

服务基金类型	规模（亿元）	收入（万元）	收入贡献度（%）
私募证券投资基金	53 627.31	153 758.38	81.57
私募股权投资基金	10 303.66	11 301.88	6.00
创业投资基金	1 105.00	1 846.36	0.98
其他类私募基金	930.87	1 344.66	0.71
证券期货经营机构发行的私募资管产品	15 019.42	3 832.00	2.03
银行、保险和信托发行的资管产品	47 665.87	13 536.11	7.18
其他资管产品	2 814.64	2 869.59	1.52

资料来源：中国证券投资基金业协会。

02 | 第二篇
行业数据篇

一、公开募集证券投资基金数据

表1　　公开募集证券投资基金数量　　（单位：只）

年份	封闭式	开放式	其中股票	其中混合	其中货币	其中债券	其中QDII	合计
1998	5	0	—	—	—	—	—	5
1999	16	0	—	—	—	—	—	16
2000	34	0	—	—	—	—	—	34
2001	48	3	—	—	—	—	—	51
2002	54	17	—	—	—	—	—	71
2003	54	41	—	—	—	—	—	95
2004	54	107	—	—	—	—	—	161
2005	54	164	—	—	—	—	—	218
2006	53	254	—	—	—	—	—	307
2007	36	310	—	—	—	—	—	346
2008	33	406	162	138	40	61	10	439
2009	31	516	239	158	43	81	10	547
2010	39	665	332	166	46	103	28	704
2011	57	857	434	192	51	129	51	914
2012	68	1 105	534	218	61	225	67	1 173
2013	137	1 415	611	287	94	341	82	1 552
2014	134	1 763	699	395	171	409	89	1 897
2015	164	2 558	587	1 184	220	466	101	2 722
2016	303	3 564	661	1 707	286	789	121	3 867
2017	480	4 361	791	2 096	348	989	137	4 841
2018	669	4 957	927	2 375	347	1 172	136	5 626
2019	861	5 683	1 135	2 593	335	1 471	149	6 544
2020	1 024	6 213	1 268	3 030	332	1 417	166	7 237
2021	1 175	7 977	1 756	3 879	333	1 810	199	9 152

注：2008—2010年按投资类型合计与开放式有差异，鉴于历史数据已不可考，无法探究修正。基金数量以报送净值非零口径统计，因统计时点、数据修正等原因，截至2021年末基金数量、份额及净值与此前公布有差异。数据来源于中国证监会。

表 2　　　　　　　　　公开募集证券投资基金份额　　　　　　　（单位：亿份）

年份	封闭式	开放式	其中股票	其中混合	其中货币	其中债券	其中QDII	合计
1998	100.00	0.00	—	—	—	—	—	100.00
1999	505.00	0.00	—	—	—	—	—	505.00
2000	562.00	0.00	—	—	—	—	—	562.00
2001	686.73	117.50	—	—	—	—	—	804.23
2002	817.00	501.85	—	—	—	—	—	1 318.85
2003	817.00	797.67	—	—	—	—	—	1 614.67
2004	817.00	2 491.79	—	—	—	—	—	3 308.79
2005	817.00	3 897.18	—	—	—	—	—	4 714.18
2006	812.00	5 408.67	—	—	—	—	—	6 220.67
2007	844.14	21 495.70	—	—	—	—	—	22 339.84
2008	890.32	24 851.46	10 866.30	7 395.81	3 891.73	1 745.23	1 094.01	25 741.78
2009	945.02	22 573.53	12 454.50	6 692.64	2 581.41	765.82	1 017.35	23 518.55
2010	1 119.80	22 835.53	12 945.64	6 651.08	1 532.77	1 359.03	940.50	23 955.33
2011	1 371.32	25 139.05	13 323.36	6 771.72	2 948.85	1 181.67	913.45	26 510.37
2012	1 424.85	30 283.56	13 510.10	6 493.14	5 717.28	3 687.60	875.46	31 708.41
2013	2 121.81	29 058.03	11 722.02	5 919.76	7 478.71	3 176.76	760.78	31 179.84
2014	1 253.71	40 758.28	10 772.46	5 525.28	20 804.36	3 039.70	616.48	42 011.99
2015	1 669.54	75 004.59	5 988.13	17 948.31	44 371.59	5 895.92	800.64	76 674.13
2016	6 179.14	82 249.17	6 450.19	18 667.35	42 730.63	13 310.59	1 090.41	88 428.31
2017	5 863.27	104 326.82	5 847.66	16 315.05	67 253.81	14 091.62	818.68	110 190.09
2018	8 706.16	120 263.35	7 716.98	14 152.74	76 150.94	21 552.75	689.94	128 969.51
2019	15 214.3	121 723.12	9 346.83	14 784.25	71 110.11	25 687.88	794.05	136 937.42
2020	23 961.85	146 012.44	11 746.07	27 857.78	80 915.99	24 478.4	1 014.21	169 974.29
2021	29 005	189 239	15 996	40 872	94 977	35 604	1 790	218 244

注：2008—2010年按投资类型合计与开放式有差异，鉴于历史数据已不可考，无法探究修正。基金数量以报送净值非0口径统计，因统计时点、数据修正等原因，截至2021年末基金数量、份额及净值与此前公布有差异。数据来源于中国证监会。

表 3　　　　　　　　公开募集证券投资基金资产净值　　　　　　（单位：亿元）

年份	封闭式	开放式	其中股票	其中混合	其中货币	其中债券	其中QDII	合计
1998	107.00	0.00	—	—	—	—	—	107.00
1999	577.00	0.00	—	—	—	—	—	577.00
2000	847.35	0.00	—	—	—	—	—	847.35
2001	691.15	118.09	—	—	—	—	—	809.24
2002	717.06	468.50	—	—	—	—	—	1 185.56
2003	862.00	837.22	—	—	—	—	—	1 699.22
2004	809.71	2 436.63	—	—	—	—	—	3 246.34
2005	822.17	3 869.21	—	—	—	—	—	4 691.38
2006	1 623.64	6 941.41	—	—	—	—	—	8 565.05
2007	2 442.17	30 320.15	—	—	—	—	—	32 762.32
2008	758.95	18 644.30	7 242.57	5 193.09	3 892.43	1 880.36	522.41	19 403.25
2009	1 238.78	24 786.02	13 702.50	7 478.45	2 581.41	839.37	742.24	26 024.80
2010	1 299.00	23 741.86	13 214.94	7 300.67	1 532.78	1 449.76	735.50	25 040.86
2011	1 234.15	20 684.40	10 248.35	5 706.69	2 948.86	1 204.47	576.02	21 918.55
2012	1 413.01	27 248.80	11 476.71	5 646.86	5 717.28	3 776.94	632.02	28 661.81
2013	2 150.84	27 869.87	10 958.45	5 626.59	7 475.90	3 224.84	584.09	30 020.71
2014	1 363.79	43 989.82	13 142.02	6 025.23	20 862.43	3 473.40	486.75	45 353.61
2015	1 947.72	82 024.11	7 657.13	22 287.25	44 443.36	6 973.84	662.53	83 971.83
2016	6 340.11	85 252.94	7 059.02	20 090.29	42 840.57	14 239.10	1 023.96	91 593.05
2017	6 097.99	109 898.87	7 602.40	19 378.46	67 357.02	14 647.40	913.59	115 996.86
2018	8 985.29	121 361.21	8 244.63	13 603.91	76 178.14	22 628.80	705.73	130 346.50
2019	16 024.00	131 648.03	12 992.62	18 893.19	71 170.56	27 660.83	930.83	147 672.03
2020	25 606.39	172 912.94	20 017.48	43 600.75	80 521.47	27 484.3	1 288.94	198 519.33
2021	31 250	224 389	25 817	60 514	94 678	40 996	2 384	255 639

注：2008—2010年按投资类型合计与开放式有差异，鉴于历史数据已不可考，无法探究修正。基金数量以报送净值非0口径统计，因统计时点、数据修正等原因，截至2021年末基金数量、份额及净值与此前公布有差异。数据来源于中国证监会。

表 4　开放式基金（认）申购与赎回　　（单位：亿元）

年份	股票型 认申购	股票型 赎回	股票型 净认申赎	偏股型 认申购	偏股型 赎回	偏股型 净认申赎	债券型 认申购	债券型 赎回	债券型 净认申赎	货币型 认申购	货币型 赎回	货币型 净认申赎	QDII 认申购	QDII 赎回	QDII 净认申赎
2011	6 664.00	6 000.00	664.00				1 882.00	1 652.00	230.00	12 122.00	10 763.00	1 359.00	164.00	166.00	-2.00
2012	5 601.00	5 373.00	228.00				9 501.00	6 672.00	2 829.00	25 467.00	22 880.00	2 586.00	249.00	177.00	73.00
2013	8 168.00	9 769.00	-1 602.00				11 495.00	11 176.00	319.00	33 018.00	31 425.00	1 593.00	113.00	209.00	-96.00

年份	偏股型 认申购	偏股型 赎回	偏股型 净认申赎	混合型 认申购	混合型 赎回	混合型 净认申赎	债券型 认申购	债券型 赎回	债券型 净认申赎	货币型 认申购	货币型 赎回	货币型 净认申赎	QDII 认申购	QDII 赎回	QDII 净认申赎
2014	10 492.00	11 067.00	-575.00	3 095.00	3 544.00	-448.00	7 732.00	7 523.00	209.00	104 725.00	93 509.00	11 216.00	121.00	216.00	-100.00
2015	42 706.00	44 420.00	-1 715.00	34 667.00	24 981.00	9 686.00	10 913.00	7 412.00	3 501.00	189 558.00	171 904.00	10 363.00	953.00	568.00	385.00
2016	6 611.00	5 552.00	1 059.00	15 994.00	14 929.00	1 065.00	20 818.00	13 213.00	7 605.00	234 377.00	236 051.00	-1 674.00	652.00	417.00	235.00
2017	5 603.11	5 824.86	-221.74	12 655.95	15 207.99	-2 552.04	14 288.37	13 258.71	1 029.66	346 960.79	319 037.21	27 923.58	347.86	633.55	-285.69
2018	5 956.35	4 697.08	1 259.26	7 284.57	10 384.15	-3 099.57	16 704.97	9 990.33	6 714.63	372 288.88	372 392.77	-103.89	363.26	431.61	-68.35
2019	14 638.00	12 903.00	1 735.00	13 794.00	12 589.00	1 205.00	33 685.00	21 508.00	12 177.00	467 820.00	472 928.00	-5 108.00	579.00	526.00	53.00
2020	30 908.01	32 133.89	-1 225.88	40 941.14	35 309.91	5 631.23	61 701.96	41 250.11	20 451.85	677 303.15	663 720.85	13 582.30	1 332.42	1 197.16	135.26
2021	37 515.92	34 343.16	3 172.76	70 794.42	57 668.54	13 125.88	53 656.28	34 859.56	18 796.72	849 811.53	853 476.65	-3 665.12	2 952.62	1 310.50	1 642.12

注：2018 年及以前数据来源于中国证监会，2019 年及以后数据来自中国证券投资基金业协会。

表 5　　　　　　　　　开放式公募基金账户情况　　　　　　　　　（单位：万户）

年份	基金账户数	基金有效账户数	个人有效账户数	机构有效账户数
2007	14 776.83	9 091.34	9 086.80	4.54
2008	16 846.51	8 459.42	8 454.35	5.07
2009	18 640.66	8 092.47	8 084.09	8.38
2010	19 533.39	7 494.94	7 491.45	3.49
2011	21 636.55	7 973.62	7 968.36	5.26
2012	22 717.42	7 635.71	7 630.14	5.57
2013	28 773.46	8 696.72	8 691.34	5.38
2014	46 408.83	12 742.26	12 734.55	7.71
2015	67 917.39	18 758.55	18 750.76	7.80
2016	94 303.67	26 954.59	26 946.09	8.50
2017	134 903.48	41 891.60	41 880.38	11.23
2018	212 637.27	61 728.43	61 715.86	12.57
2019	279 859.00	79 341.83	79 316.61	25.22
2020	387 155.04	118 530.97	118 493.78	37.19
2021	468 333.13	142 322.56	142 262.29	60.27

注：数据来源于中国证监会。

二、证券期货经营机构私募资产管理业务数据

表 1　　　　　　　基金管理公司私募资产管理计划数量与规模

年份	数量（只）	规模（亿元）
2013	1 668	4 739.01
2014	3 104	12 240.41
2015	5 122	28 943.83
2016	7 147	51 043.24
2017	6 402	49 625.25
2018	5 962	43 701.91

续表

年份	数量（只）	规模（亿元）
2019	5 374	43 444.46
2020	6 507	46 654.19
2021	7 293	50 665.27

注：不含基金管理公司管理的养老金。

资料来源：中国证券投资基金业协会。

表2　　　　基金子公司私募资产管理计划数量与规模

年份	数量（只）	规模（亿元）
2013	3 094	9 707.28
2014	9 389	37 390.06
2015	16 092	85 712.74
2016	14 494	105 030.91
2017	9 999	73 098.54
2018	7 592	52 469.94
2019	5 678	41 884.70
2020	4 938	33 902.64
2021	4 134	23 217.33

资料来源：中国证券投资基金业协会。

表3　　　　证券公司私募资产管理计划数量与规模

年份	数量（只）	规模（亿元）
2013	7 329	52 059.25
2014	12 485	79 463.29
2015	18 228	118 948.07
2016	24 281	173 110.74
2017	22 031	165 152.16
2018	18 923	129 106.07

续表

年份	数量(只)	规模(亿元)
2019	16 077	103 390.75
2020	16 854	80 106.56
2021	16 818	76 853.80

注：不含证券公司私募子公司管理的私募基金。

资料来源：中国证券投资基金业协会。

表4　　　　期货公司私募资产管理计划数量与规模

年份	数量(只)	规模(亿元)
2014	—	124.82
2015	3 478	1 063.74
2016	3 644	2 791.72
2017	3 319	2 458.40
2018	1 809	1 276.34
2019	1 219	1 428.62
2020	1 265	2 196.69
2021	1 724	3 549.09

资料来源：中国证券投资基金业协会。

表5　　　　证券公司私募子公司私募基金数量与规模

年份	数量(只)	规模(亿元)
2015	175	1 193.23
2016	501	2 671.38
2017	714	3 690.79
2018	817	4 463.23
2019	925	4 937.19
2020	989	5 424.06
2021	1 054	5 498.03

资料来源：中国证券投资基金业协会。

三、私募投资基金数据

（一）私募投资基金管理人数据

表1　　　　　私募投资基金管理人登记通过情况　　　　（单位：家）

年份	私募证券投资基金管理人	私募股权、创业投资基金管理人	私募资产配置类基金管理人	其他私募投资基金管理人	合计
2014	1 534	3 346	1	183	5 064
2015	8 730	10 552	1	832	20 115
2016	1 321	2 729	0	144	4 194
2017	1 605	4 329	1	81	6 016
2018	791	2 001	0	16	2 808
2019	286	808	2	4	1 100
2020	431	709	4	4	1 148
2021	522	755	0	6	1 283

注：当期登记通过的机构，含当期登记当期注销的机构，按管理人初始登记日期统计。
资料来源：中国证券投资基金业协会。

表2　　　　　　私募投资基金管理人存量　　　　　　（单位：家）

年份	私募证券投资基金管理人	私募股权、创业投资基金管理人	私募资产配置类基金管理人	其他私募投资基金管理人	合计
2014	1 438	3 366	0	151	4 955
2015	10 965	13 241	0	799	25 005
2016	7 996	9 540	0	452	17 988
2017	8 467	13 200	0	779	22 446
2018	8 989	14 683	0	776	24 448
2019	8 857	14 882	5	727	24 471
2020	8 908	14 986	9	658	24 561
2021	9 069	15 012	9	520	24 610

注：存量指登记通过且当期末未注销机构数量。
资料来源：中国证券投资基金业协会。

表 3-1　　2021 年登记通过的私募投资基金管理人地域分布（按注册地）

注册地	管理人数量（家）	管理人数量占比	基金数量（只）	基金数量占比	基金规模（亿元）	基金规模占比
海南省	184	14.34%	350	17.11%	146.49	5.82%
北京市	169	13.17%	206	10.07%	303.57	12.06%
广东省（不含深圳）	125	9.74%	182	8.90%	102.08	4.05%
上海市	120	9.35%	366	17.89%	1 490.74	59.20%
江苏省	115	8.96%	99	4.84%	69.91	2.78%
青岛市	94	7.33%	160	7.82%	62.39	2.48%
浙江省（不含宁波）	75	5.85%	74	3.62%	41.29	1.64%
深圳市	71	5.53%	145	7.09%	50.34	2.00%
山东省（不含青岛）	69	5.38%	57	2.79%	9.15	0.36%
四川省	29	2.26%	12	0.59%	17.62	0.70%
湖北省	29	2.26%	33	1.61%	19.44	0.77%
福建省（不含厦门）	29	2.26%	85	4.15%	13.65	0.54%
江西省	28	2.18%	68	3.32%	15.39	0.61%
湖南省	23	1.79%	37	1.81%	6.65	0.26%
厦门市	23	1.79%	50	2.44%	19.97	0.79%
陕西省	18	1.40%	17	0.83%	1.47	0.06%
安徽省	17	1.33%	11	0.54%	48.61	1.93%
河南省	11	0.86%	12	0.59%	4.45	0.18%
宁波市	9	0.70%	33	1.61%	76.17	3.02%
天津市	9	0.70%	2	0.10%	0.54	0.02%
广西壮族自治区	5	0.39%	11	0.54%	2.66	0.11%
甘肃省	5	0.39%	3	0.15%	2.69	0.11%
山西省	4	0.31%	2	0.10%	0.07	0.00%
云南省	4	0.31%	1	0.05%	0.50	0.02%
黑龙江省	4	0.31%	2	0.10%	0.04	0.00%
贵州省	3	0.23%	20	0.98%	4.58	0.18%

续表

注册地	管理人数量（家）	管理人数量占比	基金数量（只）	基金数量占比	基金规模（亿元）	基金规模占比
内蒙古自治区	2	0.16%	4	0.20%	1.17	0.05%
辽宁省（不含大连）	2	0.16%	0	0.00%	0.00	0.00%
大连市	2	0.16%	2	0.10%	0.34	0.01%
吉林省	2	0.16%	0	0.00%	0.00	0.00%
新疆维吾尔自治区	2	0.16%	2	0.10%	6.14	0.24%
宁夏回族自治区	1	0.08%	0	0.00%	0.00	0.00%
合计	1 283	100%	2 046	100%	2 518.12	100%

注：该统计口径下管理人数量为0的地域未列示。

资料来源：中国证券投资基金业协会。

表 3-2　　2021 年登记通过的私募证券投资基金管理人地域分布（按注册地）

注册地	管理人数量（家）	管理人数量占比	基金数量（只）	基金数量占比	基金规模（亿元）	基金规模占比
海南省	99	18.97%	308	18.98%	130.33	8.62%
北京市	69	13.22%	155	9.55%	227.40	15.04%
青岛市	62	11.88%	140	8.63%	45.96	3.04%
上海市	56	10.73%	321	19.78%	863.63	57.12%
广东省（不含深圳）	55	10.54%	135	8.32%	62.15	4.11%
山东省（不含青岛）	32	6.13%	43	2.65%	5.77	0.38%
深圳市	25	4.79%	117	7.21%	27.97	1.85%
江苏省	22	4.21%	52	3.20%	13.49	0.89%
浙江省（不含宁波）	20	3.83%	47	2.90%	17.21	1.14%
福建省（不含厦门）	17	3.26%	75	4.62%	7.12	0.47%
江西省	16	3.07%	65	4.00%	14.23	0.94%
湖北省	9	1.72%	24	1.48%	1.73	0.11%

续表

注册地	管理人数量（家）	管理人数量占比	基金数量（只）	基金数量占比	基金规模（亿元）	基金规模占比
湖南省	7	1.34%	26	1.60%	4.75	0.31%
陕西省	6	1.15%	6	0.37%	0.20	0.01%
河南省	5	0.96%	8	0.49%	2.55	0.17%
厦门市	5	0.96%	35	2.16%	4.02	0.27%
宁波市	4	0.77%	30	1.85%	75.78	5.01%
广西壮族自治区	2	0.38%	7	0.43%	2.01	0.13%
贵州省	2	0.38%	19	1.17%	4.22	0.28%
内蒙古自治区	2	0.38%	4	0.25%	1.17	0.08%
四川省	2	0.38%	4	0.25%	0.08	0.01%
天津市	2	0.38%	1	0.06%	0.05	0.00%
辽宁省	1	0.19%	0	0.00%	0.00	0.00%
山西省	1	0.19%	1	0.06%	0.02	0.00%
云南省	1	0.19%	0	0.00%	0.00	0.00%
合计	522	100%	1 623	100%	1 511.86	100%

注：该统计口径下管理人数量为0的地域未列示。

资料来源：中国证券投资基金业协会。

表 3-3　　2021年登记的私募股权、创业投资基金管理人地域分布（按注册地）

注册地	管理人数量（家）	管理人数量占比	基金数量（只）	基金数量占比	基金规模（亿元）	基金规模占比
北京市	99	13.11%	50	11.93%	76.09	7.66%
江苏省	93	12.32%	47	11.22%	56.42	5.68%
海南省	85	11.26%	42	10.02%	16.16	1.63%
广东省（不含深圳）	70	9.27%	47	11.22%	39.93	4.02%
上海市	59	7.81%	42	10.02%	613.88	61.82%
浙江省（不含宁波）	55	7.28%	27	6.44%	24.08	2.43%

续表

注册地	管理人数量（家）	管理人数量占比	基金数量（只）	基金数量占比	基金规模（亿元）	基金规模占比
深圳市	46	6.09%	28	6.68%	22.37	2.25%
山东省（不含青岛）	37	4.90%	14	3.34%	3.38	0.34%
青岛市	32	4.24%	20	4.77%	16.42	1.65%
四川省	27	3.58%	8	1.91%	17.54	1.77%
湖北省	20	2.65%	9	2.15%	17.71	1.78%
厦门市	18	2.38%	15	3.58%	15.94	1.61%
安徽省	17	2.25%	11	2.63%	48.61	4.90%
湖南省	16	2.12%	11	2.63%	1.90	0.19%
陕西省	12	1.59%	11	2.63%	1.27	0.13%
江西省	12	1.59%	3	0.72%	1.16	0.12%
福建省（不含厦门）	12	1.59%	10	2.39%	6.53	0.66%
天津市	7	0.93%	1	0.24%	0.49	0.05%
河南省	6	0.79%	4	0.95%	1.90	0.19%
宁波市	5	0.66%	3	0.72%	0.39	0.04%
甘肃省	5	0.66%	3	0.72%	2.69	0.27%
黑龙江省	4	0.53%	2	0.48%	0.04	0.00%
山西省	3	0.40%	1	0.24%	0.05	0.01%
广西壮族自治区	3	0.40%	4	0.95%	0.66	0.07%
云南省	3	0.40%	1	0.24%	0.50	0.05%
大连市	2	0.26%	2	0.48%	0.34	0.03%
吉林省	2	0.26%	0	0.00%	0.00	0.00%
新疆维吾尔自治区	2	0.26%	2	0.48%	6.14	0.62%
辽宁省（不含大连）	1	0.13%	0	0.00%	0.35	0.04%
贵州省	1	0.13%	1	0.24%	0.00	0.00%
宁夏回族自治区	1	0.13%	0	0.00%	0.00	0.00%
合计	755	100%	419	100%	992.96	100%

注：该统计口径下管理人数量为0的地域未列示。

资料来源：中国证券投资基金业协会。

表 4-1　2021年末存量私募投资基金管理人地域分布（按注册地）

注册地	管理人数量（家）	管理人数量占比	基金数量（只）	基金数量占比	基金规模（亿元）	基金规模占比
上海市	4 531	18.41%	35 320	28.46%	51 702.71	25.51%
深圳市	4 308	17.51%	19 781	15.94%	23 436.75	11.56%
北京市	4 296	17.46%	19 688	15.86%	43 965.20	21.69%
浙江省（不含宁波）	2 035	8.27%	10 447	8.42%	11 295.42	5.57%
广东省（不含深圳）	1 819	7.39%	9 520	7.67%	11 386.90	5.62%
江苏省	1 220	4.96%	4 386	3.53%	9 827.58	4.85%
宁波市	804	3.27%	4 827	3.89%	8 161.06	4.03%
天津市	451	1.83%	2 100	1.69%	8 041.05	3.97%
四川省	449	1.82%	1 292	1.04%	2 354.72	1.16%
青岛市	441	1.79%	1 732	1.40%	1 759.93	0.87%
湖北省	402	1.63%	1 013	0.82%	2 164.42	1.07%
山东省（不含青岛）	395	1.61%	1 134	0.91%	1 684.64	0.83%
厦门市	355	1.44%	1 684	1.36%	1 433.00	0.71%
海南省	287	1.17%	1 254	1.01%	1 526.59	0.75%
湖南省	282	1.15%	960	0.77%	1 202.69	0.59%
江西省	273	1.11%	860	0.69%	1 640.51	0.81%
陕西省	264	1.07%	835	0.67%	1 168.28	0.58%
福建省（不含厦门）	250	1.02%	1 481	1.19%	1 838.16	0.91%
安徽省	226	0.92%	964	0.78%	3 028.19	1.49%
西藏自治区	192	0.78%	1 429	1.15%	3 945.01	1.95%
重庆市	192	0.78%	534	0.43%	1 611.10	0.79%
河南省	158	0.64%	493	0.40%	1 033.43	0.51%
河北省	118	0.48%	235	0.19%	702.37	0.35%
新疆维吾尔自治区	116	0.47%	342	0.28%	1 252.92	0.62%
广西壮族自治区	87	0.35%	268	0.22%	958.36	0.47%
贵州省	84	0.34%	252	0.20%	1 493.03	0.74%

续表

注册地	管理人数量（家）	管理人数量占比	基金数量（只）	基金数量占比	基金规模（亿元）	基金规模占比
云南省	80	0.33%	167	0.13%	1 107.53	0.55%
大连市	74	0.30%	235	0.19%	118.93	0.06%
辽宁省（不含大连）	73	0.30%	143	0.12%	113.21	0.06%
山西省	67	0.27%	153	0.12%	1 458.30	0.72%
吉林省	62	0.25%	119	0.10%	332.08	0.16%
黑龙江省	60	0.24%	100	0.08%	123.62	0.06%
内蒙古自治区	55	0.22%	150	0.12%	337.23	0.17%
宁夏回族自治区	50	0.20%	103	0.08%	184.62	0.09%
甘肃省	40	0.16%	59	0.05%	188.96	0.09%
青海省	14	0.06%	38	0.03%	126.70	0.06%
合计	24 610	100%	124 098	100%	202 705.20	100%

资料来源：中国证券投资基金业协会。

表4-2 2021年末存量私募证券投资基金管理人地域分布（按注册地）

注册地	管理人数量（家）	管理人数量占比	基金数量（只）	基金数量占比	基金规模（亿元）	基金规模占比
上海市	2 151	23.72%	26 868	35.12%	28 853.76	45.36%
深圳市	1 900	20.95%	12 463	16.29%	7 175.22	11.28%
北京市	1 399	15.43%	10 515	13.75%	10 028.63	15.76%
广东省（不含深圳）	808	8.91%	6 113	7.99%	2 875.81	4.52%
浙江省（不含宁波）	742	8.18%	6 408	8.38%	4 276.77	6.72%
江苏省	244	2.69%	1 281	1.67%	900.49	1.42%
宁波市	229	2.53%	3 113	4.07%	4 149.10	6.52%
青岛市	202	2.23%	1 102	1.44%	411.39	0.65%
海南省	142	1.57%	1 045	1.37%	1 081.23	1.70%
福建省（不含厦门）	127	1.40%	1 044	1.36%	314.73	0.49%

续表

注册地	管理人数量（家）	管理人数量占比	基金数量（只）	基金数量占比	基金规模（亿元）	基金规模占比
厦门市	118	1.30%	1 084	1.42%	224.88	0.35%
湖北省	109	1.20%	456	0.60%	132.72	0.21%
四川省	105	1.16%	598	0.78%	225.26	0.35%
山东省（不含青岛）	105	1.16%	472	0.62%	125.16	0.20%
江西省	95	1.05%	424	0.55%	204.06	0.32%
湖南省	92	1.01%	428	0.56%	77.04	0.12%
天津市	90	0.99%	804	1.05%	842.59	1.32%
陕西省	70	0.77%	358	0.47%	93.66	0.15%
西藏自治区	54	0.60%	676	0.88%	990.17	1.56%
安徽省	43	0.47%	216	0.28%	63.60	0.10%
河南省	42	0.46%	243	0.32%	219.17	0.34%
重庆市	33	0.36%	159	0.21%	29.92	0.05%
大连市	33	0.36%	148	0.19%	51.18	0.08%
广西壮族自治区	21	0.23%	80	0.10%	11.72	0.02%
河北省	19	0.21%	31	0.04%	2.27	0.00%
辽宁省（不含大连）	19	0.21%	63	0.08%	49.26	0.08%
黑龙江省	12	0.13%	29	0.04%	2.13	0.00%
吉林省	11	0.12%	41	0.05%	12.49	0.02%
云南省	11	0.12%	50	0.07%	22.11	0.03%
宁夏回族自治区	11	0.12%	33	0.04%	18.50	0.03%
山西省	11	0.12%	20	0.03%	2.53	0.00%
新疆维吾尔自治区	7	0.08%	21	0.03%	3.62	0.01%
内蒙古自治区	5	0.06%	26	0.03%	4.73	0.01%
甘肃省	4	0.04%	6	0.01%	0.19	0.00%
贵州省	4	0.04%	77	0.10%	118.88	0.19%
青海省	1	0.01%	1	0.00%	21.03	0.03%
合计	9 069	100%	76 496	100%	63 616.02	100%

资料来源：中国证券投资基金业协会。

表 4-3　　2021年末存量私募股权、创业投资基金管理人地域分布（按注册地）

注册地	管理人数量（家）	管理人数量占比	基金数量（只）	基金数量占比	基金规模（亿元）	基金规模占比
北京市	2 790	18.59%	8 874	19.49%	32 603.88	24.77%
深圳市	2 316	15.43%	6 958	15.28%	15 233.14	11.57%
上海市	2 234	14.88%	7 761	17.05%	21 320.31	16.20%
浙江省（不含宁波）	1 246	8.30%	3 829	8.41%	5 883.94	4.47%
广东省（不含深圳）	995	6.63%	3 385	7.44%	8 484.11	6.45%
江苏省	949	6.32%	2 985	6.56%	8 861.22	6.73%
宁波市	563	3.75%	1 677	3.68%	3 895.45	2.96%
天津市	351	2.34%	1 240	2.72%	6 443.81	4.90%
四川省	335	2.23%	675	1.48%	2 032.36	1.54%
湖北省	288	1.92%	526	1.16%	1 962.18	1.49%
山东省（不含青岛）	285	1.90%	657	1.44%	1 543.55	1.17%
青岛市	236	1.57%	624	1.37%	1 338.69	1.02%
厦门市	235	1.57%	598	1.31%	1 205.03	0.92%
陕西省	191	1.27%	474	1.04%	1 072.97	0.82%
湖南省	188	1.25%	530	1.16%	1 124.95	0.85%
安徽省	174	1.16%	661	1.45%	2 409.65	1.83%
江西省	173	1.15%	412	0.91%	1 308.57	0.99%
重庆市	151	1.01%	361	0.79%	1 564.60	1.19%
海南省	143	0.95%	205	0.45%	440.55	0.33%
西藏自治区	135	0.90%	745	1.64%	2 950.82	2.24%
福建省（不含厦门）	122	0.81%	418	0.92%	1 355.65	1.03%
河南省	114	0.76%	247	0.54%	797.19	0.61%
新疆维吾尔自治区	107	0.71%	293	0.64%	1 084.76	0.82%
河北省	98	0.65%	203	0.45%	699.98	0.53%
贵州省	77	0.51%	168	0.37%	1 238.11	0.94%
云南省	67	0.45%	111	0.24%	1 079.00	0.82%

续表

注册地	管理人数量（家）	管理人数量占比	基金数量（只）	基金数量占比	基金规模（亿元）	基金规模占比
广西壮族自治区	66	0.44%	188	0.41%	946.64	0.72%
山西省	56	0.37%	133	0.29%	1 455.77	1.11%
辽宁省（不含大连）	54	0.36%	80	0.18%	63.95	0.05%
吉林省	51	0.34%	78	0.17%	319.58	0.24%
内蒙古自治区	49	0.33%	123	0.27%	330.59	0.25%
黑龙江省	48	0.32%	71	0.16%	121.50	0.09%
大连市	40	0.27%	85	0.19%	67.51	0.05%
宁夏回族自治区	38	0.25%	63	0.14%	166.11	0.13%
甘肃省	35	0.23%	52	0.11%	139.21	0.11%
青海省	12	0.08%	32	0.07%	81.84	0.06%
合计	15 012	100%	45 522	100%	131 627.15	100%

资料来源：中国证券投资基金业协会。

表 5-1　2021 年登记通过的私募投资基金管理人地域分布（按办公地）

办公地	管理人数量（家）	管理人数量占比	基金数量（只）	基金数量占比	基金规模（亿元）	基金规模占比
北京市	256	19.95%	359	17.55%	435.54	17.30%
上海市	243	18.94%	608	29.72%	1 578.45	62.68%
深圳市	129	10.05%	215	10.51%	99.30	3.94%
广东省（不含深圳）	101	7.87%	140	6.84%	68.03	2.70%
江苏省	89	6.94%	73	3.57%	49.78	1.98%
浙江省（不含宁波）	85	6.63%	104	5.08%	51.65	2.05%
四川省	51	3.98%	80	3.91%	37.02	1.47%
山东省（不含青岛）	43	3.35%	37	1.81%	10.81	0.43%
海南省	37	2.88%	36	1.76%	14.65	0.58%
湖北省	30	2.34%	59	2.88%	37.28	1.48%

续表

办公地	管理人数量（家）	管理人数量占比	基金数量（只）	基金数量占比	基金规模（亿元）	基金规模占比
陕西省	26	2.03%	25	1.22%	3.32	0.13%
厦门市	24	1.87%	57	2.79%	11.96	0.48%
湖南省	21	1.64%	31	1.52%	6.16	0.24%
青岛市	20	1.56%	21	1.03%	11.07	0.44%
福建省（不含厦门）	19	1.48%	76	3.71%	13.03	0.52%
安徽省	18	1.40%	17	0.83%	49.17	1.95%
河南省	15	1.17%	13	0.64%	4.46	0.18%
江西省	9	0.70%	20	0.98%	4.86	0.19%
大连市	8	0.62%	13	0.64%	2.17	0.09%
宁波市	7	0.55%	9	0.44%	10.55	0.42%
天津市	6	0.47%	1	0.05%	0.26	0.01%
重庆市	6	0.47%	3	0.15%	0.12	0.00%
云南省	5	0.39%	4	0.20%	0.58	0.02%
贵州省	5	0.39%	22	1.08%	4.70	0.19%
甘肃省	5	0.39%	3	0.15%	2.69	0.11%
山西省	4	0.31%	2	0.10%	0.07	0.00%
黑龙江省	4	0.31%	2	0.10%	0.04	0.00%
吉林省	4	0.31%	2	0.10%	2.16	0.09%
辽宁省（不含大连）	3	0.23%	1	0.05%	0.10	0.00%
广西壮族自治区	3	0.23%	4	0.20%	0.66	0.03%
内蒙古自治区	2	0.16%	4	0.20%	1.17	0.05%
河北省	2	0.16%	3	0.15%	0.16	0.01%
新疆维吾尔自治区	2	0.16%	2	0.10%	6.14	0.24%
宁夏回族自治区	1	0.08%	0	0.00%	0.00	0.00%
合计	1 283	100%	2 046	100%	2 518.12	100%

注：该统计口径下管理人数量为0的地域未列示。

资料来源：中国证券投资基金业协会。

表 5-2　2021年登记通过的私募证券投资基金管理人地域分布（按办公地）

办公地	管理人数量（家）	管理人数量占比	基金数量（只）	基金数量占比	基金规模（亿元）	基金规模占比
上海市	124	23.75%	535	32.96%	922.72	61.03%
北京市	101	19.35%	286	17.62%	349.60	23.12%
深圳市	69	13.22%	181	11.15%	75.96	5.02%
广东省（不含深圳）	45	8.62%	108	6.65%	33.00	2.18%
浙江省（不含宁波）	32	6.13%	72	4.44%	22.99	1.52%
江苏省	18	3.45%	35	2.16%	11.17	0.74%
四川省	18	3.45%	68	4.19%	18.92	1.25%
陕西省	12	2.30%	12	0.74%	1.82	0.12%
海南省	12	2.30%	30	1.85%	11.29	0.75%
福建省（不含厦门）	11	2.11%	66	4.07%	6.50	0.43%
山东省（不含青岛）	10	1.92%	24	1.48%	7.93	0.52%
厦门市	10	1.92%	46	2.83%	5.68	0.38%
湖北省	9	1.72%	48	2.96%	10.81	0.71%
河南省	8	1.53%	9	0.55%	2.56	0.17%
湖南省	6	1.15%	20	1.23%	4.26	0.28%
青岛市	6	1.15%	8	0.49%	1.69	0.11%
大连市	5	0.96%	11	0.68%	1.84	0.12%
重庆市	4	0.77%	1	0.06%	0.05	0.00%
江西省	4	0.77%	19	1.17%	4.77	0.32%
宁波市	3	0.57%	7	0.43%	9.90	0.66%
贵州省	3	0.57%	20	1.23%	4.33	0.29%
云南省	2	0.38%	3	0.18%	0.07	0.00%
安徽省	2	0.38%	5	0.31%	0.45	0.03%
辽宁省（不含大连）	2	0.38%	1	0.06%	0.10	0.01%

续表

办公地	管理人数量（家）	管理人数量占比	基金数量（只）	基金数量占比	基金规模（亿元）	基金规模占比
内蒙古自治区	2	0.38%	4	0.25%	1.17	0.08%
山西省	1	0.19%	1	0.06%	0.02	0.00%
天津市	1	0.19%	0	0.00%	0.00	0.00%
吉林省	1	0.19%	1	0.06%	2.11	0.14%
河北省	1	0.19%	2	0.12%	0.13	0.01%
合计	522	100%	1 623	100%	1 511.86	100%

注：该统计口径下管理人数量为0的地域未列示。

资料来源：中国证券投资基金业协会。

表5-3　2021年登记通过的私募股权、创业投资基金管理人地域分布（按办公地）

办公地	管理人数量（家）	管理人数量占比	基金数量（只）	基金数量占比	基金规模（亿元）	基金规模占比
北京市	154	20.40%	72	17.18%	85.86	8.65%
上海市	114	15.10%	70	16.71%	642.50	64.71%
江苏省	71	9.40%	38	9.07%	38.61	3.89%
深圳市	60	7.95%	34	8.11%	23.34	2.35%
广东省（不含深圳）	56	7.42%	32	7.64%	35.02	3.53%
浙江省（不含宁波）	53	7.02%	32	7.64%	28.66	2.89%
山东省（不含青岛）	33	4.37%	13	3.10%	2.88	0.29%
四川省	33	4.37%	12	2.86%	18.09	1.82%
海南省	25	3.31%	6	1.43%	3.36	0.34%
湖北省	21	2.78%	11	2.63%	26.47	2.67%
安徽省	16	2.12%	12	2.86%	48.72	4.91%
湖南省	15	1.99%	11	2.63%	1.90	0.19%

续表

办公地	管理人数量（家）	管理人数量占比	基金数量（只）	基金数量占比	基金规模（亿元）	基金规模占比
青岛市	14	1.85%	13	3.10%	9.38	0.94%
陕西省	14	1.85%	13	3.10%	1.49	0.15%
厦门市	14	1.85%	11	2.63%	6.29	0.63%
福建省（不含厦门）	8	1.06%	10	2.39%	6.53	0.66%
河南省	7	0.93%	4	0.95%	1.90	0.19%
天津市	5	0.66%	1	0.24%	0.26	0.03%
江西省	5	0.66%	1	0.24%	0.09	0.01%
甘肃省	5	0.66%	3	0.72%	2.69	0.27%
宁波市	4	0.53%	2	0.48%	0.64	0.06%
黑龙江省	4	0.53%	2	0.48%	0.04	0.00%
山西省	3	0.40%	1	0.24%	0.05	0.01%
广西壮族自治区	3	0.40%	4	0.95%	0.66	0.07%
云南省	3	0.40%	1	0.24%	0.50	0.05%
大连市	3	0.40%	2	0.48%	0.34	0.03%
吉林省	3	0.40%	1	0.24%	0.05	0.01%
重庆市	2	0.26%	2	0.48%	0.07	0.01%
贵州省	2	0.26%	2	0.48%	0.37	0.04%
新疆维吾尔自治区	2	0.26%	2	0.48%	6.14	0.62%
辽宁省（不含大连）	1	0.13%	0	0.00%	0.00	0.00%
河北省	1	0.13%	1	0.24%	0.04	0.00%
宁夏回族自治区	1	0.13%	0	0.00%	0.00	0.00%
合计	755	100%	419	100%	992.96	100%

注：该统计口径下管理人数量为0的地域未列示。

资料来源：中国证券投资基金业协会。

表 6-1 2021 年末存量私募投资基金管理人地域分布（按办公地）

办公地	管理人数量（家）	管理人数量占比	基金数量（只）	基金数量占比	基金规模（亿元）	基金规模占比
北京市	5 516	22.41%	26 743	21.55%	67 567.62	33.33%
上海市	5 052	20.53%	36 885	29.72%	49 982.40	24.66%
深圳市	3 666	14.90%	18 490	14.90%	25 519.17	12.59%
广东省（不含深圳）	1 751	7.11%	9 363	7.54%	10 234.00	5.05%
浙江省（不含宁波）	1 681	6.83%	9 091	7.33%	10 670.44	5.26%
江苏省	1 169	4.75%	3 914	3.15%	8 128.26	4.01%
四川省	615	2.50%	1 837	1.48%	2 446.28	1.21%
山东省（不含青岛）	447	1.82%	1 229	0.99%	1 926.76	0.95%
湖北省	425	1.73%	1 131	0.91%	2 259.39	1.11%
湖南省	350	1.42%	1 218	0.98%	1 275.90	0.63%
厦门市	344	1.40%	1 706	1.37%	1 208.72	0.60%
陕西省	336	1.37%	1 106	0.89%	1 298.97	0.64%
河南省	332	1.35%	1 027	0.83%	1 415.65	0.70%
重庆市	271	1.10%	865	0.70%	1 552.98	0.77%
宁波市	259	1.05%	1 170	0.94%	996.78	0.49%
天津市	252	1.02%	871	0.70%	1 782.46	0.88%
青岛市	249	1.01%	893	0.72%	936.60	0.46%
福建省（不含厦门）	248	1.01%	1 717	1.38%	1 341.76	0.66%
安徽省	226	0.92%	744	0.60%	2 139.02	1.06%
河北省	187	0.76%	408	0.33%	435.11	0.21%
江西省	153	0.62%	402	0.32%	934.04	0.46%
大连市	116	0.47%	337	0.27%	163.53	0.08%
山西省	113	0.46%	332	0.27%	1 578.87	0.78%
辽宁省（不含大连）	106	0.43%	216	0.17%	126.54	0.06%
云南省	102	0.41%	380	0.31%	1 167.26	0.58%
海南省	101	0.41%	567	0.46%	942.98	0.47%

续表

办公地	管理人数量（家）	管理人数量占比	基金数量（只）	基金数量占比	基金规模（亿元）	基金规模占比
贵州省	93	0.38%	292	0.24%	1 493.49	0.74%
广西壮族自治区	89	0.36%	268	0.22%	969.31	0.48%
吉林省	73	0.30%	134	0.11%	329.44	0.16%
黑龙江省	70	0.28%	142	0.11%	126.00	0.06%
新疆维吾尔自治区	62	0.25%	147	0.12%	379.13	0.19%
内蒙古自治区	54	0.22%	127	0.10%	289.32	0.14%
甘肃省	41	0.17%	56	0.05%	113.34	0.06%
宁夏回族自治区	39	0.16%	90	0.07%	88.95	0.04%
青海省	14	0.06%	45	0.04%	207.37	0.10%
西藏自治区	7	0.03%	154	0.12%	677.33	0.33%
中国香港	1	0.00%	1	0.00%	0.02	0.00%
合计	24 610	100%	124 098	100%	202 705.20	100%

资料来源：中国证券投资基金业协会。

表6-2　2021年末存量私募证券投资基金管理人地域分布（按办公地）

办公地	管理人数量（家）	管理人数量占比	基金数量（只）	基金数量占比	基金规模（亿元）	基金规模占比
上海市	2 250	24.81%	26 834	35.08%	24 715.98	38.85%
深圳市	1 589	17.52%	11 875	15.52%	10 799.80	16.98%
北京市	1 570	17.31%	13 691	17.90%	14 441.01	22.70%
广东省（不含深圳）	862	9.50%	6 313	8.25%	3 170.24	4.98%
浙江省（不含宁波）	615	6.78%	5 482	7.17%	4 409.34	6.93%
江苏省	293	3.23%	1 353	1.77%	967.76	1.52%
四川省	193	2.13%	991	1.30%	313.40	0.49%
湖南省	136	1.50%	644	0.84%	124.61	0.20%

续表1

办公地	管理人数量（家）	管理人数量占比	基金数量（只）	基金数量占比	基金规模（亿元）	基金规模占比
福建省（不含厦门）	136	1.50%	1 372	1.79%	364.50	0.57%
湖北省	132	1.46%	604	0.79%	442.52	0.70%
厦门市	127	1.40%	1 150	1.50%	281.67	0.44%
山东省（不含青岛）	126	1.39%	532	0.70%	123.82	0.19%
河南省	126	1.39%	616	0.81%	263.93	0.41%
陕西省	115	1.27%	567	0.74%	130.65	0.21%
宁波市	96	1.06%	686	0.90%	398.79	0.63%
天津市	84	0.93%	460	0.60%	380.70	0.60%
重庆市	77	0.85%	458	0.60%	100.09	0.16%
青岛市	72	0.79%	447	0.58%	90.43	0.14%
河北省	61	0.67%	211	0.28%	113.00	0.18%
大连市	57	0.63%	231	0.30%	86.10	0.14%
江西省	56	0.62%	194	0.25%	24.83	0.04%
安徽省	50	0.55%	253	0.33%	58.76	0.09%
辽宁省（不含大连）	40	0.44%	112	0.15%	53.25	0.08%
山西省	37	0.41%	136	0.18%	24.51	0.04%
海南省	37	0.41%	475	0.62%	793.59	1.25%
云南省	27	0.30%	256	0.33%	102.17	0.16%
广西壮族自治区	24	0.26%	84	0.11%	8.75	0.01%
黑龙江省	18	0.20%	63	0.08%	3.29	0.01%
吉林省	18	0.20%	55	0.07%	15.91	0.03%
宁夏回族自治区	10	0.11%	33	0.04%	18.50	0.03%
新疆维吾尔自治区	10	0.11%	31	0.04%	4.90	0.01%
贵州省	10	0.11%	114	0.15%	122.02	0.19%
内蒙古自治区	6	0.07%	17	0.02%	1.99	0.00%
甘肃省	4	0.04%	6	0.01%	0.19	0.00%

续表2

办公地	管理人数量（家）	管理人数量占比	基金数量（只）	基金数量占比	基金规模（亿元）	基金规模占比
青海省	2	0.02%	5	0.01%	21.11	0.03%
西藏自治区	2	0.02%	144	0.19%	643.90	1.01%
中国香港	1	0.01%	1	0.00%	0.02	0.00%
合计	9 069	100%	76 496	100%	63 616.02	100%

资料来源：中国证券投资基金业协会。

表6-3　2021年末存量私募股权、创业投资基金管理人地域分布（按办公地）

办公地	管理人数量（家）	管理人数量占比	基金数量（只）	基金数量占比	基金规模（亿元）	基金规模占比
北京市	3 807	25.36%	12 546	27.56%	49 903.33	37.91%
上海市	2 659	17.71%	9 400	20.65%	24 002.06	18.23%
深圳市	2 000	13.32%	6 282	13.80%	13 887.18	10.55%
浙江省（不含宁波）	1 024	6.82%	3 418	7.51%	5 236.97	3.98%
广东省（不含深圳）	875	5.83%	3 036	6.67%	7 050.86	5.36%
江苏省	848	5.65%	2 443	5.37%	7 098.77	5.39%
四川省	411	2.74%	813	1.79%	2 022.44	1.54%
山东省（不含青岛）	315	2.10%	689	1.51%	1 786.73	1.36%
湖北省	286	1.91%	494	1.09%	1 747.04	1.33%
陕西省	215	1.43%	524	1.15%	1 131.53	0.86%
厦门市	214	1.43%	553	1.21%	923.62	0.70%
湖南省	212	1.41%	572	1.26%	1 150.58	0.87%
河南省	199	1.33%	393	0.86%	1 094.76	0.83%
重庆市	187	1.25%	396	0.87%	1 447.96	1.10%
青岛市	174	1.16%	443	0.97%	842.78	0.64%
安徽省	170	1.13%	409	0.90%	1 576.92	1.20%

续表

办公地	管理人数量（家）	管理人数量占比	基金数量（只）	基金数量占比	基金规模（亿元）	基金规模占比
天津市	163	1.09%	405	0.89%	1 396.38	1.06%
宁波市	160	1.07%	474	1.04%	590.19	0.45%
河北省	121	0.81%	192	0.42%	315.73	0.24%
福建省（不含厦门）	112	0.75%	345	0.76%	977.27	0.74%
江西省	95	0.63%	205	0.45%	873.73	0.66%
贵州省	80	0.53%	171	0.38%	1 235.43	0.94%
山西省	75	0.50%	194	0.43%	1 544.31	1.17%
云南省	73	0.49%	118	0.26%	1 058.67	0.80%
辽宁省（不含大连）	66	0.44%	104	0.23%	73.30	0.06%
广西壮族自治区	64	0.43%	184	0.40%	960.56	0.73%
海南省	62	0.41%	88	0.19%	144.59	0.11%
大连市	57	0.38%	102	0.22%	76.20	0.06%
吉林省	55	0.37%	79	0.17%	313.53	0.24%
新疆维吾尔自治区	52	0.35%	116	0.25%	374.24	0.28%
黑龙江省	52	0.35%	79	0.17%	122.71	0.09%
内蒙古自治区	48	0.32%	110	0.24%	287.33	0.22%
甘肃省	37	0.25%	50	0.11%	113.14	0.09%
宁夏回族自治区	28	0.19%	50	0.11%	70.44	0.05%
青海省	11	0.07%	35	0.08%	162.42	0.12%
西藏自治区	5	0.03%	10	0.02%	33.43	0.03%
合计	15 012	100%	45 522	100%	131 627.15	100%

资料来源：中国证券投资基金业协会。

(二)私募投资基金数据

表1　　　　　私募投资基金备案通过情况（备案数量）　　　　（单位：只）

年份	私募证券投资基金	私募股权投资基金	创业投资基金	私募资产配置类基金	其他私募投资基金	合计
2017	13 678	8 912	2 252	0	3 169	28 011
2018	11 178	7 544	2 501	0	1 285	22 508
2019	13 036	4 047	1 866	5	5	18 959
2020	20 079	3 860	2 623	5	0	26 567
2021	31 601	4 485	4 540	15	0	40 641

注：指当期备案通过的产品（含当期备案当期清盘的产品）。

表2　　　　　私募投资基金备案通过情况（备案规模）　　　　（单位：亿元）

年份	私募证券投资基金	私募股权投资基金	创业投资基金	私募资产配置类基金	其他私募投资基金	合计
2017	4 118.54	15 299.26	1 469.10	0.00	4 598.91	25 485.80
2018	2 144.50	9 839.86	1 771.07	0.00	1 107.36	14 862.79
2019	1 512.18	6 057.51	1 148.68	5.38	0.57	8 724.31
2020	4 289.97	4 705.37	1 687.99	3.38	0.00	10 686.70
2021	7 849.88	4 591.89	2 242.90	17.65	0.00	14 702.33

注：备案规模指当期备案通过产品（含当期备案当期清盘的产品）初始备案时的募集规模（非契约型产品取实缴规模）。

表3　　　　　私募投资基金存量（基金数量）　　　　（单位：只）

年份	私募证券投资基金	私募股权投资基金	创业投资基金	私募资产配置类基金	其他私募投资基金	合计
2014	3 766	2 699	718	0	482	7 665
2015	15 182	6 806	1 481	0	1 900	25 369
2016	25 578	14 073	2 206	0	4 153	46 010
2017	34 097	21 827	4 372	0	6 121	66 417
2018	35 675	27 175	6 508	0	5 271	74 629
2019	41 392	28 477	7 978	5	3 858	81 710
2020	54 324	29 402	10 398	10	2 684	96 818
2021	76 818	30 800	14 511	24	1 945	124 098

注：存量指备案通过且当期期末正在运作产品。

表4　　私募投资基金存量（基金规模） （单位：亿元）

年份	私募证券投资基金	私募股权投资基金	创业投资基金	私募资产配置类基金	其他私募投资基金	合计
2014	4 639.67	8 038.17	1 060.10	0.00	1 207.75	14 945.69
2015	17 289.59	17 270.20	2 119.51	0.00	4 882.15	41 561.45
2016	25 496.32	37 602.75	3 612.37	0.00	15 752.72	82 464.16
2017	25 671.95	62 910.99	6 076.68	0.00	20 332.91	114 992.53
2018	21 385.06	78 014.08	9 094.61	0.00	18 570.44	127 064.20
2019	25 610.41	88 713.18	12 088.26	5.48	14 412.29	140 829.62
2020	42 979.27	98 716.38	16 904.05	9.77	10 968.82	169 578.29
2021	63 090.38	107 719.83	23 706.71	48.15	8 140.12	202 705.20

注：1. 存量指备案通过且当期末正在运作产品。

2. 基金规模指当期末最新季报报送的净资产规模。

表5　　私募股权、创业投资基金投资案例地域分布

地区	2021年末在投案例		2021年新增案例	
	案例数量（个）	在投金额（亿元）	案例数量（个）	投资金额（亿元）
广东省	18 974	10 866.06	5 175	2 169.78
北京市	21 783	10 612.50	4 379	2 141.24
江苏省	13 961	7 073.61	4 726	1 749.01
上海市	15 969	8 996.32	4 211	2 031.27
浙江省	11 461	5 928.94	2 973	1 268.43
山东省	3 850	3 525.10	1 074	713.47
四川省	3 035	2 530.86	817	546.29
安徽省	2 594	1 816.69	752	448.60
湖北省	2 875	2 165.67	658	346.38
福建省	2 437	1 712.16	584	417.03
其他境外	2 518	2 386.81	805	461.22
陕西省	1 949	1 574.13	583	256.75

续表

地区	2021年末在投案例		2021年新增案例	
	案例数量（个）	在投金额（亿元）	案例数量（个）	投资金额（亿元）
天津市	1 814	1 920.41	439	373.89
河南省	1 506	1 695.58	308	375.01
湖南省	1 968	1 387.57	477	334.60
重庆市	1 157	1 554.54	252	239.09
河北省	1 035	1 203.96	219	205.11
江西省	979	1 646.86	233	110.47
辽宁省	973	818.30	162	83.31
广西壮族自治区	542	1 182.72	161	213.46
云南省	592	1 541.97	67	122.50
贵州省	905	1 534.30	280	318.20
吉林省	582	491.29	108	27.24
山西省	415	649.43	85	204.46
内蒙古自治区	426	1 526.63	62	88.16
海南省	373	566.47	72	92.80
黑龙江省	456	333.77	49	80.21
新疆维吾尔自治区	514	932.75	70	156.15
甘肃省	232	318.31	54	90.36
宁夏回族自治区	206	172.45	45	37.86
西藏自治区	261	295.82	22	34.49
青海省	151	396.46	30	73.42
中国香港	119	264.71	15	25.04
合计	116 612	79 623.15	29 947	15 835.28

资料来源：中国证券投资基金业协会。

表 6　　　　　私募股权、创业投资基金投资案例行业分布

行业分类	2021年末在投案例		2021年新增案例	
	案例数量（个）	在投金额（亿元）	案例数量（个）	投资金额（亿元）
资本品	13 280	10 237.42	3 388	1 707.89
房地产	2 454	8 209.39	759	1 598.06
计算机运用	31 657	9 102.57	6 202	1 795.51
交通运输	1 819	6 330.16	369	669.96
其他金融	2 844	4 282.24	278	449.79
公用事业	1 356	4 590.41	386	929.18
原材料	6 236	4 173.45	1 703	926.15
半导体	7 462	6 113.02	3 738	1 891.31
医药生物	10 384	3 831.74	3 847	1 163.88
能源	1 182	1 995.32	227	173.84
医疗器械与服务	8 533	2 942.71	2 455	721.77
计算机及电子设备	6 525	2 702.43	2 278	954.69
商业服务与用品	2 713	2 442.20	558	446.54
汽车与汽车零部件	2 324	2 098.87	586	535.79
传媒	3 778	1 362.75	278	169.55
资本市场	844	1 482.22	111	238.73
消费者服务	3 213	1 702.72	660	356.58
耐用消费品与服装	1 594	1 216.87	329	136.32
食品、饮料与烟草	2 440	1 414.25	517	230.24
零售业	3 135	1 160.32	605	258.73
通信设备	979	630.62	249	96.81
电信业务	247	461.22	35	65.06
食品与主要用品零售	1 134	487.86	289	121.02
保险	114	282.19	10	6.40
银行	48	273.38	2	153.12
家庭与个人用品	317	96.82	88	38.33
合计	116 612	79 623.15	29 947	15 835.28

资料来源：中国证券投资基金业协会。

表 7　　私募股权、创业投资基金退出案例地域分布

地区	2021年末累计退出案例			2021年当年退出案例		
	案例数量（个）	退出本金（亿元）	退出金额（亿元）	案例数量（个）	退出本金（亿元）	退出金额（亿元）
上海市	4 723	2 748.45	5 076.15	1 485	703.63	1 023.06
广东省	5 352	2 655.59	4 401.23	1 854	804.10	1 154.20
北京市	6 543	2 742.80	4 593.74	2 102	935.19	1 735.48
江苏省	3 941	1 567.82	2 653.21	1 497	583.44	875.22
浙江省	3 476	1 258.35	2 011.94	1 212	419.51	588.96
山东省	1 365	784.06	1 146.93	502	219.05	346.53
四川省	927	463.68	767.58	336	187.72	276.05
天津市	624	571.89	781.42	255	202.05	263.41
河南省	649	661.96	762.89	274	194.91	220.30
重庆市	407	496.48	603.69	147	168.44	190.16
安徽省	750	482.68	758.18	315	161.39	235.97
福建省	904	646.72	1 289.18	383	197.25	281.89
湖南省	659	305.71	515.37	207	116.76	179.77
湖北省	958	381.51	623.15	374	105.18	128.77
辽宁省	330	304.44	346.07	88	105.70	113.09
山西省	150	148.65	276.84	70	50.56	61.98
云南省	222	314.92	424.27	90	159.09	202.07
广西壮族自治区	198	271.05	348.69	88	107.40	160.53
陕西省	581	237.63	382.39	227	87.62	131.04
贵州省	318	270.68	331.94	121	97.10	112.91
新疆维吾尔自治区	222	189.75	245.51	65	90.37	99.58
河北省	411	323.42	375.12	161	158.37	173.56

续表

地区	2021年末累计退出案例			2021年当年退出案例		
	案例数量（个）	退出本金（亿元）	退出金额（亿元）	案例数量（个）	退出本金（亿元）	退出金额（亿元）
海南省	166	164.74	195.88	60	57.62	62.24
青海省	64	51.19	61.30	31	17.66	21.49
江西省	298	229.94	290.51	107	144.93	159.40
内蒙古自治区	168	173.76	186.95	77	86.63	96.48
吉林省	244	73.86	84.40	102	13.08	15.09
黑龙江省	143	69.50	105.97	56	6.09	8.50
西藏自治区	85	41.30	63.31	32	8.42	15.75
甘肃省	60	75.96	94.73	16	24.81	23.16
宁夏回族自治区	75	42.02	69.98	32	36.28	68.71
中国香港	41	46.61	54.19	15	24.79	12.34
中国台湾	1	0.03	0.01	1	0.03	0.01
其他境外	591	614.50	1 167.33	241	166.64	489.33
合计	35 646	19 411.64	31 090.06	12 623	6 441.80	9 527.00

资料来源：中国证券投资基金业协会。

表8　私募股权、创业投资基金退出案例行业分布

行业分类	2021年末累计退出案例			2021年当年退出案例		
	案例数量（个）	退出本金（亿元）	退出金额（亿元）	案例数量（个）	退出本金（亿元）	退出金额（亿元）
房地产	1 326	3 564.49	4 689.79	740	1 463.63	1 592.82
资本品	4 524	2 471.19	3 636.21	1 536	912.92	1 229.93
计算机运用	9 222	2 029.85	3 283.24	2 811	528.42	901.98
其他金融	1 177	1 424.35	1 684.18	360	359.58	390.18
原材料	2 499	1 059.85	1 913.56	912	396.48	687.87
医药生物	2 545	744.49	1 846.22	1 001	200.04	561.35

续表

行业分类	2021年末累计退出案例			2021年当年退出案例		
	案例数量（个）	退出本金（亿元）	退出金额（亿元）	案例数量（个）	退出本金（亿元）	退出金额（亿元）
交通运输	596	1 104.54	1 394.67	247	391.08	380.55
传媒	1 376	480.01	742.34	411	110.40	109.71
公用事业	543	850.65	965.68	240	388.29	435.97
医疗器械与服务	2 101	614.92	1 293.25	854	173.53	363.86
计算机及电子设备	1 717	599.36	1 088.83	640	233.53	321.22
能源	493	491.51	718.36	156	173.82	211.80
商业服务与用品	910	617.87	758.83	337	193.58	244.57
零售业	1 087	357.92	602.71	372	95.00	149.00
半导体	916	625.99	2 368.94	440	193.89	873.04
资本市场	376	493.04	679.98	124	140.59	182.80
食品、饮料与烟草	858	231.01	331.68	274	45.07	61.43
汽车与汽车零部件	859	601.18	1 241.62	328	146.93	403.35
消费者服务	798	325.08	427.37	303	118.00	127.35
耐用消费品与服装	665	176.27	362.43	210	39.14	102.65
食品与主要用品零售	327	125.52	245.01	100	29.28	57.52
保险	45	71.09	135.23	7	1.67	0.77
银行	42	102.59	185.98	7	30.28	53.61
通信设备	445	153.95	367.13	144	21.26	32.17
家庭与个人用品	101	28.13	52.54	36	4.45	7.77
电信业务	98	66.80	74.31	33	50.95	43.74
合计	35 646	19 411.64	31 090.06	12 623	6 441.80	9 527.00

资料来源：中国证券投资基金业协会。

四、托管与基金服务机构名录

表 1　　证券投资基金托管服务概况表（截至 2020 年末）

序号	托管人名称	类型	注册地域	证监会核准批复托管资格时间
1	中国工商银行股份有限公司	银行	北京	1998/02/24
2	中国建设银行股份有限公司	银行	北京	1998/03/18
3	中国农业银行股份有限公司	银行	北京	1998/05/29
4	交通银行股份有限公司	银行	上海	1998/07/03
5	中国银行股份有限公司	银行	北京	1998/07/07
6	中国光大银行股份有限公司	银行	北京	2002/10/23
7	招商银行股份有限公司	银行	深圳	2002/11/06
8	上海浦东发展银行股份有限公司	银行	上海	2003/09/10
9	中国民生银行股份有限公司	银行	北京	2004/07/09
10	中信银行股份有限公司	银行	北京	2004/08/18
11	华夏银行股份有限公司	银行	北京	2005/02/23
12	兴业银行股份有限公司	银行	福建	2005/04/26
13	北京银行股份有限公司	银行	北京	2008/06/03
14	平安银行股份有限公司	银行	深圳	2008/08/06
15	广发银行股份有限公司	银行	广东	2009/05/04
16	中国邮政储蓄银行有限责任公司	银行	北京	2009/07/16
17	上海银行股份有限公司	银行	上海	2009/08/18
18	渤海银行股份有限公司	银行	天津	2010/06/29
19	宁波银行股份有限公司	银行	浙江	2012/11/05
20	浙商银行股份有限公司	银行	浙江	2013/11/29
21	海通证券股份有限公司	银行	上海	2013/12/27
22	国信证券股份有限公司	证券公司	深圳	2013/12/31
23	徽商银行股份有限公司	银行	安徽	2014/01/03
24	广州农村商业银行股份有限公司	银行	广东	2014/01/09

续表1

序号	托管人名称	类型	注册地域	证监会核准批复托管资格时间
25	招商证券股份有限公司	证券公司	深圳	2014/01/10
26	恒丰银行股份有限公司	银行	山东	2014/02/10
27	中国证券登记结算有限责任公司	证券登记结算机构	北京	2014/03/04
28	杭州银行股份有限公司	银行	浙江	2014/03/17
29	南京银行股份有限公司	银行	江苏	2014/04/09
30	国泰君安证券股份有限公司	证券公司	上海	2014/05/20
31	广发证券股份有限公司	证券公司	广东	2014/05/20
32	江苏银行股份有限公司	证券公司	江苏	2014/05/20
33	中国银河证券股份有限公司	证券公司	北京	2014/06/24
34	华泰证券股份有限公司	证券公司	江苏	2014/09/29
35	中信证券股份有限公司	证券公司	深圳	2014/10/10
36	兴业证券股份有限公司	证券公司	福建	2014/11/05
37	中信建投证券股份有限公司	证券公司	北京	2015/02/06
38	中国国际金融股份有限公司	证券公司	北京	2015/06/30
39	中国证券金融股份有限公司	证券金融公司	北京	2015/06/30
40	恒泰证券股份有限公司	证券公司	内蒙古	2015/08/24
41	中泰证券股份有限公司	证券公司	山东	2015/12/23
42	国金证券股份有限公司	证券公司	四川	2017/06/22
43	安信证券股份有限公司	证券公司	深圳	2018/09/26
44	渣打银行（中国）有限公司	银行	上海	2018/10/16
45	东方证券股份有限公司	证券公司	上海	2018/10/24
46	申万宏源证券有限公司	证券公司	上海	2019/07/01
47	万联证券股份有限公司	证券公司	广东	2020/06/08
48	华鑫证券有限责任公司	证券公司	深圳	2020/06/15
49	光大证券有限公司	证券公司	上海	2020/06/22
50	华福证券有限责任公司	证券公司	福建	2020/07/07

续表2

序号	托管人名称	类型	注册地域	证监会核准批复托管资格时间
51	华安证券股份有限公司	证券公司	安徽	2020/07/07
52	花旗银行（中国）有限公司	银行	上海	2020/08/27
53	长城证券股份有限公司	证券公司	深圳	2020/09/15
54	国元证券股份有限公司	证券公司	安徽	2020/09/28
55	财通证券股份有限公司	证券公司	浙江	2020/10/30
56	长江证券股份有限公司	证券公司	湖北	2020/12/08
57	浙商证券股份有限公司	证券公司	浙江	2021/09/22

注：上述名单以证监会发布的"证券投资基金托管人名录（2021年12月）"为准。
资料来源：中国证监会。

表2　合格境外机构投资者托管人名录（截至2021年末）

序号	QFII托管行中文名称	QFII托管行英文名称
1	汇丰银行（中国）有限公司	HSBC Bank（China）Company Limited
2	花旗银行（中国）有限公司	CitiBank（China）Company Limited
3	渣打银行（中国）有限公司	Standard Chartered Bank（China）Company Limited
4	中国工商银行股份有限公司	Industrial & Commercial Bank of China
5	中国银行股份有限公司	Bank of China
6	中国农业银行股份有限公司	Agricultural Bank of China
7	交通银行股份有限公司	Bank of Communications
8	中国建设银行股份有限公司	China Construction Bank
9	中国光大银行股份有限公司	China Everbright Bank
10	中国招商银行股份有限公司	China Merchants Bank
11	德意志银行（中国）有限公司	Deutsche Bank（China）Company Limited
12	星展银行（中国）有限公司	DBS Bank（China）Limited
13	中国中信银行股份有限公司	China Citic Bank
14	上海浦东发展银行股份有限公司	Shanghai Pudong Development Bank Co.，Ltd.

续表

序号	QFII托管行中文名称	QFII托管行英文名称
15	中国民生银行股份有限公司	China Minsheng Bankingcorp., Ltd.
16	三菱东京日联银行（中国）有限公司	Bank of Tokyo-Mitsubishi UFJ（China）
17	兴业银行股份有限公司	Industrial Bank Co., Ltd.
18	平安银行股份有限公司	Ping An Bank Co., Ltd.
19	华夏银行股份有限公司	Hua Xia Bank Co., Ltd
20	江苏银行股份有限公司	BANK OF JIANGSU
21	法国巴黎银行（中国）有限公司	BNP Paribas（China）Limited
22	宁波银行股份有限公司	BANK OF NINGBO

注：上述名单以证监会发布的"合格境外机构投资者托管人名录（2021年12月）"为标准。
资料来源：中国证监会。

表3　　　　　基金服务机构名录（截至2021年末）

序号	服务机构名称	注册地
1	招商证券股份有限公司	深圳市
2	国信证券股份有限公司	深圳市
3	中国工商银行股份有限公司	北京市
4	招商银行股份有限公司	深圳市
5	财通基金管理有限公司	上海市
6	国泰君安证券股份有限公司	上海市
7	国金道富投资服务有限公司	上海市
8	中国建设银行股份有限公司	北京市
9	华泰证券股份有限公司	南京市
10	华夏基金管理有限公司	北京市
11	平安银行股份有限公司	深圳市
12	中国银河证券股份有限公司	北京市
13	招商基金管理有限公司	深圳市
14	第一创业证券股份有限公司	深圳市

续表1

序号	服务机构名称	注册地
15	上海银行股份有限公司	上海市
16	中信建投证券股份有限公司	北京市
17	长江证券股份有限公司	武汉市
18	广发证券股份有限公司	广州市
19	中国银行股份有限公司	北京市
20	长安基金管理有限公司	上海市
21	创金合信基金管理有限公司	深圳市
22	广发基金管理有限公司	珠海市
23	工银瑞信基金管理有限公司	北京市
24	金鹰基金管理有限公司	广州市
25	渤海银行股份有限公司	天津市
26	长城证券有限责任公司	深圳市
27	东兴证券股份有限公司	北京市
28	光大证券股份有限公司	上海市
29	申万宏源证券有限公司	上海市
30	太平洋证券股份有限公司	昆明市
31	中泰证券股份有限公司	济南市
32	中银国际证券股份有限公司	上海市
33	东方证券股份有限公司	上海市
34	东吴证券股份有限公司	苏州市
35	宁波银行股份有限公司	宁波市
36	上海元年金融信息服务有限公司	上海市
37	上海金融期货信息技术有限公司	上海市
38	浙商证券股份有限公司	杭州市
39	中国国际金融股份有限公司	北京市
40	上海汇付信息技术有限公司	上海市
41	北京海峰科技有限责任公司	北京市
42	北京营安金融信息服务有限公司	北京市

续表2

序号	服务机构名称	注册地
43	海通证券股份有限公司	上海市
44	兴业证券股份有限公司	福州市
45	深圳证券通信有限公司	深圳市
46	深圳市金证科技股份有限公司	深圳市
47	深圳市赢时胜信息技术股份有限公司	深圳市
48	中信中证投资服务有限责任公司	深圳市

资料来源：中国证券投资基金业协会。

五、全球开放式基金数据

表1 全球开放式基金资产净值、净销售额及基金数目统计

截至2021年末 （单位：百万美元）

地区	不包括FOF			包括FOF		
	净资产（年末）	净销售额（全年）	基金数目（年末）	净资产（年末）	净销售额（全年）	基金数目（年末）
全球	71 052 979	3 944 759	131 808	76 267 963	4 125 273	149 232
美洲	37 530 927	1 984 018	33 039	42 028 113	2 120 988	46 311
阿根廷	34 562	7 631	640	34 562	7 641	640
巴西	1 231 450	190 975	15 249	1 869 009	190 975	26 382
加拿大	1 918 162	199 749	3 594	2 529 162	266 249	4 262
智利	59 709	−1 623	2 892	59 709	−1 623	2 892
哥斯达黎加	3 628	0	65	3 628	0	65
墨西哥	128 444	5 150	548	136 108	5 135	613
特立尼达和多巴哥共和国		0			0	
美国	34 154 972	1 582 136	10 051	37 395 935	1 652 611	11 457

续表1

地区	不包括FOF			包括FOF		
	净资产（年末）	净销售额（全年）	基金数目（年末）	净资产（年末）	净销售额（全年）	基金数目（年末）
欧洲	23 326 418	1 025 572	58 986	23 948 928	1 054 545	61 039
奥地利	221 592	17 426	1 641	259 932	18 079	1 979
比利时	140 363	0	448	238 032	0	705
保加利亚	1 383	298	126	1 387	298	127
克罗地亚	3 242	478	93	3 242	478	93
塞浦路斯	6 576	2 033	166	6 576	2 033	166
捷克	20 702	1 990	190	20 702	1 990	190
丹麦	190 528	9 930	481	211 237	13 655	553
芬兰	143 215	10 141	398	180 038	11 431	484
法国	2 527 382	−11 622	10 915	2 527 382	−11 622	10 915
德国	2 968 443	175 679	7 067	3 138 013	185 186	7 357
希腊	8 064	1 222	196	9 176	1 735	226
匈牙利	14 709	541	306	21 334	2 025	450
爱尔兰	4 607 231	354 447	8 363	4 607 231	354 447	8 363
意大利	258 819	7 985	912	294 594	6 901	1 171
列支敦士登	76 690	5 081	2 193	76 991	5 070	2 212
卢森堡	6 636 453	467 060	14 445	6 636 453	467 060	14 445
马耳他	3 930	154	125	3 957	169	131
荷兰	1 029 066	−183 183	862	1 029 066	−183 183	862
挪威	205 108	16 345	836	205 108	16 345	836
波兰	41 408	1 958	591	45 312	3 201	705
葡萄牙	20 509	2 856	135	27 900	5 035	178
罗马尼亚	5 171	558	86	5 171	558	86
斯洛伐克	10 669	1 350	96	10 669	1 350	96

续表2

地区	不包括FOF			包括FOF		
	净资产（年末）	净销售额（全年）	基金数目（年末）	净资产（年末）	净销售额（全年）	基金数目（年末）
斯洛文尼亚	4 763	571	77	4 894	572	79
西班牙	389 221	30 135	2 742	389 221	30 135	2 742
瑞典	609 506	19 766	542	691 319	23 964	666
瑞士	835 188	42 459	973	864 921	45 803	1 040
土耳其	20 403	7 124	795	20 403	7 124	795
英国	2 326 084	42 790	3 186	2 418 667	44 706	3 387
亚洲和太平洋地区	9 998 669	929 421	38 073	10 060 900	939 078	39 714
澳大利亚	2 618 040	0		2 618 040	0	
中国大陆	3 530 077	679 284	8 103	3 530 077	679 284	8 103
中国台湾	172 246	10 273	909	179 056	11 354	995
印度	495 906	35 858	1 039	499 152	37 697	1 080
日本	2 414 976	147 080	14 145	2 414 976	147 080	14 145
韩国	643 277	51 551	12 887	695 333	58 289	14 326
新西兰	109 208	3 113	699	109 208	3 113	699
巴基斯坦	6 230	812	226	6 349	811	301
菲律宾	8 709	1 450	65	8 709	1 450	65
非洲	196 965	5 748	1 710	230 022	10 662	2 168
南非	196 965	5 748	1 710	230 022	10 662	2 168

注释：所有基金均为开放式基金，因基金份额可赎回、接受实质性监管且在报告国注册成立。中国、克罗地亚、塞浦路斯、法国、印度、爱尔兰、日本、卢森堡、荷兰、挪威、罗马尼亚、斯洛伐克、西班牙和土耳其数据无法分离出FOF。新西兰的数据包含本国注册基金和海外注册基金。

资料来源：美国投资公司协会（ICI），中国证券投资基金业协会整理。

表 2　全球开放式基金按基金类别的资产净值统计

截至 2021 年末，不包括 FOF

（单位：百万美元）

地区	合计	股票基金	债券基金	平衡/混合基金	货币市场基金	保本/保障基金	房地产基金	其他基金	备注项 ETF基金	备注项 机构基金
全球	71 052 979	33 637 556	13 716 892	8 780 358	8 833 396	32 955	1 369 374	4 682 454	9 940 566	5 839 062
美洲	37 530 927	21 428 829	7 688 799	3 071 650	4 986 201	104	37 764	317 578	7 473 287	489 155
阿根廷	34 562	489	12 479	5 094	16 499					
巴西	1 231 450	118 986	518 314	317 910	88 284	104		150 087	7 725	489 155
加拿大	1 918 162	767 969	277 302	818 712	26 061		37 764	28 117	274 918	
智利	59 709	5 582	10 280	16 509	26 623			715	131	
哥斯达黎加	3 628	27	295		3 306					
墨西哥	128 444	37 904	18 275	2 535	69 730					
美国	34 154 972	20 497 872	6 851 854	1 910 890	4 755 698			138 659	7 190 513	
欧洲	23 326 418	8 051 580	4 973 841	4 484 383	1 749 940	32 727	919 222	3 114 735	1 509 043	4 364 436
奥地利	221 592	40 254	75 073	89 668		294	12 168	4 135		123 199
比利时	140 363	80 486	13 535	29 862	3 296	3 465		9 720	1 367	
保加利亚	1 383	207	100	1 058				17	17	
克罗地亚	3 242	366	2 270	220				387		
塞浦路斯	6 576	2 120	162	993			595	2 706		
捷克	20 702	4 755	4 848	8 689		30	2 381			

续表1

地区	合计	股票基金	债券基金	平衡/混合基金	货币市场基金	保本/保障基金	房地产基金	其他基金	ETF基金	机构基金
丹麦	190 528	94 195	74 382	20 046				1 906		
芬兰	143 215	68 480	50 692	12 215	197	122		11 508	553	
法国	2 527 382	459 634	336 631	423 970	427 233	16 461	248 606	614 848	44 018	
德国	2 968 443	488 851	608 700	1 210 498	9 088	248	285 040	366 017	69 405	2 387 498
希腊	8 064	1 776	2 975	2 818	405			91	22	
匈牙利	14 709	1 795	4 759	1 190	93	65	4 705	2 102	7	2 552
爱尔兰	4 607 231	1 614 293	1 105 776	428 098	727 100		23 050	708 916	1 010 631	1 057 794
意大利	258 819	33 745	52 473	126 647	2 104	18		43 833		1 865
列支敦士登	76 690	16 985	11 637	25 836	2 910		349	18 975		
卢森堡	6 636 453	2 379 778	1 670 704	1 293 272	502 278		125 493	664 928	365 550	791 180
马耳他	3 930	591	1 729	485			74	1 051		
荷兰	1 029 066	508 792	162 936	62 522	14 721		137 822	156 994	1 884	136
挪威	205 108	117 583	60 153	10 979				1 673		
波兰	41 408	8 354	22 854	9 411		26		764		
葡萄牙	20 509	3 826	3 312	4 536	386		5 431	3 017		
罗马尼亚	5 171	471	3 108	545				1 047	11	

续表2

地区	合计	股票基金	债券基金	平衡/混合基金	货币市场基金	保本/保障基金	房地产基金	其他基金	备注项 ETF基金	备注项 机构基金
斯洛伐克	10 669	1 460	1 519	5 397			2 294			189
斯洛文尼亚	4 763	3 123	325	1 250	62			2		
西班牙	389 221	141 990	100 291	121 328	5 047	11 938		8 629	310	
瑞典	609 506	453 210	77 528	75 936				2 831	5 605	
瑞士	835 188	335 915	229 443	197 071	22 206		50 552		9 114	
土耳其	20 403	1 775	2 639	1 633	3 030	60		11 267	549	
英国	2 326 084	1 186 770	293 287	318 210	29 784		20 662	477 371		
亚洲和太平洋地区	**9 998 669**	**4 105 934**	**1 044 583**	**1 132 931**	**2 073 862**	**124**	**408 678**	**1 232 555**	**958 236**	**985 471**
澳大利亚	2 618 040	1 151 942	85 748		242 199		271 485	866 667		
中国大陆	3 530 077	406 172	644 821	952 021	1 489 554			37 509	223 393	
中国台湾	172 246	30 917	21 815	10 200	30 952	82	744	77 536	76 103	
印度	495 906	179 398	124 977	63 284	64 002			64 245	54 160	
日本	2 414 976	2 221 291	48 973		120 841		23 871		542 552	985 471
韩国	643 277	93 071	110 328	28 839	114 232		112 578	184 229	61 984	
新西兰	109 208	19 599	6 260	77 843	3 360			2 145		
巴基斯坦	6 230	1 174	4	218	4 567	42		224	1	

续表3

地区	合计	股票基金	债券基金	平衡/混合基金	货币市场基金	保本/保障基金	房地产基金	其他基金	备注项 ETF基金	备注项 机构基金
菲律宾	8 709	2 370	1 657	526	4 155				43	
非洲	196 965	51 213	9 669	91 394	23 393		3 710	17 586		
南非	196 965	51 213	9 669	91 394	23 393		3 710	17 586		

注释：由于含入和数据缺失，各分项之和与合计项略有误差。合计项包括ETF和机构基金。克罗地亚、塞浦路斯、法国、印度、爱尔兰、卢森堡、荷兰、挪威、罗马尼亚、斯洛伐克、西班牙和土耳其的数据含FOF。新西兰和特立尼达和多巴哥共和国的数据包含本国注册基金和海外注册基金。显示为零的数据表示全额小于50万美元。

资料来源：美国投资公司协会（ICI），中国证券投资基金业协会整理。

表3　全球开放式基金按基金类别的净销售额统计

2021年全年，不包括FOF基金

（单位：百万美元）

地区	合计	股票基金	债券基金	平衡/混合基金	货币市场基金	保本/保障基金	房地产基金	其他基金	备注项 ETF基金	备注项 机构基金
全球	1 108 632	296 885	235 472	146 259	308 376	-2 094	3 424	120 303	337 231	115 542
美洲	614 597	195 282	151 157	42 459	208 902	-52		16 849	272 956	-949
阿根廷	2 679	23	1 596	211	849					
巴西	68 633	2 576	42 152	12 079	-2 336	-52		14 214	1 696	-949

续表1

地区	合计	股票基金	债券基金	平衡/混合基金	货币市场基金	保本/保障基金	房地产基金	其他基金	备注项 ETF基金	备注项 机构基金
加拿大	67 686	33 869	4 520	27 208	−573			2 662	12 008	
智利	−3 482	223	−1 384	−455	−1 878			12	8	
哥斯达黎加										
墨西哥	370	1 298	−436	−37	−455					
美国	478 711	157 293	104 709	3 453	213 295			−39	259 244	
欧洲	286 814	45 185	−17 264	71 438	104 719	−2 035	−1 230	85 996	38 581	109 897
奥地利	3 339	190	764	2 073		−8	352	−32		−27
比利时										
保加利亚	67	5	−2	65				0	−1	
克罗地亚	−19	12	−83	15				37		
塞浦路斯	262	24	2	25			16	194		
捷克	629	93	187	256		0	93			
丹麦	2 382	1 242	−9	1 118				31		
芬兰	1 477	454	344	210	−3	2		469	5	
法国	29 617	−1 258	3 431	3 545	24 471	−572			−353	
德国	62 848	7 769	6 412	27 470	−1 102	−2	6 037	16 265	−300	54 901
希腊	31	78	−106	161	−126			24		
匈牙利	414	150	201	45	−16	0	−41	76	0	248

续表2

地区	合计	股票基金	债券基金	平衡/混合基金	货币市场基金	保本/保障基金	房地产基金	其他基金	备注项 ETF基金	备注项 机构基金
爱尔兰	145 507	21 710	18 350	1 963	56 164		18	47 301	28 241	38 998
意大利	3 477	834	-344	5 329	56	-2		-2 396		-8
列支敦士登	1 339	28	18	702	-37		1	625		
卢森堡	106 446	28 206	11 374	19 066	27 315		5 624	14 862	10 803	15 773
马耳他	39	18	1	11			-1	8		1
荷兰	-96 224	-19 476	-69 409	1 445			-12 691	3 906	7	
挪威	3 872	2 704	695	235	149			90		
波兰	-2 386	310	-2 717	-24	-14	-1		47		
葡萄牙	690	374	-87	446				-30		
罗马尼亚	-77	44	-196	61				14	1	
斯洛伐克	431	122	-22	248	-1		83	0		
斯洛文尼亚	170	113	9	49						11
西班牙	6 193	-864	4 024	3 666	-45	-1 447		859		
瑞典	7 830	2 235	4 781	496				318	-122	
瑞士	4 606	-1 171	2 674	4 599	-1 625		129		208	
土耳其	1 697	542	-48	468	-1 121	-5		1 861	92	

续表3

地区	合计	股票基金	债券基金	平衡/混合基金	货币市场基金	保本/保障基金	房地产基金	其他基金	备注项 ETF基金	备注项 机构基金
英国	2 157	697	2 492	-2 305	654		-850	1 467		
亚洲和太平洋地区	205 085	56 269	100 878	30 848	-4 830	-7	4 644	17 281	25 694	6 594
澳大利亚									14 583	
中国大陆	154 807	15 210	110 133	28 280	-593			1 777		
中国台湾	2 685	145	-1 017	568	-2 490	-2	19	5 461	5 423	
印度	10 655	5 591	-6 907	2 724	4 084			5 163	3 570	
日本	32 520	32 899	-144	-827	-651		417	4 881	1 134	
韩国	3 251	1 896	-1 008	120	-5 899		4 208		984	6 594
新西兰	540	545	-208		85	-5		-3		
巴基斯坦	292	-28	0	-12	334			2	0	
菲律宾	335	11	29	-5	300				0	
非洲	2 136	149	701	1 514	-415		10	177		
南非	2 136	149	701	1 514	-415		10	177		

注释：由于舍入和数据缺失，各分项之和与合计项略有误差。合计项包括ETF和机构基金。合计项包括ETF和机构基金。卢森堡、荷兰、挪威、罗马尼亚、斯洛伐克、西班牙和土耳其的数据含FOF。新西兰和多尼达和多巴哥共和国的数据包含本国注册基金和海外注册基金。显示为零的数据表示金额小于50万美元。

资料来源：美国投资公司协会（ICI），中国证券投资基金业协会整理。

表4 全球开放式基金按基金类别的基金数目统计

截至2021年末，不包括FOF基金

地区	合计	股票基金	债券基金	平衡/混合基金	货币市场基金	保本/保障基金	房地产基金	其他基金	备注项 ETF基金	备注项 机构基金
全球	131 808	45 496	22 030	32 930	2 409	521	5 235	23 187	7 300	25 883
美洲	33 039	11 691	6 385	10 227	973	11	680	3 072	3 592	5 781
阿根廷	640	61	333	199	47					
巴西	15 249	2 322	1 995	7 447	123	11	680	2 671	55	5 781
加拿大	3 594	2 102	725	438	97			232	964	
智利	2 892	592	613	1 353	251			83	3	
哥斯达黎加	65	2	21		42					
墨西哥	548	268	132	40	108					
美国	10 051	6 344	2 566	750	305			86	2 570	
欧洲	58 986	16 217	10 476	15 534	644	491	2 129	13 495	1 987	11 880
奥地利	1 641	287	453	823		20	14	44		1 011
比利时	448	205	39	43	10	107		44	8	
保加利亚	126	41	8	72				5	12	
克罗地亚	93	22	34	8				29		

续表1

地区	合计	股票基金	债券基金	平衡/混合基金	货币市场基金	保本/保障基金	房地产基金	其他基金	备注项 ETF基金	备注项 机构基金
塞浦路斯	166	22	10	37			33	64		
捷克	190	45	46	84		4	11			
丹麦	481	258	172	46	1			4		
芬兰	398	190	99	62	1	2		44	1	
法国	10 915	1 719	1 013	3 105	100	177	633	4 168	90	
德国	7 067	1 248	1 105	3 403	17	1	607	686	125	4 360
希腊	196	69	72	44	9		2		1	
匈牙利	306	84	68	45	4	3	10	92	1	85
爱尔兰	8 363	2 866	1 540	1 338	112		315	2 192	1 155	3 073
意大利	912	100	205	383	3	1		220		14
列支敦士登	2 193	490	313	247	34		6	1 103		2
卢森堡	14 445	4 098	3 186	3 520	217		321	3 103	508	3 324
马耳他	125	30	23	18			2	52		9
荷兰	862	332	196	111			87	136	13	
挪威	836	477	187	84	49			39		
波兰	591	156	163	245		3		24		

续表2

地区	合计	股票基金	债券基金	平衡/混合基金	货币市场基金	保本/保障基金	房地产基金	其他基金	备注项 ETF基金	备注项 机构基金
葡萄牙	135	36	24	40	3		18	14		
罗马尼亚	86	20	20	31				15	1	
斯洛伐克	96	12	18	52	2		14			2
斯洛文尼亚	77	53	8	13				1		
西班牙	2 742	1 174	658	631	9	158		112	2	
瑞典	542	333	111	80				18	14	
瑞士	973	468	263	192	19		31		18	
土耳其	795	72	71	89	38	15		510	38	
英国	3 186	1 310	371	688	16		27	774		
亚洲和太平洋地区	**38 073**	**17 141**	**5 091**	**6 168**	**739**	**19**	**2 349**	**6 566**	**1 721**	**8 222**
澳大利亚										
中国大陆	8 103	1 772	1 827	3 972	333			199	648	
中国台湾	909	329	203	87	46	5	13	226	206	
印度	1 039	366	259	137	58			219	122	
日本	14 145	12 512	1 577		12		44		212	8 222
韩国	12 887	1 840	1 134	1 631	137		2 292	5 853	528	

续表3

地区	合计	股票基金	债券基金	平衡/混合基金	货币市场基金	保本/保障基金	房地产基金	其他基金	备注项 ETF基金	备注项 机构基金
新西兰	699	244	71	294	43			47		
巴基斯坦	226	55	1	30	104	14		22	4	
菲律宾	65	23	19	17	6				1	
非洲	**1 710**	**447**	**78**	**1 001**	**53**		**77**	**54**		
南非	1 710	447	78	1 001	53		77	54		

注释：由于舍入和数据缺失，各分项之和与合计项略有误差。合计项包括ETF和机构基金。克罗地亚、塞浦路斯、法国、印度、爱尔兰、日本、卢森堡、荷兰、挪威、罗马尼亚、斯洛伐克、西班牙和土耳其的数据含FOF。新西兰和多巴哥共和国注册基金和海外注册基金。

资料来源：美国投资公司协会（ICI），中国证券投资基金业协会整理。

附 录
基金行业发展进程

1992年10月，国务院证券委员会和中国证监会成立，证券市场迎来统一监管的过渡期。

1997年11月，国务院证券委员会发布《证券投资基金管理暂行办法》，成为规范证券投资基金运作的首部行政法规。

1997年11月，《证券投资基金管理暂行办法（试行）》实施准则1—4号——《证券投资基金基金契约的内容与格式》《证券投资基金托管协议的内容与格式》《证券投资基金招募说明书的内容与格式》《基金管理公司章程必备条款指引》发布。

1998年3月，首批基金管理公司国泰、南方基金管理公司成立。

1998年4月7日，基金开元、基金金泰上市。

1998年8月，《关于证券投资基金税收问题的通知》（财税字〔1998〕55号）发布，对发行基金募集资金不征收营业税，对投资者买卖基金暂不征收印花税，对基金从证券市场取得的收入和个人投资者买卖基金取得的价差收入暂不征收所得税，避免双重征税。

2000年10月，中国证监会发布实施《开放式证券投资基金试点办法》。

2001年9月，首只开放式基金华安创新设立。

2002年7月，《外资参股基金管理公司设立规则》正式实施。

2002年11月，《合格境外机构投资者境内证券投资管理暂行办法》发布。

2002年12月，6家基金管理公司被确定为首批全国社保基金投资管理人。

2002年12月，首家中外合资基金管理公司招商基金管理公司设立。

2003年5月，中国证监会批准首批瑞士银行有限公司、野村证券株式会社的QFII资格。

2003年12月，首只货币市场基金华安现金富利设立。

2004年6月，《中华人民共和国证券投资基金法》正式实施。

2004年7月，《证券投资基金信息披露管理办法》《证券投资基金运作管理办法》《证券投资基金销售管理办法》正式实施。

2004年7月，上海证券交易所获准推出交易所交易基金。

2004年8月，深圳证券交易所获准推出交易所交易基金。

2004年8月，中国证监会发布《货币市场基金管理暂行规定》。

2004年9月，中国证监会发布《证券投资基金管理公司管理办法》《证券投资基金行业高级管理人员任职管理办法》。

2004年11月，《证券投资基金托管资格管理办法》出台。

2004年12月30日，首只交易型开放式指数基金华夏上证50基金设立。

2004年，深国投推出"赤子之心"的证券投资集合资金信托计划，开创了以信托为平台的阳光私募发行方式。

2005年基金管理公司外资股东持股比例上限提升至49%，合资基金管理公司迎来发展高峰。

2005年8月1日，海富通、华夏、南方、易方达、嘉实、招商、富国、博时、银华等9家基金管理公司获得第一批企业年金投资管理人资格。

2007年4月，监管层出击整顿基金业内"老鼠仓"事件。

2007年6月1日，修订后的《中华人民共和国合伙企业法》正式实施，为私募基金引入有限合伙制的组织形式。

2007年7月，《合格境内机构投资者境外证券投资管理试行办法》施行。

2007年7月9日，首只分级基金产品国投瑞银瑞福优先发行。

2007年10月，《证券投资基金销售机构内部控制指导意见》《证券投资基金销售适用性指导意见》出台。

2007年11月，《基金管理公司特定客户资产管理业务试点办法》出台。

2008年3月，中国证监会发布《证券投资基金管理公司公平交易制度指导意见》。

2008年8月，中国证监会发布《证券投资基金信息披露XBRL标引规范（Taxonomy）》和《证券投资基金信息披露XBRL模板》，在基金信息披露中正式应用可扩展商业报告语言。

2008年9月，中国证监会发布《关于进一步规范证券投资基金估值业务的指导意见》。

2009年9月，中银基金管理公司推出首只"一对多"产品——"中银专户主题1号"。

2009年11月，中国证监会发布《证券投资基金评价业务管理暂行办法》。

2009年12月，中国证监会发布《开放式证券投资基金销售费用管理规定》。

2011年5月，中国证监会发布《合格境外机构投资者参与股指期货交易指引》。

2011年6月，新《证券投资基金销售管理办法》发布，引入第三方渠道，由中国证监会颁发第三方销售牌照。

2011年8月，中国证监会发布修订后的《证券投资基金管理公司公平交易制度指导意见》。

2011年8月，修订后的《基金管理公司特定客户资产管理业务试点办法》发布。

2011年12月，中国证监会发布《基金管理公司、证券公司人民币合格境外机构投资者境内证券投资试点办法》。

2012年6月6日，中国证券投资基金业协会成立。

2012年9月，新《基金管理公司特定客户资产管理业务试点办法》发布。

2012年10月，《证券投资基金管理公司子公司管理暂行规定》发布。

2012年12月，新《中华人民共和国证券投资基金法》审议通过。

2013年2月，中国证监会发布《资产管理机构开展公募证券投资基金管理业务暂行规定》，对证券公司、保险公司、私募基金管理机构等直接申请公募业务牌照进行了规范。

2013年3月，中国证监会、中国人民银行、国家外汇管理局发布《人民币合格境外机构投资者境内证券投资试点办法》。

2013年3月，中国证监会发布修订后的《证券投资基金销售管理办法》《基金销售机构通过第三方电子商务平台开展业务管理暂行规定》《非银行金融机构开展证券投资基金托管业务暂行规定》。

2013年4月，中国证监会、中国银监会发布《证券投资基金托管业务管理办法》。

2013年6月1日，新《中华人民共和国证券投资基金法》实施，对非公开募集基金作出规定。

2013年6月，与天弘增利宝货币基金对接的余额宝产品推出。

2013年6月，中国证监会、中国保监会发布《保险机构投资设立基金管理公司试点办法》。

2013年6月，中国证监会公布修订后的《证券公司客户资产管理业务管理办法》《证券公司集合资产管理业务实施细则》。

2013年6月，中央编办发布《关于私募股权基金管理职责分工的通知》，私募股权基金纳入证监会统一监管。

2013年9月，中国证监会发布《公开募集证券投资基金风险准备金监督管理暂行办法》。

2013年12月，《国务院关于管理公开募集基金的基金管理公司有关问题的批复》公布。

2014年1月，中国证券投资基金业协会发布《私募投资基金管理人登记和基金备案办法（试行）》，2014年2月7日施行，私募投资基金管理人登记、产品备案工作正式启动。

2014年4月，中国人民银行、中国银监会、中国证监会、中国保监会、国家外汇管理局发布《关于规范金融机构同业业务的通知》。

2014年5月，国务院发布《关于进一步促进资本市场健康发展的若干意见》。

2014年6月，中国证监会发布《沪港股票市场交易互联互通机制试点若干规定》。

2014年7月，中国证监会发布《公开募集证券投资基金运作管理办法》及其实施规定。

2014年7月，中国证券投资基金业协会正式承担证券公司、基金管理公司及其子公司私募产品备案管理、风险（统计）监测等职责。

2014年8月，中国证监会颁布实施《私募投资基金监督管理暂行办法》，私募股权投资基金正式纳入《证券投资基金法》调整范围。

2014年10月31日，财政部、国家税务总局、中国证监会发布《关于QFII和RQFII取得中国境内的股票等权益性投资资产转让所得暂免征收企业所得税问题的通知》。

2014年11月，中国证监会发布《证券公司及基金管理公司子公司资产证券化业务管理规定》及配套规则。

2014年11月，中国证券投资基金业协会发布《基金业务外包服务指引（试行）》。

2014年12月，中国证券投资基金业协会发布《资产支持专项计划备案管理办法》《资产证券化业务基础资产负面清单指引》《资产证券化业务风险控制指引》等自律规则及相关文件。

2015年1月1日，中国证券投资基金业协会实行私募基金登记备案电子证明，不再发放私募基金管理机构登记证书。

2015年3月，中国证券投资基金业协会制定发布《证券期货经营机构落实资产管理业务"八条底线"禁止行为细则（2015年3月版）》。

2015年3月，国务院办公厅发布《关于发展众创空间推进大众创新创业的指导意见》。

2015年3月，国务院办公厅发布《关于创新投资管理方式建立协同监管机制的若干意见》。

2015年3月，第一家由专业人士作为发起人的基金管理公司泓德基金成立。

2015年3月，中国证监会发布《公开募集证券投资基金参与沪港通交易指引》。

2015年5月，中国证监会公布《香港互认基金管理暂行规定》。

2015年6月，《国务院关于大力推进大众创业万众创新若干政策措施的意见》发布。

2015年8月，国务院印发《基本养老保险基金投资管理办法》。

2015年10月，国务院印发《关于"先照后证"改革后加强事中事后监管的意见》。

2015年11月，中国证监会发布《关于进一步推进全国中小企业股份转让系统发展的若干意见》。

2015年12月，中国证监会与中国人民银行联合发布《货币市场基金监督管理办法》。

2015年12月，中国证监会与香港证监会正式注册了首批3只香港互认基金。

2015年12月，全国人大常委会审议通过股票发行注册制改革授权决定。

2016年2月，中国证券投资基金业协会发布《私募投资基金信息披露管理办法》。

2016年4月，中国证券投资基金业协会发布《私募投资基金募集行为管理办法》。

2016年4月，中国证监会联合财政部、中国人民银行发布修订后的《证券投资者保护基金管理办法》。

2016年7月，中国证监会发布《证券期货经营机构私募资产管理业务运作管理暂行规定》。

2016年9月，中国证监会正式发布实施《公开募集证券投资基金运作指引第2号——基金中基金指引》。

2016年10月，中国证券投资基金业协会发布《证券期货经营机构私募资产管理计划备案管理规范第1号——备案核查与自律管理》《证券期货经营机构私募资产管理计划备案管理规范第2号——委托第三方机构提供投资建议服务》《证券期货经营机构私募资产管理计划备案管理规范第3号——结构化资产管理计划》。

2016年11月，中国证监会批复上海证券交易所和深圳证券交易所分别发布《上海证券交易所分级基金业务管理指引》和《深圳证券交易所分级基金业务管理指引》。

2016年11月，中国证监会发布《基金管理公司子公司管理规定》《基金管理公司特定客户资产管理子公司风险控制指标管理暂行规定》。

2016年12月5日，深港股票市场交易互联互通机制正式启动。

2016年12月，中国证监会发布《证券期货投资者适当性管理办法》。

2017年1月，中国证监会发布实施《关于避险策略基金的指导意见》。

2017年2月，中国证券投资基金业协会发布《证券期货经营机构私募资产管理计划备案管理规范第4号——私募资产管理计划投资房地产开发企业、项目》。

2017年3月，中国证券投资基金业协会发布实施《私募投资基金服务业务管理办法（试行）》。

2017年6月，中国证监会发布《证券公司和证券投资基金管理公司合规管理办法》。

2017年6月21日，明晟公司宣布将A股纳入MSCI指数。

2017年8月，国务院法制办发布《私募投资基金管理暂行条例》（征求意见稿），向社会公开征求意见。

2017年8月，中国证监会发布《公开募集开放式证券投资基金流动性风险管理规定》。

2017年9月，中国证监会发布《关于证券投资基金估值业务的指导意见》，对基金各类投资品种的估值原则进行规范。

2017年9月，中国证券投资基金业协会发布《证券投资基金管理公司合规管理规范》。

2017年12月22日，中国证券投资基金业协会发布《私募基金管理人登记须知》。

2018年1月，中国证券投资基金业协会发布《私募基金备案须知》。

2018年2月，中国证监会发布《养老目标证券投资基金指引（试行）》，养老型公募基金产品正式诞生。

2018年3月，中国证监会发布《上市公司创业投资基金股东减持股份的特别规定》。

2018年4月，《关于开展个人税收递延型商业养老保险试点的通知》发布，提出试点结束后，将根据相关情况有序扩大参与的金融机构和产品范围，将公募基金等产品纳入个人商业养老账户投资范围。

2018年4月，基金管理公司外资持股比例放宽至51%，且3年之后外资持股比例将不受限制。

2018年4月27日，中国人民银行、中国银保监会、中国证监会、国家外汇管理局联合正式发布《关于规范金融机构资产管理业务的指导意见》。

2018年5月，中国证监会发布《关于进一步规范货币市场基金互联网销售、赎回相关服务的指导意见》，将互联网货币市场基金T+0单日赎回额度限制在1万元。

2018年9月，中国证监会发布《证券公司和证券投资基金管理公司境外设立、收购、参股经营机构管理办法》。

2018年10月，中国证监会发布《证券期货经营机构私募资产管理业务管理办法》《证券期货经营机构私募资产管理计划运作管理规定》。

2018年11月，中国证监会发布《证券公司大集合资产管理业务适用〈关于规范金融机构资产管理业务的指导意见〉操作指引》。

2018年12月，中国证券投资基金业协会发布《私募基金管理人登记须知》更新版。

2019年1月，中国证监会发布《公开募集证券投资基金投资信用衍生品指引》。

2019年1月，中国证券投资基金业协会发布《证券投资基金投资信用衍生品估值指引（试行）》。

2019年3月，中国证券投资基金业协会发布《集合资产管理计划资产管理合同内容与格式指引（试行）》《单一资产管理计划资产管理合同内容与格式指引（试行）》《资产管理计划风险揭示书内容与格式指引（试行）》。

2019年6月，中国证券投资基金业协会发布《证券期货经营机构私募资产管理计划备案管理办法（试行）》。

2019年6月，中国证监会发布《公开募集证券投资基金参与转融通证券出借业务指引（试行）》。

2019年6月，中国证券投资基金业协会发布《证券投资基金参与转融通证券出借业务会计核算和估值业务指引（试行）》。

2019年6月，中国证券投资基金业协会发布《政府和社会资本合作（PPP）项目资产证券化业务尽职调查工作细则》《企业应收账款资产证券化业务尽职调查工作细则》《融资租赁债权资产证券化业务尽职调查工作细则》。

2019年7月，国务院金融稳定发展委员会办公室对外发布《关于进一步扩大金融业对外开放的有关举措》，将原定于2021年取消证券公司、基金管理公司和期货公司外资股比限制的时点提前到2020年。

2019年7月，中国证监会发布《公开募集证券投资基金信息披露管理办法》。

2019年10月，中国证券投资基金业协会发布《证券期货经营机构私募集合资产管理计划适用简易备案核查程序条件清单》。

2019年10月，国家发展改革委、中国人民银行、财政部、中国银保监会、中国证监会、国家外汇管理局联合发布《关于进一步明确规范金融机构资产管理产品投资创业投资基金和政府出资产业投资基金有关事项的通知》。

2019年10月，国家发展改革委、商务部发布《市场准入负面清单（2019年版）》。

2019年12月，中国证监会发布《证券期货经营机构管理人中管理人（MOM）产品指引（试行）》。

2019年12月，中国证券投资基金业协会发布《私募投资基金备案须知》更新版。

2019年12月，中国人民银行、中国银保监会、中国证监会、国家外汇管理局联合发布《关于进一步规范金融营销宣传行为的通知》。

2019年12月，全国人大常委会发布《证券法（修订）》。

2020年2月1日，中国证券投资基金业协会对外发布《关于疫情防控期间私募基金登记备案相关工作安排的通知》，全力确保疫情防控期间私募基金登记备案各类业务正常办理。

2020年2月，中国证券投资基金业协会对外发布《关于便利申请办理私募基金管理人登记相关事宜的通知》，并公布了私募基金管理人登记申请材料清单。

2020年3月，中国证券投资基金业协会官网增设"私募基金管理人登记办理流程公示"界面并增加私募基金管理人公示信息，增强办理私募基金管理人登记申请工作的公开透明度。

2020年3月，中国证监会发布《上市公司创业投资基金股东减持股份的特别规定》（2020年修订）。

2020年3月，中国证券投资基金业协会对外发布《基金经营机构及其工作人员廉洁从业实施细则》。

2020年3月，中国证券投资基金业协会对外发布《关于公布私募投资基金备案申请材料清单的通知》，便利私募基金管理人事前对照准备备案申请材料。

2020年3月，中国证券投资基金业协会发布《关于进一步规范异常经营专项法律意见书出具行为的通知》。

2020年4月，中国证监会发布《公开募集证券投资基金投资全国中小企业股份转让系统挂牌股票指引》。

2020年4月，中国证券投资基金业协会制定并发布《基金经理兼任私募资产管理计划投资经理工作指引（试行）》。

2020年4月，中国证券投资基金业协会发布中国基金业ESG投资专题调查报告（2019）。

2020年4月，中国证监会、国家发展和改革委员会联合发布《关于推进基础设施领域不动产投资信托基金（REITs）试点相关工作的通知》。

2020年6月，中国证券投资基金业协会出版发行《私募证券投资基金行业合规管理手册（2020）》。

2020年7月，中国证监会发布《公开募集证券投资基金侧袋机制指引（试行）》。

2020年7月，中国证监会、中国银保监会联合修订发布《证券投资基金托管业务管理办法》。

2020年8月，中国证监会发布《公开募集基础设施证券投资基金指引（试行）》。

2020年8月，中国证监会发布《公开募集证券投资基金销售机构监督管理办法》及配套规则。

2020年9月，中国人民银行、国家外汇管理局、中国证监会联合发布《合格境外机构投资者和人民币合格境外机构投资者境内证券期货投资管理办法》及配套规则。

2020年10月，中国证券投资基金业协会发布《证券投资基金侧袋机制操作细则（试行）》。

2020年12月，中国证监会发布《关于加强私募投资基金监管的若干规定》。

2021年1月，中国证监会发布《公开募集证券投资基金运作指引第3号——指数基金指引》。

2021年1月，中国证券投资基金业协会发布《关于适用中国证监会〈关于加强私募投资基金监管的若干规定〉有关事项的通知》。

2021年1月，中共中央办公厅、国务院办公厅发布《建设高标准市场体系行动方案》。

2021年2月8日，中国证券投资基金业协会发布《公开募集基础设施证券投资基金尽职调查工作指引（试行）》《公开募集基础设施证券投资基金运营操作指

引（试行）》

2021年2月9日，中国证券投资基金业协会发布《关于加强私募基金信息报送自律管理与优化行业服务的通知》《关于发布〈私募基金信息报送常见问题示例说明（2021年2月）〉的通知》。

2021年3月30日，中国人民银行、中国银保监会、中国证监会、国家外汇管理局发布《关于金融支持海南全面深化改革开放的意见》。

2021年5月13日，中国证监会发布金融行业推荐性标准《资产管理产品介绍要素 第2部分：证券期货资产管理计划及相关产品》。

2021年8月17日，中国证券投资基金业协会发布《公开募集证券投资基金管理人及从业人员职业操守和道德规范指南》。

2021年9月2日，中国证券投资基金业协会发布《公开募集证券投资基金投资顾问业务数据交换技术接口规范（试行）》。

2021年9月24日，中国证券投资基金业协会同中国证券业协会、中国期货业协会、中国上市公司协会联合发布《远离伪市值管理倡议书》。

2021年10月22日，中国证券投资基金业协会在2021金融街论坛年会上举行了纪录片《基金》发布会专场活动。

2021年12月27日，中国证券投资基金业协会被民政部评为2020年度5A等级（最高评估等级）全国性社会组织。